高丽移植唐代法制变异问题研究

张春海 著

南京大学出版社

目　录

绪　言 …… 001

第一章　从婚姻政策到制度整合
——高丽系统移植唐代制度的政治语境 …… 011
一、婚姻政策下的高丽初期政治 …… 012
二、光宗的“华化”运动与制度整合路径 …… 028
三、成宗即位的背景及对唐代制度的移植 …… 033
结语 …… 042

第二章　法律运行机制变异 …… 044
第一节　最高权力司法权的变异 …… 044
一、常规权力行使上的差异 …… 044
二、直接权力行使上的差异 …… 053
结语 …… 069
第二节　地方司法制度的变异 …… 070
一、地方司法权不彰与“私门辨讼” …… 070
二、州级机构司法权的差异 …… 074
三、县级机构司法权的差异 …… 086
结语 …… 096
第三节　中央司法制度的变异:刑部 …… 097
一、机构设置的变异 …… 097
二、职权及其行使的变异 …… 103

三、地位的变化 …… 109
结语 …… 113
第四节 监察制度的变异:御史台 …… 113
一、监察权的变异 …… 114
二、监察内容的变异 …… 121
三、任职条件的变异 …… 126
四、司法权的变异 …… 133
结语 …… 137

第三章 刑罚适用变异 …… 140
第一节 高丽对唐五刑制度的变异:以杖刑为例 …… 140
一、唐代的杖刑与适用 …… 140
二、高丽的杖刑与适用 …… 151
结语 …… 158
第二节 高丽对唐财产刑的变异 …… 159
一、赎刑:从严格到宽松 …… 159
二、罚金刑:从无到有直至普遍化 …… 163
三、收田刑:新型的全方位财产刑体系 …… 167
四、制度变异的原因 …… 170
结语 …… 174
第三节 高丽与唐律外之刑的差异 …… 175
一、以戍边为主的唐代律外刑 …… 175
二、与华制关系较为密切的刑罚 …… 182
三、以土俗为主与华制略有渊源的刑罚 …… 189
四、完全的土俗刑罚 …… 193
结语 …… 215

第四章 法律条文变异 …… 217
第一节 高丽对唐令的变异 …… 217

一、技术性内容的移植 …… 219
二、伦理性内容的移植 …… 227
结语 …… 233
第二节 高丽对唐式的变异 …… 234
一、技术性内容的移植与变异 …… 235
二、结构性内容的移植与变异 …… 238
三、伦理性内容的移植与变异 …… 243
结语 …… 247

第五章 法律体系变异 …… 249
第一节 华俗互动下高丽的二元化法制体系 …… 249
一、制、判:半岛土俗的法制化 …… 249
二、华化语境下的制与判 …… 255
三、以制、判进行的“华制”之“土俗”化 …… 261
结语 …… 266
第二节 高丽律令格式法律体系的基本特征 …… 267
一、法典的框架性与有限的系统性 …… 268
二、法典的简单化与法条的直观化 …… 271
三、法典的个别化倾向及界限的融通 …… 273
四、游走于“华制”与“土俗”之间的法典内容 …… 277

第六章 高丽变异唐代法制的原则与方法 …… 283
第一节 政治利益优先原则 …… 284
第二节 尊重强势集团既得利益的原则 …… 288
第三节 功利原则 …… 292
第四节 尊重国情与“土俗”的原则 …… 296
一、尊重国情原则 …… 296
二、尊重“土俗”原则 …… 299
第五节 高丽移植与变异《唐律》的方法 …… 302

一、筛选法 …… 302
二、改造法 …… 305
结语 …… 311

第七章 佛教对高丽法律的影响 …… 314
第一节 重生与伦理性:佛教对高丽刑律的影响 …… 315
一、重生精神的渗入 …… 316
二、不以入律为主要形式 …… 317
三、伦理性罪名的创设 …… 320
第二节 政治化、世俗化:佛教影响高丽世俗法律的原因 …… 323
一、高丽佛教的政治化 …… 323
二、高丽佛教的世俗化 …… 326
第三节 被控制与可批评:佛教对高丽世俗法律影响有限的原因 …… 330
一、世俗权力对宗教的控制 …… 330
二、可批评的宗教 …… 333
第四节 儒对佛的制约:儒学精英的主体意识 …… 336
结语 …… 340

结论章 由"变"而"通":高丽变异唐代法制的逻辑与效果 …… 343
一、变异的必然性 …… 343
二、变通的效果 …… 351
三、变异与同构 …… 365
结语 …… 370

后记 …… 374

绪　言

一、问题的提出

法律移植是广义文化交流的一部分。但和一般的文化交流方式相比，又有特殊性：由于法律总是以一套体系化之规则系统的方式存在，对它的移植往往也呈现出体系化、规模化特征，这是其一；其二，法律规则虽然抽象，但它们的内容与指向却是真正的现实生活，法律移植必然会触动移植国既有的权力与利益格局，甚至社会结构与文化状态，对移植国的政治、社会与文化产生重大乃至全方位影响，各种势力在移植过程中进行激烈博弈是必然之事。如何处理好由外国法律体系表征的主动移植势力的诉求，与由“国情”及“本土资源”面目出现的既得利益群体间的关系，是必须妥善解决的问题。职是之故，不论采取怎样的方法与模式，以多大的规模进行移植，都存在“变异”问题。只有如此，才能在外国法与本土文化与社会之间找到交接面，使移植而来的外国法在当下或将来被认同，逐渐具备适用性。这就要求统治集团内部各势力在妥协与共识的基础上，选择相对恰当或引发社会震荡相对较小的移植方式与路径。

法律之所以常常被大规模、体系化移植，主要出于内在动力。这种动力的形成又来源于法律本身的特性。法律不仅仅具有“规范性功能”[①]，同时还

① 所谓“规范性功能”主要是指法律通过确定权利与义务及为特定行为规定一定法律后果的方式，发挥的指引、评价、预测、教育及强制的功能。关于此，可参看付子堂：《法律功能论》，中国政法大学出版社，1999 年，第 41—42 页。

具有利益表达功能，平衡利益冲突的功能。[①] 法律移植的主导势力就是希望外国法在本土发挥这类功能以形塑社会——用规则改变结构，进而改变权力与利益格局。这是内部势力为达到特定目的而引入外部力量，由此形成的“秩序”并非“自发秩序”，而是人为地通过外来规则体系搭建起来。这种秩序的“非自然性”会成为各种社会问题的重要根源。

在此语境下，法律的各项功能之间必须在本土社会达成基本协调，才能取得预期的成效。这就要求法律移植的主体必须在方式、方法上着力。如方法得当，事半功倍；方法失当，则事倍功半，甚至南辕北辙。历史上，虽有法律移植成功的先例，更多的却是失败的教训。移植路径与方法的选择特别是“变异”程度与方式的不同，是造成此种差异的关键性因素之一。

自 20 世纪 80 年代起，我国学界就对法律移植问题进行了密集的讨论。在社会转型的场景与改革、开放的话语下，由这一时期学者特殊的观察视角与问题意识所决定，在对象的设定上，学界关心的主要是近代化（或现代化）背景下的法律移植，对传统社会特别是在中华法系形成过程中的法律移植现象研究不多且主要是做与本土化、全球化相关的理论探讨，对“本土化”方法与路径的实证性研究少之又少。西谚云：“太阳底下无新鲜事”，丘吉尔也曾说：“你能看到多远的过去，就能看到多远的未来。”古往今来的智者都知道历史对当下及未来的意义。就我国当下而言，以法治化为路径之一的现代化进程该如何稳健地进行下去，并与中华民族、中华文化复兴的历史使命协调并进，是每一个有担当与使命感的知识人必须思考的问题。

古代东亚社会亦存在普遍性的法律移植现象，其中又以朝鲜半岛诸政权对中国法的移植最为持久，取得的成就也最令人瞩目，在方法与路径的选择上亦最有代表性。在 2000 余年的移植过程中，高丽王朝（918—1392）居于承前启后的地位。正是高丽开启了较为系统地移植中国法的“华夏化”运动，使半岛成为中华法系的一员。由于高丽对唐代法制的移植乃经过激烈

① 关于法律之调控功能的论述，可参看付子堂：《法律功能论》，中国政法大学出版社，1999 年，第 89—95 页。

的政治斗争之后，并且是在这种斗争与博弈的过程中进行的，其移植活动采用的路径与方法相对独特，“变异”则居于其核心。对这一现象进行研究，不仅有助于我们了解中华法系形成过程的复杂性，对我们今天的法律移植工作也有借鉴意义。历史为我们提供了更丰富、更厚重、更有纵深感的宽阔维度与视野，我们有必要从这一丰富的资源中汲取智慧。

二、研究概况

从大的范围看，本研究首先属于比较制度史的范畴。更具体而言，它是高丽前期制度史研究的一部分。自 20 世纪 70 年代起，学界对高丽前期制度及其变迁史的研究趋于活跃，成果大量涌现。

其中，韩国学者李贞薰的《高丽前期政治制度研究》(혜안，2007)与日本学者矢木毅的《高丽官僚制度研究》(京都大学学术出版会，2008)两部著作，均对成宗时期形成的高丽制度体系的来龙去脉及具体运行进行了较为体系化的探讨，更具代表性。

由于本书将在各个具体章节，对这些成果加以引用、辨析，在此不做具体评述。只需指出，这些成果基本从两种思路展开：以边太燮、李泰镇、李基白等为代表的主流学说，以高丽前期政治乃“从豪族政治到贵族政治”的命题为前提；另一派则特别强调王权的力量，如朴菖熙就认为高丽体制为君主独裁制下的官僚制。

从总体上看，既有成果对具体政治过程的研究显得粗略，重要历史细节多未被充分发掘，在某种程度上沦为以现代政治学、制度学的理论及概念对历史进行的“诠释”。

当活生生的历史过程在今人观念、话语与词汇之刃的切割下消失(虽然以“碎片重组”的方式看似“再生”)后，我们便无法得知历史的真相，更不可能真正把握历史的脉动，进而揭示制度演化的内在逻辑与动力。比如，在很多学者看来，唐式三省制似乎是在成宗时期“突然”出现的，之前的制度无论是称为“12 官府制”“拟三省制”抑或是“初期三省制”，基本上都是本土因素的延续。半岛的制度体系如何由“本俗”而走向“中国化”，具体如何进行，背后隐藏着怎样的逻辑？对诸如此类的重大问题，我们尚未看到学者给出较为合理、满意的答案。

从小的范围，特别是从我国现今学科体系划分的视角看，本研究又属于法制史的一部分。具体到学界对高丽移植唐代法制问题的研究，目前成果亦不多见，且主要集中在以下三个方面：

一是综合、概括性的研究。杨鸿烈的《中国法律对东亚诸国之影响》（中国政法大学出版社，1999）从司法制度、诉讼手续和法条来源等几个方面，对高丽法制与唐制的关系做了简略探讨。类似的成果还有杨昭全的《中国——朝鲜・韩国文化交流史》（昆仑出版社，2004），马小红、史彤彪主编《输出与反应：中国传统法律的域外影响》（中国人民大学出版社，2012），李冬焱的《从高丽律对唐律的吸收看中朝关系》（延边大学硕士论文，2007），何勤华、钱泳宏等著《法律文明史》第 7 卷《中华法系》（商务印书馆，2019），浅见伦太郎的《朝鲜法制史稿》（岩松堂，1922）及武田幸男的《朝鲜的律令制》（《岩波讲座・世界历史》6，岩波书店，1971）等。这些成果探究的对象主要是中国法在半岛留下的印迹，借以证明中华法系或东亚法文化圈的存在。因此，指出高丽法制受唐制的影响之处，即两国法制的“同质性”，是这些研究的核心。

二是法条的比较研究。主要成果有：花村美树的《高丽律》（见《朝鲜社会法制史研究》，岩波书店，1937）、仁井田陞的《唐宋の法と高丽律》（《东方学》30，1965）、郑显文的《唐律令与高丽律令之比较》（[韩]《民族文化论丛》，第 37 辑）、宋斗用的《高丽律之研究》（见其著《韩国法制史考》，[韩]进明文化社，1992）及韩容根的《高丽律》（[韩]首尔西京文化社，1999）等。它们均将主现于《高丽史・刑法志》的各种法条和唐代律令做了或详或略的对比，为以后的研究打下了基础。这些研究虽看到了两国法律的“异”，却将之视为枝节，关注的焦点仍然是“同”，借以证明高丽律令与中国法的渊源关系。韩容根虽认为《高丽律》来自《新罗律》，但看到的仍主要是“同”，只不过根据其民族主义的立场做了不同的“解释”而已。

三是对其他个别具体问题的研究。李贞薰的《高丽时代支配体制的变化与中国律的受容》(见韩国国史编纂委员会编辑并出版的《高丽时代的刑法与刑政》,2002),纵论了从高丽初之移植唐律,到之后之移植宋、元、明律与统治体制变化间的关系;浜中昇的《高丽における唐律の继受と归乡刑・充常户刑》(《历史学研究》483,1980),讨论了高丽归乡刑与充常户刑和唐制的关系;辛虎雄的《高丽法制史研究》([韩]国学资料院,1995)内容斑杂,既有对《高丽律》内容与法源的探讨,也有对缘坐制、赦免制的分析。

总的来看,既有研究主要在"交流与影响"或"输出与反应"的模式下展开,重视高丽法制与唐制的"同",而忽视其"异"。我们认为,高丽对唐代法制的移植,固然有不少"同构"性内容,但"变异"才是主轴。最直观地看,成宗时制定的那部律典仅有71条,而唐律有500条,此即最大的"异",可这一事实基本被视而不见,至今未见有人去探究那400余条何以被删除,甚至根本就未将之视为一个问题。在法制移植的关键往往在不在其同,而在其变、其异的判断下,本书的目的就在于揭示这些变异表现如何、何以发生、如何演变、与结构和文化的关系何在等问题。

三、基本观点

"同而求变——变而求通——通而趋同"是高丽移植唐代法制的基本轨迹。从外表看,"同"乃两国法制关系的基本特征,可一旦深入到内里,我们就会发现,"变"与"异"才是实质。但这仍只是就短时段或中时段的制度文本与制度实践而论。如以更广阔的历史视角,从更长的历史时段,就由文本与实践透露出的各种零星、细微的变化做深入、综合性体察,我们就不能不承认,这些变化的积累构成一种脉络,甚至形成一种历史"趋势",潜藏着制度演化的内在逻辑——这就是半岛制度与中国制度的不断趋同。它是由共同生产生活条件、共同文明特征筑成的人们对更高文明的追求("人往高处走")的基本心理所决定的。此乃中华文化开放性、包容性、进化性的又一显著例证。

质言之,在法律移植之初,与中国法律"同而求变"是高丽人的主要目的。这样做,为的是以"本土化"方式使移植而来的外国法具有适用性,对以

"本俗"为名包装的传统习俗与既得利益予以承认和肯定,减少制度移植的摩擦与阻力。这一"变而求通"的路径,使中国化的法律在半岛的具体社会与文化环境中具有了一定的适用性,因而同时又增强了本土人群对中国法这一外来法律体系的认同,为外来法的继续移植创造了条件。涓涓细流最终汇成滚滚洪流,半岛法制与中国法制日益趋同,最终在总体的文化同质性中形成了对同质性法律制度的认同共识——高丽末期对《至正条格》的全盘引入及朝鲜王朝时代全面适用《大明律》便是其结果。

当然,这只是对近500年间高丽移植中国法轨迹的极简化描述。实际的情况是,其间经历了种种曲折,而这种曲折又是由高丽王朝移植唐制的动机与指向所招致。高丽建国后,面对的是贵族社会的既存结构,贵族集团依据既有的社会结构与文化传统乃至民众的心理认同,拥有巨大的政治、社会与文化权力,王权受到了严重制约。在此情势下,王权试图通过大规模移植中国制度,在半岛建立起如中国那样的君主制体制,法律移植便是这种总体性制度移植活动的一环。就是说,高丽王权对唐代法制的移植主要出于工具主义的考虑,是企图以制度形塑社会。然而,此种目的不易达成,首先因精英阶层利益上的分化,其次因法的基本特性是在人群中适用,需得到民众的认同,而此种认同又为既有之文化与结构所塑造,非"法教"所能顿改。

当时,半岛民众尚未建立起对中国文化的普遍认同,政治精英在文化认同上分化严重。在制度移植初期,由权力移植而来的唐代法制,尽管已在大义名分上树立起了合法性,却因认同不足,在合理性上存在欠缺。为了维护由传统而得以保障的既得利益,贵族阶层以文化为名,进行了激烈反对,王权被迫妥协。在此语境中,高丽对唐代法制的移植再不能维持预设的同构模式,改以"变异"为基本特点,目的则是"通达"——将外来法制与本土社会打通,或至少使它们具有一个基本的交接面。但此"通"在可能的发展趋势上又具有多向性,不同势力有不同的预期:王权希望以此打通唐制与本国结构及文化的关系,即以"变异"促"华化",以合法性推进合理性;贵族集团则希望以此向传统回归,以合理性打破合法性。这种状况对法律的适用与制度的构建产生了重大影响。

由“变异”的特点与“通达”的要求所决定，高丽法制呈华、俗、儒、佛混合的多元状态，各文化因子在其间冲突消长，逐渐融合。本书则以实证性研究，在某种程度上阐明了中华法系形成过程中法律移植与多元文化间的关系、机理与效果。我们的结论是，制度对社会的塑造作用具有有限性，社会却会实质性地改变制度。这两种作用、两种后果同时存在，同时发生，形成复杂的互动关系，既表现为半岛制度的“中国化”，又表现为中国制度的“本土化”。名与实既相背离，又相互拉动。在由此张力形成的空间之内，是各种混合性因素的出现与成长。半岛越来越像中国，但又非中国，而具有自身鲜明的社会与文化特征。

由此而言，文化的同质性过程与文化的多元化之间并不矛盾。无论是多元还是同质，都应该是一个自然的历史过程。同质化是人类文明发展的总趋势，因为人类是同一“物种”，彼此相互学习，文明不断相互影响，由此而形成更为波澜壮阔、基础雄厚、认同广泛的伟大文明。多元化恰恰就产生于这一过程中，同质性是孕育多元性的温床，真正的多元是思想与思维方式的多元，而非族群与符号的多元，是自生自发的多元，而非强制的多元。

由同质到多元，再由多元到同质，这种循环、连续的过程在人类文明发达的历程中反复出现，那些落后、腐朽、不利于（或相比之下不利于）人类自身及其物质与精神积累与创造的因素不断被淘汰，有利于这种积累与创造的因素不断被“发现”“创出”，最后发展成滚滚洪流的大趋势。我们可以在相当程度上说，其中的“淘汰与筛选过程”就是“文明同质性”过程，“发现与创造过程”则是“文明多元化”过程，它们处于同一过程之中，同质性与多元化不是对立关系。

因此，多元不以也不应以消解业已凝成的伟大文明为前提。相反，它是同质文明内涵的丰富维度，本身就是同质化过程的产物。更大文明的凝成（同质化）不仅不会消灭文化与思想的多元性，反而是多元性的真正源泉。由此而言，不论是同质还是多元，都不应以强制的方式产生，不应以政治强制、特定制度甚至刑法条文将特定思想、文化、传统、习俗禁锢起来。

四、结构与内容

本书第一章分析了高丽移植唐代法制复杂的历史背景，揭示高丽初期在持续几十年的激烈政治斗争中，统治集团最终达成政治妥协，从最初的以婚姻进行整合的路径，转为以制度进行整合。唐代制度就是在此语境下，于成宗初期被较大规模移植于半岛，由律、令、格、式组成的法律体系是这种制度体系的一部分。

本书第二章探讨高丽对唐代司法制度的移植与变异。首先研究最高司法权层面高丽对唐制的变异，其次研究高丽在地方司法制度上对唐制的变异，最后研究高丽对唐刑部制度的变异。

在唐代，皇帝是最高、最后的决断者，无论是律法规定还是律外的自由裁断，都使皇帝将最高和最后的权力牢牢抓在手中。日常负责司法的御史台、大理寺、刑部以及三司的司法权及其行使，在本质上均可视为以皇权代理人的身份履行辅助皇帝职责的行为。同样，作为例外与“非常”的权断权亦为皇帝所掌控。皇帝强大司法权的背后是由君主制、中央集权、官僚政治构筑的成熟政治体制与文明。

高丽移植唐代律法，虽在内容上大规模照搬，但在司法权力实际运行的层面却做了不少变异。与唐代皇权的强大不同，高丽贵族集团把控着实际政治过程。为维护自身的权势与本集团的利益，他们体系化地削弱了国王对司法的控制，御史台和刑部的“谏官化”及“驳执权”的取得，“重刑奏对”制度的产生等等，即是将原本服务于王权的机构变为限制王权的工具。这些机构也因此而“贵族化”了，从王权的代理人变异为制约皇权的贵族机构。

第三章研究高丽在刑罚制度（特别是其在司法实践中的适用）上对唐制的变异。首先研究高丽对唐代杖刑制度的变异。唐代杖刑虽在名义上是轻刑，却逐渐实质性地沦为死刑的代名词；高丽杖刑则在很长的历史时期均维持了轻刑的特点。其次研究高丽对唐财产刑的变异。唐律只规定了一种财产刑——赎刑，此刑仅是附加刑，在适用上有严格限制。在高丽，却出现了赎刑、罚金、收田三种财产刑，均具有近于主刑的地位，在适用方法上也和唐制有较大差异。最后研究高丽对唐代律外之刑的变异。在古代中国,北方游牧人群为抢夺资源,常常劫掠乃至武力征服农业文明区,华夏王朝在长城两侧的边疆地带,不得不设立防戍,经常性地投入大量兵力,故唐的律外刑以各种"发罪人为兵"之刑为主。在地缘与文明环境上与中国的差异,使高丽的律外刑呈现出不同面貌。就它们与中国制度的关系而言,大致可分为三种类型:第一种类型是与中国制度关系密切的刑种,"钑面""枷市"与"潴宅"是其中最主要的几种,它们均具有耻辱刑的特征;第二种类型为在一定程度上借鉴了中国制度,但又有浓重本土色彩的刑罚,髡刑、"归乡刑"与"充常户"均属此类;第三种则是完全由半岛土俗发展而来的刑罚,它们反映的是半岛本身社会结构、政治体制、权力格局、文化传统乃至地理特征的要求,比较典型的有"降号""录案""投水刑"等。

第四章研究高丽在法律文本上对唐制的变异。由于笔者已对唐律与《高丽律》的关系进行过专门研究,已有专著出版,为避免重复,本章转以式与令为主要分析对象。高丽虽移植了唐代《令典》的框架,但对其内容的移植却有选择性,且根据本国的"土俗"与国情进行了变异——根据具体篇目特别是内容的不同,采取了不同的方法。从总体上看,高丽对唐令的移植既是一个不断华化的过程,又是一个中国制度不断本土化的过程,由此形成具有半岛特色的本国法。高丽对唐式的移植与变异大致与令的情形类似。

接着,第五章揭示,法典的框架性与有限的系统性、法典的简单化与法条的直观化、法典的个别化倾向及彼此间界限的打通以及介于"华化"与"土俗"间的法典内容,为高丽律令格式法律体系的基本特征。最后,本章又对华俗互动下的高丽二元化法制体系本身进行了研究,指出:华制以律令格式为主要形式,土俗性制度则以制、判为主要载体,两者既分野,又紧密配合、相互补充,共同构成高丽法律的基本框架,使高丽法律体系既有明显的二元性,又具有内在的一致性。

第六章以律典为中心,研究高丽变异唐代法制遵循的原则、使用的方法,指出高丽移植与变异唐代法制时,主要遵循政治利益优先原则、尊重强势集团既得利益原则、功利原则及尊重"土俗"与国情的原则。这些原则乃心照不宣的默认规则，是各方在立法博弈的过程中，在多种利益、力量与考量的牵引下，在不自觉的状态中形成，它们并非等量齐观，在重要性上有区别。变异的方法则以筛选法与改造法为主。

不论何种法律体系，其成立均受到观念特别是主流意识形态的影响，甚至就是在这种观念的“指导”下被制定。儒学是唐代的主导性意识形态，在它的影响与笼罩下，唐律成为一部以“一准乎礼”为基本特点的高度儒家化法典。相反，在高丽社会，佛胜于儒，佛教才是国家的主流意识形态。那么，这种观念环境的不同，又会对高丽移植与变异唐代法制产生怎样的影响？本书第七章便以刑事法律为中心对此进行探讨。我们的结论是，在佛光佛法的笼罩下，高丽人在移植唐律时，在法条、罪名、刑罚等多个层面，用一些方法将佛教教义入律或应用于实践，使“一准乎礼”的儒家化法律带上了一丝佛教化的色彩。但由于出世是佛教的总体性特征，加之高丽是一个世俗社会，佛教为世俗政权严格控制，具有极大的包容性与可批评性，官僚集团又主要由儒学出身之人担任，他们虽佛儒兼通，但仍具有儒者的主体性与独立性，有鲜明的自我意识，这些均使佛教对世俗法律的影响相当有限。

结论章乃从整体上对高丽移植唐代法律之逻辑与效果的分析，这种分析主要从变异的必然性、变异的效果、变异与同构的关系三个方面展开。为避免重复，具体的观点就不在这里复述了。

第一章　从婚姻政策到制度整合

——高丽系统移植唐代制度的政治语境

元人郝经称赞高丽云："文物制度慕汉唐，衣冠礼乐如中原。"[①]他看到的是经过近300年发展后的结果，乃高丽初期激烈政治斗争的产物。可这一事实常为史家所忽略。[②] 关于高丽立国时的制度，崔承老云："(太祖)以创业之初，致平日浅，宗庙、社稷且未光崇，礼乐文物犹多阙乏。凡百官司之品式及诸内外之规仪未及修定，忽遗弓剑，盖国人之不幸，实天道之难谌，深可惜也。"[③]王建未能如中国历代开国君主那样创法立制，使子孙在制度的框架内守成，不是不愿，而是不能。李基白已注意到，尽管太祖时期与中国交往频繁，可中国制度对高丽的影响甚微。他认为这是其时半岛文明尚未达到可使用中国制度的情势所致。[④] 我们认为，根本原因不在文明的发育程度，而在内政。这便是本章探索的重点。

---

① [元]郝经：《陵川集》卷十《高丽叹》，《文渊阁四库全书》第1192册，台湾商务印书馆，1986年，第105页。

② 日本学者岛田正郎就说："当时的东亚诸民族，都以唐为宗主国并向唐朝贡，在吸收唐文化的同时，希望将本国建成具有唐之国家体制那样的国家。因此，便继受了以唐之国家体制为基础的法律体系，并在本国施行，希望建成他们理想中的中央集权国家。"([日]岛田正郎：《东洋法史》，明好社，1970年，第158页。)

③ [朝鲜]郑麟趾等撰：《高丽史》卷九十三《崔承老传》，人民出版社、西南师范大学出版社，2014年(以下省略)，第2884页。

④ 李基白：《高麗貴族社會의形成》，一潮閣，1990(以下省略)，第135页。

一、婚姻政策下的高丽初期政治

（一）太祖一朝的政治与婚姻关系

高丽初期政局动荡，权力反复更迭，但因当政者权力正当化的需求，从太祖到景宗的史实被大量削删、遮蔽，甚至有意歪曲，造成后人理解上的误区。透过正史堆积的重重迷雾，我们发现王室成员对最高权力的争夺是高丽初期政局动荡的主因。[①] 在激烈博弈的过程中，高丽制度经历了一个从以土俗为主到移植唐制的过程，其间几经顿挫，充斥着张力与冲突。

太祖与惠宗时，王权微弱，婚姻成为政治整合的主要手段。传统史家站在儒家伦理的角度，予以谴责："同姓之娶，不免为禽兽之行……兄弟姊妹，相与为婚。而子烝父妻，臣奸君母，聚麀成风，尚何足与议于礼义之道哉！"[②]以江原正昭、河炫纲、郑容淑等为代表的现代主流观点则认为，太祖

---

① 目前，李基白的"豪族联合政权论"与"贵族社会形成论"乃解释高丽初期政治及其演进趋势的通说（参见李基白《高麗貴族社會의形成》一书中《太祖王建과그의豪族联合政策》与《高麗貴族社會의形成》两节）。就高丽初期的政治而论，到目前为止的主要研究成果有李基白的《高麗貴族社會의形成》及其主编的《高丽光宗研究》（一潮阁，1981 年），河炫纲的《韩国中世史研究》（一潮阁，1988），李泰镇的《金致阳乱의性格》（《韩国史研究》17，1977），黄善荣的《高丽初期王权研究》（东亚大学出版部，1988），姜喜雄的《高丽惠宗朝王位继承战의新解释》（《韩国学报》7，1977），及日本学者旗田巍的《高麗王朝成立期の'府'と豪族》与《高麗의事审官》（均收入其著《朝鲜中世社会史の研究》，法政大学出版局，1972）等。其中居于主流地位的是以李基白、河炫纲为代表的"豪族联合政权"说与"贵族制度成立"说，其主要观点是：在高丽建国之初，王权微弱，高丽太祖王建不得不与各个强大的地方豪族势力妥协，从而在政治上形成了"豪族联合政权"的形态。从光宗时期开始，王权试图推行使王权专制化，建立中央集权的官僚体制的政策，在此过程中，王权与豪族勋旧势力展开了激烈而残酷的博弈。成宗时期，双方达成妥协，中央集权性质的贵族社会成立。现在，学界虽对"豪族联合政策论"有一定的反思，但多局限于对"豪族"与"豪族联合政策"等用语、概念界定与反思的层面。关于此，可参考李钟旭等著的《韓國史上의政治形態》（一潮阁，1997）中"后三国时代豪族联合政治"一章。

② ［朝鲜］姜再恒：《立斋先生遗稿》卷十《东史评证・高丽》，景仁文化社（以下省略），2000 年，第 175 页。

时的高丽乃豪族联合政权，太祖的婚姻政策是强化王权的手段。[①] 崔规成对此稍加修正，认为太祖的大部分婚姻乃出于对王朝有贡献之人的报偿，他们并非都是各地豪族的代表，而由将军、学者、官僚等多种成分组成。[②] 无论如何，我们必须将太祖的婚姻政策置于王朝特定的立国背景中考察。

王建本是泰封君主弓裔的部将，在将士的推戴下政变得位。推他上台的势力多在地方有其地盘，故被学界称为“豪族”，王建本人也被认为是豪族之一，与其臣属原为同僚关系。史载：“宣吉与其徒五十余人持兵自东厢突入内庭，直欲犯之。太祖策杖立，厉声叱之曰：‘朕虽以汝辈之力至此，岂非天乎！天命已定，汝敢尔耶！’”[③]颇能说明当时王权与臣权的关系。[④] 太祖亦下诏说：“朕出自侧微，才识庸下。诚资群望，克践洪基。”又云：“朕与公等欲救生民，未能终守臣节，以此为功，岂无惭德？”[⑤]透露出地位不稳的信息。

王建与后百济君主甄萱的争战屡战屡败，对各地方势力不得不“分遣单使，重币卑辞，以示惠和之意”。[⑥] 他最终讨平百济具有偶然性——甄萱家族发生了内乱，使他得到了甄萱本人及其婿朴英规的助力，故朴英规在高丽有相当强的实力。[⑦] 王建重用后百济势力，重视以金傅为代表的新罗势力，以

---

① 江原正昭「高麗王族の成立——特に太祖の婚姻を中心として」，朝鲜史研究会编『朝鮮史研究会論文集』2，(龍渓書舎，1980)；정용숙:《고려시대의后妃》，民音社，1992(以下省略)，第35—38页。

② 최규성:《高麗太祖王建研究》，주류사，2005(以下省略)，第332—333页。

③ 《高丽史》卷一百二十七《叛逆一·桓宣吉传》，第3842页。

④ 之后，又连续发生四次叛乱，《高丽史》卷一《太祖一》：“元年夏六月丙辰，即位于布政殿，国号高丽，改元天授……庚申，马军将军桓宣吉谋逆伏诛……己巳，马军大将军伊昕岩谋叛弃市……(八月癸亥)熊运等十余州县叛附百济……九月乙酉，徇军吏林春吉等谋叛伏诛……(十月)辛酉，青州帅波珍粲陈瑄与其弟宣长谋叛伏诛”。(第18页)

⑤ 《高丽史》卷一《太祖一》，第21页。

⑥ 《高丽史》卷一《太祖一》，第21页。

⑦ 参见《高丽史》卷九十二《朴英规传》，第2879页。

牵制从前的同僚势力。① 他知道,对王权真正构成挑战的并非这些降附势力,而是旧泰封集团中的强臣。这三大势力逐渐形成半岛新的贵族阶层——在京贵族集团(两班贵族),王权受到了强力制约。② 王建只有在承认这些势力既得利益的前提下,才能顺利地统治下去。③

学界一般认为,为了在豪族政治中维持王权于不坠,王建采取了与他们通婚的政策。④ 在29名后妃中排名第一的神惠王后柳氏,乃王建结发之妻,为"三重大匡天弓之女。天弓家大富邑,人称为长者"。⑤ 柳氏与洪儒、裴玄庆、申崇谦、卜智谦等共拥太祖即位,被后唐明宗册为河东郡夫人,无子。太祖之所以在柳氏死后立出身卑微的"庄和王后"吴氏为后,除吴氏是其第二位妻子,追随他的时间远在其他"夫人"之前外,还出于确立惠宗嫡子地位的考虑。《高丽史·后妃传》载:

> 吴氏,罗州人,祖富屯,父多怜君,世家州之木浦。多怜君娶沙干连位女德交,生后……太祖以水军将军出镇罗州,泊舟木浦,望见川上有五色云气,至则后浣布,太祖召幸之,以侧微不欲有娠,宣于寝席,后即吸之,遂有娠生子,是为惠宗。⑥

---

① 姜再恒论"高丽终始兴亡之由"云:"(太祖)受金傅之降,纳甄萱之投,以成一统之业……而终不能正甄萱父子弑君与父之罪……而高丽五百年之治乱,可以因此而知之矣。"([朝鲜]姜再恒:《立斋遗稿》卷十《东史评证》,第175页。)未看到王建实力上的缺陷。

② 高丽乃是一个贵族社会,王权低落。关于此,可参考[韩]李基白:《韩国史新论》,一潮阁,1996年(以下省略),第159页。

③ 최규성:《高麗太祖王建研究》,第380页。

④ 关于太祖王建的婚姻问题,学界从多个角度进行了研究,但大体都以太祖时期的政权为豪族联合政权为前提,将太祖的婚姻关系看作是强化王权的一种手段和政策(关于这一问题的综述及评论,可参考최규성:《高麗太祖王建研究》,第271—272页。)李基白便认为太祖与"豪族"的"联合"主要通过三种方式进行:一是赐姓,和他们形成拟制家族关系;二是婚姻,王建与其29位妻妾的大部分婚姻都是政治婚姻;三是让豪族的子弟入京侍卫(具体论述见李基白《高麗貴族社會의形成》,第21—23页)。

⑤ 《高丽史》卷八十八《后妃一》,第2763页。

⑥ 《高丽史》卷八十八《后妃一》,第2764页。

因吴氏地位低微，故有惠宗“恐母微不得嗣位”[①]之说。[②] 王建的其他妃子均为“夫人”。比如，在《后妃传》中排第三位的神明顺成王太后刘氏，乃内史令兢达之女。她生有五子，其中两子均继惠宗之后登上王位，即定宗与光宗。刘氏因子而尊，才有了所谓“太后”称号，在世时也是夫人身份。[③]

郑容淑认为，太祖与29名后妃的婚姻可分为三个阶段，第一阶段是作为弓裔将军时期的婚姻，在这一阶段娶神惠王后柳氏和庄和王后吴氏。她认为这两个后妃家庭都通过西南海上贸易积累了巨大财富，太祖与他们的联姻属军事和财富的联姻。[④] 但吴氏显然不属这种情况，完全是由于“祖富屯”一语产生的联想。史料中描绘太祖初见吴氏时的情景云：“至则后浣布”，也说明吴氏的家境一般，不可能是什么大富豪。

第二阶段是登上王位，统一后三国过程中的婚姻，目的是掌控政局，[⑤]与刘氏等众多“夫人”的婚姻属于这种情况。

第三阶段是三国统一之后，和新罗王室的婚姻，为的是实现与臣僚相区分的身份转化，但把后百济君主甄萱的女婿朴英规也说成是新罗王室则属牵强附会。[⑥]

登上王位后，王建陆续娶了二十几个女子，以与各种势力结成纽带构筑王权的支持基础。但功臣勋旧势力亦可借此涉入最高权力的争夺，反而会

---

① 《高丽史》卷八十八《后妃一》，第2765页。

② 李基白认为王建和罗州吴氏的婚姻也属和豪族联姻的范畴(具体论述见李基白《高麗貴族社會의形成》，第22页)，不能苟同。《高丽史》已明言吴氏出身微贱，其父无名，更无其他夫人之父那种三重大匡、大匡之类的头衔，可见在地方既无势力，又无军队，“多怜君”乃以外戚身份获得的追封。崔规成则将身份上的“侧微”解释为政治实力不够——“侧近势力微弱”(최규성:《高麗太祖王建研究》，第284—285页)，不符合古汉语的一般规则、具体的历史情境与历史常识。金甲东也指出，“侧微”的含义就是身份的低贱及由此而来的实际权力与军事力的不足[김갑동:《고려전기정치사》，일지사，2005(以下省略)，第58页]。

③ 《高丽史》卷七十七《百官二》：“国初，宗亲称院君、大君。”又“内职，国初未有定制，后妃而下，以某院某宫夫人为号。”(《高丽史》卷七十七《百官二》，第2448页。)

④ 정용숙:《고려시대의后妃》，民音社，1992(以下省略)，第34—35页。

⑤ 同上，第35—38页。

⑥ 同上，第38—40页。

成为动摇王权的因素。为了解决这一问题，就需限制王子们的竞争。在王建看来，在当时的条件下，最好的办法仍是通过不同形式的婚姻关系，改变不同子嗣间的力量对比。①

王建生于唐乾符四年(877)，一生戎马倥偬，基本在征战中度过。他于后梁末帝贞明四年(918)登上王位后，面临两大问题：一是半岛仍是三国鼎立的局面，鹿死谁手，尚未可知。他自身实力有限，各地方势力的向背决定了王朝的命运。一是他已四十一岁，却只有吴氏所生一子，②而他本人也在步入老年，故在天授四年(921)立王武为正胤。然而，就在两年后，第二子王尧(即之后的定宗)出生，之后其他夫人又陆续为他生下 23 个王子，反而成为新朝的隐患。

王武虽地位不稳，但有其优势：其一，他是长子；其二，年龄远超其他各子，心智最为成熟；其三，在动乱中长大，有一定的勇力与社会经验。《高丽史》卷二《惠宗世家》："从讨百济，奋勇先登，功为第一。"③惠宗直接参与了王朝的创业过程，故在百年后论宗庙问题时，议者曰："惠宗有功德，不宜毁而毁之，皆非礼。"④"功"指惠宗在统一过程中立下的功勋，"德"应指他继位后的作为。恭愍王十二年五月，"还安九室神主于太庙，新撰乐章，与惠宗第二室云：'天造我家，或不来庭，左右太祖，弓矢经营，观德在庙，凛然英灵，济屯开泰，永仰皇明。'"⑤惠宗之位百世不毁，在高丽人的心目中具有崇高地位。

高丽有母贱则贱的习惯法，惠宗虽为长子，但身份卑贱，在继承资格上

---

① 王建于 943 年去世，其时，惠宗、定宗、光宗分别为 31 岁、20 岁、18 岁。据《高丽史》卷八十八《后妃一》："太祖四年十二月，册惠宗为正胤，以后(义和王后林氏)为妃。"(《高丽史》卷八十八《后妃一》，第 2769 页。)在太祖四年(921)年以前，惠宗就已结婚，结婚年龄在 9 岁以前。如这是当时的一种普遍惯例或太祖本人的一贯做法，则之后定宗、光宗乃至其他大部分子嗣的婚姻，都应出自太祖本人的安排。

② 据《惠宗世家》，王武生于后梁乾化二年(912)，王建称王时只 6 岁。虽然在登上王位后，王建又陆续缔结了多宗婚姻，但数年之内均无男子出生。

③ 《高丽史》卷二《惠宗世家》，第 46 页。

④ 《高丽史》卷六十一《礼三》，第 1959 页。

⑤ 《高丽史》卷七十《乐一》，第 2202 页。

存在缺陷。[①] 可对一个刚创立的新王朝而言，需要的是一个相对成熟的长君，王建必须巩固长子的地位，让他顺利继位。《高丽史·后妃传》称惠宗有异相，乃"真龙子"，[②]就是为了增强其合法性编造的故事，制造的舆论。

因惠宗的缺陷特别是后文所论之健康原因，王建又以第二子为替补。由于惠宗与定宗角色与定位上的这种差异，太祖为他们选择的婚姻之家虽均为朝廷实力派，但又有所不同。惠宗后林氏之父林曦，乃太祖心腹嫡系，长期掌握军权。[③] 王建发动政变登上王位后，马上进行了一次重要的人事任命："以韩粲金行涛为广评侍中，韩粲黔刚为内奉令，韩粲林明弼为徇军部令，波珍粲林曦为兵部令，苏判陈原为仓部令……盖开国之初，妙简贤材，以谐庶务也。"[④]林曦排名第四，掌军权。不仅如此，林氏一族的另一重要成员林明弼为另一军事机构徇军部的长官，其女亦为太祖夫人之一。[⑤] 太祖还为王武聘王规之女为妻，王规又有两女为太祖夫人，[⑥]亲上加亲，以强化惠宗的地位，让他顺利接班。

太祖为定宗选择的婚姻之家为朴英规，系百济降将，和林曦的地位有一定差距。与此同时，太祖又为惠宗和定宗各聘娶实力派金兢律一女为妻，将两位有竞争关系的王子联结在一起。在王建看来，这种安排既让他们形成王位继承上的双保险，又使他们的力量有所差别，加以妻系的亲上加亲，应不致形成夺嫡问题。[⑦]

---

① 金甲东认为："王位争夺战的原因虽有多种，但惠宗自身的出身背景应是主因之一。"(김갑동:《고려전기정치사》，第 57 页。)

② 《高丽史》卷八十八《后妃一》，第 2765 页。

③ 金甲东甚至判断："当时，镇州林氏一族掌握了朝廷全部的军权"(김갑동:《고려전기정치사》，第 59 页)。

④ 《高丽史》卷一《太祖一》，第 19 页。

⑤ 具体分析，见김갑동:《고려전기정치사》，第 60 页。

⑥ 太祖的广州院夫人与小广州院夫人均为王规之女。王规为太祖时宰相，与廉相、朴守文并受遗诏辅政，在惠宗离世时被指责试图发动叛乱。

⑦ 多数韩国学者均忽视了这一点，金甲东甚至认为定宗与金竞律之女的婚姻是在惠宗时期建立，主动者为金氏家族，为的是在惠宗死后让定宗继位(김갑동:《고려전기정치사》，第 65 页)。显然，这是没有根据与合理性的推测。

在设计了王位继承的双保险之后，就要想办法限制其他子嗣的竞争。于是，王建在第三子以下，实行“以女配子”政策，让他们在事实上失去妻族，从而失去与正胤竞争的实力。[①] 王建共九女，除两女嫁给前新罗王金傅外，其他均“以女配子”。太祖又有 6 子或早卒，或为僧。[②] 这样，25 子中的 13 人就被基本排除于资格战之外。

近亲为婚虽是半岛“土习”，但“以子聘女”仍骇人听闻。在新罗时代，最多不过堂从，[③]故到了朝鲜时代(1392—1910)，有人开始怀疑“以子聘女”的“家法”存在重大隐情，猜测是为了避免与豪族联姻，以掐断外姓大族干政的可能。[④] 可直到现在，“以子聘女”乃强化王权之举仍是学界的主流观点。江原正昭称：“实行豪族联合政策的王族，通过同父异母兄妹婚，强化了自身的地位，使豪族决定性地成为在身份上比王族低一等的身份群体。”[⑤]萧启庆云：“高丽王室为维持独尊的地位，以为专制国家的支柱，鲜与其他家族通婚。宗亲之间，往往互为婚姻，不避血亲。”[⑥]总而言之，“以子聘女”不仅保证了王权的权威，还能保证国王掌控权力的传承——高丽王可以通过对婚姻政策的调整，确保自己选择的继承人即位。

这类观点乃基于后世之人的先入之见，未仔细体味具体的历史情境。

---

① 《高丽史》卷九十一《公主传》：“兴芳宫主，亦神明太后所生，适元庄太子。”此类事例甚多，故《后妃传》序云：“太祖法古，有志化俗，然狃于土习，以子聘女，讳称外姓，其子孙视为家法而不之怪，惜哉！”(《高丽史》卷八十八《后妃一》，第 2763 页。)

② 见《高丽史》卷九十《宗室传》及《高丽史》卷九十一《公主传》。

③ 《新唐书》卷二百二十《东夷传》：“新罗，弁韩苗裔也……兄弟女、姑、姨、从姊妹，皆聘为妻。”关于新罗王室的婚姻，可参考崔在錫：〈新羅王室의婚姻制〉，《한국사연구》40，1983，第 1—32 页。

④ 沈光世(1577—1624)《休翁集》卷三《海东乐府》：“大抵丽祖后妃，多是宗姓。或曰：欲杜外戚之弊为之云。”([朝鲜]沈光世：《休翁集》卷三《海东乐府并序》，景仁文化社，1996 年，第 355 页。)但却未见有人展开系统分析。

⑤ 江原正昭「高麗王族の成立——特に太祖の婚姻を中心として」，朝鲜史研究会編『朝鲜史研究会論文集』2，(龍渓書舎，1980)，第 74 页。

⑥ 萧启庆：《元丽关系中的王室婚姻与强权政治》，载《内北国而外中国——蒙元史研究》(下)，中华书局，2007 年，第 768 页。

比如，郑容淑称，后来光宗之所以能上位，就是因为其婚姻为兄妹婚，在地位上大大高出其他王子，[①]完全颠倒了因果关系。如此类说法成立，惠宗与定宗的地位与身份岂非较诸弟低下，如何利于他们掌权？如后文所论，光宗上台有其复杂的背景。他在继位后，看到高丽初期的政局动荡主要是宗室之乱，才要继续太祖从他身上开始的“以子聘女”制。此后，“以子聘女”遂作为一种“制度”被基本固定下来，一直持续到高丽成为元的驸马国时为止。[②]

（二）惠、定、光三朝的政权更迭

《高丽史》卷五十三《五行三》载：“太祖二十年十一月，军岳乡牛生犊，一身两头。”[③]又，“太祖二十三年十一月，薛发县百姓汶会庄有马生驹，一身两头，前两足，后四足。”[④]一身两头，即指王室的双保险惠宗与定宗。这是民间对王建家庭观察得出的结论，也是对未来局势的预言。

通说认为，高丽初期的不安局面，主要由豪族跋扈所致，所谓王规之乱是其主要依据。[⑤] 如下文所论，这不过是胜利者的书写。细读史料，我们发现，惠、定、光、景四代政局的动荡，主要为王室内部的权力争夺。

为了让惠宗坐稳王位，王建一方面将他托付于实力派朴述熙，[⑥]另一方面又让廉相、王规、朴守文等重臣共同辅政。崔承老云：“惠宗久在东宫，累

---

① 정용숙:《고려시대의后妃》，第 82—83 页。

② 当然这并不是说之后国王的妃子全部为宗室女，而是其正妃基本上都是宗女。关于此，可参看《高丽史》卷八十八《后妃一》。

③ 《高丽史》卷五十三《五行三》，第 1777 页。

④ 《高丽史》卷五十三《五行一》，第 1687 页。

⑤ 河炫纲认为，随着太祖的去世，以太祖为中心的团结起来的豪族势力，对太祖的后继者惠宗则不完全尽忠，从而使王权经受考验.惠宗时期的政局是，在取得朴述熙支持的惠宗，试图立广州院君为王的王规势力，以及和王式结成联盟的惠宗的异腹弟王尧的势力，共三股势力，围绕着王位而展开了激烈的竞争。（见河炫綱:〈高麗惠宗代의 政變〉，《史學研究》20，1968；李鍾旭:〈高麗初 940 年의 王位繼承과 그政治的性格〉，《高麗光宗研究》，一潮閣，1981。）

⑥ 《高丽史・朴述熙传》：“太祖临薨托以军国事曰：‘卿扶立太子善辅佐。’述熙一如遗命。”（《高丽史》卷九十二《朴述熙传》，第 2872 页。）

经监抚，尊礼师傅，善接宾僚，由是令名闻于朝野。及初即位，众举欣然。”[①]太祖为惠宗设立了师傅之官，使之拥有了一批自己的支持者。但由于母氏侧微，他在王室中的反对势力强大，为首者就是定宗，他最终在宗室武将王式廉的支持下政变成功，夺得王位。而这又和太祖生前的特殊安排有关。太祖以次子定宗为接班梯队，除了惠宗母氏身份低微、本人健康欠佳、[②]无强大的外家支持等原因外，还因朝廷中拥有强大武力的勋旧势力的存在，使他担心他们会颠覆王权。他派堂弟王式廉拥定宗以重兵镇平壤，与坐镇开京的惠宗遥相呼应，形成掎角之势。[③]《高丽史》卷九十二《王式廉传》："式廉久镇平壤，常以卫社稷、拓封疆为己任。”[④]“卫社稷”是排在第一位的任务，“拓封疆”居于其次，而这常为治史者所忽视。

王建的这一安排是以防契丹为名进行的。崔承老云："自成一统以来，勤政八年，事大以礼，交邻以道。”[⑤]太祖对契丹一直采取稳健政策，[⑥]可到晚年却突然有绝契丹之举，[⑦]这显然不能单从外交，还须从内政的角度理解。以李基白为首的韩国学界主流认为，王建绝契丹，营西京，乃因他具有高句丽继承意识，试图开展“北进运动”，收复高句丽故地，契丹是他实现这一梦

---

① 《高丽史》卷九十三《崔承老传》，第2884页。

② 具体分析见后文。

③ 《高丽史》卷一百二十七《王规传》："初，惠宗疾笃，定宗知规有异志，密与西京大臣式廉谋应变。及规将作乱，式廉引兵入卫，规不敢动。”（第3843页）《高丽史》卷二《定宗纪》："四年春正月辛亥，大臣王式廉卒。”（第50页）王式廉最迟在惠宗时仍任最高武阶之大臣，且一直担任此职。以王式廉镇地方，以朴述熙镇中央，应该是太祖在生前的有意安排。

④ 《高丽史》卷九十二《王式廉传》，第2873页。

⑤ 《高丽史》卷九十三《崔承老传》，第2884页。

⑥ 郑全荣的研究表明，在正式受后唐册封之前，高丽与契丹保持着正常朝贡关系，实行对后唐与契丹的两面外交。（见其著：〈고려 태조의 改元政策과 그 성격〉，《동국사학》52，2012，第100—101页。）韩国学者姜吉仲也指出："大抵言之高丽太祖与辽尚维持良好的关系”。（见其著：《高丽与宋金外交经贸关系史》，文津出版社，2004年，第166页。）

⑦ 《高丽史》卷二《太祖二》："二十五年冬十月，契丹遣使来，遗骆驼五十匹。王以契丹尝与渤海连和，忽生疑贰，背盟殄灭，此甚无道，不足远结为邻，遂绝交聘，流其使三十人于海岛，系骆驼万夫桥下，皆饿死。”（《高丽史》卷二《太祖二》，第42页。）

想的最大障碍。[①] 这不过是站在现代民族主义的立场,对历史进行的重构而已。

林国亮称:"高丽自认与渤海同种,且渤海为高丽之屏障,渤海既亡,契丹境土遂与高丽接壤。太祖王建对契丹势力的扩张深为忧惧,遂决定与契丹绝交。"[②]但契丹灭渤海在十七年前。事过多年,太祖在来日无多的暮年时刻以契丹灭渤海为名的举动,不过是为掩饰其内心真实企图的政治表演。这种外构强敌之举,有重大政治风险,说明他所追求的利益在这种风险之上。他以防契丹为由,在西京屯驻由宗室统领的重兵,对中央的功臣勋旧势力形成威慑,与朱元璋分封诸子并配以军队的做法相似,也造成了类似的问题。后来,定宗果然依靠西京军队夺得王位。崔承老《时务策》曰:

> 定宗在藩邸时,早有令闻。及惠宗寝疾弥留,宰臣王规等潜有所图,窥觎王室。定宗先认之密,与西都忠义之将定计而为备。及内难将作,卫兵大至,故奸计不成,群凶受诛。虽由天命,亦在人谋……及乎误信图谶,决议迁都。又天性刚毅,固执不移。暴征作役,劳动人夫。虽上虑为然,乃群情不服。怨诟由是而兴……未及西迁,永辞南面。[③]

定宗上台后,故技重施,不仅发动了迁都西京运动,还"以契丹将侵,选军三十万,号光军,置光军司"。[④] 李基白认为定宗迁都乃出于风水地理信仰与怀念高句丽旧都的北进企图,[⑤]乃"遵从父王太祖王建的遗志,努力开拓北方"[⑥]。理由之不充分已如上文所言。河炫纲则指出,定宗虽由以西京为根据地之王式廉等人的支持而登上王位,可开京的反对势力强大,政局不稳,

① 具体论述见李基白:《高麗貴族社會의形成》,第 26—27 页。

② 林国亮:《高丽与宋辽金关系比较研究》,延边大学博士论文,2012 年,第 39 页。

③ 《高丽史》卷九十三《崔承老传》,第 2885 页。

④ 《高丽史》卷八十一《兵一》,第 2579 页。

⑤ 李基白:《高麗貴族社會의形成》,第 5 页。

⑥ [韩]卢启铉:《高丽外交史》,延边大学出版时,2002 年,第 29 页。

故急于迁都。[①] 此说近实。

崔承老于成宗元年上疏云:"唯惠、景二宗嗣位,皆自春宫,人无异望。至于兄弟之间,非有分明付托,则争端必起。惠宗两年寝疾而终,有子曰兴化郎君而年少,又不能嘱后事于诸弟。"[②]在惠、定、光、景四代中,只有惠宗与景宗正大光明,定、光两宗均以"争端"上位,定宗更是通过赤裸裸的军事政变得位。崔承老所谓"内难将作",表面指"王规之乱",实际应指辅佐惠宗的王规等人起草遗诏立新君之举,人选显然不是定宗,而是惠宗之子。因此,自认有继承资格的定宗不服,在关键时刻以西京武力发难,一举夺得政权,"卫兵大至"即指此。这一切早有预谋,故云"虽由天命,亦在人谋"。支持定宗夺权的除西京势力外,[③]还当有在开京的外家刘氏与妻家朴氏为内应,否则便无法理解惠宗时期京城的紧张局面。

惠宗为正胤多年,身边又有"师傅"之人,对局势应洞若观火,崔承老所谓"时有人谮定宗兄弟,谓有异图",[④]当即指此。"定宗兄弟",指刘氏所生四子,[⑤]但光宗为康氏所养,使惠宗得以在其间施笼络、分化之策,婚姻为其主要手段——他把女儿嫁给光宗,在"定宗兄弟"中打入了一个楔子。

作为定宗政变口实的所谓"王规之乱",乃定宗政变成功后编造的诬罔之词。在《高丽史》中,我们看不到王规叛乱的任何直接证据。[⑥] 定宗甫一上台,便除掉了辅佐惠宗的王规、朴述熙等人,将政权非正常更迭的罪名嫁祸

---

① 河炫綱:〈豪族과王權〉,《한국사》4,국사편찬위원회,1974,第125—126页。

② 《高丽史》卷九十三《崔承老传》,第2887页。

③ 金甲东则认为事件的顺序是:定宗先清除了朴述熙势力,之后又引王式廉的西京势力入京,在登基之后又将王规势力清除(김갑동:《고려전기정치사》,第74页)。如下文所论,这种说法不合理。

④ 高丽史九十三《崔承老传》,第2884—2885页。

⑤ 现在一般人均将"定宗兄弟"理解为定宗与光宗,过于狭窄,且忽视了定宗与光宗之间的矛盾。

⑥ 可是,现在多数学者仍认为王规发动了叛乱。关于此,可参考白剛寧:〈高麗初 惠宗과 定宗의 王位繼承——朴述希와 王規의 出身背景과 役割의 再解釋을 중심으로〉,《진단학보》82,1996,第83—112页。

于王规。《高丽史》卷九十二《朴述熙传》:“及惠宗寝疾,述熙与王规相恶,以兵百余自随。定宗疑有异志,流于甲串,规因矫命杀之。”[①]定宗已政变成功,王规自身难保,如何还要杀掉并且能够杀掉处境相同的朴述熙?据《高丽史》卷二《定宗世家》:“惠宗二年九月戊申,群臣奉王(定宗)即位。己酉,王规谋逆伏诛。”[②]定宗即位第二天就杀掉了王规,考虑到流刑执行需要的时间与距离,朴述熙之被定宗流于甲串,绝不会在其即位当天完成。王规能在定宗即位之日矫杀朴述熙的必要性与可能性何在?

因此,我们认为,王规、朴述熙的所谓被流甲串,不过是事后编造。他们作为惠宗朝的辅政大臣,在定宗政变的过程中应均已被杀。[③] 可定宗集团为了树立政权合法性,编造了《王规传》中的以下说法:“定宗知规有异志,密与西京大臣式廉谋应变。及规将作乱,式廉引兵入卫,规不敢动。乃窜于甲串,遣人追斩之,诛其党三百余人。”[④]为此,《高丽史》还称王规屡次欲行大逆。但这又为《王规传》中“惠宗虽知规所为,亦不罪之”的记载间接否定。[⑤]可直至今日,史家仍相信正史之说,使之成为千载难发之覆。

对王规的诬陷透露出太祖、惠宗时,太祖诸子激烈争夺最高权力的信息,只不过觊觎者不是王规及其女与太祖所生的广州院君,而是被正史指为受王规诬陷的“定宗兄弟”。王规是定宗兄弟的最大障碍,必欲除之而后快。从这一角度看,史料中诸多让人费解之处便迎刃而解。惠宗“常以甲士自卫,喜怒无常。群小并进,赏赐将士无节”,[⑥]不是为了防王规,而是为了防定宗。惠宗以其女嫁弟昭(光宗),正史的说法是“王规谮王弟尧及昭,有异图,

---

① 《高丽史》卷九十二《朴述熙传》,第 2872 页。

② 《高丽史》卷二《定宗世家》,第 49 页。

③ 金甲东认为,定宗在惠宗死之前,先将朴述熙流放,之后又将之杀害,王规则是一个协助者,或至少是一个旁观者(김갑동:《고려전기정치사》,第 73 页)。

④ 《高丽史》卷一百二十七《叛逆一・王规》,第 3842 页。

⑤ 金甲东为了解释这一点,提出了这样的看法:惠宗对王规的“谋逆”行为知而不罪,除了王规是其岳父外,还由于他是一个心胸宽大的人(김갑동:《고려전기정치사》,第 70 页)。以此解释重大政治事件,说服力不足。

⑥ 《高丽史》卷二《惠宗世家》,第 49 页。

惠宗乃以女妻昭，以强其势”。[①] 实际应是惠宗要在定宗与光宗兄弟间打楔子，并以其女就近监视。[②]

崔承老《时务策》：“时有人谮定宗兄弟，谓有异图。惠宗闻而不大，亦无所问。恩遇愈丰，待之如初，故人皆服其大度。”[③]“闻而不大”，说明定宗谋逆确有其事，[④]这是他为披露事实使用的春秋笔法。惠宗明知此事，但因力量不足，只能大事化小，出现了惠宗“过惜身命。左右前后常以甲士相随，盖为疑人太甚，大失为君之体。加以偏赏将士，恩泽不均”[⑤]之事。“内外怨嗟，人心携贰”，主要当非因惠宗“恩泽不均”，而是因为出现了两个权力中心。[⑥] 这一局面因其健康问题愈发恶化。崔承老云：“（惠宗）即位逾年，便致沈痾，床枕之间，淹延岁月。于是朝臣、贤士不获近前，乡里小人常居卧内。厥疾弥笃，嗔恚日增。三年之间，民不见德。至于晏驾之日，粗得免其横祸，可不痛哉？”[⑦]在继位之前，惠宗的健康可能已经出了问题，故太祖才有以定宗为梯队的安排。但这对惠宗的地位形成了挑战。巨大的压力，使惠宗的身体在继位后彻底垮掉，大臣们纷纷另找靠山，定宗与光宗，一为太祖选定的接班梯队，一为惠宗女婿，遂成为他们最优先的选择。隐约之中，朝廷又分出两大势力，相互牵制。这应是惠宗“粗免横祸”的原因，惠宗的婚姻政策起到了效果。

崔承老又云：“定宗自被群臣翊戴，以纂大业。”所谓“自被群臣翊戴”乃

---

① 《高丽史》卷八十八《后妃一》，第 2770 页。

② 郑容淑云：“惠宗不将自己的女儿许配给年长的定宗，而是越过定宗，许配给光宗，让人难以理解。”（정용숙:《고려시대의后妃》，第 81 页。）

③ 《高丽史》卷九十三《崔承老传》，第 2884—2885 页。

④ 有韩国学者也指出，王规并非诬告，而是揭发的事实（见하현강:《한국중세사연구》，일조각，1988 年，第 97 页）

⑤ 《高丽史》卷九十三《崔承老传》，第 2885 页。

⑥ 惠宗对定宗的谋逆如非“闻而不大”，自己的生命都有危险。金甲东的解释是：“王规向惠宗汇报了定宗的异常举动后，惠宗却未采取任何具体措施。这引发了他的不满。加之惠宗将女儿许配给了王昭，使他担心自身的安全。于是，他决心除去惠宗，立外孙广州院君。”（김갑동:《고려전기정치사》，第 70 页。）这种说法不合情理。

⑦ 《高丽史》卷九十三《崔承老传》，第 2885 页。

政变夺位的讳饰之词。定宗来路不正，势力也未足够强大，惠宗做正胤多年，有功德在人心，潜在势力不可小觑，再加上亲兄弟光宗的挑战，使他在开京一直惊惧不安。[①] 在现实与心理的压力下，[②]定宗在其即位的第四年九月，因暴雷惊吓得病。[③] 又过了三个月，王式廉去世，愈发加剧了其病情。历史仿佛重演，其弟光宗利用其病危非正常上位。

关于此，我们可从两个方面推测。首先，定宗从得病到去世，经过了半年多时间，可史料却称他在“疾笃”时才“内禅”其弟，光宗显非其意中的继承人。《高丽史》卷八十八《后妃一》：“定宗一子，文成王后朴氏生庆春院君。庆春院君史逸其名。”[④]定宗自身有子，却让光宗继位，己子却“史逸其名”，似有隐情。

其次，在《高丽史·宗室传》中，王泰在刘氏诸子中非长，却排在定宗、光宗两位国王之前，位列第一，非常怪异，乃修史者以春秋笔法暗示定宗、光宗得位不正欤？光宗继定宗上位，史不云其为太祖第三子，是否意味着王泰在刘氏诸子的实际排行在光宗之前？[⑤] 光宗和定宗相差两岁，王泰在他们中间出生是可能的。如确实如此，那么定宗当其病笃时，指定的继承人如非己子，则应是王泰。如此说成立，则意味着在王泰与光宗之间发生过激烈的权力争夺。

在高丽一朝，非王储而称“太子”，且太子众多的现象，只发生在太祖、惠、定、光四朝，很不寻常。在太祖诸子中，信州院夫人康氏，“生一子，早卒，

---

① 金甲东的解释是，定宗信佛，故希望离开在即位过程中造成大量伤亡的开京，从西京开始新出发（김갑동:《고려전기정치사》，第 77—78 页）。

② 《高丽史》卷五十三《五行一》：“定宗元年，天鼓鸣。”又“定宗三年九月，王御天德殿，忽雷雨震人，又震殿西角”。

③ 对定宗因惊雷致病，金甲东的解释是：迁都西京运动与组织光军，招致了百姓的普遍怨恨，这使他内心非常苦闷认为惊雷乃上天示警，因而致病（김갑동:《고려전기정치사》，第 81 页）。所有这些都是从定宗乃虔诚佛教徒的角度进行解释，而非从政治运行的逻辑解释。

④ 《高丽史》卷九十《宗室一》，第 2821 页。

⑤ 刘氏所生太子泰与太祖妃兴福院夫人洪氏所生之女结婚，亦属兄妹结婚，当排在定宗之后，却有可能在光宗之前。具体分析见后文。

养光宗为子”。[①] 另,“孝悌太子,史逸其名,早卒无嗣。孝明太子,史逸其名,早卒无嗣”。[②] 其他太祖子,史均不言早卒,应无早夭问题。

> 贞德王后柳氏,贞州人,侍中德英之女,生王位君、仁爱君、元庄太子、助伊君……献穆大夫人平氏,庆州人,佐尹俊之女,生寿命太子……东阳院夫人庾氏,平州人,太师、三重大匡黔弼之女,生孝穆太子义、孝隐太子。肃穆夫人……大匡名必之女,生元宁太子。天安府院夫人林氏,庆州人,太守彦之女,生孝成太子琳珠、孝祗太子。兴福院夫人洪氏,洪州人,三重太匡规之女,生太子稷……圣茂夫人朴氏,平州人,三重大匡智胤之女,生孝悌、孝明二太子,法登、资利二君。[③]

并非每位夫人所生之子均能得到太子谥号,太子谥号的取得亦无一定之规,和长幼无关。在太祖的二十五子中,除惠宗为被册为正胤外,十人有太子之称,均应为死后所封。除早卒的孝悌太子与孝明太子外,其他太子均应婚配,但或被明记参与谋反,或无子嗣,或虽有子嗣却或出家或逸名,后裔均不得继承爵位。这使我们有理由怀疑,他们均在惠、定、光三朝之际,深入涉及王位争夺战,太子之称乃获胜一方的奖赏。另外,哀伊主只是一个宫人,却被记载于后妃传,不同寻常,在《高丽史》中再无二例,她所生之子,亦被称为“太子”,可惠宗正妃所生子却仅称“兴化君”,极为反常。其子在政权更替过程中,显然发挥了一些不同寻常的作用。[④]

在太祖诸子中,还有一个怪异现象:二十五子中,除一人出家外,竟有十

---

① 《高丽史》卷八十八《后妃一》,第 2768 页。

② 《高丽史》卷九十《宗室一》,第 2820 页。

③ 《高丽史》卷八十八《后妃一》,第 2766—2769 页。

④ 光宗时,除景宗之外,又有一子称“孝和太子”,和景宗均为大穆王后皇甫氏所生,也应是死后被封。又太祖之子戴宗王旭,生三子,其中之一即后来的成宗,另外两人分别被追谥为孝德太子、敬章太子。这应和成宗旁出的特殊情况有关,无关政治斗争。而且光宗与戴宗之子是除了成为王之外,都追谥为太子,这和太祖之子为太子的情况大不相同。除了这些事例之外,在高丽一朝再无追谥太子之事。

二人无嗣。细读《宗室传》可知，这些无嗣的太祖之子在太祖去世时，应都不会超过18。在惠(在位二年)、定(在位四年)、光三宗交替之际，他们中多人的年龄应在20岁左右，最容易卷入政治斗争。他们无嗣，很可能是在各次政争中被杀所致。仔细吟味崔承老"唯天安、镇州二郎君，本皇家之枝叶也，光宗犹自宽容，竟不置之于法"之语，可隐约窥见太祖诸子多在光宗朝被杀的事实。"两朝皆唯有一子，亦不使保其性命……(光宗)于己一子亦生疑忌"，[①]又表明太子济与定宗嫡子庆春院君为光宗所杀，惠宗嫡子兴化君在景宗初被杀。光宗不杀惠宗嫡子兴化君，而杀宫人所生之子王济，当是因王济参与了叛逆活动。兴化君(即镇州郎君)虽因姐夫光宗的庇护躲过了定、光两朝的危局，却最终在景宗朝遇害。

光宗虽为定宗亲弟，但为康氏所养，彼此在情感上是有距离的。他又是惠宗女婿，高丽人素重外家、妻家，光宗应是得到了宗室与惠宗势力的共同支持，才得以登上王位。[②] 能让定宗"丧心生疾"的，应当就是这股势力。太祖《十训要》第三条云："传国以嫡，虽曰常礼。然丹朱不肖，尧禅于舜，实为公心。若元子不肖，与其次子；又不肖，与其兄弟之众所推戴者，俾承大统。"[③]惠、定、光三朝的权力更迭几乎照此走了一遍，光宗居"兄弟之众所推戴者"之位，暗示他有可能并非第三子，其上位乃由宗室兄弟推戴，与我们上文的分析一致。我们有理由怀疑《训要》此条乃光宗为树立自身合法性而伪造。

《训要》第八条也非常可疑。该条前半云："车岘以南，公州江外，山形地势并趋背逆，人心亦然。彼下州郡人参与朝廷，与王侯国戚婚姻，得秉国政，则或变乱国家，或嗛统合之怨，犯跸生乱。"[④]"车岘以南，公州江外"乃旧百济

---

① 《高丽史》卷九十三《崔承老传》，第2887页。

② 金甲东则认为支持光宗的是与刘氏有婚姻关系的以朴英规为代表的所谓"后百济"与"旧新罗"两大势力，以及光宗养母信州院夫人代表的信州势力(김갑동:《고려전기정치사》，第67页)。这种推测不合理的成分太多，本文不取。

③ 《高丽史》卷二《太祖二》，第43页。

④ 《高丽史》卷二《太祖二》，第44页。

之地，“参与朝廷，与王侯国戚婚姻，得秉国政”，实际就是指定宗的妻家朴英规。此条暗示朴英规曾秉国政，有“犯跸生乱”“变乱国家”之举。当然，这不过是光宗对定宗势力的栽赃，就如定宗栽赃作为惠宗势力的王规一样。《朴英规传》只载其归附太祖之事，不载其后嗣，是否暗示其一族已在光宗朝被诛戮殆尽？

二、光宗的“华化”运动与制度整合路径

光宗当是在王式廉已死、定宗病危的特殊情势下，在开京派的支持下上位。上台之后，便对西京势力进行了整肃，[①]宗室镇守西京的制度也被废除。如果将定宗的上位看作西京势力压倒开京势力，光宗上位则是开京势力压倒西京势力。金甲东未看到这一点，才有了这样的说法：“光宗好像并未把支持自己上位的西京势力当作腹心，其在位期间，几乎看不到对这一势力的优待与照顾，反而对之进行了大规模的镇压。”[②]

光宗继位后，宗室内的竞争者及其背后势力多被消灭，王朝和王权初步安定。惠、定两朝及定、光之际的政局动荡与血腥杀戮，亦促使统治集团反思，以唐为鉴的想法逐渐流行。[③] 光宗本人从继位之年便开始读《贞观政要》，试图从中国资源中寻找王朝的久安之道。《贞观政要》乃记唐太宗君臣治国理政的言论之书。太宗得位亦不正，与定宗、光宗兄弟类似，光宗读《贞观政要》颇有针对性。

光宗继位后的主要问题是避免重蹈惠、定两宗的覆辙。亲身经历使他认识到太祖以来的政策必须改变。在经过相当时间的准备之后，[④]从其七年

---

① 崔承老《时务策》：“惠、定、光三宗相继之初，百事未宁之际，两京文武半已杀伤”之语，即应从这个角度理解。

② 김갑동:《고려전기정치사》，第 83 页。

③ 对光宗华化政策持强烈批评态度的崔承老，在其上成宗《时务策》的起始句即云：“臣生长草野……窃见开元史臣吴兢撰进《贞观政要》……可为师范也。”光宗本人则常读《贞观政要》，从此，《贞观政要》成了高丽国王的必读之书（史料中此类记载甚多，不赘言）。

④ 光宗在位的前 10 年，国家一片安定景象。史臣云：“王即位之初，礼待臣下，明于听断，恤贫弱，重儒雅，夙夜孜孜，庶几治平。”（《高丽史》卷二《光宗世家》，第 54 页。）

开始，他发动以引进中国制度，建立以君尊臣卑为核心的制度体系，走“中国化”之路为目标的改革运动。如此，就可将政治斗争约束在制度的框架之内，以制度而非婚姻进行政治整合、规范权力与利益，保障国家的长治久安，高丽王权的治国路径发生了重大变化。

上文曾论《十训要》乃光宗时改造、窜改的产物。除第三与第八条之外，第四条也是证据。该条前半句云：“惟我东方，旧慕唐风，文物礼乐，悉遵其制。殊方异土，人性各异，不必苟同。”①太祖时的制度以土俗为主，谈不上“悉遵其制”，此说乃光宗时的写照。光宗的政治整合策略从太祖时期的婚姻政策一传而为制度治理，固然由于他子嗣寡少（只有两子，三女），不具备利用婚姻纽带的条件，但主因仍是对太祖以来教训的吸取。光宗“制度化”政策的核心乃移植并适用中国制度，可由于勋旧势力的阻挠，不得不有所妥协，这就是所谓“人性各异”而“不必苟同”的内涵。

崔成规认为，光宗这样做的目的在于实现王权的专制化，其政治措施具有中央集权与文治主义的性质，与当时后周的政治改革内容相似。② 李基白也举周世宗显德二年关于进士科及显德四年关于制举的诏书为例，认为光宗时期科举制的创设与之有关；又认为世宗显德元年的兵制改革，对光宗十一年改徇军部为军部、改内军为掌卫部、物藏省为宝泉的举措产生了影响。③

这种可能性虽不能排除，但更需指出的是，光宗想要借助后周的主要是改革的合法性、权威性，以及双冀这样的中国人才。当时高丽国内知识人才不足，难以完全承担起以中国制度为模板创法立制的宏大政治工程，投化汉人在政治上具有举足轻重的地位：

> 及双冀见用以来，崇重文士，恩礼过丰。由是非才滥进，不次骤迁。未浃岁时，便为卿相。或连宵引见，或继日延容……于是南北庸人竞愿依投，不论其有智、有才，皆接以殊恩殊礼。所以后生争进，旧德渐衰。

---

① 《高丽史》卷二《太祖二》，第 43 页。

② 최규성：《高麗太祖王建研究》，第 381—382 页。

③ 李基白：《高麗貴族社會의形成》，第 144 页。

虽重华风，不取华之令典；虽礼华士，不得华之贤才。于百姓则益消膏血之资，于四方则剩得浮虚之誉。[①]

这种抛弃本俗的“中国化”运动，在当时半岛“华化”程度有限的语境中，必然面临基于传统的在合法性与合理性上的双重挑战，而应对这种挑战，更需借助中国的权威。

《高丽史·光宗世家》：“（光宗）七年（956），周遣将作监薛文遇来……仍令百官衣冠从华制”，[②]“华化”运动正式启动。随后几年，光宗连续出台了多项重大制度性举措。光宗九年五月，“双冀献议，始设科举试，以诗、赋、颂及时务策取进士兼取明经、医卜等业。”[③]光宗十一年，“改徇军部为军部”“改内军为掌卫部，后称司卫寺”，“改（物藏省）为宝泉”。[④] 同年，“定百官公服”，[⑤]“改开京为皇都”[⑥]。这些制度化措施的目的，均在整顿制度，强化王权，故李基白认为：“光宗是促成政权由豪族联合政权向中央集权的贵族政权过渡的关键人物。”[⑦]

这类做法损害了勋旧集团的利益，[⑧]引发了反弹。《高丽史》卷八十八《后妃一》：“光宗大穆王后皇甫氏，太祖之女……光宗七年，命按检奴婢，辨

---

① 《高丽史》卷九十三《崔承老传》，第2885—2886页。

② 《高丽史》卷二《光宗世家》，第51页。

③ 《高丽史》卷七十三《选举一》，第2304页。

④ 以上分别见《高丽史》卷七十六《百官一》，第2412、2427、2430页。

⑤ 《高丽史》卷七十二《舆服一》，第2264页。

⑥ 《高丽史》卷五十六《地理一》，第1782页。

⑦ 李基白：《高麗貴族社會の形成》，一潮閣，1990，第5页。

⑧ 崔承老在其《时务策》中特别强调君臣关系的对等性。如评价太祖云：“自成一统以来，勤政八年，事大以礼，交邻以道。居安无逸，接下思恭……得帝王之体者又如此也。”评惠宗云：“尊礼师傅，善接宾僚，由是令名闻于朝野。”光宗则是其《时务策》中最大的反面教材，他说：“光宗……何其善于前而早得令名，不善于后乃至斯乎？深可痛也。”其结论是：“虽贵为君主，而不自尊大；富有才德，而不自骄矜。”这正反衬出光宗时期华化政策指向的就是绝对的君主专制制度。

其是非。奴背主者甚众，陵上之风大行。人皆嗟怨，后切谏之，光宗不纳。”[①]王权与正在形成的贵族集团间的冲突再起。崔承老云：

> 自庚申至乙亥十六年间，奸凶竞进，谗毁大兴。君子无所容，小人得其志。遂至子逆父母，奴论其主。上下离心，君臣解体。旧臣宿将，相次诛夷。骨肉亲姻，亦皆剪灭。[②]

庚申年即光宗十一年，乙亥年为光宗去世时的光宗二十六年，其间的十六年正是光宗全力推进制度化整合的时期。光宗重塑半岛社会结构，改变既有权力格局的努力，对正在形成的贵族集团造成了重大冲击，他们中的一些人试图发动政变，从而引发了大规模政治清洗。《高丽史》卷二《光宗世家》：

> （光宗）十一年春三月甲寅……评农书史权信谮大相俊弘、佐丞王同等谋逆，贬之。自是谗佞得志，诬陷忠良。奴诉其主，子谗其父，囹圄常溢，别置假狱，无罪而被戮者相继，猜忌日甚。宗族多不得保，虽一子伷，亦自疑阻，不使亲近。人人畏惧，莫敢偶语。[③]

随着光宗各项制度化措施的陆续出台，对立双方的冲突进入到武力对决状态，光宗不得不强化禁卫军，以免重蹈惠宗覆辙——“我朝侍卫军卒在太祖时但充宿卫宫城，其数不多。及光宗信谗诛责将相，自生疑惑，增益军数，简选州郡有风彩者入侍，皆食内厨。”[④]崔规成认为，诛杀勋臣宿将、改革军部及各官僚机构、强化以儒教为基本政治理念的官僚群体及亲卫军，是光

---

① 《高丽史》卷八十八《后妃一》，第 2770 页。

② 《高丽史》卷九十三《崔承老传》，第 2886 页。

③ 《高丽史》卷二《光宗世家》，第 52 页。

④ 《高丽史》卷九十三《崔承老传》，第 2889 页。

宗建设专制王权最根本的方法。①

在打击旧势力的同时，②光宗又努力扶植新势力。崔承老云："我三韩功臣子孙……未有受爵者，混于徒隶。新进之辈，多肆凌侮，怨咨以兴。且光宗末年，诛黜廷臣，世家子孙未得承家。"③指出了"世家"与"新进"对立的事实。所谓"世家"，主要就是"三韩功臣之家"，即本文所云"勋旧势力"，他们又多被称作"世臣故家"。《高丽史・徐弼传》：

> 徐弼，利川人，性通敏。始以刀笔进，累官至大匡、内议令……弼尝进见曰："愿上莫赏无功，无忘有功。"……时光宗厚待投化汉人，择取臣僚第宅及女与之。一日，弼奏曰："臣居第稍宽，愿以献焉。"光宗问其故，对曰："今投化人择官而仕，择屋而处。世臣故家，反多失所。臣愚诚为子孙计，宰相居第，非其有也。及臣之存，请取之。臣以禄俸之余，更营小第，庶无后悔。"光宗怒，然卒感悟，不复夺臣僚第宅。④

在这一群体之外的势力，则多可目为"新进"。"新进"虽对"世家"构成了一定程度的取代，⑤但在强烈抵制下，光宗及其执政集团不得不采取了渐进的制度化策略：他们对中国制度的移植是分阶段的，并非在短期内进行整体性移植；但每一阶段所移植的中国制度，又基本是完整的，和中国制度本身无太大出入。光宗在其推动华化政策的二十余年间，主要移植了唐代的

① 최규성：《高麗太祖王建硏究》，第 388—400 页。

② 如《高丽史》卷九十二《朴守卿传》载："守卿性勇烈多权智。事太祖为元尹……定宗初即位，削平内难，守卿功居多，寻转大匡。光宗十五年，子佐丞承位、承景，大相承礼等被谗下狱，守卿忧恚而卒。"（《高丽史》卷九十二《朴守卿传》，第 2874—2875 页。）

③ 《高丽史》卷九十三《崔承老传》，第 2893 页。

④ 《高丽史》卷九十三《徐弼传》，第 2881—2882 页。

⑤ 金甲东认为，在光宗改革初期，其推动势力为"文士"与"南北庸人"，之后又加入了"非才"和"后生"两类人，从而引发了政局的混乱（김갑동：《고려전기정치사》，第 95 页）。其实，这些部类均可归入"新进"一类的非传统势力。

学校与科举制度。在高丽的所有制度中,这两项制度与唐制最为一致。[①]

然而,二十年的时间尚不足以完全改变社会整体的观念与意识,旧势力仍有强劲的实力。到其晚年,光宗对其制度化、中国化的政策能否保持下去愈发担忧,整肃了有可能颠覆其成果的势力,甚至准备废黜政见不合的太子。这成为景宗继位后强烈反弹的一个原因。《高丽史》卷二《光宗世家》载:"二十六年夏五月,王不豫。甲午,薨于正寝……谥曰大成,庙号光宗。"[②]"大成"的谥号应是就他政治整合特别是制度上的成就而言。

三、成宗即位的背景及对唐代制度的移植

(一) 景宗之政:成宗即位的背景

"生于深宫之中,长于妇人之手,门外之事,不曾见知"[③]的景宗能够顺利继位本身,说明光宗的制度整合路径取得了成效。但光宗在世时,景宗就与其父在政见上产生了分歧。甫一继位,他便"还流窜,放囚系,洗痕累,拔淹滞,复官爵,蠲欠债,减租调,毁假狱,焚谗书"[④]。甚至矫枉过正,"许先朝被谗人子孙复仇,遂相擅杀,复致冤号",[⑤]以至于发生了执政的王诜"托以复仇,矫杀太祖子天安府院郎君"[⑥]的极端事件。

据《高丽史·宗室传》:"太祖二十五子……天安府院夫人林氏生孝成太子珠琳(琳珠)、孝祇太子。"[⑦]"孝诚太子琳珠无嗣,孝祇太子史逸其名,无嗣。"[⑧]

---

① 《高丽史·选举志》序:"光宗用双冀言,以科举选士,自此文风始兴。大抵其法颇用唐制。其学校有国子、大学、四门,又有九斋学堂,而律书、算学皆肄国子。其科举有制述、明经二业,而医卜、地理、律、书、算、三礼、三传、何论等杂业各以其业试之……虽名卿大夫,未必不由科目进。"(《高丽史》卷七十三《选举一》,第2303页。)

② 《高丽史》卷二《光宗世家》,第54页。

③ 《高丽史》卷九十三《崔承老传》,第2887页。

④ 《高丽史》卷二《景宗世家》,第55页。

⑤ 《高丽史》卷二《景宗世家》,第56页。

⑥ 《高丽史》卷二《景宗世家》,第56页。

⑦ 《高丽史》卷九十《宗室一》,第2817页。

⑧ 《高丽史》卷九十《宗室一》,第2820页。

孝祇太子"逸名",与太祖另一子"广州院君"的情形相似。如"广州院君"之得名来自其母的封号一样,天安府院郎君为天安府院夫人所生无疑。但遍查《高丽史》,只见林氏生孝成太子与孝祇太子之事,不见有生天安府院郎君的记载。唯一合理的解释是,孝祇太子乃平反之后对天安府院郎君的追谥。和广州院君因被杀导致"史逸其名"的情形类似,孝祇太子逸名也应出于政治原因。崔承老云:"及景宗践祚,旧臣之存者四十余人耳。其时亦有人遇害众多,皆是后生谗贼,诚不足惜。唯天安、镇州二郎君,本皇家之枝叶也,光宗犹自宽容,竟不置之于法,至景宗朝足为藩屏,却被权臣之贼害……先朝不保永年,多因此祸,后世可以为鉴诫。"[①]明确指出天安、镇州二君为"权臣"所杀,而景宗之不寿,也与此有关。总之,被打压的勋旧势力卷土重来,发生了"不谙政体,专任权豪,害及宗亲,咎征先见"[②]的反攻倒算事件,政局再次动荡。

景宗还采取了"始定各品田柴科"[③]之制,对勋旧势力进行收买。李齐贤赞曰:"景宗作田柴之科,虽有疏略,亦古者世禄之意。"[④]这为后来成宗与勋旧势力的妥协奠定了基础。李基白以田柴科为景宗继承光宗政策的表现,[⑤]不确。太祖时代实行"役分田"制度,《高丽史》卷七十八《食货一》"田柴科"条:"太祖二十三年初定役分田……勿论官阶,视人性行善恶、功劳大小,给之有差。"田柴科制在逻辑上与之一致。该条史料又云:"景宗元年十一月,始定职散官各品田柴科,勿论官品高低,但以人品定之:紫衫以上作十八品。"[⑥]"以人品定之",即以阶级与地位为标准,对勋旧势力有利,[⑦]故李齐贤赞曰:"至于九一而助、什一而赋,与夫所以优君子,小人者则不暇论也。"[⑧]所谓"君子",在当时主要就指勋旧势力。

---

① 《高丽史》卷九十三《崔承老传》,第2887—2888页。

② 《高丽史》卷九十三《崔承老传》,第2887页。

③ 《高丽史》卷二《景宗世家》,第56页。

④ 《高丽史》卷二《景宗世家》,第58页。

⑤ 李基白:《高麗貴族社會의形成》,第6页。

⑥ 《高丽史》卷七十八《食货一》,第2479页。

⑦ 关于此,可参看김갑동:《고려전기정치사》,第109页。

⑧ 《高丽史》卷二《景宗世家》,第58页。

与此同时，景宗又在一定程度上回归到了太祖时以婚姻进行政治整合的轨道。他在即位五个月内，就与旧新罗国王金傅之女结婚，并尊金傅为尚父，试图以原新罗王朝的血统与威信巩固自身的地位。① 不过，在实际执政一段时间后，景宗很快理解了其父的用心，政策再次转向，王诜等人被放逐，荀质、申质成为左右执政。他还以光宗时的"华化"派重臣王融为"读卷官"，②又"遣子如宋献良马甲兵"。③ 这些具有象征意义的举措，传达出景宗继承其父路线的信息。史臣称其晚年"昵近小人，疏远君子，由是政教衰替"。④ 在高丽初期史料中，"小人""庸人"常指朝廷中与勋旧集团（"君子"）相对的出身寒门的势力，他们在文化上多倾向"华化"。⑤ 种种迹象显示，所谓景宗晚年的"政教衰替"，说的就是其政策上由"土俗"向"华化"的转变。正因景宗有此志向，故他选宗室中属"华化"派的成宗（981—997）接班。

（二）制度移植：成宗创法立制

景宗临终时内禅于堂弟王治，看似又是兄终弟及，但与惠、定、光三宗之间的权力交替已有本质不同——景宗在世时，成宗已被立为"正胤"，并非仓促之间的权力更迭。⑥ 当然，景宗选择成宗，除其华化倾向外，婚姻关系也是重要因素。成宗既是景宗堂弟，又是光宗女婿。⑦ 景宗事先立成宗为正胤，使他在继位后具有相当的权威，为其系统移植中国制度创造了条件。成宗

---

① 关于此，可参看김갑동:《고려전기정치사》，第 112—116 页。

② 《高丽史》卷七十四《选举二》："景宗二年，以王融为读卷官。亲试，则称读卷官。"第 2339 页。

③ 《高丽史》卷二《景宗世家》，第 56 页。

④ 《高丽史》卷二《景宗世家》，第 57 页。

⑤ 光宗朝被重用的这些中国士人及其高丽追随者被崔承老称为"南北庸人"。（《高丽史》卷九十三《崔承老传》，第 2886 页。）

⑥ 崔承老云："此乃圣上亲所见知者也。然景宗亦有足称美者焉。盖其当初遘疾，未及危笃，遂于卧内引见圣上，执手与言，付嘱军国。"（《高丽史》卷九十三《崔承老传》，第 2887 页。）

⑦ 《成宗以刘氏为后》："本史称成宗之后所谓刘氏者，即光宗之女也……盖所谓刘后者，于己为堂姊妹，讳称外姓……尝适宗室弘德院君，今纳为妃……成宗虽致小康，而后嗣遂绝，良有以也。"（[朝鲜]崔溥：《锦南集》卷二《东国通监论》，景仁文化社，1998 年（以下省略），第 398 页。）

之倾心"华化",或亦受光宗之影响欤?

成宗元年,"以王生日为千春节,节日之名始此";①"二年春正月辛未,王祈谷于圆丘,配以太祖。乙亥,躬耕籍田,祀神农,配以后稷。祈谷、籍田之礼始此。"②他效光宗故技,既以各种仪式提升王权,又在制度上以"天子"自居,完全凌驾于贵族集团之上。

在此过程中,成宗已开始酝酿系统引进中国制度。他在元年六月下诏:"京官五品以上各上封事,论时政得失。"③朝廷内对立的双方均认识到,两败俱伤的零和博弈不能再继续下去了,大致处于中立地位的新罗旧贵族崔承老上《时务策》:

> 虽贵为君主,而不自尊大……华夏之制不可不遵,然四方习俗,各随土性,似难尽变。其礼乐诗书之教、君臣父子之道,宜法中华,以革卑陋。其余车马、衣服、制度可因土风,使奢俭得中,不必苟同。④

既主张王权必须尊重贵族集团的既得利益,也承认王权移植中国制度的合理性。双方以此为基础达成妥协,创法立制的活动得以开启。

仿光宗故事,在正式进行制度移植前,成宗先欲得到宋朝的支持,在合法性上站稳脚跟。元年,他"遣侍郎金昱如宋告嗣位。"宋帝诏:"卿……习礼乐诗书之道……更宜善修刑政,恭守宪章。"⑤给成宗移植中国制度以明确许可。第二年三月,宋正式册封成宗为高丽国王。同年五月,成宗"始定三省六曹七寺",⑥大规模移植中国制度的活动基本完成。⑦ 这很快又得到了宋

① 《高丽史》卷三《成宗世家》,第 60 页。

② 《高丽史》卷三《成宗世家》,第 60 页。

③ 《高丽史》卷三《成宗世家》,第 59 页。

④ 以上引文均见《高丽史》卷九十三《崔承老传》,第 2891 页。

⑤ 《高丽史》卷三《成宗世家》,第 59—60 页。

⑥ 《高丽史》卷三《成宗世家》,第 62 页。

⑦ 《高丽史·百官志》序:"成宗大兴制作……于是一代之制始大备。"(《高丽史》卷七十六《百官一》,第 2403 页。)

的背书——宋遣使册成宗为检校太傅，诏云："高丽国王……慕声教于华风……书契同文，衣冠袭邹鲁之容"。[①] 成宗则颁赦书曰："事大斯勤……礼重仁邦……处我乾坤，大同文轨。"[②]"大同文轨"便是系统移植中国制度的合理性所在。

除与贵族集团的妥协、宋朝的支持等因素外，光宗以来华化势力的存在，是成宗能在短期内成功移植中国制度的另一原因。李基白称，光宗引进的科举制"为官吏的采用提供了新标准，以此可实现政治势力的转换。光宗去世后，这些人当被全部清除，连名字都未留下。"[③]不确。崔承老讲，景宗晚年"邪正不分……君子之言无自而入，小人之语有时而从……忠臣义士，谁不痛之"，[④]即指景宗包容并保护了相当多光宗时期上台的华化派人物，而勋旧势力（即所谓"君子"或"忠臣义士"）则受到了压制。崔承老将光宗时倾慕中国文化的高丽士人称为"南北庸人"，[⑤]太祖朝重臣崔彦㧑的子弟居于其列。《高丽史》卷九十二《崔彦㧑传》：

> 崔彦㧑……官至大相、元凤大学士、翰林院令、平章事……子光胤、行归、光远、行宗……行归亦游吴越国，其王授秘书郎。后还本国，事光宗，为幸臣坐死。光远官至秘书少监，子沆自有传。[⑥]

崔行归应属"南北庸人"，他虽在景宗时"坐死"，但其兄弟仍为景宗重用。这类人物相当数量的存在，是景宗继承光宗政策的表现，为成宗时华化政策的推动打下了基础。

如崔规成指出的那样，李梦游和金廷彦是光宗时代"后生"（或"新进"）

---

① 《高丽史》卷三《成宗世家》，第 63 页。

② 《高丽史》卷三《成宗世家》，第 64 页。

③ 李基白：《高麗貴族社會의形成》，第 6 页。

④ 《高丽史》卷九十三《崔承老传》，第 2887 页。

⑤ 《高丽史》卷九十三《崔承老传》，第 2886 页。

⑥ 《高丽史》卷九十二《崔彦㧑传》，第 2870 页。

中的代表性人物。从光宗初到成宗时(除景宗时期),李梦游一直作为理论与实务均出众的行政官僚,对高丽儒教主义官僚制的构筑发挥了重要作用。[①] 金廷彦则为光宗末期构筑官僚政治的核心人物。[②] 从他在景宗二年仍为翰林学士的情况看,[③]尽管景宗时不少“后生谗贼”被杀,他却安然无恙。[④]

其他类似的人物还有不少。崔亮,“光宗朝登第,为攻文博士。成宗在潜邸,引为师友。及即位,遂加擢用,甚协人望”。[⑤] 柳邦宪,“光宗始尚制述,以诗赋取人。公应乡供进士,乾元十年壬申九月五日一举中科首,敕可攻文博士,自此转光文校书郎,又加光文郎,又加国子主簿,又加四门博士。雍熙四年丁亥,成宗初践祚,命儒臣对策,公又中科首,上褒之,制可御事右司员外郎……又传国子司业,知贡举……”[⑥]崔暹亦为双冀选拔出的第一批科举及第者,[⑦]在成宗十五年三月,“崔暹为都考试官,取进士”。[⑧] 白思柔,光宗二十四年二月在王融知贡举时及第,[⑨]于成宗十年任翰林学士,出使宋朝,[⑩]

---

① 최규성:《高麗太祖王建研究》,第 391 页。

② 최규성:《高麗太祖王建研究》,第 393 页。

③ 金廷彦撰《普愿寺法印国师宝乘塔碑》中的职衔为“光禄大夫太丞翰林学士前内奉令”。(朝鲜总督府编:《朝鲜金石总揽》上卷,1919 年,第223 页。)

④ 최규성:《高麗太祖王建研究》,第 394 页。

⑤ 《高丽史》卷九十三《崔亮传》,第 2897 页。

⑥ [韩]许兴植编:《韩国金石全文》(中世上),亚细亚文化社,1984 年(以下省略),第 476—477 页。

⑦ 《高丽史》卷七十三《选举一》:“光宗九年五月,翰林学士双冀知贡举,取进士,赐甲科崔暹等二人、明经三人、卜业二人及第。十一年三月,双冀知贡举,取进士,赐甲科崔光范等七人、明经一人、医业三人及第。”第 2312 页。

⑧ 《高丽史》卷七十三《选举一》:“光宗九年五月,翰林学士双冀知贡举,取进士,赐甲科崔暹等二人、明经三人、卜业二人及第。十一年三月,双冀知贡举,取进士,赐甲科崔光范等七人、明经一人、医业三人及第。”第 2312 页。

⑨ 《高丽史》卷七十三《选举一》:“十一年三月,双冀知贡举,取进士,赐甲科崔光范等七人、明经一人、医业三人及第。”第 2312 页。

⑩ 《高丽史》卷三《成宗世家》:“(十年冬十月)遣翰林学士白思柔如宋谢赐经及御制。”第 75 页。

并于成宗十年与十四年两次知贡举。[①]

韩彦恭，“父聪礼，光禄少卿。彦恭性敏好学。光宗朝年十五，属光文院书生。未几为本院承事郎，转内承旨。请赴进士，举不第，进累内议承旨舍人。成宗时再转刑兵二官侍郎，如宋谢恩。”[②]李基白因韩彦恭出身近畿地区，且本传载其父曾任“光禄少卿”，就断他为豪族出身。可就高丽初期的情况看，所谓豪族一般都带有三重大匡、重大匡、大匡、正匡之类乡职，韩父恰无此类头衔，说明他并非豪族。李基白将之归为反对成宗政策的传统派，[③]不确。

徐熙，“内议令弼子也。性严恪，光宗十一年年十八擢甲科，超授广评员外郎，累迁内议侍郎。二十三年，奉使如宋……成宗二年，由佐丞拜兵官御事……后改内史侍郎”。[④] 因徐熙为开国功臣徐弼之子，且反对割地契丹，李基白就把他和李知白归为一个集团，认为由他和李知白、郑又玄形成了一股反崔承老势力，当时的朝廷由这两大势力组成，这完全是臆测之词，无任何史料上的依据。[⑤] 徐熙、郑又玄均为光宗时由双冀选拔出的第二批科举及第者，[⑥]光宗中期就登上政治舞台。在光宗晚年开始整肃勋旧势力的时期，他又出使宋朝。可见，他本人华化程度较高，深受光宗信任，以其父而断定他反对成宗的华化政策是站不住脚的。

即使是徐弼，虽曾反对光宗“厚待投化汉人”，但他本人并非勋旧或贵族，而是刀笔吏出身。在光宗大规模肃清勋旧派时未受牵连。李基白将他及其子徐熙划为守旧派，不足信。

李知白是成宗华化政策的反对者则确定无疑。李基白将他和郑又玄、

---

① 《高丽史》卷七十三《选举一》，第 2314 页。

② 《高丽史》卷九十三《韩彦恭传》，第 2898 页。

③ 李基白：《高麗貴族社會의形成》，第 45 页。

④ 《高丽史》卷九十四《徐熙传》，第 2907 页。

⑤ 具体论述见李基白《高麗貴族社會의形成》，第 40 页。

⑥ 《高丽史》卷七十三《选举一》：“十一年三月，双冀知贡举，取进士，赐甲科崔光范等七人、明经一人、医业三人及第。”第 2312 页。

徐熙捆绑，依据的是《高丽史》卷九十四《徐熙传》的以下记载：

> 供宾令郑又玄上封事论时政七事，忤旨。成宗会宰相，议曰："又玄敢越职论事，罪之何如?"皆曰："惟命。"熙曰："古者谏，无官越职，何罪?臣以不才，谬居宰相，窃位素餐，使官卑者论政教得失，是臣之罪也。况又玄论事甚切，宜加褒奖。"成宗感悟，擢又玄监察御史，赐绣鞍、厩马、酒果以慰之，拜太保、内史令。[①]

郑又玄反对成宗的政策，其文化倾向可能与李知白相类，但徐熙为其说话，与徐弼之反对光宗"厚待投化汉人"一样，乃出于宰相的职责，以此将他们捆绑是有问题的。[②] 我们认为，徐熙和崔成老一样，乃朝廷中的折中派，成宗以他们二人为相，各方均可接受。

无论如何，这些人均为光宗时培养出的人物，有较强的华化倾向，故韩彦恭与崔亮、金审言、柳邦宪、崔承老、双冀、徐弼等同传。光宗时期通过科举与学校制度培养起来的势力在成宗时期被重用，既使移植中国制度得以成功，又使华化政策有了相当的连续性。成宗在他们的支持下，对中国制度的移植，采取了更为平稳的渐进路径，与光宗时有了重大差异：不是阶段性地将中国的各种制度完整移植过来，而是在短时间内一次性地对中国的各种制度进行选择性移植。就是说，它不是一种阶段性的渐进，而是移植制度系统性上的渐进，故在制度移植时对唐制作了大幅改造。李种徽在其所著《高丽史志·百官志》中云：

① 《高丽史》卷九十四《徐熙传》，第 2910—2911 页。

② 又比如，《高丽史》卷九十四《李周宪传》仅有以下简短的几句话："李周宪，洞州土山县人，初以小吏起，颇称勤干，成宗尝云：'铁中铮铮者'，授监察司宪，穆宗时转内史舍人，兼典三司职务，显宗朝拜殿中监进累尚书右仆射卒。"(《高丽史》卷九十四《李周宪传》，第 2935—2936 页)李基白仅以成宗称赞其"铁中铮铮者"就将其判定为成宗儒教政策的反对派(李基白《高麗貴族社會의形成》，第 44 页)，问题更大。李周宪的出身不过是一小吏，和豪族及正在形成的贵族集团完全不搭界。其"铁中铮铮"乃是勇于履职，得到了成宗的褒扬，授其为监察司宪，怎能说他反对成宗的政策呢?

罗丽济三国，官勋爵阶，参以方言，冗杂猥琐，莫可称述。高丽之初，遵用泰封新定之制，而亦荒陋鄙俚，多沿罗代之旧……洎于成宗，大新制作，定内外之官，省、部、台、院、寺、司、馆、局。外有牧、府、州、县。官有常守，位有定员，盖自箕子以来初有……然时当五代、西宋之初，与中国限……其间亦有可笑者……唐朝学士、弘文、集贤，分隶中书、门下省，而丽制则宝文阁及崇文、弘文、集贤殿，皆自为一官而无所统属。至于政堂、门下常侍、谏议大夫、给事中、起居注、左右补阙，则不别设司而皆隶门下府，此又异于唐制矣。①

这种制度移植虽肯定了王权的最高主权者地位，但贵族社会也因此而正式形成。这正是高丽对唐制变异的深层背景。柳寿垣《迂书》卷一《论丽制》"门阀"条云："高丽之治，大抵崇尚唐制，而不知为政之本，故其弊流为门阀用人矣……且夷风未殄，礼义扫如，故矫枉过正。""奴婢"条又云："丽制则不然……徒取唐季之法，参以国俗，硬做一副制度，而其实则虽于唐制，亦昧其里面精义细密作用之妙，只以模仿傅会为事，故自外面观之，则制度规模，非不阔大，仪文典章，非不彬彬，而其中则政事无实，治规庞杂，反成邯郸之步，徒为效颦之归。"总之，"丽朝以海外偏邦，不思国力之不逮，凡百制度，动皆模拟唐朝，冗官极多，名号徒盛，虽设台省部院卿监之属，只是空名而已……不过模得华制影子。"②这是在反省基础上的深刻观察。岛田正郎云："在朝鲜半岛，高丽王朝从太祖王建以唐律为模本立法以来，曾多次进行法典的编纂活动，但就内容而言，均属于唐代法的系列。如做仔细考察，可发现高丽法在实质上和唐律并无差异。"③其见识反在朝鲜时代的精英之下。

如果说光宗时期的华化政策可用《十训要》第四条的前半句："惟我东

---

① ［朝鲜］李种徽：《修山集》卷十三《高丽史志·百官志》，景仁文化社，2001年（以下省略），第570页。

② 以上均见柳寿垣：《迂书》卷一《论丽制》，首尔大学古典刊会，1971年（以下省略），无页码。

③ ［日］岛田正郎：《东洋法史》，明好社，1970年，第159—160页。

方，旧慕唐风，文物礼乐，悉遵其制。殊方异土，人性各异，不必苟同”概括，①成宗时期华化政策的指针，则可用崔承老《时务策》中“华夏之制不可不遵，然四方习俗，各随土性，似难尽变。其礼乐诗书之教、君臣父子之道，宜法中华，以革卑陋。其余车马、衣服、制度可因土风，使奢俭得中，不必苟同”之语概之。两者虽都强调“不必苟同”，但光宗时期的前提是“文物礼乐，悉遵其制”，到了成宗时则缩小到在“其礼乐诗书之教、君臣父子之道”上“悉遵其制”。前者强调制度上的全盘移植，后者则把华化的重点放在狭义的文化领域，在制度上则“不必苟同”而“可因土风”。无论如何，成宗吸取前朝治乱得失的经验教训，在和贵族势力达成妥协的同时，继承了光宗加强中央集权、引进中国制度的政策，创法立制，奠定了包括法制在内的高丽王朝各项制度的基础。

结语

高丽初期的制度演进，是在复杂的政治博弈过程中进行的。制度的“中国化”对王权有利，可在功臣勋旧势力的抵制下，一波三折。太祖时期，国王不过是豪族推举的首领，实力不足，王建主要依靠婚姻在一些家族中纵横捭阖。半岛一统时，太祖已年近六旬，不仅中央和地方到处盘踞着握有私兵的勋旧势力，家庭内部也有25子之多，作为嫡长子的惠宗又出身低微，其他子嗣不免虎视眈眈，如他们背后有强大的妻家势力，王朝的前途将更加暗淡。为了让王权顺利延续下去，他既需理顺朝廷中各实力派间的关系，更需理顺家庭内部关系。于是，让惠宗、定宗与实力派人物联姻而对其他子女实行“以子配女”的政策产生，却引发了惠、定、光三朝残酷的权力斗争。

惠、定两朝的历史给光宗以刺激，他继位后开始读《贞观政要》，试图从中国的资源中汲取经验。经过七年准备，他发动了以制度化为导向的政治整合运动。以双冀为首的归化中国士人，在光宗的支持下，引进了包括科举

① 李基白不明此理，认为此条乃太祖强调本国社会与文化之独特性，而这又来自他豪族的背景。具体论述见李基白《高麗貴族社會의形成》，第33页。

制、学校制在内的唐代制度，推动本国制度的“中国化”。华化改革不仅引起了勋旧势力的反弹，也使王室内部分裂，景宗甫一即位，便一改其父之政。这种做法并不符合王权自身的利益，景宗很快又开始政策转向，任用了不少光宗时期的华化派人物，并选宗室中的华化派王治为接班人。

太祖、惠、定、光、景五朝的政治斗争，产生了“出清”效果。残酷的政治斗争也使各派在制度建设上逐渐取得共识，王权与贵族之间具备了妥协的基础。在当时的知识条件下，取代婚姻政策这一整合路径的只能是中国式的以法律体系为支撑的官僚制，只有它才能为各种利益的保障提供一个合理框架。总之，以移植路径进行制度建设乃长久政治博弈的产物。这一事实决定了制度本身的形态、面貌与精神内涵，既在半岛形成了一种华、俗混融的体制，又为中国制度与文化进入半岛敞开了大门。

还需提及的是，在高丽的身份制度下，高丽王室的婚姻也必须门当户对。王室与大族结婚，在有明显母系中心色彩的社会现实下，又会导致大族势力渗入王室，对王权形成威胁。因此，王建本人广泛与有力人士联姻的方式并未为其子孙所采用。质言之，在既不能与外姓高门大族为婚，又要维持王室社会地位的情况下，只剩下族内婚一条路可走。于是，王建为防止子孙争夺最高权力而采取的不得已措施，便被包装为祖制，在光宗之后为其子孙所践行。王氏家族为了他们的王朝，自己充当了祭品。此种情形，使各种势力均愈发要依靠制度进行政治整合，规范政治行为。就这样，王室的族内婚与移植自中国的包括法律在内的制度，成为高丽政治相互关联的两大支柱。

第二章　法律运行机制变异

第一节　最高权力司法权的变异

高丽制度虽大体移植于唐，但贵族制的现实，使高丽人不得不对唐制做了一些关键性变异，最高司法权是其中一环。在唐代，最高司法权集中于皇帝。在唐制的外壳下，高丽国王理论上也如唐代皇权一样具有最高司法权，但在实际行使过程中却被大大限缩：御史们拥有对国王决定的“驳执权”，刑部同样拥有“不奉旨”的权力；对于死刑案件，国王要与重臣一起行使终审权。半岛制度的“中国化”，又表现为中国制度的“本土化”。半岛越来越像中国，但又非中国，而有自身鲜明的社会与文化特征。

一、常规权力行使上的差异

（一）唐代的司法制度与皇帝的制度性权力

孔飞力在其《叫魂》一书中，提出了直接权力和常规权力的概念。所谓直接权力，指皇帝可以不按照成文法或其他既有制度与规则的规定，尤其是不按官僚体系的权力分配格局直接发号施令，对某些资源进行控制的权力。常规权力，则是官僚系统依照王朝的法令、规则，对各种资源进行控制、调配的权力。[①] 直接权力是皇帝作为主权者所拥有的权力，常规权力则是官僚机

① 参见[美]孔飞力：《叫魂：1768 年中国妖术大恐慌》，第九章“政治罪与官僚君主制”，上海三联书店，1999 年。

构作为皇权代理人行使的权力。在“委托—代理”关系下,两者存在先天矛盾,表现出复杂的关系。

从制度的角度看,直接权力可谓皇权的核心,是皇帝制度的关键。皇帝制度也是制度的一种形态,且是一种更为复杂的制度,因此不论是常规权力还是直接权力,均为制度性权力。这里的“制度”与“制度性权力”是广义的。就狭义的“制度性权力”而言,它主要指由制度规定与保障的成文化权力。这种权力有较为明确的边界,基本就等于“常规权力”,而与皇帝的直接权力相对。直接权力虽为广义“制度性权力”的一部分,但它远未如常规权力那样成文化,这显然与皇权的“超制度”特性有关。皇帝的本质,在于他是国家最终的拍板人与责任承担者,因而皇权是最高权力,具有“主权”特性,这就决定了它不能完全为成文化的条框所束缚,皇帝拥有在必要时突破乃至打碎它们的权力与手段。这就是直接权力。

《唐律疏议·名例律》“十恶”条律疏云:“王者居宸极之至尊,奉上天之宝命,同二仪之覆载,作兆庶之父母。为子为臣,惟忠惟孝。”[①]皇帝被赋予了居天地之至尊的地位。又,《唐律疏议·贼盗律》“谋反大逆条”律疏云:“人君者,与天地合德,与日月齐明,上祗宝命,下临率土。”[②]高明士指出,这一条文“很具体指出王者是秉承天命而治天下,其权力来源,出自天命。足见先秦及秦汉以来的王权论,到唐而法制化。这是自古以来有关王权论的重大结论。此后千年间的天命王权,不但有理论,而且有法制依据,乃更加巩固,甚至独裁”。[③] 所有这些其实都是合法化皇帝“主权者”地位并拥有最高、最后权力的话语,而这套话语又被落实到了制度的层面,实现了法制化。唐律坚持严别君臣的原则,对所有涉及皇帝的犯罪,一概科以重罪。[④] 唐律 502 条,涉及死罪的约有 230 余条,事涉宫廷的就占了 40 多条。学者认为,唐律

---

① 刘俊文:《唐律疏议笺解》,中华书局,1996 年(以下省略),第 56 页。

② 刘俊文:《唐律疏议笺解·贼盗律》“谋反大逆”条,第 1234 页。

③ 高明士:《论唐律中的皇权》,载《中国古代社会研究:庆祝韩国盘先生八十华诞纪念论文集》,厦门大学出版社,1998 年(以下省略),第 28 页。

④ 刘俊文:《唐律疏议笺解·前言》,第 40 页。

规定皇帝拥有立法权、行政权、司法权以及军事权等最高、最后的权力，是名副其实的专制君主。[①] 我们认为，与其说是“专制”，不如说是运转共同体所必须。从这一层面看，皇帝可凌驾于法律之上，不受任何法律条文的拘束，而行使绝对权力，它是一种由制度肯定与保障而又超越于制度之上的存在，乃是共同体维持与运转的逻辑所决定。

直接权力虽然是皇权的关键与核心，但它又不能与皇权完全画等号。在直接权力之外，皇帝亦拥有众多的成文化权力。这些权力与官僚集团行使的常规权力近似，并深深地嵌入官僚体系之中，与官僚体制及其运作的常规权力契合为一个完整、有机的系统，我们也可视这种权力为常规权力的一种。

韩愈《原道》云：“君者出令者也，臣者行君之令而致之民者也，民者出粟米麻丝、作器皿、通货财以事其上者也。”[②]作为一个制度高度发达的巨型政治、族群与文明体，从很早的历史时期起，古代中国包括君权在内的各种权力就实现了较为合理、细密的分工与配合，并在不断制度化，这一事实亦为时人所感知。

中华民族悠久的历史，及哲人先贤对共同体（天下、国家、社会）运行逻辑的深刻体察与有力论述，及由此形成的广泛共识使得在由君主制、中央集权、官僚政治三个维度构筑的成熟体制中，君主作为共同体最高代表与责任人的地位，及与此相应的最高权力获得了充分的合法性，由此建立起的秩序亦具有“天然”的正当性。不这样行使与运作权力，反而会被视为反常，故韩愈又云：“君不出令则失其所以为君。臣不行君之令而致之民，民不出粟米麻丝、作器皿、通货财以事其上则诛。”[③]司法事务上，同样如此。在唐代，由大理寺、刑部和御史台组成了一套相互分工、相互监督、相互制约的司法体制。

大理寺是皇权统辖之下的最高专职审判机关，负责审理朝廷百官犯罪

---

① 参见王立民：《唐律新探》，上海社会科学院出版社，1993 年，第 153—158 页。

② 韩愈：《韩愈集》，凤凰出版社，2006 年（以下省略），第 271 页。

③ 韩愈：《韩愈集》，第 271 页。

及京师徒以上案件，处于中央核心审判机构的地位，[①]所谓“大理之职，人命所悬”。[②] 徐有功任司刑少卿(大理少卿)后对友人讲：“今身为大理，人命所悬，必不能顺旨诡辞以求苟免。”[③]

刑部是全国最高司法行政机关，负责复核经大理寺审理的流刑以上案件及经州县审理之徒刑以上案件。《通典》卷二十三《职官五》“刑部侍郎”条称侍郎的职掌为：“掌律令，定刑名，案覆大理及诸州应奏之事。”[④]这可看做对整个刑部司法事务的概括。一般案件如经刑部覆审未发现问题，徒刑案件可“覆下之”；流刑和死刑案件则上奏皇帝，交由中书门下覆理。如在复核过程中发现疑点，刑部可将案件发回重审或直接改判。死罪判决则需奏请皇帝批准。

御史台则为皇帝的耳目与爪牙，作为皇帝的代表与化身，监督大理寺和刑部的司法审判活动。

在唐代，告诉一般先向县提起，不服县判决的，请给“不理状”，申诉到州；不服州判决的，再请“不理状”，申诉到尚书省，由左右丞相详审；又不服的，请“不理状”，向三司申诉，直至上表皇帝。[⑤] 皇帝是最后的决断者。玄宗《申禁滞狱诏》云：“凡人所诉，大略如斯。若县不为申，州必须理，州不能理，省必为裁。上下相持，冤讼可息。自今已后，诉事人等，先经县及州并尚书省披理，若所由延滞，不为断决，委御史采访奏闻，长官已下，节级量贬。”[⑥]就是对这一程序的描述。

---

① 关于唐代的大理寺，还可参看张雨《大理寺与唐代司法政务运行机制转型》，《中国史研究》，2016 年第 4 期。

② [唐]刘肃：《大唐新语》卷四，中华书局，1984 年(以下省略)，第 54 页。

③ 《旧唐书》卷八十五《徐有功传》，中华书局，1975 年(以下省略)，第 2819 页。

④ [唐]杜佑：《通典》卷二十三《职官五》，中华书局，1984 年(以下省略)，第 138 页。

⑤ [唐]李隆基：《唐六典》卷十三《御史台》，中华书局，1992 年(以下省略)。“御史大夫”条：“凡有冤滞不申，欲诉理者，先由本司、本贯或路远而踬碍者，随近官司断决之。即不伏，当请给不理状，至尚书省，左、右丞为申详之。又不伏，复给不理状，经三司陈诉。又不伏者，上表。受表者又不达，听挝登闻鼓。若茕、独、老、幼不能自申者，乃立肺石之下。”

⑥ 《全唐文》卷二十七，中华书局，1983 年(以下省略)，第 133 页。

由于皇帝是整个司法体系中的最高与最终裁断者，唐代虽禁止越诉，[①]但唐律仍规定了直诉制度，以为一般司法程序之补充。《唐律疏议·斗讼律》“邀车驾挝鼓诉事不实”条：“诸邀车驾及挝登闻鼓，若上表，以身事自理诉，而不实者，杖八十；自毁伤者，杖一百。虽得实，而自毁伤者，笞五十。即亲属相为诉者，与自诉同。”[②]凡有冤情无处申诉者，可直接向皇帝投诉。

武则天垂拱元年，又设立了“匦”制，即在厅堂设置四个铜匣，名曰“匦”，分别涂青丹白黑四色，每日暮进晨出，其中之一为“伸冤匦”，收受诉状，并设匦使院，属中书省，以谏议大夫及补阙、拾遗一人为知匦使。[③] 这是另一种形式的直诉制，其背后就是至高无上的皇权。

总之，有唐一代，贵族制日趋没落，君主权强化已成为一种不可避免的趋势，政治制度主要以官僚体制内部的平衡与制约为主，显示出强烈的“成文化”的“制度性”特征。皇权既居于其上，又与之构成一个紧密、完整的体系进行操控。史华慈观察到：

> 在中国历史中，有一思想特质似乎贯穿它的发展，我们或许可以称之为“典范”，但我更愿称之为“深层结构”……我所指的这个“深层结构”包括两方面：第一是在社会的最顶点，有一个“神圣的位置”，那些控制这个位置的人，具有超越性力量，足以改变社会。从这个角度说，位置本身比是谁占据那个位置更为重要……因为结构本身并无动力足以改变自己，故必须仰仗这个占据最高神圣位置的君王的个人品质来改

① 《唐律疏议·斗讼律》专设有“越诉”条，规定：“诸越诉及受者，各笞四十。若应合为受，推抑而不受者笞五十，三条加一等，十条杖九十；即邀车驾及挝登闻鼓，若上表诉，而主司不即受者，加罪一等。其邀车驾诉，而入部伍内，杖六十。”（见《唐律疏议笺解》，第1674页。）

② 刘俊文：《唐律疏议笺解·斗讼律》，第1671页。

③ 《唐会要》卷五十五“匦”条载：“垂拱二年（686）六月，置匦四枚，共为一室，列于庙堂……宜令正谏大夫、补阙、拾遗一人充使，于庙堂知匦事。每日所有投书，至暮并进。又三司授事，本防枉滞，如有人诉冤屈抑，不得与投匦之列。后方获申明，所由之官，节级科罪。冀寰中靡隔，天下无冤。理匦以御史中丞、侍御史一人充使。”（[宋]王溥编：《唐会要》，中华书局，1998年，第956页。以下省略相关信息。）

变整个社会结构。①

史华慈对“位置”的描述，说的就是皇帝被制度化但又超越于制度之上的权力。它是由共同体维持与运作的基本逻辑决定的，因此可以说是一种“深层结构”。有人早已指出，他所说的深层结构，“实际上就是指中国历史上至高无上的皇权”②。它与由官僚机构或国家法律表征的狭义性制度权力，构成相互分工、补充与制约的复杂关系，形成广义的制度，维系着“中国”这一巨大族群、文明与政治体的存续与发展。如果没有这样一套权力安排与结构设计，就不会形成稳定的政治与社会秩序，也就不会有延续至今的中国国家、中华民族与中华文明。

（二）高丽的司法体制与王权

“马基雅维利认为历史上的帝国有两种统治方式：第一种是君主独裁，即由一个绝对的君主独裁，其他人都是奴才，其中最受恩宠的奴才作为官吏帮助君主进行统治；第二种是寡头专制，即由一个君主与一群贵族共同统治，贵族的权力一般并非来自君主的恩宠，而是因为世袭，当然君主仍然比贵族更有权势。”③如果说唐代是一种皇权至上、官僚制衡的制度安排，那么高丽制度设计的重点则在于王权和贵族权之间的平衡与制约。在此语境下，高丽对移植而来的唐代制度非改不可。《宣和奉使高丽图经》卷八“人物”条：“时于国者，惟贵臣以族望相高……仰稽本朝官制，而以开元礼参之，然而名实不称，清浊混淆，徒为虚文耳。”④移植而来的唐代制度，为高丽社会罩上了一个君主制的外壳，它包裹的是贵族制的内核。

在高丽，执国政的“在京贵族集团”对王权形成了有力牵制，重要国政一

---

① 史华慈：《中国政治思想的深层结构》，载《史华慈论中国》，新星出版社，2006 年，第 25 页。

② 赵瑞广：《“史华慈问题”——中国思想史上的那块天花板》，《读书》2009 年第 7 期，第 66 页。

③ 网址：http://club.kdnet.net/dispbbs.asp? page=1&boardid=1&id=8712255。检索时间：2016 年 3 月 10 日。

④ [宋]徐兢：《宣和奉使高丽图经》卷八，近泽书店，1932 年（以下省略），第 43 页。

般都要经主要由世家大族出任的宰相们的合议才能决定与执行。直到高丽末期，依然如此。《高丽史·崔莹传》载：

> 辛禑元年(崔莹)判三司事。二年，都堂以禑命欲宥在贬康舜龙、郑思道、廉兴邦、成大庸、郑寓、尹虎、郑梦周等。议已定，莹出猎不与其议。及还，录事请署其案，莹怒曰："国家大事必大臣合议然后行，何不预告遽取署耶?"遂不署。①

在此体制下，各种重要权力多为宰枢集团所控制。首先，宰枢集团控制了作为主要出仕途径之一的科举。"旧制"："二府知贡举，卿监同知贡举。"②其次，宰相控制了军事。"旧制"："边阃有处置，则命两府宰臣往专军事，号大番兵马，名义未称，改为行营兵马使。"③再次，宰枢控制了政令的制定权。"旧制"："凡国家事，宰枢会议，承宣禀旨而行。"④

后世史家对这种由世家大族世代执政导致的"君弱臣强"体制多有议论。姜再恒说："盖前朝政刑，失之太宽，君弱臣强……可不戒哉。"⑤宋时烈曰："臣自时事大变以来，每因胜国之事，而有不胜寒心者。盖胜国之时，君弱臣强。"⑥这种总体的权力格局与权力分布，决定了王权在司法领域的相对弱势。

当然，我们必须看到问题的另一面。高丽毕竟引进了以三省六部、律令制为代表的唐代体制，在理论上，国王才是包括司法权在内的国家最高权力的掌控者，在司法体制与司法过程中亦如唐代皇帝那种居于最高、最后之裁决者的地位。刑部在定罪量刑后要将案件上呈国王，等待裁决。一般来说，

---

① 《高丽史》卷一百十三《崔莹传》，第3462页。

② 《高丽史》卷七十四《选举二》，第2340页。

③ 《高丽史》卷七十七《百官二》，第2464页。

④ 《高丽史》卷一百零四《金周鼎传》，第3207页。

⑤ [朝鲜]姜再恒：《立斋遗稿》卷九《东史评证·高丽》，第153页。

⑥ [朝鲜]宋时烈：《宋子大全》卷十五《因国舅论斥待罪疏》，景仁文化出版社，2001年，第378页。

国王均“制可”、“从之”。但有时，他也会实质性地行使其最高权力，做出改判。文宗十二年(1059)，“开城牧监直员李启私遣人捕府军金祚，祚乃投河而死。刑部奏当脊杖配岛。制：除名收田”。[①]

但由于贵族政治的影响，国王行使最高司法权的实际过程，和唐代又有重大差异。

首先，御史台成为王权的制约性机构，享有“驳执权”，可驳回国王的决定。文宗元年(1047)三月乙亥，日食，御史台奏：“春官正柳彭、太史丞柳得韶等昏迷天象，不预闻奏，请罢其职。”文宗制：“原之。”御史台“复驳”曰：“日月食者，阴阳常度也。历算不愆，则其变可验。而官非其人，人失其职，岂宜便从宽典，请依前奏科罪。”[②]这种“驳执”的制度与程序，乃半岛特定社会结构与权力格局的产物。

在唐代，只有在御史台代替皇帝所推诏狱已成，皇帝下令改判的情况下，御史台才可坚持己见，不受诏命。[③]《册府元龟》卷五百十五《宪官部·刚正第二》载：

> 王华为侍御史。乾符末，右散骑常侍李损有子凝吉，武宁军节度使支详辟为判官。及广明中，徐之偏将时溥逐支详，擅称留后。中和中，朝廷加节制。溥奏本州幕下宾客，一切旧贯，至是欲以腹心代之，咸诬其置毒，煞而后闻。仍表凝吉父损密通其情，乞下御史台鞫理。时军容使田令孜与溥贿赂交结，乃遣御史中丞卢渥锻而成之，华执理雪焉，令孜怒，乃遣人传宣取归本军。华拒而不遣，乃白宰臣萧遘云：“李损与凝吉虽是父子，相去数千里，诬以知情，实曰非辜。”乃非时，请开延英面

---

① 《高丽史》卷八十四《刑法一》，第2687页。

② 《高丽史》卷七《文宗一》，第182页。

③ 关于御史台不受皇帝诏命的问题，可参考胡沧泽：《唐代御史制度研究》第三章第一节《御史台和皇帝的关系》，福建教育出版社，2000年；胡沧泽：《唐代监察制度对皇帝的制约》，《福建师范大学学报(哲学社会科学版)》，2000年第3期。

奏。帝遂然之。以时溥有勋，令孜抗奏，遂有诏罢。[①]

如果说，唐代御史台对皇权的制约只局限于诏狱已成的情形，高丽御史台对王权的制约则是全方位的。在贵族制的社会结构与权力格局下，御史的角色与定位，不再仅仅是君主用来搏击群臣[②]的耳目与爪牙，而是发生了谏官化现象，成为制约王权的重要力量。朝鲜初期重臣郑道传在其《经济文鉴》"谏官"条中即云："先朝有为台谏者，上谓之曰：'朕不欲台谏奉行宰相风旨。'则对曰：'臣非惟不欲奉行宰相风旨，亦不欲奉行陛下风旨。'壮哉斯言。"[③]"不奉风旨"在司法上的表现，就是御史台对国王所做最终裁定的"驳执"。

其次，国王对有罪大臣的处置，必须交御史台审理，不能径直定罪。文宗时，"侍御史卢旦奏事不称旨"，文宗怒谓左右曰："此非忠蹇之臣。"下令："曳出，脱公襴缚之"。崔惟善奏："人臣有犯，当付宪司"。[④] 这一权力是唐代御史台所不具备的，乃贵族制下保障臣权的制度性安排。

再次，贵族社会的特性，使刑部这一王朝的专业司法机构逐渐取得了针对国王最终裁定的谏诤权。刑部和御史台一样，逐渐谏官化，成了一个制约王权的机构。这在唐代是不可想象的。刑部(刑曹)的这种权力与地位一直延续到了朝鲜王朝初期。朝鲜太祖李成桂曾对左侍中赵浚、右侍中金士衡讲："今台谏、刑曹妄论是事，必外人妄自生疑，传相聚议，非独此辈之意也。今欲逮此辈于狱鞫问。"浚等不对，出谓都承旨李稷曰："台谏、刑曹，一国纲纪所在，自古重之，合司被囚，有伤国体。"[⑤]官僚集团并不认可国王的观点。

---

① (宋)王钦若等编:《册府元龟》(校订本)，周勋初等校订，凤凰出版社，2005 年(以下省略)，第 5852 页。

② 睿宗云："鹰搏狡兔，须急救之，不尔必反为所噬。御史绳奸慝亦然。敬非人主保卫之，则亦为奸慝所噬矣。"《资治通鉴》卷二百一十景云元年(710)十二月壬辰条。

③ [朝鲜]郑道传:《三峰集》卷六《经济文鉴下》，景仁文化出版社，1996 年(以下省略)，第 397 页。

④ 《高丽史》卷九十五《崔冲附崔惟善传》，第 2943 页。

⑤ 《朝鲜王朝实录・太祖实录》太祖二年六月丙申条。

王朝虽易代，但半岛的社会结构并未发生根本性变化，作为其外化的制度体系及与之相应的观念一时亦难有大的改变。

在司法程序上，作为最高审级的王权同样要受刑部制约，刑部具有不奉旨的权力。恭愍王十三年(1366)十一月，“宥二罪以下，领都佥议金逸逢女婿版图总郎李林伯欲胁奸良家女，其母不听，使奴殴杀之。王以逸逢故，并宥之。典法司(刑部)以罪不入赦，不奉旨。”[①]“不奉旨”在高丽主要是宰枢和台谏具有的权力，刑部“不奉旨”权力的取得，说明它亦逐渐演变成一个贵族性机构。高丽刑部对所有普通案件不奉诏命权力的取得，使刑部在相当程度上成为事实上的最后与最高审级。

在表面为君主制，实质为贵族制的政体下，唐律设置的诸如“邀车驾”、上表及登闻鼓等直诉制度，均被从高丽的制度体系中抹除。直到朝鲜王朝时期，类似登闻鼓的直诉制度才建立起来，且引发了争议。太宗一年(1401)十一月，设“申闻鼓”，右政丞李茂认为：“设申闻鼓美矣，诬击者或有之。”河仑不同意此说：“击申闻鼓之法，实则听之，虚则罪之，越诉而击者，亦如之……民受其福，实子孙万世之良法也。愿命有司行之。”[②]河仑的主张得到了太宗的支持，君主权出现了逐渐强化，并被制度化的趋势。

二、直接权力行使上的差异

(一) 唐代皇帝的权断权

唐代，“权断权”是皇帝在司法领域最主要的直接权力之一。在中国文化的语境中，“权”与“经”相对，乃相对于“常规”的“特例”。这也是“权断”一词的来源与本意，即是说，权断权是由皇帝行使的特殊权力，相对于权力运行的一般形态、过程与结果而言，是一种例外，乃在特殊情况下打破常规，故其结果一般不构成有约束性的先例。

为了共同体的有效运作，特别是古代中国超大型政治与文明体的事实

---

① 《高丽史》卷四十《恭愍王三》，第 1266 页。

② 《朝鲜王朝实录・太宗实录》朝鲜在太宗一年十一月庚子条。

与特性，使这种权力的设置成为必须，以使不至由于制度不可避免地走向僵化，而无法应对各种预想不到的事件、状况、情势与挑战。正因这是对常规制度的“打破”，权断权只能由皇帝行使。《商君书·修权篇》云：

> 国之所以治者三：一曰法，二曰信，三曰权。法者，君臣之所共操也；信者，君臣之所共立也；权者，君之所独制也，人主失守则危。君臣释法任私必乱。故立法明分，而不以私害法，则治。权制独断于君则威。①

从新制度经济学的代理理论看，所谓“信”可被解释为作为委托人的皇帝与作为代理人之官僚集团间的契约基础。“法”则是为此“契约”所规定之代理人行使权力的方式、范围与内容，即可看作契约本身。而“权”，则在相当程度上超出了“代理关系”。这是因为，作为主权者的皇帝，毕竟不是普通“委托—代理”关系中的一般委托人，而是一种特殊委托人。这种特殊性在于，他既是委托人，又是超越于委托人之上的国家的人格化，是共同体的最高治理者对包括代理人在内的所有人有单向的“管理”与“控制”权。这就是君主的权断权之所以高于由官僚集团行使的常规权力背后的逻辑与基础。当然，因为这种权力是为了应对特殊事件、状况、情势而专为作为最后决定者与责任人的皇帝而设定，其行使只能在出现了这类事态的条件下为之。就一般情况而言，皇权仍有其边界，须受“委托—代理”契约即法律的制约。

由以上分析可知，权断权这种“特例”或非常规化权力是在共同体（“国家”）的特殊语境下，以皇帝作为国家的最终拍板人与形式上的“所有者”（实为出于分工的治理者）所独享的最高权力为依据。论者通常所说的“常规权力”，实际上就是由“法”这一“委托—代理”契约而来的“法制化

① ［战国］商鞅：《商君书·修权篇》，上海人民出版社，1974年，第45页。

权力”；他们所说的“非制度性权力”，则基本对应于“法”外“超契约”的最高皇权。但如上文所言，这里的“制度”实际被与官僚制划上了等号，因此，在官僚制之外与之上的皇权，就成了所谓“非制度性”权力。这显然不是准确的观察。我们绝不能仅仅从官僚制运行的视角观察皇权这一“众权之权”，视之为“非制度性”存在。皇帝制度本身也是一种制度，只不过这种制度因为其最高权力或“主权”特性而不能被完全成文化，不能完全为在效力上低于它的“法律”所制约而已。这本身就是一种制度，甚至是皇帝制度的核心与精髓。

在唐代，权断权是一种为法律所明确肯定的权力，实现了某种程度的“成文化”：

> 诸制敕断罪，临时处分，不为永格者，不得引为后比。若辄引，致罪有出入者，以故失论。[疏]议曰：事有时宜，故人主权断制敕，量情处分。不为永格者，不得引为后比。若有辄引，致罪有出入者，“以故失论”，谓故引有出入，各得下条故出入之罪；其失引者，亦准下条失出入罪论。[1]

从文本上看，唐代君主的权断权乃“君臣之所共操”之常规权力的补充。它既不能完全超越于法律之上，又不能取代法律，而是由“法律”肯定的君主的一种“例外性”处置权，是对“委托—代理”契约的补充。这既由传统社会君主的特殊地位所决定，又是从对法律不完备的认知中得出的结论。由于作为巨型共同体之大一统王朝事务繁巨的特性，无论如何完备的“委托—代理”契约都不可能详尽完美，委托人必须拥有一定的补充或超越契约的“例外性”权力。作为常规权力的补充，它围绕此权力上下波动。西晋任三公曹尚书的刘颂在上疏中云：

---

① 刘俊文：《唐律疏议笺解》，第2067—2068页。

> 君臣之分，各有所司。法欲必奉，故令主者守文；理有穷塞，故使大臣释滞；事有时宜，故人主权断。主者守文，若释之执犯跸之平也；大臣释滞，若公孙弘断郭解之狱也；人主权断，若汉祖戮丁公之为也。①

正因为权断权是一种针对特殊状况的“例外性”权力，故《唐律疏议·名例律》“除名”条的问答曰：“非常之断，人主专之。”②皇帝的“权断”仅具有个案意义，无普遍性效力；它不是对国家法律本身的否定，只是临时性变通。除非这种临时性变通具有普遍适用的价值，并经过法定程序被编为“永格”，正式成为“委托—代理”契约的一部分，否则引用皇帝的“权断”判案就是犯罪行为。③ 总之，“《律疏》所规定的君主权断，是有其前提，或在‘非常’情况之下，或属于‘事有时宜’”。④

从理想的层面看，这不失为一种良性安排，既可维持法律的稳定与权威，又可使司法具有一定的灵活性以应对各种特殊的情形，从而维持共同体的有效运转。贞观三年(629)三月，“大理少卿胡演进每月囚帐，上览焉，问曰：‘其间罪，亦有情或可矜，何容皆以律断?’对曰：‘原情宥过，非臣下所敢。’”⑤权断权的合理性在于，它虽在某种程度上牺牲了“程序正义”，却因此而实现了“实体正义”。毕竟，“程序正义”是为“实体正义”服务的，实现“正义”本身，并同时增大犯罪成本，从而防止犯罪才是目的。况且，权断权本身就是广义制度的一部分，它对应的是一种特别程序。再者，“程序正义”的实现需要各种具体条件特别是技术上的支持，我们不能从以现代技术条件为

---

① 《晋书》卷三十《刑法志》，中华书局，1974年，第936页。

② 《唐律疏议笺解·名例律》“除名”条，第197页。

③ 《唐律疏议·断狱律》“官司出入人罪”条规定：“诸官司入人罪者，若入全罪，以全罪论；从轻入重，以所剩论；刑名易者：从笞入杖、从徒入流亦以所剩论，从笞杖入徒流、从徒流入死罪亦以全罪论。其出罪者，各如之。即断罪失于入者，各减三等；失于出者，各减五等。……”(《唐律疏议笺解》，第2069—2072页)处罚相当严厉。

④ 高明士：《论唐律中的皇权》，载《中国古代社会研究：庆祝韩国盘先生八十华诞纪念论文集》，第31页。

⑤ 《唐会要》卷四十《君上慎恤》，第717页。

基础的一些观念出发评价历史，而要从中国情境及最广大民众的真实利益出发。否则，不仅会陷入历史虚无主义，而且会因为颠倒了主与次、目的与手段，本身就是一种“非正义”，成为少数人以话语与手段蒙蔽玩弄多数人，在事实上享有特权的合理性依据。

在以人为本（而非以神为本，以教条、话语为本），民本思想浓厚，具有深刻历史意识的古代中国这样一个理性、世俗社会，如政府不能实实在在地向治下万民提供“实体正义”这一公共产品，或提供得不充分，而以所谓“程序正义”的话语和说辞“愚弄”百姓，使以“公平”“正义”为核心的法律在事实上特权化，使少数有权、有钱、有势者及特殊群体在“程序正义”的名义下攫取了在事实上比他人更多的公共品，这样的政权，合法性必然会流失，由失去人心而处于不稳定状态，甚至最终崩解。当然，时人亦深知，“实体正义”的实现需以合理的程序为保障，故权断权只能是相对于常规权力的“例外”，是“个别性”权力。

无论初衷多么美好的制度设计与安排，一旦在现实层面落实，常会扭曲变形，并随着时间的流逝、社会与观念的变迁而逐渐崩坏。从整个唐代的历史进程看，在权断权与常规权力之间，尽管不乏良性互动，[①]但法律权威亦时常为权断权破坏，权断沦为法外滥刑。《大唐新语》卷四载：

> 飞骑因番请见……言（权）善才等伐陵柏，大不敬。高宗悲泣不自胜，命杀之。大理丞狄仁杰断善才罪止免官。高宗大怒，命促刑。仁杰曰：“法是陛下法，臣仅守之。奈何以数株小柏而杀大臣，请不奉诏。”高宗涕泣曰：“……知卿好法官，善才等终须死。”仁杰固谏……高宗曰：“善才情不可容，法虽不死，朕之恨深矣。须法外杀之。”[②]

---

① 《旧唐书・刑法志》所载太宗因同州人房强因弟谋反当坐，命百僚详议改律一事可为一证。（第 2136 页）

② ［唐］刘肃：《大唐新语》，第 56—57 页。

对这一敏感案件，狄仁杰完全依法而断，[①]高宗对此心知肚明，但仍坚持处权善才以死刑，并急不择言地承认“朕之恨深矣，须法外杀之”。在君主制时代，再完备的制度对于皇帝来说都是一种软约束，效果如何主要取决于他本人的自觉与自律，作为法律权力补充的权断权不仅超越而且破坏了法律权力。“从法的观点而言，《律疏》所规定的君主权断与《断狱律》规定：‘诸断罪皆须具引律、令、格、式’（总 484 条），也就是守法原则，在实施‘德化’的专制政治时，可以相辅相成。从好的方面看，可以救济法律的不足；从坏的方面说，由于直接破律而助长皇帝的独裁化，只是实际行事，常成为二样。”[②]

唐代皇帝还时常利用其权断权，避开由国家机构运行的正常司法程序，发动“诏狱”。“诏狱”又称“制狱”“别敕推事”，是皇权干预司法的特别程序。明代邱濬云：“汉唐以来，乃有诏狱之名，及有起大狱者，于是常宪之外，而更为之异名，以罗人于死地。”[③]诏狱是皇帝行使权断权的一种主要方式。

唐代诏狱主要由御史台、三司或内侍省（唐后期）审理，不受正常司法程序制约。《唐律疏议・诈伪律》“对制上书不以实”条：“若别制下问、案、推，报上不以实者，徒一年。”疏议云：“‘若别制下问’，谓不缘曹司，特奉制敕，遣

---

① 《唐律疏议・贼盗律》“盗园陵内草木”条：“诸盗园陵内草木者，徒二年半。若盗他人墓茔内树者，杖一百。”（《唐律疏议笺解》，第 1369 页）又《唐律疏议・名例律》“免官”条：“诸犯奸、盗、略人及受财而不枉法；（注：并谓断徒以上。）若犯流、徒，狱成逃走；祖父母、父母犯死罪，被囚禁，而作乐及婚娶者：免官。”（《唐律疏议笺解》第 211—212 页。）时任大理丞的狄仁杰裁断权善才罪止免官，显然是根据上述两条律文，认定权善才伐陵柏的行为属于律文所说的盗伐园陵内草木的情况，所以可处以徒二年半的刑罚，并附以免官的附加刑。因当时权善才为左威卫大将军《新唐书・狄仁杰传》载：“左威卫大将军权善才、右监门中郎将范怀义坐误斧昭陵柏，罪当免，高宗诏诛之。仁杰奏不应死……帝意解，遂免死。”（欧阳修：《新唐书》，中华书局，1975 年，第 4207—4208 页。）左威卫大将军为正三品之职，同时享有议、请、减的特权，可减刑一等，这样所剩之刑为徒两年，而正三品之官正好可以当徒两年，因此权善才仅被科以免官。可见狄仁杰作为一深谙法律之人，在处理这一敏感案件时是严格按照律文的规定裁断的。

② 高明士：《论唐律中的皇权》，载《中国古代社会研究：庆祝韩国盘先生八十华诞纪念论文集》，第 31 页。

③ 《大学衍义补・慎刑宪・戒滥纵之失》，中州古籍出版社，1995 年，第 1445 页。

使就问……案者，谓风闻官人有罪，未有告言之状，而奉制案问。推者，谓事发遣推，已有告言之者。”在唐代，御史们是皇帝的耳目和爪牙，他们直接对皇帝负责，在审理诏狱时，不受法律规定的通常司法程序的制约，所谓“凡有制敕付台推者，则按其实状以奏”，[6]由皇帝直接做出最终裁断。御史台的基本司法职能之一就是推按诏狱。

根据王朝律令的规定，皇帝可随时启动并介入司法程序，不必经过有关司法机关，也不需履行特定程序。武则天之所以能制造大量冤假错案，和这一制度设计有重大关系。徐敬业叛乱后，武则天“大开诏狱，重设严刑”。①她依靠的主要便是御史台的酷吏，来俊臣、傅游艺、侯思止、万国俊、来子珣、王弘义、郭霸、吉顼等人均曾以御史身份推案诏狱。她还在丽景门设置推事院及洛阳牧院两个机构以推按“诏狱”。

由于诏狱的侦查、审讯和审判不受一般法律程序制约，难以保证司法公正，徐坚上疏：“比见有敕，勘当反逆，命使者得实，便行决杀。人命至重，死不可生……臣望绝此处分，依法覆奏。”②要求在诏狱中加入三覆奏程序，企图以一般司法程序消融特别司法程序。这是对权断权的减损，故不能被接受。

作为皇帝的耳目与爪牙，御史们位于皇帝与官僚集团间的“委托—代理”关系之外，作为委托者的代表对代理人行使监督权。御史们代表的是皇帝本人，他们在审理诏狱时所行使的乃皇帝权断权的延伸。太和二年(828)，中书门下上疏曰：“御史台推事，纵有特宣，亦须正敕。应朝官犯罪，准《狱官令》，先奏后推。”③御史台推按诏狱多无正敕，对朝官的推案甚至可以不遵守《狱官令》的规定，这是由权断权乃主权者所享有之超越于“委托—代理”关系之上的权力这一本质决定的。

在唐代制度中，有“御史纠不当者，(尚书左右仆射及左右丞)兼得弹

---

① 陈子昂上疏语，见《唐会要》卷四十一，第742页。

② 《唐会要》卷四十一，第742页。

③ 《唐会要》卷六十二，第1083页。

之"[①]的制度,但因它们和诏狱的审理仅有间接关联,不能对之形成直接有效的制约。

最后还需指出的是,如果御史台所推并非诏狱,而是"寻常之狱",则御史们是以国家官僚的身份行使权力,不再是皇帝的化身,就要受到正常司法程序的制约,所谓"若寻常之狱,推讫,断于大理"[②],"又案事入法,多为大理所反"[③]。质言之,御史台的权力行使模式有二,在不同模式下,使用不同程序:审理诏狱乃代行皇权,适用特别程序;审理一般性案件,则是行使具有"公共属性"的普通国家权力,适用一般程序。

权断权使君主实际掌握了对臣下的生杀予夺之权。《旧唐书》卷九十一《桓彦范传》:

> 是岁(神龙二年)秋,武三思又阴令人疏皇后秽行,榜于天津桥,请加废黜。中宗闻之怒,命御史大夫李承嘉推求其人。承嘉希三思旨,奏言:"彦范与敬晖、张柬之、袁恕己、崔玄暐等教人密为此榜。虽托废后为名,实有危君之计,请加族灭。"制依承嘉所奏。大理丞李朝隐执奏云:"敬晖等既未经鞫问,不可即肆诛夷。请差御史按罪,待至,准法处分。"大理卿裴谈奏云:"敬晖等只合据敕断罪,不可别俟推鞫,请并处斩籍没。"中宗纳其议。[④]

这类事实均昭示,权断权乃维护皇权所必须,它既是一项司法权,更是一项政治性权力,这是权断权的关键。正由于此,它是一种超越于"委托—代理"契约之上的存在。

(二)高丽国王的权断权

从外形看,高丽较为系统地移植了唐代制度,实行的也是由中国而来的

---

① 《旧唐书》卷四十三《职官二》,第1816页。

② 《唐六典》卷十三《御史台》,第380页。

③ 《通典》卷二十四《职官六》,第141页。

④ 《旧唐书》卷九十一《桓彦范传》,第2931页。

君主政体，国王作为国家的最高主权者，亦如中国皇帝一样享有权断权。[①]在理论上，他可不顾刑部和宰枢的意见，独自做出裁断。《高丽史·文宗世家》载：

> （文宗九年）十一月乙丑，幸东池，检校卫尉少卿崔成节无故入至帐殿前，王惊，命下狱。法司奏："阑入御所者斩。"王曰："虽律有正条，以此加刑，是为苛政。又文笔有用，可原之。"门下省驳奏，不纳。[②]

文宗之所以坚持行使权断权，主要因此案乃由他而起，他要通过对案件的处理，彰显宽仁之心，具有明显的政治目的。官僚机构也相当配合，成功地演出了一场政治剧。但我们还是可以看出，除御史台与刑部外，作为宰相机构的门下省也拥有对国王司法权的法定制约权，国王的终审权又被分割出了一大块。

高丽一代，"虑囚"是国王经常举行的司法活动，也是他们行使权断权的主要场合。在此类场景下，权断权的行使实际已沦为政治表演，因而经常能顺利进行下去。高丽佛事活动频繁，重要的佛教活动就有八关会、燃灯会等七十余种。[③] 在这些活动之后，国王常"虑囚"。在此，我们不妨撷取仁宗时的一个片段以为例证：

> （仁宗十七年）三月辛卯出御兴王寺荐福院，癸巳虑囚。五月丙申幸普济寺，乙巳雨雹，丙午虑囚。六月癸亥王受菩萨戒于明仁殿，戊辰

---

① 由于高丽国王的权断权并不突出，故韩国学者虽从多个角度对王权的运作进行了分析，但对"权断权"却未有专题论述。如韩国学者박재우著有〈고려전기 國政의결정과 회의〉（《韓國文化》30）、〈고려전기 君臣의 위상과 역할에 대한 관념〉（《韓國史研究》132）、〈고려 전기 國政의 결정과 시행〉（《韓國史研究》121）等多篇论文，但均未将"权断权"作为一个问题单独提出。

② 《高丽史》卷七《文宗一》，第207页。

③ [韩]金英泰：《韩国佛教史概说》，柳雪峰（译），社会科学文献出版社，1993年版，第121—122页。

虑囚……(仁宗十八年)年三月丙子朔出御兴王寺荐福院，丁酉虑囚。六月辛卯亲祷于法云寺，壬辰虑囚。九月戊申王如安和寺，壬子幸普济寺，乙卯虑囚。[①]

国王“虑囚”或以其他形式赦免罪犯，乃基于大众佛教信仰进行的政治行为，是强化政权合法性的一种方式，已经程式化。但即便这种表演性的权力行使，有时也会遭到贵族权的挑战。《高丽史·睿宗世家》：“(睿宗四年〔1109〕四月)癸丑，王将肆赦，召宰枢议，崔弘嗣以为不可。”[②]明宗八年(1178)三月，“虑囚，宥诸道察访使械送赃吏三十五人。台监殿中侍御史晋光仁不能驳执，御史台劾奏，竟原之”。[③]

高丽后期，在元帝国的强权政治下，依靠帝国的权力，王权大幅提升，国王也能像唐代皇帝那样干预官僚机构的司法事务了。任判观候署事的伍允孚问典法总郎朴仁澍：“司中事何稽滞之多也?”仁澍答：“内教、判旨如雨，安得不滞!”伍允孚将此语告于忠烈王，忠烈王派人对朴仁澍说：“我非偏听右其人，凡有告者，欲令有司早剖决，故命之耳，岂为私耶!”[④]权断权的行使仍被官员们认为是行“私”，不被承认具有“公”的属性。

无论如何，到了高丽后期，在以元为中心的帝国秩序内，高丽国王以其帝室驸马的身份，权力有了相对于贵族权的提升，制度上的最高司法权才多少落到了实处。在这一时期，都堂成为国家的最高行政机构，刑曹做出裁断后，要将案件移送都堂与国王共同覆审。《高丽史·刑法志》载：“恭让王三年，有为父杀人者，刑曹拟罪杖八十，都堂以为：‘虽为亲杀人，厥罪匪轻。’王曰：‘为亲杀人，其罪可赦。’竟原之。”[⑤]作为高丽末代君主的恭让王，在司法程序中竟能如此强势，说明这是高丽臣服蒙古后的一贯做法，因而未引发大

① 《高丽史》卷十七《仁宗三》，第506页。

② 《高丽史》卷十三《睿宗二》，第370页。

③ 《高丽史》卷十九《明宗一》，第610页。

④ 《高丽史》卷一百二十二《伍允孚传》，第3703页。

⑤ 《高丽史》卷八十四《刑法一》，第2688页。

的争议。即便如此，国王对权断权的行使仍相当节制，很少见如唐代那样大幅超出法律规定的情形。

如前文所论，诏狱制度是观察权断权的一个重要“窗口”。《高丽史》卷二《光宗世家》：“十一年春三月，评农书史权信谮大相俊弘、佐丞王同等谋逆，贬之。自是谗佞得志，诬陷忠良。奴诉其主，子谗其父，囹圄常溢，别置假狱，无罪而被戮者相继……人人畏惧，莫敢偶语。”[①]在君臣激烈冲突的场景下，光宗时期存在过类似武则天时代的情形，“诏狱”之类措施亦有存在的可能，但这只是特定历史情境下的特殊形态，未被制度化。光宗死后，随着贵族社会的逐步形成，这种司法形态随即消失。终高丽一代，一直无“诏狱”之名。

不过，国王作为名义上的最高权力者，仍有权直接启动司法程序，对大臣立案审讯，案件亦由御史台审理。显宗二十一年(1030)四月，下教：“上年十二月，宋历以为大尽，而我国太史所进历以为小尽。又今正月十五日奏大阴食，而卒不食。此必术家未精也，御史台推鞫以闻。”[②]

从表面看，这与唐制相同。但究其实，我们便会发现权力运作的原理与唐制恰好相反——在高丽，由于君主基本不掌握像唐代皇帝那样的权断定罪权，故诏狱必须交御史台审理。《高丽史·崔冲附崔惟善传》载：

> 侍御史卢旦奏事不称旨，王(文宗)怒谓左右曰：“此非忠蹇之臣。”命曳出，脱公襕缚之。惟善奏：“人臣有犯，当付宪司。”王意解。[③]

御史台审理国王交办的干系大臣的案件，实质是对王权的一种制约，王权没有多少选择的余地。在半岛特定的社会结构与权力格局下，这种状况是由御史台的贵族化决定的。

在高丽，针对官员的案件，多由御史台率先发动，然后由国王许可，而非

① 《高丽史》卷二《光宗世家》，第52页。

② 《高丽史》卷五《显宗二》，第133页。

③ 《高丽史》卷九十五《崔冲附崔惟善传》，第2943页。

如唐代那样由君主发动后再交御史台审理。顺序发生了颠倒。试举德宗时的两例,《高丽史》卷五《德宗世家》:“(显宗二十二年)冬十月乙酉宪台奏:‘尚书左仆射判东京留守事李龚横敛财物,又使家奴借乘驿马,请论如法。’从之。”①同卷,“元年春正月辛巳,御史台劾大府卿王希杰、右司郎中柳伯仁、礼部郎中崔复圭、员外郎李膺年分司西京,求田殖货,请黜免。从之。”②

在高丽,重大案件都要由君主和重臣共同决断,此即君臣“同议断决”重刑之制。在外形上,这一制度的源头亦在中国。

> 贞观三年三月五日,太宗谓侍臣曰:“古人曰:‘鬻棺之家,欲岁之疫。非恶于人,而利于棺。故今之法司,覆理一狱,必求深刻,欲成其考。今作何法,得使平允?”王珪奏曰:“但选良善平恕人,断狱允当者,赏之,即奸伪自息。”上曰:“古者断狱,必讯于三槐九棘之官。今三公九卿,即其职也。自今天下大辟罪,皆令中书门下四品已上及尚书议之。”③

“断狱,必讯于三槐九棘之官”,虽是一种传说,亦反映了君主制政体未确立前司法的某些实态。此种权力运行模式与贵族制契合,故被高丽人移植,并依据本国实际进行了改造,形成了“同议断决”重刑之制。试举几例:《高丽史·文宗世家》:“(文宗三十六年八月)戊午,御文德殿断死刑,命门下侍郎文正、左仆射李靖恭参详。”④又“(睿宗五年)八月辛巳,刑部奏内外重刑,王御宣政殿南廊与宰枢议断。”⑤毅宗六年,“八月丙寅,刑部奏重刑,王与大臣审覆断之。”⑥

---

① 《高丽史》卷五《德宗世家》,第 139 页。

② 《高丽史》卷五《德宗世家》,第 140 页。

③ 《唐会要》卷四十《君上恤刑》,第 717 页。

④ 《高丽史》卷九《文宗三》,第 266 页。

⑤ 《高丽史》卷十三《睿宗二》,第 380 页。

⑥ 《高丽史》卷十七《毅宗一》,第 540 页。

由此类记载，我们可大致推知该制的实质及基本程序。首先，时间基本固定在每年八月。高丽移植了中国的秋冬行刑之制，八月乃秋季开始之月。秋天审重刑，冬天行重刑，国王决重刑乃秋冬行刑的开端。

其次，此乃王朝覆审程序的一部分。宪府在辛禑六年六月的上疏中即云："凡大辟必三覆奏，君臣同议断决者，乃先王之成宪。"[①]此时已到了高丽末期，这一传统一直得到了较好的贯彻与执行。

在唐代，决断死刑乃最高最后的司法权力，专属于皇帝。可在高丽贵族制的格局下，这一权力却变质为由国王与贵族共同拥有并行使。就制度而言，宰相们在程序中的作用虽不过是"参详"，但实际的权力运作并非如此。"议断""审覆断之"等表达才更接近真实。《郑穆墓志铭》："越寿昌三年丁丑，又拜起居郎。其年秋，今主上御宣政殿亲定海内罪名，命宰相近辅进侍焉，公独昂然秉笔墀上，直书君言，是亦古所谓左史谨识之分也。"[②]所记虽为史官秉笔直书之事，但我们仍可从中约略窥见王权受臣权制约的情形。国王的最高司法权在相当程度上被弱化了。

由于国王对死刑案件的终审权乃与以宰枢为首的朝廷重臣共同行使，故形成了一套专门仪式——"重刑奏对仪"：

> 王便服出坐内殿南廊，牵龙都知肃拜讫……刑部奏对员、省郎丹笔员入庭，舍人喝："再拜！"出外。祗候引宰臣、枢密至门……引上殿坐东边褥位……次丹笔奏对员入奏，丹笔制斩决、除入有入岛。毕后劝御药及宰枢药。执礼引宰枢下庭……执礼舍人皆再拜以次出。[③]

议重刑的地点多在内殿南廊。覆审一般分两种情况：一是判死刑犯以斩决，一是减死为流（入岛）。这一工作实际已由刑部事先拟定，国王和宰相们只是履行一个"表演"程序，其实质意义已在相当程度上虚化。

---

① 《高丽史》卷八十四《刑法一》，第 2676 页。

② 《东莱郑氏一统谱》，网址：http://gsm.nricp.go.kr/_third/user/main.jsp。

③ 《高丽史》卷六十四《礼六》，第 2043 页。

国王和宰相们真正行使司法权的场合，应是在决重刑仪之前对某些重大或疑难案件的“集议”。它常在八月前举行。如睿宗十七年七月，刚即位不久的仁宗“命三品以上官会都省议重刑”。[①] 在集议过程中，如意见分歧，国王有最终裁决权。《高丽史·黄周亮传》载：

> 威鸡州女真仇屯、高刀化二人，与其都领将军开老争财，乘其醉欧（殴）杀之。事下辅臣议，侍中徐讷等六人议曰：“女真虽是异类，然既归化，名载版籍，与编氓同，固当遵率邦宪。今殴杀其长，罪不可原，请论如法。”周亮（时任参知政事——引者）等十一人议曰：“……且律文云：‘诸化外人同类自相犯者，各依本俗法。’况其邻里老长已依本俗法出犯人二家财物输开老家，以赎其罪，何更论断？”王从周亮等议。[②]

此案非常简单，唯一的特殊之处是犯罪主体为“归化”女真人。据《高丽史·百官志》载，文宗时宰枢成员定额为 25 人，靖宗时当少于此数。此案共 17 人参与讨论，从黄周亮和徐讷等人的职衔看，基本上可以断定这 17 人就是当时在京的宰枢成员。

高丽后期，宰相机构“中书门下省的地位为都堂所取代”。[③] 都评议使（都堂）“从一个议政机关变成了一个议政兼行政机关，不仅处理从前的军事事务，同时还处理田制、禄俸、刑狱、铨注、对外关系等，成为一个总管国政全局的机构。由此，高丽后期的政治体制转变为以都堂为中心的政治体制”。[④] 与此相应，都堂也成了国王之下的最高司法机构，对刑部审结之案有权改判，上文所引恭让王三年的为父杀人案就是其中一例。对多数大案的审理，国王均不得不听从都堂的意见。《高丽史·禹玄宝传》载：“恭让即位，金伫狱起，辞连玄宝。郎舍上疏请置极刑，不报……刑曹又上疏请窜玄宝等，王

---

① 《高丽史》卷十五《仁宗一》，第 434 页。

② 《高丽史》卷九十五《黄周亮传》，第 2953 页。

③ ［韩］朴龙云：《高丽时代史》，一志社，1996 年（以下省略），第 92 页。

④ ［韩］朴龙云：《高丽时代史》，第 534 页。

下都堂。都堂请从刑宪之请，王不得已流于远地，寻宥许从便。”①

恭让王时期，政治斗争异常激烈，大狱迭起。为了彻底解决历次政治斗争留下的后遗症，守门下侍中郑梦周上疏建议：“臣等以谓宜令省、宪、法司共议商榷，将连涉人等狱词文案更加详覆……狱章既上，殿下坐朝门召宰辅、臣僚亲临审录，使无冤抑，然后加以罪黜，施以肆宥，则人心服而公道行矣。”②他要求按照传统的重大案件由国王与宰枢“同议断决”的方式，对历史遗留案件一次性解决。由于这是高丽长久以来的传统，故为国王和官僚集团所接受。于是，“省宪、刑曹论列五罪”。之后，

> 王御正殿，召梦周及判三司事裴克廉、兼大司宪金凑、门下评理柳曼殊、左常侍许应、右常侍全五伦、谏议朴子文、全伯英，献纳权轸，正言柳沂、金汝，知掌令崔咸、金亩，持平李元缉、李作，刑曹判书具成祐，总郎成溥，正郎河系宗，佐郎朴猗等议定五罪。③

先由王朝的司法机构“论列”，再由国王与宰相“议定”，正是前述国王与宰相共决重刑之制。只不过，作为特例，定罪范围被扩大了而已。在审理过程中，恭让王想原宥禹玄宝、朴可兴二人，门下评理兼大司宪金凑马上指出：“殿下似有私意”，④恭让王的提议被否决。

这种状况直到朝鲜王朝建立后才逐渐改变。朝鲜世宗十二年(1430)十二月一日，吏曹启：

> 刑曹职掌治狱，以惩奸凶，今者乃缘杂讼烦剧，中外刑决，未暇详覆，往往断罪失中，有违圣上慎刑钦恤之意。臣等谨按《唐书》，六部之员，随事烦简，多少不同。乞依古制，于刑曹加置正郎一人、佐郎一人，其杂讼刑决等事，令刑曹量宜分掌，以治烦冗。

---

① 《高丽史》卷一百十五《禹玄宝传》，第 3538 页。

② 《高丽史》卷一百十七《郑梦周传》，第 3580 页。

③ 《高丽史》卷一百十七《郑梦周传》，第 3582 页。

④ 《高丽史》卷一百十七《郑梦周传》，第 3583 页。

世宗命吏曹与政府诸曹同议。以右议政孟思诚为首的绝大多数人“皆以为可”，许稠认为：“宜依所启加设，然不别称职任，则终至于并治杂讼，而无为断大辟加设之意。宋太宗朝，令刑部定置详覆官五员，专阅天下所上按牍，又置推勘官，若诸州有大狱，则乘传就鞫狱。臣窃谓其加设者，依宋朝故事，止掌详覆大辟之任，毋得分掌杂讼。”[①]结果“命从思诚等议，别掌大辟则从稠议”。[②] 基本依照唐宋制度重新设计了中央司法制度。这一制度的核心就是王权在司法中的最高地位。同月二十九日，吏曹启：“今加设刑曹正佐郎各一，请以详覆司号，序于考律司之上。”[③]最终形成了死刑案件由刑曹详覆，转报本府启闻国王的制度。[④]

从成宗时期开始，议政府在死刑案件中的地位变得更为重要。成宗二年(1471)三月，国王下令议政府、刑曹：“今后京外死囚详覆，依前例，议政府更谳。”[⑤]议政府的角色不再是简单的转报、启闻，而是具有了审判权，时称“更谳”“检核”[⑥]或“磨勘”。最终，议政府在事实上取得了对所有死刑案件的详覆权。[⑦] 议政府在详覆之后，要将案件上奏国王，由国王行使最终裁判权。朝鲜国王正祖即对具得鲁云：“重典之受成于州县，而道伯仍其案，京司依其说，详覆于政府，奏当于榻前。”[⑧]高丽时代的君臣“共断重刑”制度寿终正寝。

---

① 《朝鲜王朝实录·世宗实录》世宗十二年十二月丁卯条。

② 《朝鲜王朝实录·世宗实录》世宗十二年十二月丁卯条。

③ 《朝鲜王朝实录·世宗实录》世宗十二年十二月丁乙未条。

④ 参见《朝鲜王朝实录·世宗实录》世宗二十一年闰二月戊申条、五月庚戌条。

⑤ 《朝鲜王朝实录·成宗实录》成宗二年三月戊子条。

⑥ 成宗五年七月，行副司勇柳阳春上书，条陈时弊，其中提到：“我朝凡州县大囚，必令监司察之，刑部详覆之，都堂检核之，然后乃决，甚至仁也。”(《朝鲜王朝实录·成宗实录》成宗五年七月丁丑条)

⑦ 这样的史料甚多。成宗六年二月，国王命议政府、刑曹：“凡死囚，其速详覆，勿使滞狱。”(成宗六年二月乙巳)燕山君三年(1497)六月，刑曹在上启中说：“生杀人主之大柄，臣不可以议为。且凡死囚则本曹推鞫详覆，报于议政府。议政府又议其轻重，以求生道，无可生之道然后启闻。”[燕山君三(1497)六月乙酉条]

⑧ [朝鲜]李蒜：《弘斋全书卷》百三十一《故寔三·朱子大全》，景仁文化出版社，2001年版，第106页。

由于王权已居于司法权力的最高位与司法程序的最终端，正祖(1776—1800)《审理录》所记案件，便多是经过议政府“详覆”的案件。以“开城府徐仁行狱”为例，其具体程序为：“本府启：依法处断；刑曹回启：报议政府，详覆施行。”[1]国王在不少时候，均能提出自己的意见，对案件做出改判。如正祖对“京囚金鸣汉狱”一案下判云：“议政府详覆施行之请，议谳之体，固如是乎？”[2]对议政府的详覆结果予以严厉指责，并据法改判，与高丽时期国王和宰相同议重罪的情况形成鲜明对比。

结语

没有足够的暴力基础，试图在贵族制社会引进一套以君主专制为核心的体制，以制度规制现实，将半岛形塑为中国那样的社会，不过是对制度作用的过度想象，颠倒了制度与社会的关系。由此，制度不仅在移植的过程中被变异，在实践中更会为名同实异的“新制度”所替代。最终，移植而来的中国制度基本只剩下由“名”构筑的外壳，内里则是符合本土社会的实质。制度与社会的关系在“悄然”之间又恢复了原本的“正常顺序”。这在高丽最高司法权名与实，表与里的关系上表现得十分明显。

高丽制度虽大体移植于唐，但贵族制的现实使高丽人不得不对唐制进行了一些关键性变异，最高司法权就是其中一环。

在唐代，最高司法权集中于皇帝，由大理寺、刑部、御史台等机构组成的整个国家司法体系，均对皇帝负责，在皇权的操控下运作。除此之外，王朝还设计了邀车架、挝登闻鼓、投匭等种种直诉制度，可越过官僚们掌控的由各级政府机构组成的层层审级，直达于皇帝。在这些制度性权力之外，皇帝还可通过行使权断权，达到其政治目的或实现个案的实体正义，诏狱制度就是典型。

在唐制的外壳下，理论上，高丽国王也如唐代的皇权那般拥有最高司法权。但在贵族政治的现实下，国王的司法权在实际行使过程中被大大限缩。

---

① 《弘斋全书》卷一百四十《审理录六》，第 301 页。

② 《弘斋全书》卷一百五二《审理录十八》，第 567 页。

与唐代御史台听命于皇帝不同，高丽的御史们“谏官化”了，享有对国王决定的“驳执权”。刑部同样如此，拥有“不奉旨”的权力。对于死刑案件，国王要与重臣一起行使终审权。由于这一权力的虚化与形式化，最终使相关程序沦为表演，形成了专门仪式——“重刑奏对仪”。同样，唐代皇权直接裁判的制度也被抹去，邀车驾、登闻鼓等制度始终未被高丽移植。国王虽能够直接发动司法程序，但案件的审理最终还要交给御史台，这在实质上也是对王权的制约。

总之，制度对社会的塑造作用是有限的，社会却会实质性地改变制度，两种作用、两种后果同时存在，同时发生，形成复杂的交融关系，既表现为半岛制度的“中国化”，又表现为中国制度的“本土化”。名与实既相互背离，又相互拉动。在由此张力形成的空间，是各种混合性因素的出现与成长。半岛越来越像中国，但又非中国，而有自身鲜明的社会与文化特征。

第二节　地方司法制度的变异

高丽王朝的各种制度深受唐制影响，可由于受本国特定权力格局、社会结构、文化传统等因素的影响，又对唐制有或大或小的变异，地方司法制度同样如此。

一、地方司法权不彰与“私门辨讼”

在唐代，尽管各种司法权力分工制衡，但最终、最高的司法权归总于皇帝，地方司法权同样如此。诉讼一般先从县级机关提起，不服县之判决的，要请给“不理状”，申诉于州；不服州之判决的，再请“不理状”，申诉到尚书省，由左右丞相详审；又不服的，仍请“不理状”，向三司申诉，直至上表皇帝。[①]

---

① 《唐六典》卷十三“御史大夫”条：“凡有冤滞不申，欲诉理者，先由本司、本贯或路远而踬碍者，随近官司断决之。即不伏，当请给不理状，至尚书省，左、右丞为申详之。又不伏，复给不理状，经三司陈诉。又不伏者，上表。受表者又不达，听挝登闻鼓。若茕、独、老、幼不能自申者，乃立肺石之下。”(第 192 页)

高丽王权虽力图移植唐代的中央集权制，[①]但在半岛贵族社会的结构下，中央权力对地方的渗透缓慢。成宗元年(982 年)六月，崔承老上书："太祖统合之后，欲置外官，盖因草创未遑。今窃见乡豪每假公务侵暴百姓，民不堪命。请置外官，虽不得一时尽遣，先于十数州县并置一官，官各设两三员，以委抚字。"[②]第二年，朝廷才开始向地方派遣官员，距完成统一已有 60 年之久。在此情势下形成的地方体制，必然相当粗陋。显宗九年(1018)，朝廷又对地方制度进行改革，初步形成由 4 都护、8 牧、56 知州郡事、28 镇将、20 县令组成的"外官制"框架。[③] 即便如此，中央权力对地方的渗透仍相当有限，在全国 500 多个县中，由中央派遣官吏进行直接统治的只有 130 个，称为"主县"，不由中央统辖的"属县"则多达 373 个。[④]

翻检《高丽史・地理志》，我们发现有大量的县标明"显宗九年来属"，另有一些则标明"文宗十六年(1062)来属"。高丽王朝在这些地方实际设置县令、监务进行统治的时期当更晚。在《高丽史・地理志》中，"明宗二年(1172)置监务"、"恭让王二年(1390)置监务"的记载最多，这已分别到了高丽的中期和末期。[⑤] "来属"一词内含的意蕴值得斟酌。笔者认为，"来属"之义当与"归附"相近，表明这些所谓的"县"长期相对独立于中央，其性质或许类似唐宋时期的羁縻州县，甚至有更强的自主性。

这种由太祖以来在地方长期存在的特殊权力格局决定的状况，不会因"来属"就发生彻底改变。中央虽可名正言顺地向地方派出官员，在表面上建立起统治，却无法从根本上扭转地方的"自治"特性，中央官员发挥权力的基础薄弱，空间有限，不能不对移植唐制而来的地方制度进行变异。其关键

---

① 关于这一问题的详细探讨，参见张春海：《高丽王朝的"华化"与"土俗"之争》，《安徽史学》，2008 年第 1 期。

② 《高丽史》卷七十五《选举三》，第 2376 页。

③ 参见朴龙云：《高丽时代史》，第 119—120 页。

④ 参见[韩]边太燮：《韩国史通论》，三英社，1999，第 170 页。

⑤ 关于高丽王朝在地方设置监务官进行统治的年代，可参阅朴云龙《高丽时代史》，所附图表(第 132 页)。

显然不在形式，而在权力运作的实质性层面。

以司法体制论，由于地方上乡吏势力强大，[①]朝廷虽设法将司法权向中央集中，但效果有限。成宗七年判："诸道转运使及外官，凡百姓告诉，不肯听理，皆令就决于京官。自今越告人及州县长吏不处决者科罪。"[②]

在中央政府开始向地方派驻官员的最初五年，出现了由中央派来之地方官"不肯听理"的"反常"现象。这至少透露出两方面的信息。首先，模仿唐制，中央赋予了地方官以包括司法权在内的各项权力。其次，尽管地方官在制度上拥有与唐代地方官类似的权力，却不肯行使。

有权不使，不符合普遍人性，尤其它还是一种普遍现象。我们认为，根本原因不是地方官们(实际上就是下文所论县级官员)不愿行使权力，而是不能因而也就不愿行使权力。这从"皆令就决于京官"一语可得到相当的印证。对于前来诉讼之人，地方官告诉他们自己无能为力，建议他们赴京控告。问题的关键在于，地方官缺乏行使权力的基础。

对这种结构性问题，中央难以解决，只能以刑罚威胁，试图以此阻断越诉行为，要求地方官员负起司法之责。可对阻止地方官行使司法权的势力，却未出台任何措施。其实，早在之前的五年九月，成宗就下教："差牧宰之员，均赋税以化人……凡尔牧民之官，无滞狱讼……如此，则狱无冤滞，路不拾遗。"[③]但显然未取得效果。

有韩国学者将史料中的"外官"理解为中央派驻地方的郡县官，而将"州县长吏"理解为未派遣中央官员之郡县原有的地方豪族(乡吏)，从而将当时的司法管辖程序理解为：长吏(乡吏)一审——外官(中央派遣之州县官)二审——京官三审。[④] 有误。史料中的"外官"和"州县长吏"是对同一事物的

---

① 太祖建国后，支持他推翻弓裔，登上王位的大豪族势力与和平归顺高丽的新罗旧贵族，逐渐形成了一个新的执政集团——"在京贵族集团"，中小豪族则转变为地方贵族，形成了所谓的"乡吏"集团。

② 《高丽史》卷八十四《刑法一》，第 2668 页。

③ 《高丽史》卷三《成宗世家》，第 65—66 页。

④ 林容汉：〈고려후기 수령의 사법권 및行刑範圍의 확대와 그 성격〉，《고려시대의 형법과 형정(한국사론 33)》，국사편찬위원회，2002，第 247 页。

不同表达，并未给出所谓的"三审"程序。

由于中央权威有限，地方势力强大，终高丽一代，地方司法权不彰，民众对地方的司法公正始终持怀疑态度，想方设法通过种种途径回避地方司法程序，将案件提交中央，由京官解决——中央与地方势力的关系毕竟要弱，相对更能保证司法的公正公平。这就使京官决讼之制一直持续到了高丽后期。忠烈王十二年(1286)三月下教："外方奴婢相讼者，例当就守令及按廉使处决。事曲者依附权势，请移京官，使对讼者赢粮远来。今后悉令其处守令及按廉使听理所任外，别衔处决一禁。"[①]这时的"京官"当已不同于成宗时期的"京官"，京官决讼反而成了司法腐败的一种途径。

高丽后期的"京官决讼"又称"私门辨讼"，是高丽司法制度不同于唐制的一个重要方面。这里所谓的"京官"与"私门"，当主要指由地方大族出身的在京贵族担任的"事审官"，司法权是事审官所拥有的广泛权力中的一项。《高丽史·选举志》载：

> 忠肃王五年(1318)四月，罢州郡事审官，民甚悦之。然未几，权豪复自为之，害甚于前。五月下教曰："事审官之设，本为宗主人民，甄别流品，均平赋役，表正风俗。今则不然，广占公田，多匿民户，若小有差役，例收禄转，则吏之上京者敢于私门决杖征铜，还取禄转，擅作威福，有害于乡，无补于国。已尽革罢，其所匿田户，推刷复旧。"[②]

事审官制度乃高丽初期地方势力体制化的产物。担任事审官者，一般均为当时最具代表性的地方豪族，他们虽居京城，却对乡贯拥有强大的影响力。《高丽史·选举志》"事审官"条云："太祖十八年，新罗王金傅来降，除新罗国为庆州，使傅为本州事审，知副户长以下官职等事。于是诸功臣亦效之，各为其本州事审，事审官始此。"[③]高丽朝廷虽努力打破中央与地方的阻

① 《高丽史》卷八十四《刑法一》，第2669—2670页。

② 《高丽史》卷七十五《选举三》，第2398页。

③ 《高丽史》卷七十五《选举三》，第2398页。

隔，使中央权力下渗地方，可半岛特定的社会权力结构，反而让地方权力透过事审官制度上渗中央。

随着事审官本身的中央化，“私门辨讼”逐渐演变为一种代表中央的权力机制，成为特殊的中央司法程序。但这毕竟是一种实践性权力，不在从中国移植而来的制度之中，此即“私门辨讼”一词的内在含义。事审官制虽在忠肃王时被废，但“私门辨讼”之事直到朝鲜王朝初期还存在。太宗十四年(1414)五月，辨正都监上奴婢事目云：“前此，二品以上私门辨讼未便，如有不得已亲白事，则诣于提调厅，违者申闻论罪”。[①] “辨讼”之权已不在事审官，而在其他京官。

二、州级机构司法权的差异

（一）唐代州的司法权及其行使

唐前期，地方官府分为州（边远地区为都督或都护府）、县两级，采取司法、行政合一的体制，地方最高行政长官即最高司法长官，州刺史（都督或都护）和县令兼理司法，躬亲狱讼。县是地方的一审机关，其审理后能立即生效并付诸执行的只有笞、杖之罪；应判徒、流和死刑的案件，县审断后，移送至州，由州覆审。州可独自展开审理，亦可改判。[②]

唐实行四等官制，[③]各级官府的官吏均被划分为长官、通判官、判官、主典四等，处理不同的事务，承担不同的责任。刘俊文指出：“长官为官府之总判；通判官辅之；判官分判诸事，审查文案，并考公事及文书之稽失；主典受

---

① 《朝鲜王朝实录·太宗实录》太宗十四年五月己卯条。

② 可举一例。《广异记》“汤氏子”条：“汤氏子者，其父为乐平尉。令李氏，陇西望族，素轻易，恒以吴人狎侮。尉甚不平。轻为令所猥辱，如是者已数四。尉不能堪，某与其兄，诣令纷争。令格骂，叱左右曳下，将加捶楚。某怀中有剑，直前刺令，中胸不深，后数日死。令家人亦击某系狱。州断刑，令辜内死，当决杀。”（[唐]戴孚：《广异记》，远方出版社，2005 年，第 117 页。）此案涉及死刑，故由州决断。

③ 《唐律疏议·名例律》“诸同职犯公坐”条：“诸同职犯公坐者，长官为一等，通判官为一等，判官为一等，主典为一等，各以所由为首；其阙无所承之官，亦依此四等官为法。即无四等官者，止准见官为罪。”（刘俊文：《唐律疏议笺解》，第 396—397 页。）

判官以上处分，勘造文案，并检出判官以上行为之稽失。”[①]司法领域，同样如此，具体步骤是：

> 主典受理诉状并登录受理始日，检查诉状内容和案件事实，无失则将案卷移请判官审理；判官根据诉状所告内容在进一步查清事实的基础上，依法判断，并将判断结果请示通判官参议和审核。通判官在推鞫、判断的基础上，进一步审议案件的事实是否清楚，评议法律适用是否正确，如判官判断无失则拟判并呈请长官决断。如发现判官判案不当，则“以法正”后再拟判并呈请长官决断。长官复议后，如认为拟判无失则决断，如有疑则或亲审或责令相关承办官重审……案件连判连署后还有一道程序，即勾检。如无勾检官的勾检，则整个案件的判决无效。勾检的主要内容是“发辰检稽失”……所谓“发辰检稽失”就是指依法检查案件的处理是否在法定的日程内完成；案件的处理是否有失错。勾检稽程，是办案效率的保证；勾检失错，是办案质量的保证。[②]

四等官中，判官的作用最为重要。州级官府中的司户、司法等六曹参军事[③]是四等官制中的判官[④]，有独立行使审判之权，长官对他们所判之案不能轻易改判。《旧唐书·李元纮传》载：

> (李元纮)累迁雍州司户。时太平公主与僧寺争碾硙，公主方承恩用事，百司皆希其旨意，元纮遂断还僧寺。窦怀贞为雍州长史，大惧太

---

① 刘俊文：《敦煌吐鲁番唐代法制文书考释》，引《开元公式令残卷》(笺释)，中华书局，1989年，第234页。

② 童光政：《唐宋“四等官”审判制度初探》，《法学研究》2001年第1期，第88—89页。

③ 州一级，在地方长官之下设有负责司法工作的佐属，比如在都督之下有法曹参军事和户曹参军事，在刺史之下有司法参军事与司户参军事。户曹参军或司户参军事专门受理民事诉讼，而法曹参军或司法参军则受理刑事诉讼。

④ 砺波护：《唐代的县尉》，载刘俊文主编《日本学者研究中国史论着选译》(第四卷)，中华书局，1993年，第559页。

平势，促令元纮改断，元纮大署判后曰："南山或可改移，此判终无摇动。"竟执正不挠，怀贞不能夺之。①

唐朝还一度设有司田参军事一职，以分司户之权。②《大唐新语》卷二《刚正第四》便载有司田参军事判案的一个实例："陆大同为雍州司田，时安乐公主、韦温等侵百姓田业，大同尽断还之。长吏惧势，谋出大同。会将有事南郊，时已十月，长吏乃举牒令大同巡县劝田畴，冀他判司摇动其按也。大同判云：'南郊有事，北陆已寒；丁不在田，人皆入室。此时劝课，切恐烦劳。'长吏益不悦，乃奏大同为河东令，寻复为雍州司仓。"③

判官对于长官与通判官的裁断有"异判"之权。《大唐新语》卷九《从善第二十》载：

贞观中，金城坊有人家为胡所劫者，久捕贼不获。时杨纂为雍州长史，判勘京城坊市诸胡，尽禁推问。司法参军尹伊异判之曰："贼出万端，诈伪非一，亦有胡着汉帽；汉着胡帽，亦须汉里兼求，不得胡中直览。请追禁西市胡，余请不问。"纂初不同其判，遽命，沉吟少选，乃判曰："纂输一筹，余依判。"④

为了使自己判决的案件顺利生效，判官们和长官的沟通必不可少。高宗时，韦凑为扬州法曹参军，"州人前仁寿令孟神爽豪纵，数犯法，交通贵戚，前后官吏莫敢绳按，凑白长史张潜，请因事除之。会神爽坐事推问，凑无所假借，神爽妄称有密旨，究问引虚，遂杖杀之，远近称伏"。⑤

---

① [后晋]刘昫等撰：《旧唐书·李元纮传》，中华书局，1975年(以下省略)，第3073页。

② 王宏治：《隋唐时期的司法制度》，载张晋藩主编《中国司法制度史》，人民法院出版社，2004年，第105页。

③ [唐]刘肃：《大唐新语》卷二，第35—36页。

④ [唐]刘肃：《大唐新语》卷二，第138页。

⑤ [后晋]刘昫等撰：《旧唐书·韦凑传》，第3141—3142页。

长官与通判官对判官的裁断有“异笔断案”之权，但这种做法与唐代官僚体制运行中默认的规则冲突，除非万不得已，一般不使用。一旦行使，多会成为批评者的口实。在中宗朝的“五王”案中，大理卿裴谈就曾因用“异笔断案”之权更改大理丞李朝隐的判决，招致侍御史李祥的弹劾：“异李朝隐一判，破桓敬等五家。附会三思，状验斯在，天下闻者，莫不寒心。”[①]《朝野佥载》卷二也载有一州之长官“异笔断案”而为时人所哂：“王熊为泽州都督，府法曹断掠粮贼，惟各决杖一百。通判，熊曰：‘总掠几人’法曹曰：‘掠七人。’熊曰：‘掠七人，合决七百。法曹曲断，府司科罪。’时人哂之。”[②]

判官之下有掾吏协助他们开展司法事务。《册府元龟》卷七百七《令长部・贪黩》记：“韩晤为万年捕贼尉，元和十二年以奸赃发，京兆尹窦易直使法曹掾韦正收鞫之，得赃三十万。帝意其未尽，令复鞫之，果得赃三百万。晤除名，配流昭州。”[③]“奸赃”乃刑事案件，故由法曹参军审理，具体负责审讯的则是法曹掾。

各都督府、州在长史、司马等通判官之下又设有录事参军事一人，秩在各曹参军事之上，同司录一样，职责为“掌勾稽，省署钞目，监符印”。[④] 大中二年(848)十一月，判户部事魏扶奏：“天下州府钱物、斛斗、文簿，并委录事参军专判，仍与长史通判，至交代时具数申奏。”[⑤]因录事参军事具有勾检权，为司法程序中的最后把关机构，作用相当关键。《太平广记》卷一百二十四《报应二十三・州录事》引《稽神录》：“袁州录事参军王某尝劾一盗，狱具而遇赦，王以盗罪□不可恕，乃先杀之而后宣赦。”[⑥]对案件关键性时间节点与程序的掌控为这种权力的关键之处。武宗时，江都县尉吴湘因娶当地妇女

---

① [唐]刘肃：《大唐新语・刚正第四》，第34—35页。

② [唐]刘悚、张鷟撰：《隋唐嘉话・朝野佥载》卷二，中华书局，1997年(以下省略)，第48—49页。

③ [宋]王钦若编：《册府元龟》卷七百七《令长部・贪黩》(校订本)，第8156页。

④ 《旧唐书》卷四十四《职官三》，第1919页。

⑤ 《旧唐书》卷十八下《宣宗本纪》，第621页。

⑥ [宋]李昉：《太平广记》卷一百二十四《报应二十三・州录事》引《稽神录》，中华书局，1981年(以下省略)，第876页。

阿颜，被节度使李绅论以"受取"，下狱计赃处死。宣宗即位后，案件平反，涉案官员多被处分，其中就包括"前扬府录事参军李公佐"："李公佐卑吏守官，制不由己，不能守正，曲附权臣，各削两任官。"①即未尽到最后的把关义务，而这常能左右案件的结局甚至当事人的生死。

（二）高丽州（郡、府）的司法权及其行使

《高丽史・舆服志》记高丽外官官署与职员构成云："显宗九年正月，定大小各官、守、令、衙从。大都护府牧官：使六、副使五、判官四、司录・法曹各三、医・文师各二。中都护府：使、副使、判官、法曹、医文师、衙从[同大都护府]。防御镇使、知州府郡事官：使五、副使四、判官・法曹各三；县令、镇将三，副将、尉二。"②

表 1　高丽时代外官品阶表③

	3品以上	4品	5品	6品	7品	8品	9品
京都护府・牧	留守（知西京留守事）使	副留守副使		判官同上	司录（参军）、掌书记同上	法曹同上	（医师文师）同上
防御（州）镇知州、府、郡			使（知事）	副使	判官	法曹	
县镇					令将	尉副将	

高丽的京、都护府、牧或州郡大致具备了四等官制的雏形，其中的判官即唐四等官中的判官，司录、掌书记相当于唐之司录参军与司录等掌勾检之官。靖宗八年二月，"东京副留守崔颢、判官罗旨说、司录尹廉、掌书记郑公干等奉制新刊两《汉书》与《唐书》以进，并赐爵"。④ 明宗七年五月，"赵位宠余众五百余人作乱，杀留守判官朴宁及其初请降者。副留守朴挺羲、司录金得砺、书记李纯正等潜窜获免"。⑤ 从这些史料，我们可以清晰地看到，留守、

① 《旧唐书》卷十八下《宣宗本纪》，第620页。

② 《高丽史》卷七十二《舆服一》，第201页。

③ 摘自朴龙云《高丽时代史》，第128页；题目为笔者所加。

④ 《高丽史》卷六《靖宗世家》，第168页。

⑤ 《高丽史》卷十九《明宗一》，第607页。

副留守、判官、司录、掌书记构成了郡一级官僚机构的基本架构。

同唐代的地方司法体制一样，高丽州郡的长官知州（府）、郡事使（守令）等为地方最高司法官员。《朴脩墓志铭》："越壬戌年，出守洪州，视事公平，决狱无疑，政誉籍甚。"[①]李奎报在《戏呈太守》一诗中亦云："讼庭无事常阴静，公推何妨载酒游。"[②]《赠任实郡宰》则云："年丰野垄嘉禾合，讼息公庭碧草新。"[③]他为田元均所写墓志铭称墓主"出知陕州，清廉不受苞苴……及绳猾吏，锄理甚威，发奸擿伏如神，一州敬惮。决狱尤详审，虽受棒楚者，皆曰田君决之，吾何怨之有。"[④]反映的均是这种事实。直到高丽行将灭亡的辛禑十四年（1388），司宪府还上书称："为守令者，察民休戚，断狱讼，均赋役，父母斯民，其职也。"[⑤]"断狱讼"是州郡长官的基本职责。《高丽史·良吏传》载恭愍王时期出牧全州的郑云敬审理案件的事迹：

> 寻出牧全州。有僧娶妻家居者，一日出外，为人所杀。其妻诉于官，无证，久不决。云敬视事，其妻又来诉。即问其妻有所私者，妻曰："无。但邻有一男常戏曰：'老僧死则事谐矣。'"于是执其男，置外，先鞫其母曰："某月日而子在家耶？出外耶？"母曰："是日男自外来，言与友人饮酒醉困。"即问其男，所与饮者谁，即自服。[⑥]

郡守（知州）之下有副使，为通判官，司法亦为其重要职掌。《金臣琏墓志铭》记墓主"除尚州牧副使，听讼如流，官无留事，吏民爱如父母。"[⑦]李奎报在桂阳副使任上，著《偶吟示官僚》诗云："甘食与安眠，民讼任鸦噪。不曾罚

---

① ［韩］许兴植编：《韩国金石全文》（中世上），亚细亚文化社，1984年（以下省略），第742页。

② ［高丽］李奎报：《东国李相国集》卷九，景仁文化社，1996年（以下省略），第387页。

③ ［高丽］李奎报：《东国李相国全集》卷九《赠任实郡宰》，第389页。

④ 《东国李相国全集》卷三十五《金紫光禄大夫守司空尚书左仆射太子宾客田公墓志铭》，第70页。

⑤ 《高丽史》卷八十四《刑法一》，第2676页。

⑥ 《高丽史》卷一百二十一《良吏传》，第3682页。

⑦ ［韩］许兴植编：《韩国金石全文》（中世上），第787页。

其顽,亦不诘其盗……残民难急理,可抚不可暴。”[①]由这些描述看,高丽时代通判官的司法权似较唐代为大。

通判之下是判官,亦有司法权。《高丽史》卷一百五《安珦传》载:“忠烈元年出为尚州判官,时有女巫三人奉妖神惑众……珦杖而械之,巫托神言,怵以祸福。尚人皆惧,珦不为动。后数日,巫乞哀乃放,其妖遂绝。”[②]与唐代不同的是,高丽判官与通判官的职责划分不分明。《高丽史》卷一百二十一《庾硕传》载:“后为安东都护副使。时巡问使宋国瞻移牒于硕,令修山城。又牒与判官申著同议,著素贪污,硕耻与共事,所牒事皆委著,日与儒士啸咏而已。”[③]暧昧的制度设计,最后导致通判官无事可做。《高丽史》一百一《崔汝谐传》:“登第,补蔚州通判,不闲吏事,无所可否,但署纸而已。”[④]

在权力运作机制上,高丽四等官制对唐制进行了相当程度的变异。这在判官以下官员司法权的设定上表现尤为明显。从现有史料看,与唐代地方司法主要由判官行使不同,高丽州郡的司法权主要由司录(常兼掌书记)和法曹行使。在高丽,郡及以上官府一般均设有8品的法曹。在现存高丽史料中,我们虽看不到关于法曹职掌的具体记载,但从后世朝鲜王朝的制度及时人言论中,仍可推知一二。朝鲜太宗四年(1404)十月,议政府上书曰:

> 自前朝,京有律学,外有法曹,凡有罪囚,职专检律,决断无差,近来法曹职废……愿依古者差遣法曹之例,除观察使,随吏以律文通晓人率行;择各官品官生徒中,可习律文者,专为教训,一笞一杖,必依律断犯;杖罪以上死者,照律报都观察使,都观察使使律学人更加检覆施行,以宣钦恤之意。[⑤]

---

① 《东国李相国全集》卷十五《偶吟示官僚(桂阳所著)》,第519页。

② 《高丽史》卷一百五《安珦传》,第3234页。

③ 《高丽史》卷一百二十一《庾硕传》,第3677—3678页。

④ 《高丽史》一百一《崔汝谐传》,第3111—3112页。

⑤ 《朝鲜王朝实录·太宗实录》太宗四年十月丙申条。

法曹乃中央政府派到地方“职专检律”的官员，主要任务为检索法条，并据之定罪量刑，与后文所论从事直接审讯与裁断工作的司录形成分工与制约关系。

地方法曹与中央律学属同一系统，可相互调任。《高丽史·嬖幸一》记：“律学助教全子公尝为东安法曹，坐受贿见罢。”[①]法曹之所以能成为行贿对象，就是因为他们掌控了定罪量刑的关键性权力。而地方司法权的行使，受高丽特定社会结构的限制，比不上中央律学系统的官员。《高丽史》卷七十六《百官一》记刑曹的职掌与组成云：“又别置律学博士一人，从八品；助教二人，从九品。”[②]他们是中央司法机构刑曹中主管检索律条，进行定罪量刑的人员。

高丽刑部之内律学博士、助教及地方官府中法曹的设置，乃移植隋初制度而来。隋初司法制度又多因袭北齐。[③] 东魏、北齐以大理寺“掌决正刑狱”，大理寺内有“律博士四人，明法掾二十四人……司直、明法各十人。”[④]开皇三年(583 年)，文帝“以为律尚严密，故人多陷罪”。于是，“置律博士弟子员。断决大狱，皆先牒明法，定其罪名，然后依断。”律博士弟子员的任务便是检索法条以“定其罪名”。这一套系统，上至中央的大理寺，下至地方州县形成了一个完整体系。然而，开皇五年发生的一事，使这一系统从中国传统司法体制中彻底消失。史载：“侍官慕容天远纠都督田元冒请义仓，事实，而始平县律生辅恩舞文陷天远，遂更反坐。”事情并未就此结束。文帝由个案而反思制度，下诏：“因袭往代，别置律官，报判之人，推其为首。杀生之柄，常委小人，刑罚所以未清，威福所以妄作，为政之失，莫大于斯。其大理律博士、尚书刑部曹明法、州县律生，并可停废。”[⑤]律官系统于是被废。

---

① 《高丽史》卷一百二十三《嬖幸一》，第 3727 页。

② 《高丽史》卷七十六《百官一》，第 2414 页。

③ 《通典》卷第二十五《职官七·诸卿上》记大理卿云：“隋初与北齐同。”第 711 页。

④ [唐]魏征、令狐德棻撰：《隋书》卷二十七《百官志中》，中华书局，1974 年(以下省略)，第 756 页。

⑤ 《隋书》卷二十五《刑法志》，第 712—713 页。

文帝诏书显示，开皇五年之前，大理寺内实行审、判分离体制。“审”即“折狱”，由正、监、评、司直等人员负责；“判”即“详刑”，由律博士系统担当。辅恩事件发生后，文帝不是对审判分离制度进行合理改进，而是将律博士系统彻底废除，审判分离为审判合一所取代。《旧唐书·职官三》：“国子监……律学博士一人，从八品下。太宗置。助教一人，从九品上。学生五十人。博士掌教文武官八品已下及庶人子为生者。以律令为专业，格式法例亦兼习之。”[①]唐代律博士的职掌和隋代已完全不同，成了一个单纯的法学教育机构，地方上亦无类似制度。

高丽在仿行中国司法制度时，将隋制与唐制结合起来移植：律博士系统既是一个法学教育机构，又具有检索法条、定罪量刑之权。在地方司法体系中，高丽的法曹与隋初的“州县律生”相当。

这种状况直到朝鲜王朝初期还明显地存在着。世宗一年（1419）八月，刑曹启：“于济州，依各道例，差遣检律，以训律文。其徒流以下刑名，令都按抚使直决，毋使淹滞，用伸冤抑。”[②]所谓“检律”即由高丽时代的法曹而来。《朝鲜王朝实录·世宗实录·地理志》记京畿道官府的构成为：“京畿：都观察黜陟使一人，首领官一人，医学、教谕、检律各一人。”[③]其他各道大多如此，所谓“监司所在，有首领官、差使员，又有驿丞、教谕、检律、营吏，供亿万万”。[④]“检律”正好取代了高丽时代法曹的位置。检律首要的职责是“训律文”，[⑤]同高丽时代的法曹一样，他们也由中央律学“差遣”而来。[⑥]

检律的另一项职责是检索法条，定罪量刑，即所谓“照律”权。朝鲜成宗

---

① 《旧唐书》卷四十四《职官三》，1892页。

② 《朝鲜王朝实录·世宗实录》世宗一年八月甲申条。

③ 《朝鲜王朝实录·世宗实录·地理志》。

④ 《朝鲜王朝实录·世宗实录》世宗三十年四月庚辰条。

⑤ 如世宗一年八月，刑曹启：“于济州，依各道例，差遣检律，以训律文。”（《朝鲜王朝实录·世宗实录》世宗一年八月甲申条。）

⑥ 世宗即云：“‘本道教谕、检律，虽秩卑，亦是受命之人，土官非朝官之比。”（《朝鲜王朝实录·世宗实录》世宗十三年八月辛酉条。）

曾说："虽义禁府堂上，岂能尽解律文乎？必令检律照律。"[①]检律掌握了核心的司法权，对案件结果的影响巨大，有些当事人不服，甚至会写信斥责检律。世宗四年九月，"忠清道青山县监卓祉，方国丧，聚妇于邻邑，宴乐无异平日。观察使李种善闻而鞫之"。祉愤怨，移书责检律曰："君丧岂等于父丧？苍天苍天，我罪伊何？"[②]

高丽与唐司法制度的另一不同在于，州郡一级司录的权力甚大。郑沆，"肃宗时中第，补尚州司录。州人以年少易之，及临事善断，皆叹服"。[③] 崔甫淳，"调黄州掌书记，政尚清白"。[④] 与法曹形成制约关系的便是司录。如果说定罪量刑之权为法曹所掌核心权力，司录掌握的则是侦查、[⑤]逮捕、[⑥]审讯、裁断[⑦]与执行[⑧]之权。李奎报曾任全州司录兼掌书记，[⑨]经常要处理大量

① 《朝鲜王朝实录·成宗实录》成宗二十四年十月甲申条。

② 《朝鲜王朝实录·世宗实录》世宗四年九月戊寅条。

③ 《高丽史》卷九十七《郑沆传》，第3014页。

④ 《高丽史》卷九十九《崔均附崔甫淳传》，第3079页。

⑤ 金之岱在高宗五年，"例补全州司录。恤孤寡，抑强豪，发摘如神，吏民敬畏之。"（《高丽史》卷一百二《金之岱传》，第3143—3144页。）

⑥ 《高丽史》卷一百五《赵仁规传》："忠烈时，仁规使麾下卒介三诱南京民八人为獭户，民之逃赋者多附之。岁纳獭皮于敬成宫，半入仁规家。南京司录李益邦囚介三。"（《高丽史》卷一百五《赵仁规传》，第3240页。）

⑦ 《高丽史》卷一百二八《尹谐传》："郑方义，晋州吏也。神宗三年，晋州公私奴隶群聚作乱，屠烧州吏家五十余，延爇方义家。州吏告牧官追捕之，方义手弓矢，入谒司录全守龙。守龙诘曰：'何为持弓矢拜乎？'方义曰：'欲捕贼魁，他人已擒，敢入贺耳。'守龙曰：'不然，汝持弓矢，亦必作乱也。'即问方义，款无他，释之。"（《高丽史》卷一百二八《叛逆二》，第3882页。）郑云敬任尚州司录时，"有诬告龙宫监务赃者，按廉遣云敬鞫之。云敬至龙宫，见监务，不问而还。"（《高丽史·良吏传》，第3680—3681页。）

⑧ 尹谐任尚州司录时，"人有乱其妹系狱者，时久旱，谐曰：'杀此人，天乃雨。'长官不听。他日，长官欲与谐饮溪上，谐于道上引乱妹者数罪，以石压其首杀之，天果大雨。后籍内侍，从忠烈如元，掌行李供用。"（《高丽史》卷一百六《尹谐传》，第3269—3270页。）

⑨ 《高丽史》卷一百二《李奎报传》："神宗二年，始补全州司录，为同僚所忌见替……乃拜右正言、知制诰，历左右司谏。八关会有阙贺表者，奎报欲弹，琴仪固止，忠献闻而劾之，贬奎报为桂阳副使。寻以礼部郎中、起居注召还。"（《高丽史·李奎报传》，第3129页。）其在《朗山县监仓后有作》中就云："可愧昔年闲放客，参军掌记又监仓。"（[高丽]李奎报：《东国李相国集》卷九，第387页。）

司法事务,他感叹:“身非罗刹与阎王,日阅累囚谩断肠。笙笛惯闻犹或厌,况听楚毒可无伤?”[①]尽管他对司法事务颇不耐烦,且多以仁心折狱,可时人的评价却是:“俄补全州书记,为政刚猛。”[②]《韩惟忠墓志》载墓主“中为乙科第二人及第,初补南京留守官掌书记,决事明白,吏不敢欺”。[③]

这是一种制度性权力,对通判形成了有力制约。《李奎报墓志铭》称墓主:“登第之十年,出补全州管记,屡抑通判之不法,因被诉解职。”[④]司录权力的行使,甚至引发了叛乱。明宗十二年(1182),“全州司录陈大有颇负清介,用刑极酷,民多苦之……旗头竹同等六人作乱,啸聚官奴及群不逞者。”[⑤]因司录司法权的行使关系到一州治乱安危,故被认为有治理之责,“仁恕”则成为受人称赞的素养。《张允文墓志》称墓主“登第,补东都□记,其理以仁恕为先,清亦澈,□课最”。[⑥]

判官的司法权不彰,司录掌握了各项实质性权力,乃高丽对唐制的重大变异。李谷在《赠清州参军》的诗中说:“古人重画一,今人好变更。法令牛毛细,黔苍鱼尾赪……割地归兼并,讼牒方组织。”[⑦]但司录司法权之大引发的弊端,亦使其在朝鲜王朝时被废。世宗三十一年三月,政府启:“若司录参军,则不可立也……高丽之季,荒纵之事,类皆出于司录参军,纵使复立,无益于治事,请勿举行。”[⑧]

司录之所以被赋予如此重权,一个重要的原因在于司录自身的“知识权力”。高丽时代,司录一般均由中央派出的科举出身者担任。朝鲜时代的刑

① 《东国李相国集》卷九,第389—390页。

② 《东国李相国集·后集卷终》之《诔书》(右司谏郑芝奉宣述),第257页。

③ [韩]许兴植编:《韩国金石全文》(中世上),第654页。

④ [韩]许兴植编:《韩国金石全文》(中世下),第1029页。

⑤ 《高丽史》卷二十《明宗二》,第622页。

⑥ [韩]许兴植编:《韩国金石全文》(中世下),第948页。

⑦ [高丽]李谷:《稼亭集》卷十四《纪行一首·赠清州参军》,景仁文化社,1996年(以下省略),第183页。

⑧ 《朝鲜王朝实录·世宗实录》世宗三十一年三月乙酉条。

曹判书金自知即曰："前朝中文科者，皆差外方司录。"[①]现存高丽时代的大量墓志铭也证实了这一点。《任懿墓志铭》："中咸雍六年御试……大康八年，以例出掌忠州牧书记。"[②]《崔祐甫墓志铭》："郑沆门下登进士第，初调晋州牧司录兼掌书记。"[③]《李文铎墓志铭》："大至丙寅岁，以上舍第二人擢□第，出补宁州掌书记，恩威并行，吏民畏爱，朝野介然称之。"[④]《柳公权墓志铭》："至庚辰，相国金公永夫门下乙科登第。辛巳，以例出掌清州牧书记，洗□奉职，吏民皆不忍欺。"[⑤]不一一枚举。

或许正因掌书记（司录）出身科举，他们以后多仕途顺坦，一般均能任台谏官、知制诰、各曹郎官等清要职，一些人还能升任宰相。[⑥] 相反，判官尽管在制度上高司录一级，可由于"知识权力"的不足反而使权力旁落。[⑦] 当然，那些有知识、有能力的判官，仍可行使其制度上的权力。《尹承解墓志》称墓主："少力学年十八，中司马试一科，再举春官不捷，以门荫从仕调补，知水州事判官，水州号俗阜，率为人求得，故鲜克清廉政，皆姑息，吏狃成习，颇缓弛无纪，公到官，一切以法绳之。吏畏惮，莫敢正视。凡约束，一如条禁，无敢犯者，以政异闻。"[⑧]《金永夫墓志铭》记墓主："中进士第……庚戌岁，调补交州防御判官，下车□布政颁条，洗手奉职，勤恤人隐。"[⑨]可见，司录对判官权

---

① 《朝鲜王朝实录·世宗实录》世宗十年十一月己酉条。

② ［韩］许兴植编：《韩国金石全文》（中世下），第 812 页。

③ ［韩］许兴植编：《韩国金石全文》（中世下），第 812 页。

④ ［韩］许兴植编：《韩国金石全文》（中世下），第 855 页。

⑤ ［韩］许兴植编：《韩国金石全文》（中世下），第 918 页。

⑥ 李奎报、柳公权、任懿、崔祐甫等人均是如此。

⑦ 从现存高丽时代墓志看，判官科举出身者显著少于司录与掌书记。他们多由荫叙出身，如《林景轼墓志》："公以父荫初授将侍郎军器主簿同正，初任礼州通判，秩满上阙，寻拜景灵殿判官，历六官而勤于王事。出为梁州防御副使，仁政洽于境内，民多德之，入为试典厩署令。越二年拜权知监察御史例，出安北大都护府判官，官僚客馆一皆残毁，公为之作新，凡执用之具、军旅之仪无不毕备，而掌握之内各得其宜，则古之邵父杜母之政何以加此。"《金臣琏墓志铭》："公初以先祖荫职，便接朝联，除金州判官，劝农桑、轻傜役，一介不取于民，民到于今受其赐，考绩已还。"（《韩国金石全文》中世上，第 787 页。）

⑧ 《东国李相国集》卷三十五，第 67 页。

⑨ ［韩］许兴植编：《韩国金石全文》（中世下），第 817 页。

力的“攘夺”主要发生在权力的实际运作过程中，而非制度性安排。

与司录由科举出身者担任不同，法曹则由律学合格者担任，两者形成了互补关系。高丽移植了唐代律令，律学是一门复杂而专业化的知识体系，非一般人所能掌握与运用。司录作为高级知识精英，具有知识优势，在实践中取得地方司法大权就不难理解了。

还需指出的是，高丽司录与法曹的设置与分工，还当受到了宋代鞫谳分司制度的启发。所谓鞫谳分司，即将审与判分离，把这两项核心权力交由不同的官员行使。如州、府一级的司理院，其主要司法官员为司理参军，“掌狱讼勘鞫之事”①，是为“鞫司”（推司、狱司）；司法参军为“谳司”（法司），负责检索法条，再由其他官员拟判，经同级官员集体审核，最后由知州、知府最终决断。高丽州级官府司录与法曹之间的关系应大致与此类似。另外，严耕望曾指出：司录在中唐以后，是“州府行政最关键之位置”，负责内外督察及州府财务，权势与地位崇重。② 高丽地方官制，特别是司录的地位当是吸收唐后期制度而来。

三、县级机构司法权的差异

（一）唐代县的司法权

史云：“亲人之切，无如县令”。③ 司法权是县级官府最重要的权力之一，直接关系到庶民的财产与性命，乃王朝为众民提供的最基本公共品，其运行的好坏不仅关乎社会治理，还涉及政权的合法性。因此，县级机构的设置及官员的职掌多与此有关。《新唐书·百官志》云：“县令掌导风化，察冤滞，听狱讼……县丞为之贰，县尉分判众曹……诸县置主簿……凡县有司功佐、司仓佐、司户佐、司兵佐、司法佐、司士佐、典狱、门事等”。④

在地方，所有案件均由县一审，笞、杖罪为终审，徒以上罪则送州覆审。

① 《文献通考》卷六十三《职官十七》，中华书局，1986年，第572页。

② 严耕望：《唐代州府僚佐考》，《唐史研究丛稿》，第115—139页。

③ 《册府元龟》卷六百三十一《铨选部·条制第三》（校订本），第7296页。

④ ［宋］欧阳修、宋祁等撰：《新唐书》卷四十九下《百官四下》，第1319页。

《唐六典》卷六"刑部郎中员外郎"条："凡有犯罪者，皆从所发州、县推而断之……注云：'犯罪者，徒已上县断定，送州覆审讫，徒罪及流应决杖、若应赎者，即决配、征赎。'"[①]死刑案件也由县一审。《旧唐书·孝友·周智寿传》："周智寿者，雍州同官人。其父永徽初被族人安吉所害。智寿及弟智爽乃候安吉于途，击杀之。兄弟相率归罪于县，争为谋首，官司经数年不能决。"[②]县在司法中的重要性是其他机构难以比拟的。

除了以上制度性权力外，县级官府利用其可执行笞、杖之权，在相当大的程度上取得了事实上的死刑处分权。[③] 这是一种非制度性权力。开元时，李彭年上疏："典律所制，轻重各殊，笞杖是轻，徒死是重。今日此道便乖，凡所决囚，例多非命，此乃徒刑有必生之理，杖刑为致死之条。"[④]有唐一代，此类事例层出不穷。《朝野佥载》卷六"湛判冥事"条："叔玄式任荆州富阳令，取部内人吴实钱一百贯，后诬以他事，决杀之以灭口。"[⑤]

在县级官府，县令为长官，通理全县政务；县丞为通判官，辅佐县令执行政务；县尉为判官，具体负责全县各项事务；主簿、录事为主典，[⑥]负责勾检文书，监督县政。此外，还有司法佐、司户佐等各曹佐吏及伍伯等胥吏和职役。[⑦]

据卢向前研究，唐代公文处理的程序有六：一曰署名，二曰受付，三曰判案，四曰执行，五曰勾稽，六曰抄目。[⑧] "在这六个程序中，判案是最核心

---

① 《唐六典》卷六(刑部)，第 189 页。

② 《旧唐书》卷一百八十八《孝友·周智寿传》，第 4921 页。

③ 张健彬：《唐代县级政权的司法权限》，《山东大学学报(哲学社会科学版)》2002 年第 5 期，第 89 页。

④ 《全唐文》卷三百二十九《论刑法不便表》，中华书局，1983 年(以下省略)，第 3336 页。

⑤ 《隋唐嘉话·朝野佥载》，第 124 页。

⑥ 童光政：《唐宋"四等官"审判制度初探》，《法学研究》2001 年第 1 期，第 88 页。另参见张玉兴：《唐代县主要僚佐考论—县丞、县主簿、县尉研究》，天津师范大学硕士论文，2005 年，第 36 页。

⑦ 参见夏炎：《试论唐代的州县关系》，《中国史研究》2005 年第 4 期，第 81—82 页。张健彬：《略论唐代县级政权中的胥吏》，《理论学刊》2005 年第 9 期，第 101 页。

⑧ 卢向前：《牒文式及其处理程序的探讨——唐公式文研究》，载北京大学中国中古史研究中心编《敦煌吐鲁番文献研究论集》第三辑，中华书局，1982 年。

的工作。"[1]县尉作为一县的判官，"亲理庶务，分判众曹"[2]，统管一县司法事务，拥有法定的初审权。崔致远即云："夫县尉之设也，其官虽卑，其务甚重，动则推详滞狱，静则慰抚疲氓，是以佐僚能惮其直声，宰尹亦怀其畏色。"[3]首先，案件的侦查与审讯由县尉主导。张鷟为阳县县尉时，

> 有一客驴缰断，并鞍失三日，访不获，经县告。鷟推勘急，夜放驴出而藏其鞍，可直五千已来。鷟曰："此可知也。"令将却笼头放之，驴向旧喂处，鷟令搜其家，其鞍于草积下得之，人伏其计。[4]

获得确证后，县尉可直接裁断。贞元十三年(797)，玄法寺僧法凑为寺众所诉，万年县尉卢伯达断其还俗。[5] 苏珦曾为鄠县尉，雍州长史李义琰召而谓曰："鄠县本多诉讼，近日遂绝，访问果由明公为其疏理。"[6]县尉权重，极易滥用。刘仁轨曾任陈仓尉，"陈仓折冲都尉鲁宁坐事系狱，自恃高班"，对之谩骂，"仁轨杖杀之"。[7]

县尉做出裁断后，由县丞通判，县令决断。在四等官制下，任何案件都要"四等官同署，三官共判"。[8] 一旦出现错案，四等官要依据责任大小承担连带责任。其中，长官与勾检官责任最重，[9]从而使上位官员不敢轻易否定

---

① 李蓉：《唐代的主典》，《三峡学刊》1995 年第 1 期，第 86 页。

② 《唐六典》卷三十《三府都护州县官吏》，第 753 页。

③ 《唐文拾遗》卷五十《前婺州金华县尉李涵摄天长县尉》。

④ 《隋唐嘉话·朝野佥载》，第 109—110 页。

⑤ 《旧唐书》卷一百五十八《郑余庆传》，第 4163 页。

⑥ 《旧唐书》卷一百《苏珦传》，第 3115 页。

⑦ 《资治通鉴》贞观十四年冬十月甲戌条，第 6156 页。

⑧ 黄正建主编：《中晚唐社会与政治研究》，中国社会科学出版社，2006 年，第 35 页。

⑨ 《唐律疏议·名例律》："假如一正异丞所判有失，又有一正复同判，即二正同为首罪。若一正先依丞判，一正始作异同，异同者自为首科，同丞者便即无罪。假如丞断合理，一正异断有乖，后正直云'依判'，即同前正之罪，若云'依丞判'者，后正无辜。二卿异同，亦各准此。其通判官以上，异同失理，应连坐者，唯长官及检勾官得罪，以下并不坐。通判官以下有失，或中间一是一非，但长官判从正法，余者悉皆免罪。内外诸司皆准此。"(刘俊文：《唐律疏议笺解》，第 397 页。)

下位官员的意见。

一般来说,四等官之间的配合比较顺畅。李白《虞城县令李公去思颂碑(并序)》记:"县丞王彦暹,员外丞魏陟,主簿李诜,县尉李向、赵济、卢荣等,同德比义,好谋而成,相与采其环踪茂行,俾刻石篆美,庶清风令名,奋乎百世之上。"[①]在虞城的李县令离职后,该县的县丞、主簿、县尉等主要官吏应"邑之贤老"之请,共同发起为其立去思颂碑,说明虞城县四等官之间的关系和谐。在此情形下,县尉的司法权就易发挥。

县尉虽分判众曹,承担一县全部县政,[②]但在案件的具体处理过程中,毕竟不能越过有关司法佐吏,需处理好和他们的关系。《封氏闻见记》卷九"解纷"条记:

> 熊曜为临清尉,以干蛊闻。太原守宋浑被人经采访使论告,使司差官领告事人就郡按之。行至临清,曜欲解其事,乃令曹官请假,而权判司法。及告事人至,置之县狱。曜就加抚慰,供其酒馔。夜深屏人与语,告以情事,欲令逃匿……曜令狱卒与脱锁,厚资给,送出城,并狱卒亦令逃窜。[③]

作为通判官的县丞,处在县令与县尉之间,对两者均有一定的制约作用。沈亚之《县丞厅壁记》云:"夫丞之职也,赞宰之政,以条诸曹。其有不便于民者,丞能得不可。"[④]县丞对包括司法事务在内的县务有否决权。在已发现的敦煌文书中,常会看到县丞参与本县审判工作的记载。[⑤] 不过,县丞既不具有初审权,又非最后的裁断者,在司法事务中的重要性远不及尉和令。一般而言,只有当县令缺位,由其代行职权时,才能有所作为。武德时,唐临

---

① 《全唐文》卷三百五十《虞城县令李公去思颂碑(并序)》,第3550页。

② 刘后滨:《论唐代县令的选授》,《中国历史博物馆馆刊》1997年第2期,第53页。

③ [唐]封演撰、赵贞信校注:《封氏闻见记校注》,中华书局,2008年(以下省略),第89页。

④ 《全唐文》卷七百三十六《县丞厅壁记》,第7600页。

⑤ 郑显文:《律令时代中国的法律与社会》,知识产权出版社,2007年,第186页。

任万泉县丞，“县有轻囚十数人，会春暮时雨，临白令请出之，令不许。临曰：‘明公若有所疑，临请自当其罪。’令因请假，临召囚悉令归家耕种，与之约，令归系所。囚等皆感恩贷，至时毕集诣狱，临因是知名。”[①]唐临只有在县令请假时，才能对有关司法事务行使决定权。

勾检官负责审核、检查官吏行使权力过程中的“稽失”，县级官府中担当此任者为主簿与录事。[②]《广异记》：“开元中，长安县尉裴龄常暴疾数日……堂前忽见二黄衫吏持牒云：‘王追’……乃随吏去……前谓一官，云是主簿。主簿遣领付典，勘其罪福……须臾，王坐，主簿引龄入。王问：‘何故追此人？’主簿云：‘市吏便引，适以诘问。’”[③]在案件开始时，先由主簿检核文案，让被告知悉被控事由，之后才进入正规庭审程序。审理开始时，也要由勾检官进行“检请”，署发文书。《冥报记》载：“法义自说，初死，有两人来取，乘空南行，至官府……官曰：‘可将法义过录事。’录事署发文书，令送付判官。判官召主典取法义案，案簿甚多，盈一床，主典对法义前披捡之。”[④]这些传奇故事反映的程序应与现实基本一致。

审理结束后，总结文书的工作也由主簿、录事完成，[⑤]县级官府的所有司法文书只有经主簿和录事勾检才能发出。[⑥] 尽管地位低微，但因职权重要，他们亦可利用此机会做手脚。《太平广记》载：“唐乾封县录事祈万寿，性好杀人，县官每决罚人，皆从索钱，时未得与间，即取大杖打之，如此死者，不可胜数，囚徒见之，皆失魂魄，有少不称心，即就狱打之，困苦至垂死。”[⑦]

---

① 《旧唐书》卷八十五《唐临传》，第 2811 页。

② 在吐鲁番及敦煌文书中，发现许多文书上有朱书字、句和各种朱色标记，其中许多就是由县主簿勾检而留下的痕迹(张玉兴：《唐代县主要僚佐考论——县丞、县主簿、县尉研究》；天津师范大学硕士论文，2005 年，第 27 页。)

③ [唐]戴孚：《广异记》“裴龄”条，中华书局，1992 年，第 140—141 页。

④ [唐]唐临：《冥报记》卷下，中华书局，1992 年，第 75 页。

⑤ 李蓉：《唐代的主典》，《三峡学刊》1995 年第 1 期，第 87 页。

⑥ 关于此，可见《册府元龟》卷六百十六《刑法部・议谳第三》所载汾州司马李思顺被告谋反一案(校订本)，第 7120—7122 页。

⑦ 《太平广记》卷一百二十六，第 891 页。

县令是县级官府的最高行政兼司法长官,有“审察冤屈,躬亲狱讼”[①]之责,各种司法事务均由其最终决断。《朝野佥载》卷五载有生动的一例:

> 卫州新乡县令裴子云,好奇策。部人王敬戍边,留牸牛六头于舅李进处,养五年,产犊三十头,例十贯已上。敬还索牛,两头已死,只还四头老牛,余并非汝牛生,总不肯还。敬忿之,经县陈牒。子云令送敬府狱禁,教追盗牛贼李进。进惶怖至县,叱之曰:“贼引汝同盗牛三十头,藏于汝家,唤贼共对。”乃以布衫笼敬头,立南墙下。进急,乃吐款云:“三十头牛总是外甥牸牛所生,实非盗得。”[②]

对这一疑难案件,县尉无法解决,故提交县令。裴子云以奇策最终断案,成为传奇。县令司法权的行使直接关乎一县风化,在司法事务中,“一般要求县令有恻隐之心,通达事理,并且能够不畏豪强,断案公正”[③]。李封为延陵令时,“吏人有罪,不加杖罚,但令裹碧头巾以辱之。随所犯轻重,以日数为等级,日满乃释。吴人着此服,出入州乡,以为大耻,皆相劝励,无敢僭违。”[④]

因县令权重,一些人便在所部肆行猛政。《册府元龟》卷七百七《令长部・酷暴》载有许多这样的事例:

> 杨德干为雒阳令,杖杀人吏以立威名……杨回为盈川令,政残酷,人吏动不如意,辄榜杀之。……李伫为虔化县令,宪宗元和九年七月敕:“伫虐下以惨,讯罪违律。至使馈饷皆绝,瘐死非辜。因其壅隔,更令残毁。戕人及此,良用怃然……”[⑤]

---

① 《唐六典》卷三十,第 753 页。

② 《隋唐嘉话・朝野佥载》,第 108 页。

③ 刘后滨:《论唐代县令的选授》,《中国历史博物馆馆刊》1997 年第 2 期,第 52 页。

④ 《封氏闻见记校注》,第 88 页。

⑤ 《册府元龟》卷七百七《令长部・酷暴》(校订本),第 8152 页。

当然，由于四等官运行机制的制约，县令也不能为所欲为。敦煌文书P3813号《文明判集残卷》载“长安妇女阿刘新妇赵产子”一案：

> 奉判：长安妇女阿刘，新妇赵产子，刘往看，未到，闻啼声，乃却回。此豺狼之声，必灭吾族。赵闻之，遂不举。邻人告言堪当得赏。尉判赵当罪，丞断归罪于刘，县令判刘、赵俱免。三见不定，更请覆断。[①]

在本案中，竟出现了县尉、县丞、县令三种不同的审判意见，最终只能上报上级机关“更请覆断”，官员的横暴也因此受到了一定程度的制约。

（二）高丽县的司法权

高丽县级政权亦采用了司法、行政合一的体制，县令是一县的最高司法官。李奎报《次韵黄骊县宰柳卿老见寄》：“政声飞到迅风翎，饱听甘棠听讼明。不搊顽民湔旧染，更教贪吏解狂酲。予生小邑虽怀耻，幸遇贤官细说情。宽猛得中庸有害，临行此语请深铭。”[②]闵思平《送郑佐郎之官旌善》：“君今中选得专城，地僻唯堪乐饱卿。亦可夜思兼昼讼，自无暵送与朝迎。”[③]在制度上，高丽的县令如唐一样有“专城”之责，听讼是其最重要的事务之一。

与唐代不同的是，高丽县级政权的结构极为简单，未如州郡那样具备较为完整的四等官制。《高丽史·百官志》：“诸县，文宗定令一人，七品以上；尉一人，八品。睿宗三年，诸小县置监务。高宗四十三年，罢诸县尉。”[④]大县只有令与尉各一人，小县则只有监务一人。高宗四十三年（1256）后，大县之尉亦被裁撤，所有县只有县令或监务一人而已，他要负起从侦查到审讯再到裁断的所有司法事务。《庾资谅墓志铭》即称墓主“俄出为龙冈县令，其为政

---

① 刘俊文：《敦煌吐鲁番唐代法制文书考释》，中华书局，1989年，第446页。

② 《东国李相国集》卷十八《次韵黄骊县宰柳卿老见寄》，第481页。

③ ［高丽］闵思平：《及庵先生诗集》卷二《送郑佐郎之官旌善》，韩国文集丛刊［2］，景仁文化社，1996年版，第62页。

④ 《高丽史》卷七十七《百官二》，第2469页。

谙练理体，摘发如神，一方称之”。[①]

因无四等官的制约，权力滥用相对容易，可高丽地方社会又有强大的“自治”传统，两者间的张力时或引发激烈冲突。《高丽史·明宗世家》载：“管城县令洪彦侵渔百姓，淫荒无度。吏民杀彦所爱妓，又杀妓母及兄弟，遂执彦幽之。有司按问，流首谋者五六人。彦亦废锢终身。”[②]

在县尉被裁撤之前，令与尉的分工不明，县尉之权甚大，[③]彼此常相互掣肘。史载：“富城县令与县尉不相能，害及无辜，一县不堪苦，遂杀尉衙宰仆及婢，因闭令尉衙门使不得出入。有司奏：‘二县悖逆莫甚，请削官号，勿置令尉。’”[④]高丽地方势力之大可见一斑。

从总体上看，以上情况并非常态。由于中央对地方的控制力微弱，再加上存在乡吏这一地方贵族阶层，一般的情形是县令、监务职权甚轻，基本难以正常行使权力。元天锡《送元承奉赴伊川监务诗并序》曰：“监务之职，以我国家设官分职之制，从古以来，各司攸属，本把人吏之所受也。然专其城而牧民御吏之法，与州牧大官一也。但以位卑任重，间有其弊。”[⑤]在制度上，县令、监务的权力与州郡长官一致，均有“专其城而牧民御吏”之权，可实际上，这些纸面上的权力很难落实。我们仅从“监务”这一名称就可窥知高丽对地方末端社会渗透与控制有限的讯息。

崔瀣（1287—1340）为闵宗儒所写墓志提到墓主十九岁时，“调清道郡监务……清道邑多大姓，而监务秩卑，俱与之元礼，素号难治。而公少年未更事，人始易之。及其莅任，不受请谒，一切绳以法而无敢枝梧，以克治

① 《东国李相国集》卷三十六，第 73 页。

② 《高丽史》卷二十《明宗二》，第 622 页。

③ 《刘硕墓志铭》：“公讳硕……道德充于内，文章□□□□□岁中□□□良酝丞补咸从县尉，以政绩有能闻。”（[韩]许兴植编：《韩国金石全文》（中世上），第 732—733 页。）

④ 《高丽史》卷二十《明宗二》，第 622 页。

⑤ [高丽] 元天锡：《耘谷行录》卷四《送元承奉赴伊川监务诗并序》，文化社，1996 年，第 192 页。

闻。罢秩。”①闵宗儒虽出身世家大族，但在任监务时，亦面临难治的局面，主因就在地方上“大姓”阶层的存在。一般人可能因此而退避，但闵宗儒“一切绳以法”，有效地行使了制度上的权力，但他虽“以克治闻”，仍被罢免。这无疑会对县级官僚群体形成负面激励，更不敢也不愿“正常”行使权力了。

总之，抛开纸面的规定，就实践层面观察，高丽县级官员的司法权微弱，无法与唐代相比。辛禑十四年(1388)九月，典法司上疏：

> 今后京外官司若有刑戮者，须令通报于司，按律行移，然后施行之，毋得擅行。但外官守令，则罪之。合于笞者，依律直行；杖者，报观察使，受命而施行；大辟，则除将军临战外，具罪状报都观察使，使转告于司，司按律可杀而后报都评议使，使具闻于上，上察而命司依律行移，而后施行之，则人无枉死者矣。……今后田民事一依前判，各还都官、版图；至于推征杂务，亦付主掌。开城府司则专修所职，判付都评议使，拟议施行。②

由此疏可知，即使是守令也只能对“合于笞者，依律直行”。而在唐代，县级机构便可执行杖罪。也就是说，即使在制度上，高丽县级机构的司法权也要较唐为弱。

之所以如此，当有两方面的原因。首先，如上文所言，高丽一朝，中央权力对地方的渗透缓慢，中央集权体制未完全确立，全国有 2/3 的县为属县，未派遣中央官吏，政权由乡吏阶层把持；那些由中央流官直接治理的县，由于官府设置简单，以及他们在行使权力时会受到地方势力的强力影响，中央亦不愿赋予他们过多过大的权力。其次，高丽国土狭小，县的数量却甚众，每个县所辖面积与人口有限，没必要赋予他们大的司法权。徐兢在其所著

---

① ［高丽］崔瀣：《拙稿千百》卷一《有元高丽国故重大匡佥议赞成事上护军判总部事致仕谥忠顺闵公墓志》，景仁文化社，1996 年(以下省略)，第 7 页。

② 《高丽史》卷八十四《刑法一》，第 2679 页。

《宣和奉使高丽图经》中说：

> 州县之建，实不副之……又有三京、四府、八牧，又为防御郡一百一十八，为县、镇三百九十，为洲岛三千七百，皆设守、令、监官。治民惟牧、守、都护，公廨数楹。令、长则随所在舍于居民。国政租赋之外无健讼，在官者公田不足以资用，则亦仰给于富民云。[①]

从县令只能“舍于居民”的情形可知，县一级行政单位在高丽地位甚低、权力甚小，以至于不被列入“治民官”的范畴，实质不过是州郡的派出机构而已。《闵瑛墓志铭》称墓主“及一麾出守长渊县，以清白奉公，按部以理郡之事申报朝廷者再三”。[②] 闵瑛为县令，墓志却称他“理郡之事”。李奎报《南行月日记》：“闰十二月丁未，又承朝旨，监诸郡冤狱。先指进礼县……令尉皆不在。”[③]他奉旨“监诸郡冤狱”，具体却是去各县监督与视察，县为郡之派出机构的事实甚为明显。也就是说，高丽州郡才是中国制度语境中的地方初级行政层级。

正由于高丽县的这种特殊性，大量法律事务集中于郡一级，郡的法曹、掌书记们不得不整天忙于这些事务。李奎报曾任全州司录兼掌书记，[④]却要经常处理大量的法律事务，他在《南行月日记》中亦提到：“出补全州幕府……而簿书狱讼，来相侵轶，只得一联一句。”[⑤]

在此制度下，一县之内，一般司法诉讼多不经官府，而由“乡吏”们解决。《宣和奉使高丽图经》卷十九“民长”条：“民长之称，如乡兵、保伍之长也，即民中选富足者为之。其聚落大事，则赴官府；小事，则属之。故随所在细民

---

① 《宣和奉使高丽图经》，第 108 页。

② [韩]许兴植编：《韩国金石全文》（中世上），第 718 页。

③ 《东国李相国集》卷二十三《南行月日记》，第 530 页。

④ 他在《朗山县监仓后有作》中就说：“可愧昔年闲放客，参军掌记又监仓。”（《东国李相国集》卷九，第 387 页）。

⑤ 《东国李相国集》卷二十三《南行月日记》，第 529 页。

颇尊事焉。”[1]文中所谓“民长”就是“乡吏”。此时距成宗时已达百余年之久，成宗时乡吏集团在地方上的势力之大可想而知。

因县令权弱，故人选亦越来越轻，从最初的科举出身者逐渐转为“胥徒”。这些人素质低劣，使这一职务愈发不为人所重。恭愍王时，全以道从庆尚道返回奏曰：“先王知其然，守令必用登科士流。今监务、县令皆出胥徒，侵渔百端，剥割生民，敢望劝农桑、修政教乎……愿自今凡守令专用士流。”但“王然之，卒不能用”。[2] 辛昌即位年八月，赵浚上言：“监务、县令，职又近民。近世仕出多门，人耻为之。乃以府史胥吏除之，使不学面墙之辈以毒其民。”这一建议被采纳，“至是始用士流”。[3] 高丽王朝却已走到了尽头。

结语

一种制度，不论产生于多么先进、伟大的文明，总是特定政治、社会与文化乃至地理、族群与人口条件下的产物。它可能包含有一些“普适性”因素，但“地方性”才是其本质特征。因此，尽管它可被移植，但于大不相同的环境中落实，就不能不从制度到实践发生多方面的变异。

首先，唐代地方司法制度的设立与有效运行，存在一个隐含前提——中央集权体制确立，皇权强大，各种司法权力分工制衡，最终归于皇帝。这些条件在高丽成宗模仿唐制创法立制时大多不存在。相反，高丽王权试图通过对唐代制度基本框架的移植形塑社会，在半岛建成一个类似于中国那样的中央集权、官僚治理的社会。这种以果导因的“反向操作”必然使制度在现实的冲撞下扭曲变形——在基层社会，司法基本为地方势力把持，公正难以保障，大量案件被上诉至京师，最后演化为一种介于正式制度与非正式制度之间的机制。

其次，社会结构、文化普及程度、疆域大小乃至人口数量等方面的差异，

---

① 《宣和奉使高丽图经》，第 101 页。

② 《高丽史》卷一百十四《全以道传》，第 3496—3497 页。

③ 《高丽史》卷七十五《选举三》，第 2378 页。

使高丽既基本移植了唐代的四等官制，又必须在制度与实践层面对之进行变异。在唐代，四等官各司其职，判官的作用最为重要，具有独立行使审判之权。高丽州郡一级的司法权却主要由法曹及司录、掌书记等相当于唐之司录参军与司录的官员行使，判官的地位不显。法曹乃中央政府派到地方"职专检律"的官员，主要任务为检索法条，据之定罪量刑，与直接审讯与裁断的司录形成分工与制约关系。

在唐代县级官府，县令为长官，通理全县政务；县丞为通判官，辅佐县令执行政务；县尉为判官，具体负责全县各项事务；主簿、录事为主典，负责勾检文书，监督县政。在司法权力的行使上，县尉的地位最为重要。在高丽，县级政权实质上不过是州郡的派出机构，人员构成简单。在高丽前期，大县只有令与尉各一人，小县只有监务一人。之后，大县之尉被裁，县令或监务须负担起从侦查到审讯再到裁断的全部司法事务。由于无四等官的制约，其权力容易被滥用，真正起到制约作用的是地方社会的实质性权力结构。一县之内的诉讼多由乡吏们解决。现实的社会结构，使中央政府赋予县级政权的制度性权力较唐代为少，只能直断笞罪，大量诉讼涌到了州郡。高丽州郡才相当于古代中国完整意义上的初级地方行政单位。

总之，对外来制度的移植，最终不得不适应本土现实的社会结构、权力格局与文化状况。制度在形塑社会的同时，也不断为社会所塑造——在不断碰撞、改进的过程中，既改变制度的外形，又调整制度的内涵，最终使制度"本地化"，降低其异质性。

第三节　中央司法制度的变异：刑部

一、机构设置的变异

高丽对唐制的移植并非照搬，而是做了不少改动。从形式上看，成宗以后的官制就是由唐制而来的三省六部制，实际却非简单的移植。以尚书省的六部论，唐代六部各有 4 司，而高丽六部只有 1—3 个司。其他方面的不同之处更多，李种徽在其所著《高丽史志・百官志》中列举了不少这方面的事例："唐朝学士、弘文、集贤，分隶中书、门下省。而丽制，则宝文阁及崇文、弘文、集贤殿，皆自为一官而无所统属。至于政堂、门下常侍、谏议大夫、给事中、起居注、左右补阙，则不别设司而皆隶门下府，此又异于唐制矣。"①但他却未言及司法制度。这正是本章所欲探讨的。《高丽史・百官志》刑曹条：

> 掌法律、词讼、详谳之政……成宗十四年，改尚书刑部。文宗定判事一人，宰臣兼之，尚书一人，秩正三品；知部事一人，他官兼之，侍郎二人，正四品；郎中二人，正五品；员外郎二人，正六品。又别置律学博士一人，从八品，助教二人，从九品。忠烈王元年，改为典法司……二十四年，忠宣改为刑曹……三十四年，忠宣改为谳部，仍以监、传色、都官、典狱并焉……后复称典法司……吏属，文宗置主事二人，令史六人，书令史四人，计史一人，记官六人，算士二人，杖首二十六人。②

《唐六典》对刑部组织架构的规定则为："刑部尚书一人，侍郎一人，郎中二人，员外郎二人，主事四人，令史十九人，书令史三十八人，亭长六人，掌固十人。"③唐代刑部体制的骨干是由"长官（尚书）——通判官（侍郎）——判官（郎中、员外郎）——主典（主事）"构成的四等官制，四等官之外的人员多为具体办事之吏。高丽刑部虽基本具备了这样的架构，但又存在重大差异。首先，在忠烈王三十四年之前，高丽刑部只有刑部司一司。其次，高丽刑部设有律学博士、助教两个职务。

在中国，审判机构内部设律博士，始于两晋。南朝的宋、齐、梁、陈皆在

---

① 《修山集》卷十三《高丽史志・百官志》，第 571 页。

② 《高丽史》卷七十六《百官一》，第 2414—2415 页。

③ 《唐六典》卷六《刑部》，第 179 页。

廷尉置律博士，北朝的北齐在大理寺内置律博士四员。① 隋初，专业律学之士在大理寺中所占比重更大，作用更强。《隋书》卷二十八《百官下》："大理寺，不统署。又有正、监、评、各一人。司直，十人。律博士，八人。明法，二十人。狱掾，八人。"②这一架构仅维持了不到五年。《隋书》卷二十五《刑法志》："于是置律博士弟子员。断决大狱，皆先牒明法，定其罪名，然后依断……（开皇）五年，侍官慕容天远纠都督田元冒请义仓，事实，而始平县律生辅恩舞文陷天远，遂更反坐。帝闻之，乃下诏曰：'……其大理律博士、尚书刑部曹明法、州县律生，并可停废。'自是诸曹决事，皆令具写律文断之。"③从此，律博士便被逐出了司法系统，成为单纯在律学中从事教学的人员，与司法无关。

在司法机关内部设置律博士的制度，唐代仍未恢复，其中的一个重要原因当是永徽之后，《唐律》不仅有注释、有律疏，还有问答，基本上可以满足司法裁判的需要。或因如此，连《法例》这样的书都被废弃不用了。然而，《高丽律》只有《唐律》的几十分之一，简单、粗糙，律典本身存在规范不足、规范失效和规范不严密等多种问题，须以学理填补空白，律学显得尤为重要。因此，高丽在移植唐的司法制度时，并未完全照搬，还参考、借鉴了北齐与隋初制度。

关于高丽刑部内部律学博士、助教行使司法权的问题，我们不妨以深受高丽制度影响的朝鲜王朝（1392—1910）前期为例加以说明。朝鲜的基本法典《经国大典》规定，刑曹有"律学教授一员，别提二员……明律二员……审律二员……律学训导一员……检律二员。"④这些律学之人实际上掌握了刑曹的定罪量刑权，甚至有"刑狱之官，人命所系……凡人罪出入高下，一委于

---

① 关于律博士的沿革，可参考郑天挺、吴泽、杨志玖主编：《中国历史大辞典》下卷"律博士"条，上海辞书出版社，2000年，第2233页。

② ［唐］魏征、令狐德棻撰：《隋书》卷二十八《百官下》，中华书局，2000年（以下省略），第776—777页。

③ 《隋书》卷二十五《刑法志》，第712—713页。

④ ［朝鲜］徐居正等撰：《经国大典》，韩国法制研究院，1993年（以下省略），第632页。

律学之人"[①]的说法。

除审判权之外,高丽刑部还有侦查、审讯之权,[②]在其内部设有监狱。[③]在唐代,乃大理寺置狱,刑部不置狱。[④] 这些事实均表明高丽刑部与唐大理寺的职能更为接近。

在唐代,大理寺是中央的核心审判机关。在高丽,名义上虽也有"大理寺"这样的机构,但并非审判机关,而仅是一监狱管理机构。《高丽史·百官志》:"典狱署:掌狱囚,国初始置典狱署。成宗十四年改为大理寺,有评事。文宗复改为典狱署,置令一人,秩正八品;丞二人,正九品……吏属:文宗置史二人,记官三人。"[⑤]典狱署虽曾一度以"大理寺"为名,但长官只区区正八品,且无卿、少卿之名,而以唐大理寺中从八品下的"评事"[⑥]为长官,在高丽的官阶系列中几乎处于最低层次。同时,其属吏只有史二人、记官三人,根本不可能承担起类似唐代大理寺那样的功能。

成宗模仿唐制设官立制,可又不具备同时设立大理寺与刑部两个司法机关的条件,就将典狱署改名为"大理寺"充数,以求在形式上符合唐制的规模。但最终还是因名不副实,在文宗时被再次改回。朝鲜王朝对高丽的司法制度继承甚多,《经国大典》在其《吏典》中就规定典狱署为"从六品衙门"[⑦],职掌为"掌狱囚"[⑧],和高丽制度基本一致。真正的司法审判机关为"掌奉教推鞫之事"的"从一品衙门"义禁府,和"掌详谳、词讼、奴隶之政"的

① 《朝鲜王朝实录·太祖实录》太祖七年四月丁酉条。

② 具体分析见后文。

③ 《高丽史》卷一百二十二《宦者传》:"王(毅宗)不悦,罢宴,解所御犀带赐诚,下孝旌刑部狱。"第3706—3707页。

④ 《新唐书》卷五十六《刑法志》:"二十年间,号称治平,衣食富足,人罕犯法。是岁刑部所断天下死罪五十八人,往时大理狱,相传鸟雀不栖,至是有鹊巢其庭树,群臣称贺,以为几致刑错。"([宋]欧阳修、宋祁:《新唐书》卷五十六《刑法志》,第1415页。)

⑤ 《高丽史》卷七十七《百官二》,第2442页。

⑥ 《唐六典》卷十八《大理寺》:"评事十二人,从八品下。"第503页。

⑦ 《经国大典》,第682页。

⑧ 同上。

“正二品衙门”刑曹。①

对于本国司法制度与中国的这些不同，半岛的精英人物早有注意。朝鲜王朝时期的金安国(1478—1543)在给士子们出的试题中就设问：“我东国自罗季，浸浸尚华风。暨高丽立，国规大抵仿拟中国。至我朝事皇明，凡制度文物，悉所依遵，而其间亦多有不同者……中朝既设刑部，又设大理寺。我朝则只置刑曹，而无审刑官，抑何意欤？”②所谓“只置刑曹，而无审刑官”就是指高丽和朝鲜只有负责审判的刑曹，而无负责覆审机构的情形而言。

这就出现了一个很有意思的现象，高丽刑部在名称上虽与唐代的刑部相同，可在职能定位与权力运作上却与唐的大理寺相近，在机构的设置上则又与唐大理寺有重大差别。唐大理寺的组织架构为：“卿一人，少卿二人，正二人，丞六人，主簿二人，录事二人，府二十八人，史五十六人，狱丞四人，狱史六人，亭长四人，掌固十八人，问事一百人，司直六人，史十二人，评事十二人，史二十四人。”③在四等官中，作为判官的丞，以及与丞职责近似的司直、评事占了绝对多数，这和他们直接承担一审事务的职责是相应的。作为负责内部审核与把关的通判官(大理少卿、大理正)次之，共四人。长官(大理卿)最少，仅一人。组织结构呈正金字塔状，与官僚体制的一般结构吻合。

高丽刑部则否。在“官”的队伍中，相当于唐代判官一级的郎中和员外郎，只有四人，与唐代刑部内刑部司的结构相同。可是，唐代刑部的长官(尚书)和通判官(侍郎)一共只有二人，内部结构也呈正金字塔状。在高丽刑部，这一级别的官员达 5 人之多，竟超出了判官的规模。这是由高丽贵族政治的权力格局所致。由于这样的国情，在成宗之后，随着对外来制度理解与运用的日渐成熟，高丽对唐制的改造亦与本国国情更加契合。文宗时期，高丽在六部尚书之上均设“判事”一人，由一名宰相兼任，在侍郎之上设“知部事”一人，由他官兼任，形成了独具高丽特色的宰相分管六部，然后再行合议

① 《经国大典》，第 632 页。

② [朝鲜]金安国：《慕斋集》卷十《国朝制度仿拟中国而损益不同》，景仁文化社，1996 年版，第 188 页。

③ 《唐六典》卷十八《大理寺》，第 500 页。

的制度。

刑部在高丽前中期是中央唯一的专职司法机构，以四名判官的规模，难以承担与之相应的司法事务，故必须以律学博士与助教辅助之，他们和郎中与员外郎加起来共七人，与唐大理寺丞的人数基本相当。

在吏属的设置上，高丽刑部又与唐大理寺有近似之处。由于高丽刑部是一个审判机构，负责侦查、审讯等各项工作，需要不少执行相关任务的人员，故其内部有杖首二十六人，[①]唐则在大理寺中置问事一百人。问事在唐大理寺中属于吏，而高丽的杖首(杖手)则是由罪犯充任的贱役。[②]

高丽刑部亦不像唐刑部那样具有综合性。唐刑部分四司，其中刑部司掌刑法，都官司掌徒隶，比部司掌句覆，司门司掌关禁。在四司之中，专门负责司法事务的只有刑部司一司，其他三司的业务虽和司法有一定关系，但均较为疏远。高丽刑部之所以只设一司，主因当然在于高丽刑部虽具唐刑部的外壳，但实质却是在行使大理寺的职能，唐代大理寺就是一个专职司法机构，而非刑部那般的业务混合型机构。

综上所述，高丽刑部的组织与职能，实际是对唐大理寺与刑部“萃取”式的综合。到了朝鲜太宗时期，半岛刑曹的设置才开始逐渐向中国制度靠拢："刑曹掌律令、刑法、徒隶、案核、谳禁、审覆、叙雪等事。其属有三：一曰考律司，二曰掌禁司，三曰都官司。考律司，掌律令案核、刑狱平决之事，正郎一人、佐郎一人。掌禁司，掌门关、津梁、道路禁令之事，正郎一人、佐郎一人。

---

① 朝鲜世宗十六年五月，安崇善启曰："琴柔之罪则深重矣，然昨为刑曹堂上官，今日囚系刑曹之狱，受辱杖首之手，恐非待朝士之大义……"(《朝鲜王朝实录·世宗实录》世宗十六年五月甲申条。)显然杖首负责审讯与用刑。朝鲜世宗十三年十一月，刑曹据都官呈启："若逃亡奴婢执便付官等事，必待报曹，然后囚禁，则非徒事缓，必将还逃。且以本司数小杖首，押直进退，不至逃脱为难……"(《朝鲜王朝实录·世宗实录》世宗十三年十一月壬申条)则杖首又负责押解等与司法有关的工作。

② 《高丽史》卷四十六《恭让王二》："惠济库令崔浩生、丞朴元祥等犯赃事觉，配刑曹杖手。"(《高丽史》卷四十六《恭让王二》，第1389页)此制一直持续到了朝鲜时期。太宗十六年(1416)二月，"斩前司宰少监洪仲康……僧信田杖一百，属刑曹杖首。"(《朝鲜王朝实录·太宗实录》太宗十六年二月己丑条)

都官司，掌公私奴隶簿籍及俘囚之事。”[①]这和《唐六典》的规定已非常接近，只是缺少了相当于唐代比部司的机构而已。

二、职权及其行使的变异

（一）职权及其行使的变异

在传统社会，一般而言，对组织的职权与定位主要通过对其内部官员职权的设定体现出来。唐对刑部尚书、侍郎职责的规定（亦即对刑部职能的定位）是：“掌天下刑法及徒隶、句覆、关禁之政令。”[②]在四项职责中，“刑法”居于首位，这是对刑部的头司刑部司职权的描述。其他三项则分别对应都官司、比部司和司门司，与司法的关系不大。

如何理解“刑法”一词的含义呢？《通典》卷二十三《职官五》“刑部侍郎”条对侍郎职掌的描述可谓对此词的精要诠释：“掌律令，定刑名，案覆大理及诸州应奏之事。”[③]质言之，刑部的司法职能大体可概括为两项：一为主持法律的制定与修改，一为覆审。一般案件经刑部覆审未发现问题，徒刑案件可“覆下之”；流及死刑案件则上奏皇帝，交中书门下覆理。在覆审过程中，如发现大理寺等司法机关所断之案有误，刑部可将案件驳回原审机关重审，也可直接改判。[④] 因此，我们可将刑部看作是一个在中央设立的覆审机构。就当时制度设计的视角看，覆审乃刑部所掌司法行政事务中的一项，是对下级各行政机构业务上的监督与考核，和现代意义上的审级不同。在刑部的属吏中，和文书工作直接相关的书令史人数特多，却缺乏从事侦查、审讯、执行的人员，就是因为刑部的覆审主要是书面审理。

高丽对其刑部职能的定位是“掌法律、词讼、详谳之政”，共三项。其中，

---

① 《朝鲜王朝实录·太宗实录》太宗五年三月丙申条。

② 《唐六典》卷六《刑部》，第 179 页。

③ 《通典》，第 644 页。

④ 《唐六典》卷十八关于大理丞执掌的注中就说：“刑部覆有异同者，下于寺，更详其情理以申，或改断焉。”第 502—503 页。《通典》卷一百六十九《刑法七》“守正”条所载“茂州童子张仲文忽自称天子”一案即是径行改断的一例，第 4372—4373 页。

"掌法律"一项应和唐代一样,乃主持法律制定与修改之意。[①] "词讼"与"详谳"两项则指审理具体的司法案件。从案件的性质看,既包括民事案件,也包括刑事案件;[②]从当事人的角度看,既可审理百姓犯罪案件,[③]亦可审理军人犯罪案件,[④]还可以审理官员犯罪案件;[⑤]从审级上看,刑部既可初审(即直接接受诉讼,[⑥]这当是"词讼"一词在这里的主要含义),又可覆审,即"详谳";从司法环节的角度看,从侦查到审理再到执行,都在刑部的职权范围之内。显然,在组织职权的设定上,高丽刑部与唐有重大差别。

从审判权的角度看,高丽刑部是一初审机关,其案件的审理不以当事人的告诉为前提,可主动出击,进行侦查与审断。《高丽史·权谦传》:"谦家奴夺忽只朴元柱妻及李佛臣女,置谦家,强淫之。典法司捕鞫,榜暴其罪,并其党三人杖之。"[⑦]案件发生后,典法司(刑部)直接进行了侦查、审讯与定罪量刑,这是与唐制的重大不同。因此,高丽刑部的事务繁忙,堪比吏部。文宗朝,宰相李子渊奏:"臣伏见吏、刑部务要辨理,而日陵月替,稽留未决者多,

---

① 文宗就曾下令:"今所行律令,或多讹舛,良用轸怀。其令侍中崔冲集诸律官重加详校,务从允当。"(《高丽史》卷七《文宗一》,第183页。)"律官"当即指刑部官员。

② 《高丽史》卷一百九《安轴附子宗源传》:"恭愍初,授典法正郎,时田民刑讼皆聚典法,裁决平允,人称其明。"(第3337页)

③ 《高丽史》卷一百六《李凑附子李行俭传》:"后为典法郎。贞和院妃有宠于王,认民为隶,民诉典法司,有旨督令断与贞和,判书金愲与同僚欲断为隶,行俭死执不可。会疾作在告,愲等幸其亡,即决之。人有梦利剑自天而下,斩典法官吏。明日,愲疽背死,同僚亦相继而死,行俭独免。"(第3254页)梦剑斩官之事固不可信,但该传中所载之司法程序应该是可信的。这是审理百姓案件的例子。

④ 《高丽史》卷二十一《熙宗世家》:"军人怒不均分,欧杀抄一人,内侍逃免。刑部囚系军人鞫问拷掠,死者数人,终不得杀抄者。"(第662页)此为审理军人犯罪案例的事例。

⑤ 关于对官员犯罪案件的审理,《高丽史》卷四《显宗一》:(显宗二年二月)己巳,刑部奏:"刘彦卿世受国恩,不思报效,率先降敌,请流配妻子。"从之。(第92页)

⑥ 《高丽史》卷一百二十二《宦者·崔世延》:"郎将金弘秀与张良庇讼奴婢于典法。良庇度自屈,尽以其奴婢四十余口赠世延。世延遇弘秀,慢(谩)骂之,弘秀亦谩骂。世延谮王,下弘秀典法狱。佐郎沈愉阿世延意,尽夺弘秀奴婢,流海岛。弘秀面叱愉曰:'尔为法官,阿附小人,乃流无罪之人而夺奴婢耶?'"(第3709—3710页)

⑦ 《高丽史》卷一百三十一《叛逆五·权谦传》,第3966页。

若令两部员僚精核事理，考官吏勤怠而黜陟之，则合圣上勤政恤刑之意，庶冤抑可销，而休祥可致也。”①

在唐代，刑部为政务机构，大理寺为事务机构，两者构成“政务—事务”的制约关系。高丽对唐制的改动等于将唐刑部与大理寺的职能进行了精简与合并，取消了司法体制上的分工与制衡。从表面上看，这似乎是由于高丽国小事简，不需要唐代那种复杂的官僚体制使然，②但如从制度的整体性观照，我们就会发现一个事实，即高丽大体上还是将唐代那套既有六部，又有寺监的行政体制移植了过去，设有典仪寺、宗簿寺、卫尉寺、司仆寺、礼宾寺、典农寺、内府寺、军资寺、缮工寺、司水寺、军器寺等机构。在这些机构中，一般均设有正三品的卿，从三品的少卿。它们和六部中的吏、户、礼、兵、工五部构成对应关系，基本上具备了与唐近似的“政务—事务”的行政架构。可在寺监组织中唯独缺少大理寺，形成了独特的一元化的权力集中型司法体制。在唐代三省六部体制下，大理寺审断的案件要交刑部覆审，刑部覆审之后，再交门下省复核，③这是一种权力分散型制约体制。高丽则否，刑部在审结案件后，流以下案件直接发生效力。④ 流以上案件，则直接上奏国王裁断。

（二）变异的原因

之所以有此不同，首先是法律体系上的差异使然。高丽移植了唐代律令格式的法律体系，其中，行政法性质的令、格、式相对完备、发达。除了和六部各司执掌对应的各种式之外，国王还会随时颁布一些式，这些式往往被

① 《高丽史》卷九十五《李子渊传》，第 2945 页。

② 徐兢就观察到：高丽“国政租赋之外无健讼”。《宣和奉使高丽图经》，第 18 页。

③ 太宗曾对侍臣说：“人命至重，一死不可再生……且曹司断狱，多据律文，虽情在可矜，而不敢违法，守文定罪，或恐有冤。自今门下覆理，有据法合死而情可宥者，宜录状奏。”（《旧唐书》卷五十《刑法志》，第 2140 页。）

④ 对此，朝鲜王朝世宗十二年（1430 年）九月，许稠在上启中云：“前朝盛时，恶下之陵上，文武参外官，令执法官直断施行，故风俗不至浇薄。”（《朝鲜王朝实录・世宗实录》世宗十二年九月乙巳条。）

宣布为“常式”“恒式”“永式”。[1] 朝廷还专门设有“式目都监”的立法机构。《高丽史·李之氐传》曰:“王以为式目都监,掌邦国重事。”所谓“邦国重事”主要就指制定行政性法律、法规以作为王朝行政的依据。[2]

与行政性法律体系相对发达的情况相反,高丽的刑事性法律体系却相当粗糙。与之相应,在官僚体系中,只有司法系统的权力结构是一元化的,其他系统基本上都是“部—寺”即“政务—事务”的二元化制约性权力结构。法律体系的发达程度与行政体制的复杂和完备程度呈正相关关系,透露出法律体系对行政体制具有建构作用的事实。法律的本质乃一套规则体系,它搭建成了硬性的约束架构,行政体制的设置要在此架构中进行,并与之啮合。

在以《唐律》为母法的中华法系,刑律被赋予了不同于行政法典、法规的性质,地位要高于行政性法律,因为令、格、式可经常变动,随时增删,但律一经修定就会在较长时间内保持稳定。仅以《唐律》的《名例律》而言,其性质就远非学者所论刑法总则那么简单,不少内容近似于现代法学所称的“宪法性条款”。[3]

正因刑律的此种性质,高丽在移植《唐律》时,不得不对之做大规模的删改,使《高丽律》的整体规模只有《唐律》的几十分之一。其中,涉及国家根本制度的内容极少,且缺少定义性、通则性、程序性条款,各个条文之间缺乏逻辑性,不具备系统、明确、规范、严谨之法律的基本特点,律内空白点极多,缺乏适用性与可操作性。[4] 这就使唐代司法的那套制衡性体制很难被移植过来,即使移植过来也难以运行,因为此种制衡性机制的运作必须以确切的制

① 如睿宗元年正月,礼部奏:“两界、三京、三都护、八牧每当元正冬至及至元节表贺坤成殿,以为恒式。”(《高丽史》卷十二《睿宗一》,第349页。)

② 所谓“先王之法,正刑名,详分守,大为之备,曲为之防。”(《高丽史》卷十六《仁宗二》,第468—469页。)

③ 关于此问题的具体论述,可参考张春海:《唐律、〈高丽律〉法条比较研究》,《南京大学法律评论评论》2011年秋季号,法律出版社,2011年。

④ 关于此,可参见张春海:《高丽移植唐代法制之变形及其历史背景》,《上海交通大学学报(哲社版)》2008年第3期。

度与标准为基础，否则不仅不能达成制衡，还会造成混乱。质言之，缺乏明确、详细、体系化的规则体系的现实，要求减少司法层级，使权力的行使单纯化、一元化。不然，既无法保证效率，也无法维护公平，更不能形成制约。高丽在其刑部内部之所以必须设立为唐所无之律学博士、助教之类的官职，也可从这方面获得解释。

其次则是权力格局不同的国情使然。对此，我们不妨通过具体的案例予以揭示。显宗二年(1011)二月，刑部奏："刘彦卿世受国恩，不思报效，率先降敌，请流配妻子。"①同年七月，刑部又奏："郎中白行邻当南幸之际，留在京城，自称御史中丞，与李因礼、巨贞等召募徒奴为军，见敌不战而溃，请除名。"②八月，刑部奏："赵容谦、柳僧虔、李载、崔楫、崔成义、林卓当南幸之时，惊动行宫，请除名流配。"③"南幸"指显宗元年十一月，辽圣宗亲征高丽迫使显宗仓惶南逃之事。次年正月，辽军攻入高丽首都开京，随即撤离；同年二月，显宗重还开京。④

上述史料反映的便是高丽朝廷对战争期间犯有各种罪过的官员进行清算之事。被处理的官员一般均被处以除名、流配这样的重刑。刑部在审结案件后，非常明确地提出了应对当事人处以何种刑罚的意见，并直接上奏国王，未经过宰相机构门下省。之所以如此，并非因为高丽王权较唐更强大，而是由于高丽是一个贵族社会，王权受到的各种制度与非制度性制约更大。流以上重刑都要由国王和宰相共同决断的制度，是这种状况在司法上的表现之一。既然是宰相群体与国王共决重刑，就没必要在此之前再设机构单独对刑部审理的案件进行覆审。这可以说是在贵族制的权力格局下，在程序上对唐制的变异。

在审判机关内部，唐同样存在一套严密的分工与制衡机制。不论是刑部还是大理寺，在审判工作中起主要作用的都是判官，长官和通判官虽有

① 《高丽史》卷四《显宗一》，第 89 页。

② 《高丽史》卷四《显宗一》，第 93—94 页。

③ 《高丽史》卷四《显宗一》，第 94 页。

④ 《高丽史》卷四《显宗一》，第 91—92 页。

“异判”权，但为了防止通判以上官员独断专行，律令对异判权的行使并不鼓励，规定一旦异判出错，异判以上官员要承担全部责任。[①] 如此，在通判以上官和判官之间便形成了制约，保障判官可独立行使审判权。从现存史料看，判官们做出的裁断基本上就是本级机构的最终裁断。

这套制度之得以形成的首要原因在于，唐初虽带有贵族制的色彩，但皇权亦十分强大。唐初统治者基于隋亡教训，深刻地认识到了“民”的力量，信奉原始儒家“民为贵”“水可载舟亦可覆舟”的民本思想，在法律制度的设计上以权力间的制衡为主，从而减少权力的滥用，保障司法的公正与公平。

与唐不同，高丽是一个较为典型的贵族社会，权力主要掌握在居于官僚机构顶层的少数出身大族的高级官员手中。高丽宰相一般均由高门大族担任。如文宗朝的宰相李子渊便出身高门庆源李氏，他的四个儿子“皆宰相”；其孙李资谦、资谅、资义、资仁、资德，其曾孙李奕、李预，其玄孙李公寿等均曾任宰相。[②] 这些世代出任宰相的家族被称为“世家大族”或“贵族”。[③] 在这种现实的权力格局下，形成了宰相分判六部，然后通过合议运作权力的模式，世家大族作为一个小集团，集体性地掌控了国家的各种主要权力。

因此，在高丽的司法体制中，不仅缺乏制约机制，且权力是向长官与判事集中的，而非如唐代那样主要掌握在判官手中。明宗时，文章弼弹劾刑部尚书郑世裕云：“今为刑部，先坐衙，同列有后至者辄畜骂逐之。专权自恣，舞文弄法，视贿赂多少出入人罪。”[④]崔瀣为忠宣王时期的谳部典书（即刑部尚书）闵頔写行状云：“词讼且繁，而人称其平。”[⑤]李穑为恭愍王时的刑部尚书韩公义所撰墓志铭也说：“讼田讼不法，群口迭咻，随事裁遣，人无怨言。

① 《唐律疏议·名例律》“同职犯公坐”条：“诸同职犯公坐者，长官为一等，通判官为一等，判官为一等，主典为一等，各以所由为首。注：若通判官以上异判有失者，止坐异判以上之官。”（刘俊文：《唐律疏议笺解》，第 396 页。）

② 《高丽史》卷九十五《李子渊传》，第 2946 页。

③ 《高丽史》卷一百二十五《文公仁传》：“公仁雅丽柔曼，侍中崔思诹以女妻之。中第，直史馆。家世单寒，以连姻贵族，恣为豪奢。”（第 3775 页）

④ 《高丽史》卷一百《郑世裕传》，第 3101 页。

⑤ 《拙藁千百》卷二《故密直宰相闵公行状》，第 26 页。

其在朝堂，吏抱成案请署，遇不可，反复以示其意，然后署，盖非偶然者。”[①]他为尹侅写的墓志铭亦云：“知典法司事，裁决平允，人无怨言。”[②]这些均为权力牢牢掌握在尚书、判事等高级官员手中的证据。

可以说，高丽刑部实行的是一种高级别官员的集体审判制，这是贵族集团内部合议机制在司法上的表现。此种体制既可维护贵族集团的整体性权力，又可在他们之间形成一定的制约，此制在当时被称为“合座制”。[③] 与唐宋制度大异其趣。出使高丽的徐兢就观察到：“高丽……自渐皇化，设官置府，以放称谓，而莅职治事，尚沿土风，往往文具而实不应……大抵皆窃取朝廷美名，至其任职授官，则实不称名，徒为文具观美而已。”[④]

总之，高丽刑部的权力运作机制是一种一元化的非制约性机制。在此种机制下，刑部权力甚重，杖以上之罪均由之决断。与此同时，它还负责侦查、审判、执行，其权力又是一种整体性权力。朝鲜王朝建国时，情况依然如此。李成桂在即位教书中即云：“前朝之季，律无定制……刑不得中。自今刑曹，掌刑法、听讼、鞫诘。”[⑤]受高丽旧制影响，朝鲜太祖一年(1392)七月，“定文武百官之制”，刑曹的执掌为“掌水火、奸盗、斗杀、词讼等事”，[⑥]也是整体性的。

三、地位的变化

高丽在司法体制上采取的一元化权力架构使刑部拥有了一种整体性权力。随着时间的流逝及权力的不断行使与运作，此种权力又有不断膨胀的

---

① [高丽]李穑：《牧隐稿》卷十六《重大匡清城君韩谥平简公墓志铭并序》，景仁文化社，1996年(以下省略)，第137页。

② 《牧隐稿》卷十八《坡平君尹公墓志铭并序》，第160页。

③ 朝鲜太宗一年(1401年)六月，门下府郎舍上疏曰：“前朝旧制，取法唐、宋，置门下府，侍中以下参知以上五人任相事，谓之省宰，密直判事以下七人任军政。平时则各坐本司，及有大事，然后会议，谓之合坐……至其衰季，政繁事伙，逐日合坐，增置其员，多至数十，旅进旅退。”(《朝鲜王朝实录》太宗一年六月癸酉条。)

④ 《宣和奉使高丽图经》，第18页。

⑤ 《朝鲜王朝实录·太祖实录》太祖元年七月丁未条。

⑥ 《朝鲜王朝实录·太祖实录》太祖一年七月丁未条。

趋势。

首先，刑部的判决逐渐变得不仅是对当事人的惩罚，而且还会累及子孙后代。朝鲜太祖李成桂在其即位诏书中讲道："前朝之季……其刑曹所决，虽犯笞罪，必取谢贴罢职，累及子孙，非先王立法之意。"①

刑部权力这种性质上的转化和贵族制下的权力结构密切相关。奥尔森曾指出："当这些分利集团企图通过政治行动达到其目标时，排挤新成员的原因在于：该集团若能以最少的人数取胜，则其中每一成员分得的利益最多……全部历史上所有贵族统治集团都有排他性的事实。"②刑罚累及子孙就是一种淘汰机制，既可在一定程度上限制本集团人数因自然繁衍的增长，又可通过保证本集团道德上的优势强化其特殊地位。

其次，刑部的权力逐渐越出了司法的界限，拥有了对官员的弹劾权。这其实是刑部将其权力向司法权前端延伸的结果。③ 最初，此种弹劾权是与审判事务直接相关的。文宗元年(1047)七月，"长渊县民文汉假言托神，癫狂杀其父母及亲妹小儿等四人，弃市。"刑部奏："县令崔德元、尉崔德望等不能善政化民，致有不祥之变，且申报稽迟，宜罢其职。"④刑部尚书行使的奏免有关官员的权力就是弹劾权，此种权力乃由司法权引申而来。

之后，此种权力又从司法权中独立出来，成了一项单独的权力。肃宗六年(1101)，"以礼部郎中奉使如辽，大觉国师属孔目官李复请献金钟，使还，刑部劾治"。⑤ 又"刑部又以左正言李逢原、司天监全干、殿直安天佝等常会安仁家，必与阴谋，劾夺其职"。⑥ "劾治""劾夺"等词的使用，表明时人已明确认识到刑部行使的权力为弹劾权。

随着时间的推移，此种弹劾权行使的范围日愈广泛，几乎涵盖了所有政

① 《朝鲜王朝实录·太祖实录》太祖一年七月丁未条。

② [美]曼库儿·奥尔森著，吕应中等译：《国家兴衰探源——经济增长、滞胀与社会僵化》，商务印书馆，1998年，第72—73页。

③ 本文所说的"前端"与"后端"，是以审判权为中心而言的。

④ 《高丽史》卷七《文宗一》，第183—184页。

⑤ 《高丽史》卷九十七《金黄元附李轨传》，第3002页。

⑥ 《高丽史》卷九十七《韩安仁传》，第3009页。

务。刑部开始与专职监察机构监察司(御史台、司宪府)相提并论。在权力的行使上,它们也常常相互配合。忠肃王十二年(1343)十月国王下教:“风宪之司,纠察百官非违,凡官政废举,民生休戚所系,其司宪部、谳部各思所职,弹纠不讳,以振纪纲。”①谳部(刑部)被明确定位为以“振纪纲”为己任的“风宪之司”。当然,在高丽时期,对刑部的这一定位,主要还是惯例上的,没有完全制度化。在高丽末期激烈的政治斗争中,当刑部被深深卷入时,有人就称“弹劾非刑曹之任”,从正式制度的层面予以质疑。②

与此同时,刑部又逐渐取得了制约御史台的权力,可对御史台官员的不法行为提出弹劾。也就是说,在它们彼此之间形成了相互制衡的机制。毅宗元年(1147)十一月,刑部奏:“监察御史李玄夫以云兴仓米十七石与其义子及富商,请征还本仓,罢职禁身。”③这在唐代是不可想象的。这一制度亦为之后的朝鲜王朝所继承。太祖五年(1396)八月,“刑曹劾散骑常侍全伯英、李滉等,又劾礼曹议郎孟思诚、佐郎赵士秀。不驳奉常寺赠谥之误也。”④王朝的法典《经济六典》也规定:“司宪府、刑曹劾六品以上所犯杖罪以上,则申闻收告身,进而问之。”⑤

再次,刑部还取得了针对国王裁定的谏诤权,这种权力亦与其司法权密切相关,是这一权力向司法权后端延伸的产物,只有在贵族制的权力结构下才有可能产生,因为谏诤权从本质上讲是一种制约王权的权力。刑部也因拥有此种权力而成了朝廷中一个可以制约王权的机构了。《高丽史·康允

---

① 《高丽史》卷八十四《刑法一》,第 2673 页。

② 《高丽史》一百四《金方庆附金士衡传》:“后(恭让时)知门下府事,兼司宪府大司宪……刑曹又上疏请窜玄宝等,王下其疏都评议使司。使司言宜从宪府、刑曹之请,唯赞成事郑梦周言:‘彝初之党,罪固不白。又经赦宥,不可复论。’王不得已,流玄宝、仲和、夏等,命士衡等就职。士衡等嗾刑曹,以梦周右彝、初党,谋害所司,劾……献纳李蟠、正言权埙等上言:‘弹劾非刑曹之任。’勤、廷补劾郎舍,又弹梦周谋害大臣,请鞫之,遂罢勤等职。蟠又劾掌令崔兢不纠刑曹越职言事,宪司以谏省非风宪之任,又劾蟠等。蟠等反劾景、俭远、周庸等,宪司、刑曹为之一空。”(第 3200 页)

③ 《高丽史》卷十七《毅宗一》,第 525 页。

④ 《朝鲜王朝实录·太祖实录》太祖五年八月甲寅条。

⑤ 《朝鲜王朝实录·太宗实录》太宗十二年四月丁巳条。

忠传》载："康允忠……尝强淫郎将白儒妻，监察司鞫问，具服，请罪之，不允。监察、佥议、典法交章极论，留中不下。"[①]《高丽史·睦仁吉传》载："仁吉素与典法判书李子松有憾，子松奉使如元，都堂饯之，仁吉使酒，扼子松吭而骂之。监察司劾之，仁吉诉台官于王。典法司再劾之……王不得已，罢，封泗城君。佥议、监察、典法复请，乃罢归田里。"[②]在谏诤权的行使上，刑部（典法）已与御史台和佥议府（中书门下）处于并列地位。

此项权力亦为朝鲜王朝所继承，太祖李成桂曾对左侍中赵浚、右侍中金士衡讲："今台谏、刑曹妄论是事，必外人妄自生疑，传相聚议，非独此辈之意也。今欲逮此辈于狱鞫问。"浚等不对，出谓都承旨李稷曰："台谏、刑曹，一国纲纪所在，自古重之，合司被囚，有伤国体。"[③]

君主试图对行使谏诤权的刑曹官员进行打压，未得到宰相们的认可与支持。在他们看来，刑曹行使谏诤权乃其职责所在，是国体，这种国体显然是从贵族制的结构中生发出来的。朝鲜王朝是李成桂集团通过发动不流血之"易姓革命"的方式所建立，高丽以来的社会结构与权力格局并未发生大的改变，[④]世家大族仍垄断着各种政治和社会资源。建立在此种社会结构与权力格局上的组织架构也就基本维持了下来。

高丽刑部权力的膨胀使之不再仅仅是尚书省六部中的一个部，而在王朝的整个政治体制中取得了特殊地位，成了制衡王权的重要机构，且被认为属于言官系统。高丽刑部之"言官"的定位，亦为朝鲜王朝所继承。朝鲜太宗七年六月，司宪府上疏曰："求言必行，人主之德也。于五六月之间，旱气太甚，殿下心常轸念，求言台谏，又咨刑曹……"[⑤]就在上一月，太宗召台、谏、刑曹掌务问曰："今方盛夏，旱气太甚。寡人有失德欤？……尔等职在言官，

① 《高丽史》卷一百二十四《嬖幸一》，第3753页。

② 《高丽史》卷一百十四《睦仁吉传》，第3504—3505页。

③ 《朝鲜王朝实录·太祖实录》太祖二年六月丙申条。

④ 安邦俊即云："圣祖创业之初，争相攀附者，莫非丽朝五百年食禄之臣。"（[朝鲜]安邦俊：《隐峰全书》卷二《言事疏（丙戌十二月）》，景仁文化社，1996年，第349页。）

⑤ 《朝鲜王朝实录·太宗实录》太宗七年六月庚戌条。

何无一言及此乎?”①刑部的言官地位是非常明确的,当时刑曹常和台、谏并称,号为“三省”。②

结语

在制度层面,高丽受唐文化影响甚深。然而,因其特定的国情,高丽在移植唐代制度时对之做了较大规模的变异,司法制度也不例外。高丽刑部并非如唐代那样是一司法行政机关,而是一审判组织,和唐大理寺接近。如此一来,在高丽便形成了一种独特的一元化权力集中型的司法体制——刑部拥有一种整体性权力,此种权力的不断外溢,又使之拥有了弹劾权与谏诤权,成为监察制度的有机组成部分。

在成宗模仿唐制创法立制时,对刑部的定位并非如此,其弹劾权与谏诤权的取得,是由于刑部所具有的一体化结构和整体性权力,使之在权力行使与运作的过程中,逐渐脱离了预设的轨道,日渐膨胀所致。在贵族制的结构下,刑部权力为贵族集团所掌控,出于政治上的需要,他们有意地促进着此种趋势的发展,使刑部权力不断向两端扩张,最终溢出了司法的边界,扩散到了更广泛的领域,使刑部变质为制约王权的机构。

第四节　监察制度的变异:御史台

朝鲜开国功臣郑道传著有《经济文鉴》一书,号称“博采历代以来职任得失”。③ 其“台官”条云:“高丽国初亦置御史台,皆沿唐宋之制。”④不确。后

---

① 《朝鲜王朝实录·太宗实录》太宗七年五月乙亥条。

② 《朝鲜王朝实录·定宗实录》定宗二年二月丙申条:“三省交章请诛芳干,上命河仑与台、谏、刑曹交坐,鞫问朴苞。”(《朝鲜王朝实录·定总实录》定宗二年二月丙申条。)

③ [朝鲜]郑总:《复斋集》下《经济文鉴序》,景仁文化社,1996年,第484页。

④ [朝鲜]郑道传:《三峰集》卷六《经济文鉴下·台官》,景仁文化社,1996年(以下省略),第392页。

世学者亦望文生义，简单地将对唐代制度的认知套用于高丽，认为高丽御史台乃王朝的总检察机关。[①] 实际上，高丽御史制度虽借鉴了唐制，但贵族制的基本国情却使之发生了重大变异，由王权的耳目与爪牙之司一变而为制约王权的贵族性、谏官化机构，监察权、司法权、任职条件等层面的变异均是其重要环节。[②]

一、监察权的变异

从外形上看，高丽御史台是唐制的缩小版。《高丽史·百官志》："（御史台）掌论执时政、矫正风俗、纠察弹劾之任……有大夫、中丞、侍御史、殿中侍御史、监察御史……忠烈王元年，改监察司……忠宣改为司宪府……恭愍王五年，复改御史台，大夫如故。"[③]唐王朝对御史的首要定位是皇权的耳目与爪牙，作为君主的鹰犬搏击群臣，监察百官，是御史的基本职责，弹劾权是其最核心的权力。高丽成宗在模仿唐制创法立制时，企图强化王权，亦将弹劾官员设定为御史的基本职权，所谓"台之设，专为弹纠百官"，[④]"本朝之制，都堂总百揆，颁号令。宪司察百官，纠风俗"。[⑤]

但在高丽特定的政治与社会环境中，这种制度化权力很快就发生了变异——向制约王权的方向演化——御史逐渐取得了对宫内系统人员的弹劾权。白善渊，本官奴，毅宗见而悦之，号为养子，内侍金献璜谄事善渊，被御

---

① 杨鸿烈：《中国法律对东亚诸国之影响》，中国政法大学出版社，1999 年，第 36—39 页。

② 关于高丽时期御史台制度的研究成果，主要有박재우：〈고려 초기의 대간 제도〉，《역사와 현실》68；박재우：〈고려전기 대관(臺官)의 겸직 운영과 성격〉，《역사와 현실》76；朴龍雲：〈高麗朝의 臺諫制度〉，《歷史學報》52；《高丽时代台谏制度研究》，一志社，1980；边太燮：〈중앙의 통치기구 · 대간의 정치적지위〉，《한국사》13《고려 전기의 정치구조》，국사편찬위인회，2003；宋春永：〈高麗御史臺에 관한 一研究〉，《大丘史學》3，1971。这些成果均为从各个方面探讨御史台的具体构成、机能、权力及其运作，主要是一种韩国国内史视角的研究，尽管有些成果也略微涉及了和中国制度的比较（如〈高麗朝의 臺諫制度〉），但"变异"问题并不是他们探讨的重点，多是一带而过。

③ 《高丽史》卷三十《百官一》，第 2416—2417 页。

④ 《高丽史》卷三十八《刑法一》，第 2670—2671 页。

⑤ 《高丽史》卷三十八《刑法一》，第 2670—2680 页。

史台劾奏，“削其籍”。[①] 明宗八年（1178）三月，御史台奏：“内侍茶房实逾定额”，国王只得下制：“削内侍林正植等十二员，茶房六员。”[②]御史台权力的扩张，使弹劾权的性质从王权的延伸变为对王权的制约，内官系统乃至国王与御史之间的积怨越来越深。毅宗十年（1156）九月，“御史台吏脱内官禁服，王怒，囚其吏”。[③] 而“宦者郑諴谋陷台谏，密诱散员郑寿开诬告台省及台吏李份等怨王，谋推戴暻为主。王惑其言，欲去之”。[④]

由于御史逐渐演变为贵族权的一极，与王权形成了制约乃至“对抗”关系，故常需以团体的力量抗衡乃至“压迫”王权，于是集体行动便成为他们履职的基本方式。如国王坚持己见，御史们便以集体罢工的方式迫使其收回成命。仁宗时，朴挺蕤被擢为殿中侍御史，“论议务举大纲，不为苛细。尝与知御史台事崔灌，侍御史印毅、崔述中、安淑等，论枢密使陈淑尝讨西京，受人奴及宝带，伏阁三日不报，皆杜门不出”。仁宗召谕令视事，“挺蕤与述中，固争不就职”。[⑤] 仁宗十年（1137）五月，“御史大夫任元濬等以贡院试题错误上奏，请追夺今年及第名牌，改试，不报。元濬等退而待罪，台空凡七日”。[⑥]郑道传论御史权力云：“君有佚豫失德，悖乱亡道，荒政拂谏，废忠慢贤，御史府得以谏责之……君至尊也，相与将至贵也，且得谏责纠劾之，余可知也。”[⑦]御史们以“府”为单位行动，对王权进行“谏责”是其权力行使的基本特性。

弹劾权在性质上的这种变化，使御史们拥有了对君主在施政乃至个人行为上全方位的监察权。如郑道传所言，他们不仅已完全谏官化——取得了“谏”的权力，而且取得了“责”的权力，即贵族化了。“责”，意味着地位上的对等，实质是将君主视为官僚机构中的一个职位。这只有在贵族政治的

① 《高丽史》卷一百二十二《白善渊传》，第 3708 页。
② 《高丽史》卷十九《明宗一》，第 611 页。
③ 《高丽史》卷十八《毅宗二》，第 548 页。
④ 《高丽史》卷九十《宗室一》，第 2837 页。
⑤ 《高丽史》九十八《朴挺蕤传》，第 3036 页。
⑥ 《高丽史》卷十六《仁宗二》，第 482 页。
⑦ 《三峰集》卷六《经济文鉴下・台官》，第 393 页。

语境中才能理解。郑道传在其《经济文鉴》"谏官"条中又云:"先朝有为台谏者,上谓之曰:'朕不欲台谏奉行宰相风旨。'则对曰:'臣非惟不欲奉行宰相风旨,亦不欲奉行陛下风旨。'壮哉斯言。"[①]御史的全面谏官化,主要体现在以下几项权力的逐渐取得上。

首先是从复请权到驳执权之系列性权力的取得。所谓复请权,指台官在其建议或弹劾案被君主驳回后,要求国王收回成命并接受提案的权力。《高丽史·赵冲传》:"御史台上疏曰:'郑邦辅、赵冲望贼畏缩,莫有斗心,弃军惊走……请免其职。'不允。御史台复请罢职,从之。"[②]复请权针对的已非官员,而是君主。

与之相似的还有复驳权。文宗元年(1047)三月乙亥,日食,御史台奏:"春官正柳彭、太史丞柳得韶等昏迷天象,不预闻奏,请罢其职。"文宗制:"原之。"御史台"复驳"曰:"日月食者,阴阳常度也。历算不愆则其变可验。而官非其人,人失其职,岂宜便从宽典,请依前奏科罪。"[③]复驳权由复请与驳奏两项权力组成。首先是复请,坚持己见;如国王不从,则可依法据理,予以驳斥。

更进一层,御史们还可直接驳回国王的决定,即与谏官们共享"封驳"权。忠烈王曾"命随驾军士预给禄,御史驳之"。[④] 御史台又享有"执奏"权,即坚持己见的权力,仁宗八年七月,"左迁侍御史高唐愈为工部员外郎",其原因是:"初,李资谦用事,用山侩善谓言,修葺弘庆院,以僧正资富,及知水州事奉佑干其事,发丁州县,为害甚巨。及资谦败,资富坐此配岛,惟奉佑素结宦官,侥幸复职。唐愈固执不可,上疏,论驳再三,故贬秩。"[⑤]

这两项权力的结合即为"驳执"。文宗元年(1047)八月,御史台奏:"近日除李希老、洪德威为监察御史。希老性躁急……俱不宜风宪,请黜之。"国

① 《三峰集》卷六《经济文鉴下》,第 397 页。

② 《高丽史》卷一百三《赵冲传》,第 3150 页。

③ 《高丽史》卷七《文宗一》,第 182 页。

④ 《高丽史》卷三十《忠烈王三》,第 958 页。

⑤ 《高丽史节要》卷九,早稻田大学藏本。

王不允。御史台“再驳切直”，国王“从之”。[①] 如御史不能很好地行使这一权力，则会遭到同僚的弹劾。明宗八年三月，“宥诸道察访使械送赃吏三十五人。台监殿中侍御史晋光仁不能驳执，御史台劾奏”。[②] 复驳权这一从弹劾权衍生出来的权力的取得，使御史台成为和宰相、谏官一样的以监督与制约君主为主要职责的机构。[③]

其次是署经权的取得。唐代御史的监察权针对的是官员们的履职过程与结果，对官员的任命不具有任何权力，因为从终极的角度讲，任命权归于皇帝，御史作为皇权的爪牙，无权过问皇帝人事权的行使。高丽御史的监察权却由官员们的行政过程与结果逐渐向上延伸到作为他们出仕源头的君主。君主任命官员，御史们对其任命具有否决权——“署经权”。[④] 如御史们拒绝在国王签发的告身上署名，则该项任命不能生效。毅宗时，金敦中为殿中侍御史，“王拜宦者郑诚阁门祗候，敦中不署告身”。[⑤] 尹贤被国王任命为典法佐郎，“台官不署告身。贤昏夜乞哀”。[⑥] 从表面上看，署经权仍是一项针对官员的监察权，但由于其制约对象已发生了根本性变化，故其性质亦彻底改变。

郎舍亦拥有署经权。郎舍乃门下省官员，大致相当于唐代的谏官系统加上以给事中为主的封驳系统，唐中书省以中书舍人为主的撰拟诏令系统亦属这一范围。[⑦]《高丽史·百官一》：“门下府，掌百揆庶务。其郎舍

① 《高丽史》卷七《文宗一》，第 184 页。

② 《高丽史》卷十九《明宗二》，第 610 页。

③ 驳执权亦为宰相所享有，御史台享有此权，表明其权力性质已有与宰相机构相似的一面，故常与门下省一起行使此项权力。文宗“立以遗命，赐卢氏延昌宫”。门下省及御史台驳奏：‘卢氏纳不以礼，且先王乱命，不可从也。’王终不允。二年三月卒。”《高丽史》卷十八《后妃一》，第 2777 页。

④ 所谓署经权是指国王对官员的任命，最后必须由台官和谏官签署方能生效。台官们一旦发现有关官员的身份存在问题，就可不署告身。关于此，可参考朴龙云《高丽时代史》，第 99—100 页。

⑤ 《高丽史》卷九十八《金富轼附子敦中传》，第 3029 页

⑥ 《高丽史》卷一百二十四《嬖幸二》，第 3764 页。

⑦ 恭让王四年三月，郎舍即上疏：“郎舍，词臣也。职亲华近，掌制教令，献可替否，不可与他吏员比。”(《高丽史》卷四十六《恭让王世家》，第 1403 页。)

掌谏诤封驳。"[①]郎舍的组成人员被称为"省郎"，主要包括司议大夫(左右谏议大夫)、给事中、舍人(中书舍人)、起居注、起居郎、起居舍人、献纳(左右补阙)、正言(左右拾遗)。他们均为谏官，忠烈王即云："谏诤，省郎之任。"[②]就制度的规定而言，乃先由谏官署经，[③]再由台官署经，御史处于最后把关者的位置。[④] 宰相的告身亦需台谏署经。[⑤] 署经权的取得是御史谏官化的重要表现。朴龙云教授便认为，御史台和谏官机构在职能上虽有微小差异，但基本重叠。为制约王权，两个机构相互配合，形成了一个具有强烈连带关系的"命运共同体"。[⑥]

高丽的御史们之所以能取得此项重权，乃由半岛贵族社会的权力格局所决定。这一权力的实质，是在制约君主的同时，严格把控王朝仕路，以维持世家大族"小集团"的性质及本集团成员在文化与道德上的优势。朝鲜世宗时，左司谏许诚等上疏："治道之污隆，系乎士风之美恶，而正士风之要，莫切于署经职牒，使人人思各顾虑，砥砺名节也……其在前朝，置台谏代耳目，自一品至九品，其职牒，必令署经，而忠邪廉污，靡不察议，大臣、小吏虽小节

① 《高丽史》卷七十六《百官一》，第 2404 页。

② 《高丽史》卷一百六《沈諹传》，第 3267 页。

③ 即使到了出身寒微的武人执政，既有制度开始崩解时，对官员的任命也必须经过郎舍署经。"时以译语内殿崇班于光儒权知阁门祗候，省郎议：'光儒南班员，今拜参职，非旧例。'不署告身数月。"(《高丽史》卷一百二十九《崔忠献传》，第3897 页。)

④ 可举一例："仁宗朝擢第，直翰林院，累迁右正言。毅宗初，转殿中侍御史……官累右承宣、左谏议大夫。王督署宦官郑諴告身，公升不得已署之。转知御史台事。王又召公升及中丞宋清允、侍御史吴忠正等曰：'郑諴自寡人在襁褓时，辛勤阿保……卿等不署告身……若辈皆菹醢。'清允、忠正俯伏流汗，独公升不奉旨，王怒谴出之。后王又召台谏，督署諴告身，皆唯唯，公升犹不奉旨。王责公升曰：'汝尝为谏官，既署諴告身，今反不署，何也？'对曰：'臣悟昨日之非，故不奉诏。'王怒敕公升就舍，谏议大夫金諹等又上疏谏，不报。王寻命公升出视事，升知奏事。"(《高丽史》卷九十九《李公升传》，第 3056 页。)

⑤ "寻复为左政丞。百官罢朝贺，当诣王后宫。监察大夫元颙、执义庆千兴，以王后戚属，故先诣宫贺。承旦欲令式目劾之，议于同列。四宰李公遂以为不可，承旦怒不视事。时监察司不署承旦政丞告身，承旦慊之。"(《高丽史》卷一百二十三《嬖幸一・印侯附承旦传》，第 3744 页。)

⑥ 朴龙云：《高丽时代台谏制度研究》，第 80 页。

细行，罔不矜慎。维持国脉，传祚五百者，良以此也。”[①]一语道出了署经权的实质。

最后是进谏权与论政权的取得。台官的谏官化，使他们取得了与谏官一样的进谏权，金坵《大将军闵曦让知御史台事表》：“顾如栢署，总任霜威。万乘之动止，有所箴规。百官之非违，亦皆弹纠。宁阙乎位，必待其人。”[②]这一权力还被明确表述为“与天子争是非”。《崔娄伯配廉琼爱墓志》：

> 吾自司直传右正言知制诰，君喜动于颜，曰：“吾贫几济矣。”吾应之曰：“谏官非持禄之地。”君骂曰：“傥一日子立殿陛，与天子争是非，虽荆钗布裙荷畚计活，亦所甘心。”此似非寻常妇言也。[③]

具体事例甚多。睿宗十年(1115)十一月，“设八关会，王自毬庭还至阁门前，驻跸，唱和久之，命倡优歌舞仗内，几至三鼓。御史大夫崔赞、杂端许载进谏，王嘉纳之。”[④]忠烈王时，监察侍史沈諹与杂端陈倜、侍史文应、殿中侍史李承休等进谏曰：“今国步多艰，天旱民饥，非游田宴乐之时，殿下何不恤民事耽于游田耶……且今中外多故，人民困穷，学士宴亦宜停罢。”[⑤]在御史们几乎全员出动的压力下，忠烈王“虚襟采纳，有意自新”。[⑥]

如国王不听谏诤，御史们会面折庭争。毅宗五年，国王“以郑諴权知阁门祇候”，台官“以宦者参朝官无古制，争之”。[⑦]“伏阁论事”是御史们经常使用的进谏方式。《高丽史·荣仪传》：“荣仪，卜者也……毅宗初充内侍使

---

① 《朝鲜王朝实录·世宗实录》世宗八年一月辛酉条。

② 《东文选》卷四十四《大将军闵曦让知御史台事表[金坵]》，民族文化刊行会，1994年，第413页。

③ [韩]许兴植编：《韩国金石全文》(中世上)，第675页。

④ 《高丽史》卷十四《睿宗三》，第402页。

⑤ 《高丽史》卷一百六《沈諹传》，第3266—3267页。

⑥ 《高丽史》卷一百六《沈諹传》，第3267页。

⑦ 《高丽史》卷七十五《选举三》，第2381页。

令……王颇惑之。御史中丞高莹夫,侍御史韩惟靖、崔均深等伏阁三日,请黜之。”[①]如国王仍不采纳他们的谏言,御史们会以集体罢工的方式迫使国王就范,此乃高丽“君弱臣强”的政治现实在具体权力运作过程中的体现。后世朝鲜王朝的君主们对此十分清楚,成宗即曰:“前朝之季,君弱臣强,言事者辞职,退家废事,至于二三日,人君敦谕至再三,乃出视事。”[②]

在唐代,御史的基本职掌为“掌邦国刑宪、典章之政令,以肃正朝列”,[③]不具有当然的论政权。在高丽,台官的谏官化却使他们拥有了论政权。“论执时政”甚至被规定为御史的首要权力。文宗六年十一月,“御史台奏论时政得失”。[④] 仁宗九年,“御史杂端郑渐等上疏,论时政得失”。[⑤] 恭让王二年正月,“宪司请令台谏面启时政得失”。[⑥] 御史们拥有的权力在性质上已与宰相相似。辛禑十六年十月,宪司上书:“古之为国者,必先立纪纲……殿下即位,大开言路,相臣宪臣,各陈时务……坚如金石,信如四时。”[⑦]相臣与宪臣是并列关系,他们常一起论“时政得失”。[⑧] 在重要性上,御史仅次于宰相。郑总为郑道传《经济文鉴》所作序就讲:“予观是书,其首之以相业者……人君当以择相为先……次之以台谏者,台官纠禁风俗之恶,谏官论奏人主之失,实国家之所重。”[⑨]

御史在谏官化的同时又贵族化了,这使台谏官常与宰相共同行动以制约王权。《高丽史》九十八《郑袭明传》:“仁宗朝……与郎舍崔梓、宰相金富轼、任元敳、李仲、崔奏等上书言时弊十条,伏阁三日不报,皆辞职不出,王为罢执奏官,减诸处内侍别监及内侍院别库,召梓等令视事。袭明独以言不尽

① 《高丽史》一百二十三《荣仪传》,第 3722 页。

② 《朝鲜王朝实录·成宗实录》成宗十三年七月庚辰条。

③ 《唐六典》卷十三,第 378—379 页。

④ 《高丽史》卷七《文宗一》,第 198 页。

⑤ 《高丽史》卷十六《仁宗二》,第 477 页。

⑥ 《高丽史》四十五《恭让王一》,第 1360 页。

⑦ 《高丽史》卷三十八《刑法一》,第 679 页。

⑧ 如文宗元年四月,国王“召宰臣御史台论时政得失。”(《高丽史》卷七《文宗一》,第 182 页。)

⑨ 《三峰集》卷六《序》,1996 年,第 411 页。

从，不起。右常侍崔灌独不与上书，供职如常，议者鄙之。”[①]宰相集团、台谏官均以集体行动为基本原则，是半岛贵族社会政治过程的一个基本特点。

御史与宰相权力上的重叠，还表现在其他权力的行使上。首先，宰相和御史共同行使复请、驳执、谏诤、论政等权力。睿宗四年十一月，“宰相崔弘嗣、李敖、任懿等与台谏复请尹瓘等罪”。[②] 下年五月，“宰相崔弘嗣、金景庸与台谏上疏论尹瓘、吴延宠等败军之罪，王不听便入内。弘嗣等诣重光殿东紫门固请，至晡，竟不允。宰相谏官皆归第不出，省中一空。王召平章事李敖、中书舍人李德羽等令直省中。弘嗣等累旬不出，王遣近臣敦谕起之，谏官亦出视事，时人讥之”。[③]

其次，对于署经，宰相们也要“参署”。[④] 毅宗十一年十一月，“命左承宣直门下省李元膺、右承宣左谏议大夫李公升传旨门下省，督署郑诚告身。宰臣及谏官，论执不可。公升往来再三，复传旨曰：‘卿等不听朕言，朕食不甘味，寝不安席。’平章事崔允仪、右谏议崔应清及元膺、公升等，不得已署之。”[⑤]我们有理由怀疑，最初，署经权是宰相机构用以制约王权的一项权力，之后御史台贵族化，亦获得了此权。

二、监察内容的变异

高丽御史职权的谏官化，是台谏合流的一种表现，与中国唐代以后在谏官台官化基础上的台谏合流完全相反。中国宋代以降的台谏合流以皇权的提升为背景，高丽台谏合流的背景则是贵族社会的巩固。高丽御史职权的谏官化乃其地位贵族化的表征，贵族化趋势又使御史的监察内容发生了变化。朝鲜太宗四年(1404)十二月，司谏院上书：

---

① 《高丽史》九十八《郑袭明传》，第3031—3032页。

② 《高丽史》卷十三《睿宗二》，第375页。

③ 《高丽史》卷十三《睿宗二》，第377页。

④ 关于这一问题的详细论述，可参考朴龙云：《高丽时代台谏制度研究》，第89—90页。

⑤ 《高丽史节要》卷十一，早稻田大学藏本。

> 台谏，人主之耳目，公论所在，故前朝盛时，凡除拜官职，必令考其家世，察其贤否，然后署出告身……愿自今，两府外嘉善以下告身，必令台谏署出，以正百官，以励士风。①

“人主之耳目”乃来自中国的旧说，在贵族制的语境下，“公论所在”才是高丽御史台的实质。这里所说的“公论”，只能是世家大族（贵族）集团中的主流舆论与共识，而它们又为贵族制下特有的文化与传统所塑造。如不能申张此公论，就会遭到谴责。尹鳞瞻在毅宗朝为侍御史，“言事忤权贵，降授左司员外郎，转起居注。时宫人无比得幸于王，生三男九女。崔光钧为无比女婿，因缘内嬖，超授八品，兼式目录事，士夫莫不切齿，谏官不署光钧告身。王召鳞瞻及谏议李知深，给事中朴育和，司谏金孝纯，正言梁纯精、郑端遇，督署之。郎舍畏缩，唯唯而退。有人嘲之曰：‘莫说为司谏，无言是正言。口吃为谏议，悠悠何所论。’”②在贵族体制下，出仕资格是“公论”的核心。

高丽贵族制的维持，世家大族以血缘为基础之小集团的性质是其前提。③ 朴褕曾上疏曰：“我国本男少女多，今尊卑皆止一妻。无子者亦不敢畜妾，异国人之来者则娶无定限，恐人物皆将北流。请许大小臣僚娶庶妻，随品降杀，以至庶人得娶一妻一妾，其庶妻所生子亦得比嫡子从仕，如是则怨旷以消，户口以增矣。”在男少女多的现实下，为增加人口，朴褕建议允许国

---

① 《朝鲜王朝实录·太宗实录》太宗四年十二月乙亥条。

② 《高丽史》卷九十六《尹瓘附尹鳞瞻传》，第2988页。

③ 奥尔森就指出：“当这些分利集团企图通过政治行动达到其目标时，排挤新成员的原因在于：该集团若能以最少的人数取胜，则其中每一成员分得的利益最多。……采用政治或军事手段来达到目的的特殊利益集团的一个有趣例子就是掌握统治权的贵族或寡头。……该集团必定是排他性的……全部历史上所有贵族统治集团都有排他性的事实……当统治集团的地位足够稳定，能将其权力传给其后代时，这种排他性就更加明显了。……这种排他性是如此根深蒂固，以致有些人认为这是‘天赋的’，并找出一切理由来为其辩护。”（[美]曼库儿·奥尔森著、吕应中等译：《国家兴衰探源——经济增长、滞胀与社会僵化》，商务印书馆，1998年，第72—73页。）他还指出：“对于一个不按人口比例分配农业收成的分利集团而言……最少人数的分利集团中的成员可以取得最大的收益。”（《国家兴衰探源——经济增长、滞胀与社会僵化》，第172页。）

人娶妾，这在传统社会特别是在中国制度的参照下，本不应成为问题，可结果却是“妇女闻之，莫不怨惧……时宰相有畏其室者，寝其议不行”[①]。

所谓妇人抱怨、宰相畏室不过是说辞，问题在于能娶妾，甚至娶多妾之人大多是世家大族中人，这样做的结果，势必导致贵族集团人口的膨胀，威胁到其小集团的特性。而“庶妻所生子亦得比嫡子从仕”的制度设想，更直接涉及官职资源的分配。在半岛的体制下，贵族既不力农，也不从商，只有做官一途。官职乃稀缺资源，不可能无限供给。人口增加与庶子比嫡子从仕，必将带来既有出仕制度的根本性改变。一句话，朴褕的设想破坏了贵族制的基本原则，使贵族制本身有崩坏的危险，故遭到宰相们的反对。忠烈王时，为增加户口，也曾采取过“令士民皆畜庶妻……其子孙许通仕路，若不顾信义，弃旧从新者，随即罪之”[②]的政策，因同样的原因无法实行。[③]

为维持统治群体小集团的特性，不仅要限制家庭规模，维持家庭内部森严的等级秩序，还需设计出相应的制度，以各种标准对贵族家庭成员进行筛选与淘汰。在选官、任职、升迁等关键性节点，设置一些限制性标准，将一些人排除在外，便成为这种制度的重要组成部分。从总体上看，这些标准大致可归为两个方面：一是血统，一是道德。体现血统标准的是“世系”。高丽一代，官员们的仕途与世系密切相关，门荫全靠世系自不待言，与门荫并列的另一重要出仕途径“科举”也有世系要求——“国子监以四季月六衙日集衣冠子弟，试以《论语》《孝经》，中者报吏部，吏部更考世系，授初职。”[④]是否任官及任什么级别、哪些部门的官，首先取决于世系。科举时，考生必须在卷首写明世系，[⑤]法律规定：“氏族不付者，勿令赴举。”[⑥]如果违反了与世系相

① 《高丽史》卷一百六《朴褕传》，第3276页。

② 《高丽史》卷一百三《金庆孙附金琿传》，第3168页。

③ 《高丽史》卷一百六《朴褕传》，第3276页。

④ 《高丽史》卷九十九《崔惟清附崔宗峻传》，第3053页。

⑤ 《高丽史·选举二》：“元宗十四年十月，参知政事金坵知贡举。旧制：二府知贡举，卿监同知贡举。其赴试诸生卷，首写姓名、本贯及四祖，糊封……”（《高丽史》卷二十八《选举二》，第2340页。）

⑥ 《高丽史》卷二十七《选举一》，第2305页。

关的法律，后果相当严重，《高丽史·孙抃传》：

> 抃官累枢密院副使……以妻派联国庶，不得拜台省、政曹、学士、典诰，妻谓抃曰："公因我系贱，不践儒林清要，敢请弃我，更娶世族。"抃笑曰："为己之宦路，弃三十年糟糠之妻，吾不忍为也，况有子乎?"遂不听。子世贞，亦不得赴举。[①]

对官员们"世系"的监察成为高丽御史们行使监察权的重要内容，此为唐代所无。不得赴举之人及他们的后代，大多只能从事各种"贱役"，不可避免地沦落到社会下层，[②]直接导致家族的没落。

御史们对官员世系的监察，主要通过署经权实现。忠惠王时，嬖臣崔安道之子崔璟"年十余，不学得中试"。结果"台官以璟借述登第，祖母又贱，不署依牒，凡九年"。[③]《高丽史》一百二十三《嬖幸一·康允绍传》：

> 康允绍，本新安公之家奴，解蒙古语，以奸黠得幸于元宗。累使于元，以功许通宦路……忠烈王元年，拜军簿判书、鹰扬军上将军。时群臣以新官制改衔，唯允绍系贱，为监察司所论，未改。允绍自出视事，复为监察司所劾免。[④]

御史们对世系的监察，需以发达的档案制度为依托。[⑤] 在高丽，各种身

---

① 《高丽史》卷一百二《孙抃传》，第 3140—3141 页。

② 忠宣王在其即位教书中即云："三韩壁上功臣、三韩后代壁上功臣、配享功臣、征战没阵而亡功臣子孙等以贱技落在工商匠乐者，凡以功与恩已属两班而父母无痕咎者，宜推明许通。"(《高丽史》卷三十三《忠宣王世家》，第 1048 页。)

③ 《高丽史》卷一百二十四《嬖幸二》，第 3766 页。

④ 《高丽史》一百二十三《嬖幸一·康允绍传》，第 3725 页。

⑤ 在高丽，各色人等都有各自所属的档案系统，其中最重要的当数记录官员资历、政绩的"政案"。此外还有户籍、军籍、奴婢籍、罪籍(罪案)等等。

份上的差别，均被详细记录在案，[①]对当事人及其家族与后代产生决定性影响。与此档案制相应，又有一套相应的法律。以教育领域为例，仁宗朝的“式目都监详定学式”规定：“凡系杂路及工商乐名等贱事者、大小功亲犯嫁者、家道不正者、犯恶逆归乡者、贱乡部曲人等子孙及身犯私罪者，不许入学。”[②]不能入学基本意味着失去了向社会上层流动的机会。

有了这样的档案系统与配套法律，御史们对世系的监察就相对容易了。《高丽史·崔冲传》：“（崔冲）为式目都监使，与内史侍郎王宠之等奏：‘及第李申锡不录氏族，不宜登朝。’”[③]御史们可以不录氏族为名，对相关人员不予署经或直接弹劾。

贵族制之所以能长久维持，并非完全依恃武力，更依赖一套在当时被公认具有合理性的文化标准，道德是此种文化标准的重要一维，因而也是御史们监察的主要内容。《高丽史》卷一百十四《黄裳传》：“御史台劾裳通判密直辛贵妻康氏，败乱风俗，请鞫之。王爱裳骁勇，且以有功，只免官……辛禑时与诸将屡御倭有劳。裳于父忌日娶元氏，元氏亦以世家女夫死未期无媒嫁裳，宪司劾之，请杖流远州。”[④]《高丽史》卷一百十四《杨伯渊传》：“杨伯渊，性便捷，喜容饰，贪财好色。恭愍朝，累转判阁门事。奸判密直辛贵妻康氏，康氏赞成允成女也，宪司劾之，罢职，禁锢。”[⑤]这些已是高丽末期的事例，可见一直以来，制度执行得都相当严格。

如当事人或其祖先被认为有“痕咎”“痕累”，就会对他本人及其后代产生严重影响。庾仲卿为工部尚书庾逵之子，国王令他依门荫出仕，却遭到了以首相李子渊为首之十一人的驳议：“仲卿舅平章李龚，奸兄少卿蒙女，生仲

---

① 恭让王二年七月，都堂启：“旧制：两班户口，必于三年一成籍，一件纳于官，一件藏于家，各于户籍内户主世系及同居子息、兄弟、侄婿之族派至于奴婢。所传宗派，所生名岁，奴妻婢夫之良贱，一皆备录，易以考阅。”（《高丽史》卷七十九《食货》，第2515页。）

② 《高丽史》卷七十四《选举二》，第2360页。

③ 《高丽史》卷九十五《崔冲传》，第2940页。

④ 《高丽史》卷一百十四《黄裳》，第3490—3491页。

⑤ 《高丽史》卷一百十四《杨伯渊传》，第3507页。

卿母,仲卿不宜齿朝列。”[①]

关于“痕咎”“痕累”等道德上的瑕疵,高丽也有一套相应的法律予以规制,在选官、任职、升迁时,必须考察当事人的“家状”与“痕瑕”,[②]负责具体操作的机构正是御史台。御史台对相关人员的“家状”与“痕瑕”的真实性进行核查后,对不适格者不予署经或径直弹劾。金续命在恭愍初拜监察执义,“与大夫元颉、持平洪元老协心弹纠,执法不阿。凡拜官者有疵累,辄不署告身。”[③]朝鲜太宗十三年十一月,司宪府在上疏中云:“吾东方,自王氏统合以来,官无大小,皆待告身署经台谏,其或系出有累者,行有不洁者,必滞告身以惩之。是故人各饬砺,务尚节操,巩固维持,几五百年。”[④]“系出有累”即指世系方面的瑕疵,“行有不洁”则指道德方面的问题。这两项要求正是高丽贵族社会得以维持的基础,因而也是御史们行使监察权的主要内容。

三、任职条件的变异

贵族化的演化趋势使高丽对御史任职条件的设定亦与唐代有重大差异。在唐代,对御史的首要要求是“有搏击器”,高丽却是“先威望后搏击”:

> 台官,当以威望为先,弹劾为次。何则?有威望者,虽终日不言而人自詟服。无威望者,虽日露百章而人益不畏。盖刚毅之志、骨鲠之操,素不熟于人心,徒挟搏击之权,欲以震肃群臣,清正中外,则恐纪纲

---

① 《高丽史》卷九十五《金元鼎传》,第 2961 页。

② 《高丽史》卷七十三《选举一》:“(睿宗)十一年十一月判:‘诸业举人,十一月始,明经为先选取,进士则明年二月昼夜平均时选取。诸生行卷、家状及试官差定诸事,都省及枢密院、国子监敬禀施行。诸业初举及一度停举者,依式问核。连次赴举者,只考家状痕瑕赴试。遭父母丧者,属部坊里典及本乡其人事审官处问核,二十七朔已满,则考其家状痕瑕赴举。凡姓名记录,进士则限十二月二十日家状行卷终,明经以下则限十一月终。限外杂暇已满者及因公出使限内不及上京者,试日为限,修送贡院。’”(第 2306—2307 页。)

③ 《高丽史》卷一百十一《金续命传》,第 3393 页。

④ 《朝鲜王朝实录·太宗实录》太宗十三年十一月庚辰条。

未振而怨谤先兴也。①

成文法上的制度不是高丽御史权威的主要来源，所谓“虽日露百章而人益不畏”，他们的权威主要来自“熟于人心”的非制度性因素，正是这些才使人们发自内心地对他们“畏”与“服”。质言之，御史们的权威乃基于社会结构本身，及由此决定之由他们自身身份而来的社会与文化权力。《□东辅墓志》称：“□居□□□监察御史。公素有威望，及乘验指顾，肃然□□霜威，人多胆落。”②御史们在履职时对平素“威望”的依赖，是一个被各种史料证明的事实。《崔梓墓志铭》：

> 公讳梓，字大用，其先孔嵒县人也。曾祖厚累，赠太子少师；祖颖，累赠太子大师；父翥，守光禄大夫刑部尚书。世袭衣冠，其来尚矣……授大府注簿权知监察御史，阅数月，除权即真……仁考闻而嘉之，擢拜殿中侍御史，赐绯鱼袋，处于风霜之任，弹纠不法，百僚为之震恐三载，于是加尚书刑部郎中……公天资刚正，清俭寡欲，特立独行，无朋党之交，自小官至宰相，不营第宅。③

任御史者如不具备此类社会与文化资本与权力，徒欲依恃制度，不仅难以履职，更不可能彰显其“刚毅之志、骨鲠之操”。总之，“威望”与“搏击”之辨，从表面上看反映的是唐与高丽对御史定位的差别，实质体现的是两国不同的社会结构与权力格局。

在唐代，御史们是皇帝的爪牙与耳目，只需搏击，他们的“威望”乃由皇权所赋予，故“清苦介直”“敝服羸马”为他们的基本形象，所谓“御史多以清苦介直获进，居常敝服羸马，至于殿庭。”④这类符号与仪式性行为，彰显的是

① 《三峰集》卷六《经济文鉴下·台官》，1996 年，第 392 页。

② [韩]许兴植编：《韩国金石全文》(中世下)，第 934 页。

③ [韩]许兴植编：《韩国金石全文》(中世上)，第 700—702 页。

④ [宋]王谠撰、周勋初校证：《唐语林》，中华书局，1997 年，第 693 页。

御史们无特殊利益，完全以“天下”（实质为皇权）之利益为依归的事实，在与官僚群体拉开距离的同时，又缩短了与皇权的距离。

在高丽，御史们的权威主要来自结构性的社会与文化资源，与他们自己的身份及文化与道德上的优势密切相关。他们是执政之贵族集团道德上的标杆。对御史们“威望”的要求，又具体体现于对任职条件的严苛设定。郑道传云：“至若台谏、监司，当重风采而尚气节。风采重则人敬，气节尚则人畏。人知敬畏则权奸之心沮，而挠法乱政之萌绝矣。”①在行为举止、气质、气节等方面有缺陷者，均不能任台谏官。李需“善谐诙戏谑，以故不得除台谏”。② 李希老，“性躁急，历仕中外无成”，被认为“不宜风宪，请黜之”。③ 在道德上有瑕疵者更不得任御史，裴景诚“取倡女为妻”，被任命为知御史台事，谏官上言：“风宪尤非所宜”，且“论执不已”，仁宗只好改任他为“知吏部事”。④

职是之故，御史们权重势高，地位显赫。《吴□实墓志》：“公讳□实……历□□令中书注□□□监察御史，分总台网……威峻恩深，令行禁止。”⑤朝鲜太宗三年（1403）二月，司谏院上疏云：“故前朝盛时，台谏胥徒，人莫敢挫；居是官者，争相励节。”⑥

对于御史们履职的风采，社会评价正面积极。《金冲墓志》：“公讳冲……至戊戌年擢丙第，不经外寄，直就禄仕……除监察御史……自谏官出守全州……性资高爽，知时险艰，权不锋锐，从容世途，扬历清显，不曰贤哉。”⑦《张允文墓志》：“公讳允文……迁监察御史，奉公竭节，人不敢非义相干。”⑧《咸修墓志》：“迁监察御史。虽权豪亲旧，莫敢干以私……迁侍御史，

---

① 《三峰集》卷六《识》，第410页。

② 《高丽史》卷一百二《李淳牧附李需传》，第3136页。

③ 《高丽史》卷七《文宗一》，第184页。

④ 《高丽史》卷十七《仁宗三》，第514页。

⑤ ［韩］许兴植编：《韩国金石全文》（中世下），第867—868页。

⑥ 《朝鲜王朝实录·太宗实录》太宗三年二月丁丑条。

⑦ ［韩］许兴植编：《韩国金石全文》（中世下），第949—950页。

⑧ ［韩］许兴植编：《韩国金石全文》（中世下），第947—948页。

慨然有忧天下志，势不常默默不怡。”[①]王朝亦给予御史们以相应的礼遇。宣宗十年(1093)六月判：

> 文武官职事四品以下、散官三品以下于中丞，职事五品以下、散官四品以下于杂端、侍御，职事六品以下、常参以上、散官五品以下于殿中侍御、监察御史，皆避马。若吏部侍郎、尚书左右丞、给舍，既准诸曹三品，且以侍臣在公侯之上，与中丞马上相揖。知制诰亦非常例，一从官品，马上相揖。郎舍补遗勿论官品，与杂端以上并马上相揖。若大夫，则除宰臣、枢密、左右仆射、近臣外，并皆避马。[②]

据《高丽史・百官志》，高丽前期，御史中丞为从四品，御史杂端与侍御史均为从五品，殿中侍御史为正六品，监察御史为从六品。也就是说，在制度上，其他部门的官员，要对同品或低一品的御史避马致敬。另外还有其他非制度性惯例，“台官虽有罪，当罢台后就狱”[③]就是其中之一。在这种环境下，“除授之际，动兼台谏”[④]成为莫大荣耀，郑道传甚至认为“御史之荣”要“过于宰相”，是高丽时代最尊荣的职位：

> 仕宦有三荣，秉钧当轴，宅揆代工，坐庙堂以进退百官，为宰相之荣。瀛洲妙选，金銮召对，代天子丝纶之命，为翰苑之荣。乌府深严，豸冠威肃，得以振纪纲而警风采，为御史之荣。就是三者而轻重之，则御史之荣为尤甚。何者？言关乘舆，天子改容。事属廊庙，宰相得罪。则权之所在，不特进退百官而已也。虽宰相之重，其何以及此？赤棒所指，不问尊卑。白简前立，奸回气慑。则天子耳目之所及者为甚广，不

---

① [韩]许兴植编：《韩国金石全文》(中世下)，第 940 页。

② 《高丽史》卷八十四《刑法一》，第 2662—2663 页。

③ 《高丽史》卷九十一《宗室二》，第 2852 页。

④ [韩]许兴植编：《韩国金石全文》(中世上)，第 651 页。

止丝纶之代而已。虽翰苑之贵,其何以及此?[①]

这类制度与非制度性的尊荣、地位、身份与保障,[②]使御史们履职有了充分的激励。但“重风采而尚气节”仍只是道出了对台官要求的一面,而未指出对台官要求的另一面,即对他们世系与身份的要求——出生卑贱者原则上不能任台谏官。历史上,虽间或有出身低微者任御史的事例,但这些人多有杰出才能且立有军功,只是例外。如康拯,“家世微……为吏役,十年……与女真战,累有功。肃宗初,除监察御史”。[③] 许载“由刀笔吏起,积劳出调铁州防御判官……女真来攻,载与兵马副使李冠珍等固守数月,城几陷,励士卒,一夜更筑重城以拒之,虏乃退。以功拜监察御史”。[④]

在身份低贱之武人执政的时期,既有制度受到了不小的冲击,出身低微者任御史的情况多了起来,但并不被认可。郑邦佑“起自电吏”,明宗朝知御史台事,“以贱系拜台官,人皆笑之”。[⑤] 武人政权首领崔怡“拜私奴之子安硕贞为御史中丞,人皆愤之,至有上疏言者”。[⑥] 宋吉儒“起于卒伍”,因谄事崔沆拜御史中丞,“有司以系贱不署告身”。[⑦] 又《高丽史》一百《洪仲方传》:

洪仲方,起自行伍。郑仲夫废毅宗立明宗,仲方与有力,骤拜大将军……时武散官检校将军以下,散员同正以上聚议,欲夺处东班权务官。重房台省畏众口,莫敢谁何。仲方独曰:“国家设官分职,唯卿监外武臣不兼文官,自庚寅以后,吾侪得处台省,布列朝班。校尉、队正许着幞头,西班散职差任外官,固非先王之制。若又遽夺权务官,其如东西

① 《三峰集》卷六《经济文鉴下·台官》,第 392—393 页。

② 韩国学者称这些待遇为“特权”,关于其较为详细的讨论,可参考边太燮:《중앙의 통치기구》,《한국사》13《고려 전기의 정치구조》,국사편찬위원회,2003,第 90 页。

③ 《高丽史》卷九十七《康拯传》,第 3012—3013 页。

④ 《高丽史》卷九十八《许载传》,第 3047 页。

⑤ 《高丽史》卷一百《郑邦佑传》,第 3103 页。

⑥ 《高丽史》卷一百二十九《崔忠献附崔怡传》,第 3905 页。

⑦ 《高丽史》卷一百二十二《宋吉儒传》,第 3719 页。

定制何？吾宁死不从。”议遂寝。[①]

在武人执政前，武人根本不可能出任御史台与尚书省官员。即使在武人执政以后，被任用者仍面临强大阻力，需承受巨大的心理压力。

在高丽，妾生子(庶孽)地位低贱，他们或与他们有联姻者亦不得任台官。金汉忠虽为新罗大辅阏智之后，但其妻乃“文宗婢妾之女也，以故虽至达官，不得入台省”。[②] 李槢“娶高宗宫妾之女，号国婿……忠烈即位，兼知御史台事，以国婿为宪官，人皆讥之”。[③] 朝鲜世宗曾问大臣曰：“且妾子承重者，授职无限品，至于赴试，何不通论乎？”右议政权轸答曰：“登科则通仕路，而至为台谏，故不许赴试。”[④]在高丽时期，此类规定当更为严格，庶孽完全没有任御史的机会。

因御史台为制约王权的贵族性机构，外戚亦不能任台官，《高丽史·庆复与附庆复兴传》：“有韩略者……以禑外戚超授官。又托乳媪、宦寺求为持平。禑一日用小帖，拟略台官……复兴又言：‘古者外戚不除言官，请授他职。’禑曰：‘何不从命？’强之。复兴力争，终不授。”[⑤]外戚不得拜台谏官是一个自“古”以来的惯例，这个“古”其实就是高丽前期。

在高丽，对僧侣多有限制，[⑥]僧人之后亦不得任台官。《高丽史·金坵传》：“金坵……高宗朝擢第二人及第，知贡举金仁镜恨不置第一，以己亦为第二人……补定远府司录，同县人黄阁宝挟憾，摘世累诉有司。权臣崔怡重其才，营救不得，改济州判官……元宗四年，拜右谏议大夫。坵之祖僧也，不

---

① 《高丽史》一百《洪仲方传》，第3091页。

② 《高丽史》卷九十五《金汉忠传》，第2966页。

③ 《高丽史》卷一百二十三《李汾禧附李槢传》，第3730页。

④ 《朝鲜王朝实录·世宗实录》世宗十四年三月戊辰条。

⑤ 《高丽史》卷一百十一《庆复与附庆复兴传》，第3391页。

⑥ 如，文宗十六年判：“僧人之子，仕路禁锢，至孙方许通。”(《高丽史》七十五《选举三》，第2383页。)毅宗六年三月判：“僧人子孙限西南班七品。”(《高丽史》七十五《选举三》，第2384页。)

宜在台谏，然以圻有才，乃署告身。”[①]

更有甚至，不娶妻者亦不得任台官。朝鲜世祖时，献纳赵岷启曰：“国法：不娶妻者不得拜台官，今成晋不娶而拜监察，有乖于法，请改授他官。”世祖问：“必娶妻而后得拜台官，此法立于何时欤？”岷对曰：“此法臣亦未知立于何时，然所以不娶者不得拜台官者，自己及妻之祖父，并无痕咎，然后得拜也，今晋未娶，则未知后日所娶妻之祖父，必无痕咎与否也，臣等以此驳议耳。”[②]朝鲜“不娶妻者不得拜台官”的国法由来已久，应为高丽以来的固有法。之所以有此规定，是为了保证台官的妻族无世系与道德上的瑕疵。

由于严格的条件限制，御史多由高门大族中一些非常优秀的人物出任。文宗朝宰相李子渊出身高门庆源李氏，其子有多人任宰相，这些人在任相之前多数均出任过御史，如李资谅，“睿宗朝，从尹瓘征女真有功，授监察御史”。[③] 李资仁“文宗朝登第，累迁侍御史”。[④] 被称为“海东孔子”的靖宗朝宰相崔冲，其子孙登宰辅者多达数十人，不少人在任相前亦曾出任御史，如崔思諏在宣宗朝“除御史大夫”。[⑤] 另外，尹宗諹，“推忠靖难功臣侍中文定公第六子也……(今上)以公为勲门子弟……拜公监察御史……公虽起自勋阀，□弟三人皆以文章□，□朝钦艳。而□□登大位，相次其矢。时大夫人尚在堂，朝野莫不□□……号称著姓”。[⑥] 朴浩的《代某再让知御史台事表》可谓对这种条件的集中说明：

> 伏蒙圣恩，以臣上表陈让知御史台事特降教书不允者……窃以执法之司，肃朝之纪，獬触之箴稜是总，鹭振之班序所宗。用匪其人，旁兴

① 《高丽史》卷一百六《金圻传》，第 3255—3256 页。

② 《朝鲜王朝实录·世祖实录》世祖十一年三月辛酉条。

③ 《高丽史》卷九十五《李子渊传》，第 2946 页。

④ 《高丽史》卷九十五《李资仁传》，第 2947 页。

⑤ 《高丽史》卷九十六《崔思諏传》，第 2967 页。《高丽史》卷九十九《崔惟清传》，第 3049—3050 页。

⑥ [韩]许兴植编：《韩国金石全文》(中世下)，第 897—898 页。

于横议。简在于帝，宁至于冒升。如臣者学识未弘，勤劳亦浅。绍承祖构，幸窥阙里之中庸。扬历仕联，屡玷汉庭之右职。既带鸿枢之秩，复参鹤禁之荣。比欠一能，每增三省。敢谓庆霄之眷，俾提宪府之纲。惟名数之并仍，实分渥之过当。才轻任重，功焉得以其凝。驭拙吻伤，理何由而有济。又士夫之甚众，岂兄弟以靡他。[①]

朴龙云发现："御史台的长官总是任命贵族家门出身者担任，一旦被任命此职，日后就会逐渐成为宰相乃至首相。"[②]"黄周亮，"登第显宗朝，累转侍御史，历拾遗、中丞"，最后升任宰相。[③] 德宗朝任监察御史的金元鼎在文宗朝升为宰相。[④] 肃宗朝的宰相尹瓘也曾任御史大夫，其孙尹鳞瞻"登第毅宗朝，累迁侍御史"，后升任参知政事。[⑤] 崔甫淳，"泰定二十二年壬寅，登乙第……俄受监察御史，山立班心，霜清物表……凡仕五朝，两入宪台，四登谏掖，一为纳言，□□文昌。为相十年，为二宰六年，为冢宰二年。"[⑥]这类事例不胜枚举。因此，朴龙云又断言，台谏成为"贵族的重要仕路。其中的绝大多数均为名门贵族出身"，"台谏制是贵族社会构造内的一种制度性存在"。[⑦] 在贵族制的整体环境中，作为贵族阶层中的佼佼者，御史们具有世系、才能与德行各方面的优势，他们日后升任宰相毋宁是必然。

四、司法权的变异

谏官化与贵族化还使高丽御史的司法权发生了重大变化。在唐代，御史台主要负责审理皇帝交付的"诏狱"，审理后径行上奏皇帝，由皇帝做出最终裁断——"凡有制敕付台推者，则按其实状以奏"。如御史台所推为"寻常

① 《东文选》卷四十三《代某再让知御史台事表[朴浩]》，第 390 页。

② 朴龙云：《高丽时代台谏制度研究》，第 132 页。

③ 《高丽史》卷九十五《黄周亮传》，第 2952—2953 页：

④ 《高丽史》卷九十五《金元鼎传》，第 2961 页。

⑤ 《高丽史》卷九十六《尹瓘附尹鳞瞻传》，第 2988 页。

⑥ [韩]许兴植编：《韩国金石全文》(中世下)，第 1007—1010 页。

⑦ 朴龙云：《高丽时代台谏制度研究》，第 148 页。

之狱”，则要受正常司法程序的制约，所谓“若寻常之狱，推讫，断于大理”，[①] 经常出现“又案事入法，多为大理所反”[②]的情形。质言之，对普通案件，唐代的御史台只有审讯权，无定罪与量刑权。

高丽御史的司法权较唐代要大得多，不仅拥有审讯权，而且拥有定罪与量刑权。史料中相关的案例不少。肃宗六年(1101)正月，“注簿李景泽妻金氏欲杀夫之继母，阴使婢置毒于食以进，母知之，以告御史台。金不服，御史台请更鞫问。王曰：‘犯状已白，宜即论决。’以金先朝外戚，减死，流安山县。景泽死狱中。”[③]忠烈王三十一年(1295)十月，“右承旨崔崇罢。时承旨一人已受庆尚道祈恩之命，崇求代，自书口传。又抄奴朴延当从行，崇受人白金三斤而改之。延以告宪司”。[④]

分析此类案件的审理过程，我们不难发现，御史台首先有接受诉状的权力；接下来，御史台又有审讯的权力；审讯结束后，也非如唐代那样交给大理寺，而是直接定罪量刑。高丽御史台取得了包括逮捕、审判和执行等整个司法链条中几乎所有权力在内的完整司法权，这与它在高丽官制中的地位及同时制约王权与官僚机构双重属性的特点相符。

正因如此，高丽御史台不再如唐代那样仅是一司法监察机构，而是一个自成一体、独立运作的单独司法机构。从这个角度看，它与王朝作为专职司法机构的刑部，几无区别。河允源被擢为大司宪(御史大夫)后，书“知非误断，皇天降罚”八字于旌，“每赴台必挂之，然后视事”。[⑤] 巨大的权力给御史们以相应的责任感与担当意识，对王朝的司法几乎具有决定性影响，高丽人常将御史台与刑部(典法司)相提并论。恭愍王上书元顺帝云：“小邦有监察司、典法司掌刑听讼，纠正非理。”[⑥]辛禑王也在下教中说：“刑法，圣人所

① 《唐六典》卷十三，第379—380页。

② 《通典》卷二十四，第660页。

③ 《高丽史》卷八十四《刑法一》，第2687页。

④ 《高丽史》卷三十二《忠烈王五》，第1037页。

⑤ 《高丽史》卷一百十二《河允源传》，第3433页。

⑥ 《高丽史》卷三十九《恭愍王二》，第1211—1212页。

恤……仰都评议使申敕司宪府、典法司、都巡问、按廉使，详究情法，毋用律外之刑。”[①]

但御史台和刑部毕竟是两个不同的机构，它们的区别何在？在唐代，御史台处理的司法案件主要有两大类，一是侵害皇权的案件，特别是谋反、谋逆案件；一是官员们贪赃枉法的案件。在高丽，御史的贵族化使其监察范围扩及道德与世系的范围，即所谓“矫正风俗”[②]，“风俗”案件由御史台专属管辖。[③] 恭让王元年(1389)十二月，宪司上疏：“本朝之制，都堂总百揆，颁号令；宪司察百官，纠风俗；典法都官辨曲直，决狱讼，其职也。”[④]对“风俗”案件的专属管辖是高丽御史台在司法职能上与唐制的重大差异。

尽管高丽人对何为“风俗”犯罪无明确规定，但对其所指，时人应心知肚明。从现存史料反映的情况看，风俗犯罪首先指关涉纲常伦理的犯罪。祥正有子濡、琡、璿、琇、贤等五人，“以濡不孝，告监察司鞫之”。[⑤] 崔云海妻权氏“性妒悍，在广州妒伤云海面，裂其衣，折良弓，拔剑刺马击犬毙。又追云海欲击之，云海走免。即去之，然犹未绝，嫁永兴君环，门下府牒宪司鞫之。”[⑥]又，《高丽史》卷一百十四《金凑传》：“金凑……恭让初，进门下评理兼大司宪……论汉阳府尹柳爰廷，媒子自娶，以乱风俗之罪，流之。然凑亦不能齐家，妻女皆有丑声。”[⑦]奴婢犯主的案件亦属伦理犯罪，也由御史台管辖。《高丽史·明宗世家》：

---

① 《高丽史》卷八十五《刑法二》，第2711—2712页。

② 《高丽史》卷七十六《百官一》，第2416页。

③ 朝鲜成宗四年(1473年)八月，司宪府大司宪徐居正等上疏：“古者，大臣论事，必皆面对……国家设官分职，各有职掌，决讼之官有四，曰掌隶院，曰刑曹，曰汉城府，曰本府，非其所掌，不可相侵。如田宅之事，不宜于掌隶院，纲常之事，不宜于刑曹，盗贼之事，不宜于本府(指司宪府——引者)”。(《朝鲜王朝实录·成宗实录》成宗四年八月癸亥条。)在朝鲜王朝时期，司宪府(御史台)主要是管辖与“纲常”有关的犯罪，而这是半岛固有制度在当时儒教化潮流影响下的一种“净化”性表达，即在高丽，“风俗”要比“纲常”的范围更广。

④ 《高丽史》卷八十四《刑法一》，第2680页。

⑤ 《高丽史》卷一百二十四《祥正传》，第3300—3301页。

⑥ 《高丽史》卷一百十四《崔云海传》，第3517页。

⑦ 《高丽史》卷一百十四《金凑传》，第3515—3516页。

> (十八年五月)癸丑,少监王元之婢婿,私奴平亮,灭元之家。丙辰,流平亮于远岛。平亮,平章事金永宽家奴也,居见州,务农致富……其妻乃元之家婢也……人皆痛愤。至是,御史台捕鞫,流平亮,罢柔进、禹锡官。①

风俗案件中的另一大类为性犯罪。性犯罪不仅会败乱贵族家门的血统,而且还会降低贵族集团的整体声誉,威胁到了贵族制本身的存立,是御史台重点打击的对象。对于犯有此类罪行的当事人,御史台可直接抓捕。元宗九年(1268)二月,"将军周瑄通其叔父周永妻大氏,事觉,御史台执大氏鞫之,死于狱中,遂斩瑄"。② 忠肃王十六年(1329)九月,"前忠州牧使金用卿从沈王留于元,其妻私义女婿别将王之祐,监察司鞫问,俱服"。③ 又,"康允忠,本贱隶。始事忠肃,拜护军。尝强淫郎将白儒妻,监察司鞫问,具服"。④《高丽史》卷一百十四《具荣俭传》:"康允忠访宰臣赵硕坚与语,硕坚妻张氏窥而美之,及硕坚卒,使婢请允忠,允忠不应,婢三反,乃往通焉……张又通大护军李仇祝,为御史台所鞫。"⑤

由于御史台的这种专属管辖权,对此类犯罪,当事人必须向御史台而非刑部告发。《高丽史·金镛传》:"判密直辛贵贬在外,妻康氏独居,淫秽无忌,大臣多私之,镛亦通焉。贵母告御史台鞫之。"⑥《高丽史·申青附朴青传》:"其妻尝与族父李臣桂通,青刵两人,告监察司鞫之。"⑦对此类案件,御史台可直接判决并执行。辛禑三年六月,"野城君金宝一妾朴与宝一适孙金孜争田,诬告孜奸其妹。宪府具朴罪,缢杀之。"⑧《高丽史》卷一百十四《李承

① 《高丽史》卷二十《明宗二》,第 633 页。
② 《高丽史》卷二十六《元宗二》,第 817—818 页。
③ 《高丽史》卷三十五《忠肃王二》,第 1122 页。
④ 《高丽史》卷一百二十四《康允忠传》,第 3753 页。
⑤ 《高丽史》卷一百十四《具荣俭传》,第 3498 页。
⑥ 《高丽史》卷一百三十一《叛逆五》,第 3958 页。
⑦ 《高丽史》卷一百二十四《嬖幸二》,第 3763 页。
⑧ 《高丽史》卷一百三十三《辛禑一》,第 4011 页。

老传》:“承老尝私妻弟生子,诈称遗弃儿养之。承老妻恐事觉污家声,不形言色者二十余年,虽亲近未之知也。监察大夫金汉贵执承老妻及弟讯之,皆服。流承老于中牟,籍其家,以妻弟为承老所暴,免之。”①

性犯罪在贵族社会虽关系重大,但对此类犯罪的揭发,御史台实行的却是与其行使弹劾权一样的方式,即“风闻推劾”——不需切实的证据,即可对当事人进行逮捕与审讯,造成了很大的弊害。朝鲜世宗就讲:“前朝之季,风闻推劾之法盛行,士大夫之妻,延及无辜,以致冤抑者,比比有之。”②这种状况只有放在贵族制的背景下才可理解。贵族集团要想长久稳定地居于特权地位,必须有合理性上的支持。这种合理性,在漫长的和平时期,不能主要依靠暴力,而要使被治者发自内心地认同。显然,只有文化与道德上的优势与血缘上的纯正,才能发挥这种功效,对风俗犯罪的严厉打击,目的就在于此。直到朝鲜王朝时期,还有这样的旧例:“本府(司宪府,相当于高丽时代的御史台——引者)风闻公事,如大臣不法、守令贪污虐民、妇女失行、人子不孝、疏薄正妻,一应关系纲常风俗等事,随所闻见,即加推劾。如其得情,启闻科罪。”③

结语

基于本土的结构、文化等固有资源的各种实质性权力,如何通过移入的外国制度来实现,是本节探究的重点。唐代,贵族制已趋没落,政治制度的设计以官僚体制内部的平衡与制约为主,对皇权几无刚性的制约性安排。高丽则是一个王权相对低落的贵族制社会,权力以王权与贵族权间的制约为主。在系统性移植唐制之前,贵族阶层以实际拥有的社会与文化权力为基础获得政治地位,参与政治运作,其权力多以边界模糊的惯例而存在。王权之所以要系统性地移植唐代制度,制约乃至消解贵族势力的这些弥散性权力是其初衷之一,可结果却南辕北辙,《宣和奉使高丽图经》卷八“人物”条

---

① 《高丽史》卷一百十四《李承老传》,第3490页。

② 《朝鲜王朝实录·睿宗实录》世宗十八年四月丙辰条。

③ 《朝鲜王朝实录·睿宗实录》睿宗元年闰二月丙寅条。

就云:“仕于国者,惟贵臣以族望相高……仰稽本朝官制,而以开元礼参之,然而名实不称,清浊混淆,徒为虚文耳。”[①]中国制度在半岛发生了重大变异,御史制度是其一。

从现存史料看,高丽御史的绝大多数权力均为有法可依的制度性权力。这些以律令为据的成文化权力非一次性取得,多数在成宗创法立制时应不存在,而是在之后不断的权力博弈与制度演化过程中,渐次从既有社会与文化权力中抽取而出,进而被制度化、成文化。制度的大移植沦为制度的大变异,半岛深层的社会结构为其提供了基本动力。简言之,等级身份制的社会结构,决定了贵族阶层拥有实质的足以制约王权的全方位社会与文化权力,这种权力在王权系统引进中国制度的过程中,起初虽被压制,之后却依托并改造外来制度,使它们成为本来以非制度形式存在的实质性权力的出口。

高丽御史制度维持了唐制的外形,实质上却不断向反方向变异。复请权、驳执权、署经权、进谏权、论政权、各种专属司法权等权力的取得,及它们的体系化与运作的完备化,又使御史台演变成与宰相机构并列的贵族性机构,成为王朝权力体系中的第三极。由结构而来的制度化权力,反过来又强化了结构本身。这突出体现在高丽御史对官员监察内容(对世系与道德的监察)的设定及对关于伦理纲常与性犯罪专属司法权的取得上。御史权力的运作,使贵族体制得以自我完善,贵族政治一步步走向成熟,有力地促进了王朝稳定局面的形成与维持。

社会性权力的成文化与制度化,必然是一个过程。尽管由于史料缺略,对这一过程我们已无法准确描述,但对其结果的大致呈现,仍具有相当的启发性。从原初的意义上讲,不是制度创造了权力,而是权力发现了制度。在制度移植的场景中,便是利用与变异制度。制度为权力创造了出口,在使权力规范化的同时,也使权力离不开制度。制度移植的根本意义不再是形塑社会,而是既有权力的细分化、规范化、合理化。也就是说,变异才是制度移植的根本价值。这让我们思考制度移植的初衷与其最终效果之间的背反关

---

① 《宣和奉使高丽图经》卷八,第43页。

系。这种背反尽管是历史上的常态，可由于它通常总要在漫长的过程之后才能呈现，而这种过程导致的记忆消失与环节缺损，使身处制度框架中的当事者将之作为一种理所当然的既成事实，难以形成对制度本身的反思。加上在既成制度上附加了多重利害关系，变异的制度愈发凝固，外来制度就这样"本土化"了。

第三章　刑罚适用变异

第一节　高丽对唐五刑制度的变异:以杖刑为例

一、唐代的杖刑与适用

(一) 唐代杖刑的制度规定

《唐律》基本沿用《开皇律》的五刑制度,并对流刑略作修改,形成了更为严整的笞、杖、徒、流、死五刑体制。其中,笞刑共分五等,由笞十至笞五十,每等相差十下,适用于轻微的违法犯罪行为。杖刑亦分五等,由杖六十至杖一百,每等相差十下,重于笞刑。它们均属"新五刑"体系中的轻度刑。笞、杖之刑,由做出判决的县执行。刑讯乃唐代获取证据的主要方式之一,所用工具即杖,刑讯的杖数,可在刑罚确定后折抵,故刑讯本身也可看作是刑罚适用的一种方式。

为了减少笞、杖刑适用的弊端,朝廷对刑具及行刑的部位、方式等作了详细规定。首先是笞、杖规格。《狱官令》规定:"杖皆削去节目,长三尺五寸。讯囚杖,大头径三分二厘,小头二分二厘。常行杖,大头二分七厘,小头一分七厘。笞杖,大头二分,小头一分五厘。"①其次为行刑部位。《狱官令》

---

① [日]仁井田升辑,栗劲等译:《唐令拾遗》,长春出版社,1989年(以下省略),第728页。

规定:“决笞者,腿、臀分受。决杖者,背、腿、臀分受。须数等。拷讯者亦同。笞以下,愿背、腿分受者,听。”[①]再次,为了防止司法官员不依法适用笞、杖刑,法律还规定了他们应承担的责任。《断狱律》“决罚不如法”条:“诸决罚不如法者,笞三十;以故致死者,徒一年。即杖粗细长短不依法者,罪亦如之。”[②]

另外,《唐律》又规定,对犯人刑讯的次数不能超过三次,每次须间隔二十天。徒以上罪总数不得超过两百下,杖以下罪不得超过所犯杖、笞之数。如违反规定,就要按照以下规定负法律责任:

1. 以法律规定之“法杖”以外的其他方法拷讯,及杖数未过但拷讯次数超过三次的,如未造成严重后果,各处杖一百的刑罚;如因此导致当事人死亡,则处以徒二年之刑。

2. 凡拷徒罪以上超过两百下或拷杖罪以下超过所犯笞、杖之数的,如未造成严重后果,各据所超过之数科罚(即律文所谓“反坐所剩”);导致当事人死亡的,徒二年。

3. 如当事人患有疮病尚未平复就加以拷讯,未造成严重后果的,杖一百;导致当事人死亡的,徒一年半。

对于一些特殊人群的拷讯,《唐律》亦有特殊规定。首先,对于孕妇的拷讯,《唐律》规定:“诸妇人怀孕,犯罪应拷及决杖笞,若未产而拷、决者,杖一百;伤重者,依前人不合捶拷法;产后未满百日而拷决者,减一等。失者,各减二等。”[③]其次,对于享有议、请、减特权及年龄七十以上、十五以下或残疾程度达到废疾之人,不得刑讯,应据“众证定罪”。

所有这些规定均是为了避免杖刑在适用上的弊端,防止司法人员草菅人命。然而,从史料反映的情况看,这些文本上的制度在实践中的效果有相当的局限,杖刑在适用过程中出现了严重的滥用与变异。刘俊文指出:

---

① 《唐令拾遗》,第727页。

② 刘俊文:《唐律疏议笺解》,第2054页。

③ 刘俊文:《唐律疏议笺解》,第2098页。

> 唐后期的决杖，花样繁多，概括起来有四种：其一，是附加杖。唐后期徒、流罪一般都要先决后配，决杖实际上成了附加刑。而且决数无常，或为六十，或高达百，均由敕文决定……其二，是易死杖。唐后期正式宣布废除了大部分死罪的斩、绞之刑，而代之以重杖一顿处死，决杖实际上成了死刑的易刑……其三，是敕杖。唐后期以制敕为主要的法律形式，而制敕处分概不依五刑，皆以决杖为罚。要处死的，则云“决杀”、“集众决杀”或“决痛杖一顿处死”、“决重杖一顿处死”……它的使用既没有什么严格规定，轻重也没有什么一定的标准……必然造成酷滥。其四，是折杖……在实际执刑时，有司往往不遵律令，恣意逞威。①

他的结论是：“上述附加杖、易死杖和折杖的使用，改变了笞、杖、徒、流、死五刑的性质，使之成为酷刑；而敕杖的使用，更使五刑成为虚设。从滥用决杖这一点上，可以清楚地看到唐后期以酷刑代五刑的趋势。”②

（二）附加杖的出现

隋文帝通过非正常手段夺得帝位，合法性缺失，故“欲行宽大之政，以收人心”③，轻刑化运动由此而发动。经过开皇元年与开皇三年两次制律，最终形成了笞、杖、徒、流、死的新五刑体系。这一体系有两大特点：一是实行彻底单一刑原则；二是形成了表面看来合理的刑罚阶次——笞、杖为轻度刑，徒、流为中度刑，死刑为极刑。

唐高宗继位后，王朝进入全面守成阶段。在经过贞观之治，社会整合已基本完成的局面下，高宗倾向于以制度与法律守成。史云：“高宗嗣位，政教渐衰，薄于儒术，尤重文吏。”④，隋初以来的轻刑化运动日渐不能持续，刑罚体系开始发生变化。

---

① 刘俊文：《论唐后期法制的变化》，《北京大学学报（哲社版）》1986 年第 2 期，第 89—90 页。

② 同上。

③ 张伟国就指出：“隋初急于修律，其原因是文帝欲行宽大之政，以收人心。”张伟国：《关陇武将与周隋政权》，中山大学出版社，1993 年，第 140 页。

④ 《旧唐书》卷一百八十九《儒学传》，第 4942 页。

与此同时，经过隋初以来几十年的实践，中度刑烈度过低的弊端日益凸显。两相呼应，在主刑（徒、流）之外附加次刑（杖刑）的做法兴起。由于贞观制律后，王朝的律典体系已经定型，难以大做更张，[①]故采取了以皇帝敕令对律条罚则做出修改，通过增加“决杖”以增强刑罚烈度的做法，这种杖刑就是附加杖。

自此以后，对敕令针对的犯罪行为，司法机关便不依律文，而依敕令定罪量刑。到了总章二年（669），别令于律外决杖一百的法律已达五十九条，出现了“决杖既多，或至于死”的情形。为解决这一弊端，高宗下令：“其五十九条内，有盗窃及蠹害尤甚者，今后量留一十二条，自余四十七条，并宜停。”[②]但由于刑罚体系本身存在的结构性问题，这并未阻止附加杖的增加。皇帝仍时常以敕令修改律文，将附加杖纳入罚则。开元十年六月的一道敕文即称：“自今以后，准格敕应合决杖人，若有便流移左贬之色，杖讫，许一月内将息，然后发遣。其缘恶逆、指斥乘舆者，临时发遣。”[③]对此，我们就不详加分析了。

需指出的是，附加杖的创设，不仅加重了中度刑的烈度，还导致它本身成为重刑。开元时，李彭年上《论刑法不便表》：“典律所制，轻重各殊，笞杖是轻，徒死是重。今日此道便乖，凡所决囚，例多非命，此乃徒刑有必生之理，杖刑为致死之条。”[④]杖刑虽是徒刑的附加刑，但在实际的适用过程中，烈度已远远超过主刑。敦煌变文《燕子赋》一般被认为产生于开元

---

① 刘俊文先生认为：“有唐一代行用的基本是贞观所定律，其大体是稳定的。基于这种分析，近传世本《唐律疏议》所载律条虽有永徽、垂拱、开元历次修改之痕迹，仍应视作贞观以来通行之律。”刘俊文：《唐律与礼的密切关系例述》，《北京大学学报》1984 年第 5 期，第 68 页。

② 《唐会要》卷四十“君上慎恤”条：“总章二年五月十一日，上以常法外，先决杖一百，各致殒毙。乃下诏曰：‘别令于律外决杖一百者，前后总五十九条。决杖既多，或至于死。其五十九条内，有盗窃及蠹害尤甚者，今后量留一十二条，自余四十七条，并宜停。”（《唐会要》，第 718 页。）

③ 《通典》卷一百七十《刑法八》，第 4414 页。

④ 《全唐文》卷三百二十九《论刑法不便表》，第 3336 页。

天宝年间,[1]其中载黄雀对燕子的恐吓云:“仍自更着恐吓,云明敕括客,标入正格。阿你浦逃落藉,不曾见你鹰王役,终遣官人棒脊,流向担崖象白。”[2]流刑加杖成为普遍的司法实践,而“棒脊”之重亦成为一般人的认知。

（三）敕杖的运用

唐代敕杖的直接渊源当在北周。史载:“(周宣)帝既酣饮过度,尝中饮,有下士杨文祐白宫伯长孙览,求歌曰:‘朝亦醉,暮亦醉。日日恒常醉,政事日无次。’郑译奏之,帝怒,命赐杖二百四十而致死。”[3]唐代敕杖主要兴起于武则天当政时期。《朝野佥载》:“周令史韩令珪耐羞耻,厚貌强梁,王公贵人皆呼次第,平生未面亦强干之……后吓人事败,于朝堂决杖,遥呼河内王曰:‘大哥何不相救!’懿宗目之曰:‘我不识汝。’催杖苦鞭,杖下取死。”[4]这是反映当时敕杖泛滥的一个典型故事,史料中此类记载甚多,不一一枚举。

承武则天以来的遗风及皇权不断强化的趋势,玄宗在位时,杖罚日滥。开元二年,“时光禄少卿卢崇道以崔湜妻父,贬于岭外。逃归,匿于东都,为仇家所发”。案件交由左台侍御史王旭审理,“旭欲擅其威权,因捕崇道亲党数十人,皆极其楚毒,然后结成其罪。崇道及三子并杖死于都亭驿,门生亲友皆决杖流贬”。[5]《朝野佥载》卷一记此事云:“事败,给使具承,掩崇道,并男三人亦被纠捉,敕杖各决一百,俱至丧命。”[6]两相对照可知,卢崇道及其三子应是先根据律文,以流刑结罪,当行至都亭驿时,又被玄宗下敕各决杖一

---

① 如陈登武根据《燕子赋》中所反映的社会现象,指出《燕子赋》中提到的“括客”是以开元年间的括户为背景的。见陈登武:《从人间世到幽冥界——唐代的法制、社会与国家》,北京大学出版社,2007年,第49页。张振离《从燕子赋看民间文艺》根据〈燕子赋〉开头“雀儿和燕子,合作开元歌”之语,认为当在开元以后天宝年间。见周绍良、白化文编:《敦煌变文论文集》,上海古籍出版社,1982年。周绍良主编《敦煌文学作品选》(中华书局,1987年)认为《燕子赋》“两篇大约都创作于开元天宝年间”。

② 潘重规:《敦煌变文集新书》,文津出版社,1994年,第1143页。

③ 《隋书》卷二十五《刑法志》,第710页。

④ 《隋唐嘉话·朝野佥载》,第160页。

⑤ 《旧唐书》卷一百八十六《酷吏下·王旭》,第3853页。

⑥ 《隋唐嘉话·朝野佥载》,第16页。

百，同时毙命。

敕杖的滥用引发了官僚集团内部广泛的争议。开元二十四年，夷州刺史杨浚因犯赃被处以死刑，玄宗下诏，令杖六十，配流古州。尚书左丞相裴耀卿上疏谏曰：

> 臣以为刺史、县令，与诸吏稍别，人之父母，风化所瞻，一为本部长官，即合终身致敬。决杖者，五刑之末，只施于挟扑徒隶之间，官荫稍高，即免鞭挞。令决杖赎死，诚则已优，解体受笞，事颇为辱。法至于死，天下共之，刑至于辱，或有所耻。况本州刺史，百姓所崇，一朝对其人吏，背脊加杖，屈挫拘执，人或哀怜，忘其免死之恩，且有伤心之痛，恐非敬官长劝风俗之意。又杂犯死罪，无杖刑，奏报三覆，然后行决。今非时不覆，决杖便发，倘狱或未尽，又暑热不耐，因杖或死，即是促其处分，不得顺时。将欲生之，却夭其命，又恐非圣明宽宥之意。前后频在州县，或缘杂犯决人，每大暑盛夏之时，决杖多死，秋冬已后，至有全者。伏望凡刺史、县令于本部决杖及夏暑生长之时，所定杖刑，并乞停减。即副陛下好生之德，于死者皆有再生之恩。①

裴耀卿此疏的目的在为官僚集团争取维持尊严的权利，透露了很多信息。“法至于死，天下共之，刑至于辱，或有所耻”乃“士可杀，不可辱”之儒家伦理的翻版，但在新的时代环境中，以“士”自居的官员们已不能完全从士本身的地位与尊严立论，而是要从维护王朝统治秩序的角度，刻意凸显法律的公共属性即“天下法”的特征。这从侧面反映出，“士阶层”（官僚集团）已无法制约皇权的事实。能在观念以及最终的命运上制约皇权的，只剩下关乎政权合法性之“天下人”的观感，毕竟“水可载舟，亦可覆舟”是太宗的教导与朝廷的共识。王朝必须为“天下人”提供最低限度的公共产品，公平、公正的法律适用，便是其中最为主要者。这已开宋代平民社会在观念上的先声。

---

① 《旧唐书》卷九十八《裴耀卿传》，第3082页。

基于同样的视角，裴耀卿从“敬官长、劝风俗”的角度，强调皇权的正当行使必须着眼于整个“天下”的治理及对“天下人”可能造成的影响，不在场的平民百姓成为官僚集团与皇权博弈中的一个隐形力量。

裴耀卿在上疏中所称“官荫稍高，即免鞭挞”乃开皇、贞观修律时对官僚、贵族的优遇。其时贵族政治的色彩尚浓，既产生了相应的法律制度，又能在实践中被大致履行。可自武则天开始，时与势转，从前基于贵族政治背景的律文已多不合时宜，日益强大的皇权不愿再严守律文，对官员决杖就是这种演变的结果之一。

在此语境下，要想继续维持从前的制度与法律，及由此保障的官僚群体的地位与尊严，就必须转换论述角度，从其他方面寻找合理性。于是，官僚群体将自身定义为皇权的代理人——治理“天下人”的精英。欲更好地维护自己的“天下”，皇权就必须给精英们以相应的尊严与地位，使他们有充分权威，以治理属下的子民。这些言说只能视为官僚集团趁玄宗励精图治之际，力图扭转皇权专横趋势的一种努力，但已无法阻止时代的大趋势。不仅是敕杖，就连“杖杀”都逐渐日常化了。

（四）杖杀：杖刑滥用的极端化

“杖杀”是唐代法制的一个突出现象，乃杖刑运用与变迁的极端化形态，在实践中有多种表现形式。

首先是皇帝杖杀人。武则天掌权后，皇权“杖杀”人的情况陡然增多。酷吏侯思止“坐私蓄锦，朝堂决杀之”。[①] 中宗、睿宗时，杖杀之事不减。“时韦庶人干预国政……（燕）钦融连上奏其事，庶人大怒，劝中宗召钦融廷见，扑杀之。宗楚客又私令执法者加刃，钦融因而致死。”[②]燕钦融因决杖时加刃致死，说明当时还不存在皇权直接将人杖死的正式刑罚，而只能以杖责之名，做手脚以致人于死。

玄宗继位后，杖杀人的现象继续增多。开元十年，武强令裴景仙犯乞取

① 《隋唐嘉话·朝野佥载》，第 32 页。

② 《旧唐书》卷一百八十七《忠义上》，第 4884 页。

赃，数额达五千匹，事发逃走。玄宗大怒，令集众决杀。“决杀”即“杖杀”。但大理卿李朝隐认为裴景仙所犯据律不至死，上疏曰：

> 生杀之柄，人主合专；轻生有条，臣下当守。枉法者，枉理而取，十五匹便抵死刑；乞取者，因乞为赃，数千匹止当流坐。今若乞取得罪，便处斩刑，后有枉法当科，欲加何辟？所以为国惜法，期守律文，非敢以法随人，曲矜仙命。[①]

玄宗则下制：“罪不在大，本乎情；罚在必行，不在重……所以不从本法，加以殊刑，冀惩贪暴之流，以塞侵渔之路。然以其祖父昔预经纶，佐命有功，缔构斯重，缅怀赏延之义，俾协政宽之典，宜舍其极法，以窜遐荒。仍决杖一百，流岭南恶处。”[②]玄宗自道其不依本法（即律文）的原因是为了“冀惩贪暴之流，以塞侵渔之路”。实现实质性正义是杖杀出现并能泛滥的正当化理由之一。在皇权强化的背景下，杖杀的“正刑化”已成为一种趋势，最终必然转化为一种常用刑。

其次，官员将杖刑滥用到极致就是杖杀。杖刑之所以能被滥用，和由制度设定的官员的权力直接相关。按制度，“县里完整的司法权只限于对人犯进行决笞、杖”，[③]但有的县级官员会将其决笞、杖的权力利用到极致。学者指出：“县里唯有权对人犯决笞杖和常行杖，这两种杖轻重不一，笞杖较常行杖为轻……但不管轻重与否，笞刑、杖刑之下都有枉死之人。虽然唐律对违制决罚人犯致死有处分办法……但现实中是令成具文，多数情况下县里司法官员都可以决死人犯而不受罚，从而取得了事实上的死刑处分权。”[④]

各级官员还有杖责下属官员与百姓的权力，此即所谓的“责情”制度。

---

① 《旧唐书》卷一百《李朝隐传》，第 3126 页。

② 《旧唐书》卷一百《李朝隐传》，第 3127 页。

③ 张健彬：《唐代县级政权的司法权限》，《山东大学学报（哲学社会科学版）》2002 年第 5 期，第 89 页。

④ 同上。

唐代杖刑的滥用，多由"责情"造成。《陔余丛考》卷十七《唐时簿尉受杖》便列举了众多事例：

> 《遁斋闲览》引杜甫赠高适诗："脱身簿尉中，始与捶楚辞。"韩退之赠张功曹诗："判司卑官不堪说，未免捶楚尘埃间。"杜牧寄侄阿宜诗："参军与簿尉，尘土惊皇皇。一语不中治，鞭捶身满疮。"以为唐之簿尉有过即受笞杖，犹今之胥吏也。不知唐制更不止此。《新唐书·刘晏传》："晏为转运使，代宗尝令考所部官，五品以上辄系劾，六品以下杖，然后奏。"则不特簿尉矣。又张镐杖杀刺史闾邱晓，严武杖杀梓州刺史章。则节度使并可杖杀刺史矣。杨炎为河西节度使，掌书记以县令李太简尝醉辱之，炎令左右反接，榜二百，几死。则节度书记并可杖县令矣。《旧唐书》本纪元和元年，观察使韩皋杖安吉令孙澥致死，罚一月俸料。《新唐书》穆宁为转运使，杖死州别驾，坐贬平集尉。是虽有降罚处分，然以杖之至死，故稍示罚。而长官得杖僚属之制自在也。[①]

唐代官方文件对杖杀的言及更不可胜数。[②] 尽管问题十分严重，可朝廷并未进行实质性的制度改良或变革，从唐前期开始，清官杖杀人成为唐代的一个突出现象。孔祯，高宗时为苏州长史，"曹王明为刺史，不循法度，祯每进谏……明不悦。明左右有侵暴下人者，祯捕而杖杀之"。[③] 魏元忠任洛州长史，"张易之奴暴乱都市，元忠杖杀之"。[④] 杖杀成为官员们维持治安，推行政令，达成治理的重要工具。神龙二年(706)，张仁愿为左屯卫大将军，兼检校洛州长史，时"都城谷贵，盗窃甚众"，仁愿"一切皆捕获杖杀之。积尸府

---

① [清]赵翼：《陔余丛考》卷十七，中华书局，1963年，第331页。

② 如宪宗元和二年(807)《南郊赦文》："天下官吏，应行鞭捶，责情至死，切令察放。"(《全唐文》卷六十三，第673页。)敬宗长庆四年三月赦书："天下诸州府县官吏，应行鞭捶，本罪不致死者，假以责情，致令殒毙……宜委御史台及出使郎官御史等切加察访，仍具事由闻奏。"(《全唐文》卷六十八《御丹凤楼大赦文》，第719页。)

③ 《旧唐书》卷一百九十《文苑上·孔绍安附子孔祯传》，第4983页。

④ 《资治通鉴》卷第二百七长安三年九月庚寅条，第6563页。

门，远近震慑，无敢犯者”。[1]

到唐后期，这种现象更变本加厉。乾元二年八月，“又铸大钱……缘人厌钱价不定，人间抬加价钱为虚钱，长安城中竞为盗铸，寺观钟及铜像多坏为钱，奸人豪族犯禁者不绝。京兆尹郑淑请擒捕之，少不容纵，数月间榜死八百余人，人益无聊”。[2] 贞元二十一年，京兆尹李实违诏征畿内逋租，“毙人于府者十数”。[3] 严武任剑南节度使期间，“肆志逞欲，恣行猛政。梓州刺史章彝初为武判官，及是小不副意，赴成都杖杀之，由是威震一方”。[4]

清官、良吏们滥用杖刑，多以实体正义或社会效果为目的，一般不考虑罪罚是否相当。阳城，德宗时为道州刺史，“前刺史有赃罪，观察使方推鞫之，吏有幸于前刺史者，拾其不法事以告，自为功，城立杖杀之”。[5] 阳城所为是为了树立权威，端正官场风气，故甫一上任，就以该吏祭旗，并非该吏罪该杖死。

杖刑在性质上发生的这种变化，使中晚唐人对之不仅直言不讳，甚至还大加颂扬。元稹在为严绶所写行状中说：“初府君为松滋、江陵令，恃豪赖军目气势者，比比皆杖杀，邑人相与刻石歌咏之。”[6]韩愈的门人孙樵在其《梓潼移江记》一文中就对为民开江而杖杀左右的“荥阳公”大加赞扬：

> 涪缭于郪，迫城如蟠。淫潦涨秋，狂澜陆高，突堤啮涯，包城荡墟，岁杀州民，以为官忧。荥阳公始至，则思所以洗民患……明日，荥阳公视政加猛，决狱加断。又明日，杖杀左右有所贰事，鞭官吏有所阻政者。遂下令曰：“开新江非我家事，将脱郪民于鱼腹耳。民敢横议者死。”……其

---

① 《旧唐书》卷九十三《张仁愿传》，第 2981 页。

② 《册府元龟》卷五百一《邦计部·钱币第三》（校订本），第 5687 页。

③ 《旧唐书》卷一百三十五《李实传》，第 3732 页。

④ 《旧唐书》卷一百十七《严武传》，第 3396 页。

⑤ 《宋本》卷六百七十六《牧守部·教化》，第 2304 页。

⑥ 《全唐文》卷六百五十五《故金紫光禄大夫检校司徒兼太子少傅赠太保郑国公食邑三千户严公行状》，第 6666 页。

年七月，水果大至，虽逾防稽陆，不能病民，其绩宜何如哉！[①]

甚至皇帝也对以杖杀而行猛政的官员予以鼓励。宣宗尝猎于泾阳，“言泾阳百姓，因问宰邑为谁？曰：李行言。其政如何？曰：性执滞。有劫贼五六人匿军家，取来直不肯与，尽杖杀之……上还宫，以书其名帖于殿柱上。后二年，行言令海州……上曰：曾宰泾阳否？对：在泾阳二年，上曰：赐金紫”。[②] 皇权之所以不愿从根本上解决杖杀问题，还在于抑制豪强是皇权的一种内在要求，[③]杖杀则是官僚集团代表皇权打击地方势力的有力工具。《资治通鉴》贞观十四年(640)十月甲戌条：“初，陈仓折冲都尉鲁宁坐事系狱，自恃高班，慢骂陈仓尉尉氏刘仁轨，仁轨杖杀之。州司以闻。上怒，命斩之，怒犹不解……魏征侍侧，曰：‘陛知隋之所以亡乎？’上曰：‘何也？’征曰：‘隋末，百姓强而陵官吏，如鲁宁之比是也。’上悦，擢仁轨为栎阳丞。”[④]越到后来，杖杀越被看成是治理地方的重要手段。张鷟《朝野佥载》卷六：

唐李宏，汴州浚仪人也，凶悖无赖，狠戾不仁。每高鞍壮马，巡坊历店，吓庸调租船纲典，动盈数百贯，强贷商人巨万，竟无一还。商旅惊波，行纲侧胆。任正理为汴州刺史，上十余日，遣手力捉来，责情决六十，杖下而死。工商客生酣饮相欢，远近闻之莫不称快。[⑤]

总之，“新五刑”体系自创立之后，便开始发生变化，轻刑的“重刑化”是其显著特征，附加杖、敕杖等形态相继出现，在实践中广泛适用，演变到极端就是“杖杀”的泛滥。初皇权提升与治理需要这些政治因素外，“新五刑”体

① 《全唐文》卷七百九十四，第8328—8329页。

② [宋]王谠：《唐语林校证》卷二，中华书局，1997年，第91页。

③ 玄宗在《赐京畿县令敕》就云：“亲百姓之官，莫先于邑宰。……农怀不可夺，蚕事须勿扰，市狱在简，典正宜肃，徭赋须平，豪强勿恣。”《全唐文》卷三十四《赐京畿县令敕》，第377页。

④ 《资治通鉴》贞观十四年冬，十月，甲戌条，第6156页。

⑤ 《隋唐嘉话·朝野佥载》卷六，第161页。

系本身的不合理是其制度上的原因。

二、高丽的杖刑与适用

（一）高丽杖刑的特点

高丽完整地移植了《唐律》的五刑体系，杖刑乃王朝的重要刑罚。在现存于《高丽史·刑法志》中的60余个法条性条文中，和杖刑有关的就有近40条之多。作为一种古老的行刑方式，在系统移植唐律之前，杖刑就已是高丽的法定刑罚了。史载，太祖十七年五月下诏："人有为民陈诉，勾唤不赴，必令再行勾唤，先下十杖，以治违令之罪，方论所犯。吏若故为迁延，计日罚责。"[①]在王朝创立之初，杖刑就已成为处置轻微犯罪（如违令罪）的法定刑。成宗时期，系统移植《唐律》，杖刑获得了规范化的"中国式"表达，适用更为广泛，史料中适用杖刑的记录明显增多。[②]

和唐代相较，高丽杖刑有自身的特点。高丽在移植唐代法制时，去初唐已远，而与晚唐五代接近，受唐中后期制度的影响甚大。体现在杖刑上，就是移植了从玄宗时期逐渐定型的附加杖制度。因此，如唐代一样，附加杖未被规定于《高丽律》，当以格的形式存在。高丽一代格典已失传，难以明了其具体规定，但在司法实践中，人犯只要被处以流刑，几无例外均加杖刑。[③]"杖流""杖配"在《高丽史》中成了出现频率甚高的词汇，如显宗五年十二月，"赦流罪以下，减诸死罪，杖流；除皇甫俞义、张延佑及常赦不免外，诸流配人并与量移"。[④] 又，《高丽史·金致阳传》："金致阳，洞州人，千秋太后皇甫氏外族。性奸巧阴，能关轮。尝诈祝发，出入千秋宫，颇有丑声。成宗认(?)

---

① 《高丽史》卷二《太祖二》，第37页。

② 《高丽史·辛禑传》载："（辛禑九年）八月壬申朔，书云观丞池巨源告日食，不果食，重房请治其罪，乃杖七十。"（《高丽史》卷一百三十五《辛禑三》，第4060页。）

③ 韩国学者金兰玉认为："在高丽前期流刑是否和杖刑并行并不确定，但到了高丽后期流刑加杖的情况就显著增多了"见其著《고려후기의 流配刑》，《國史館論叢》104，2004，第177页。

④ 《高丽史》卷四《显宗一》，第100页。

之，杖配远地。”①

一般认为，成宗通过系统移植唐制创法立制，应在其执政初期。从这些案例看，流刑加杖在这一时期就应被移植而来，可又未出现在现存的《高丽律》遗文中，说明它从一开始就被规定于格典。靖宗九年九月，有司奏：“重光寺成造都监使郑庄与吏胥承迪盗监临之物，请准法杖配。”②从“准法杖配”的表述，我们亦可感知流刑加杖绝非法外加刑，而是依法裁断。因此，当靖宗下令“制从轻典”时，御史台才会“请依律科断”。③

高丽杖刑还在相当程度上受到了宋代法制的影响，折杖法被规定入律典是最突出的事例。《高丽史》卷八十四《刑法一》载高丽刑罚体系云：“笞刑五：一十，折杖七，赎铜一斤；二十，折杖七，赎铜二斤；三十，折杖八，赎铜三斤；四十，折杖九，赎铜四斤；五十，折杖十，赎铜五斤……流刑三：二千里，折杖十七，配役一年，赎铜八十斤；二千五百里，折杖十八，配役一年，赎铜九十斤；三千里，折杖二十，配役一年，赎铜一百斤。”④折杖法在其中的地位非常明显。

在执行中，高丽杖刑还出现了一种特殊形式——“枷杖”。所谓“枷杖”，指在公众场所对犯人枷而杖之。此法在高丽前期已开始使用。靖宗十一年五月，揭榜云：“令选军别监依前田丁连立，其领内十将六十有阙，除他人，并以领内丁人迁转录用……如有饰诈求免者，着枷立市，决杖七十七下，配岛。指挥人并令征铜。”⑤“着枷立市”为“决杖”的配套措施。其中，“决杖七十七”应为“决杖七十”之误。从表达本身规范化的特点看，枷杖法在其时已是一种相当成熟的制度，很可能在成宗制律时就已创设。

之后，相关记录不断出现。文宗十年九月发布教令曰：“近来纲纪弛紊，且无惩革……或地有鱼盐、梓漆，或家有畜产、赀财，皆被侵夺。若有吝之

① 《高丽史》卷一百二十七《金致阳传》，第 3844 页。

② 《高丽史》卷六《靖宗世家》，第 171 页。

③ 《高丽史》卷六《靖宗世家》，第 171 页。

④ 《高丽史》卷八十四《刑法一》，第 2656 页。

⑤ 《高丽史》卷八十一《兵一》，第 2581 页。

者，即假事严加枷杖，伤其性命。怀冤抱痛，无所告陈。”[①]枷杖已有重刑化趋向，有时竟可致人死命。

在司法实践中，枷杖既可单独适用，也可作为流刑的附加刑适用。恭让王二年三月，“前判事金贵妻与僧通，俱立市五日，决杖”。[②]《高丽史·许有全传》载：“许有全，初名安，金海人。元宗末登第，忠烈时为监察侍史。王信嬖幸之谗，囚巡马所，将杖于市，无敢救者。”[③]“杖于市”应该就是“立市决杖”，即“着枷立市，决杖”。

此“枷杖”之法，固然是杖刑的一种，但其重点在于施行的空间与方式，即将犯人置于大庭广众之下，给其佩带上一定之刑具，使其在公众场所停留一定之时间，同时加以杖罚。与其说是身体刑，不如说是耻辱刑更为合适。

正因枷杖有此功能，故它亦可成为其他刑种的附加刑。《高丽史·辛禑传》：“（辛禑四年）二月，倭寇安山、仁州、富平、衿州。以年荒停燃灯。以知杆城郡事田光富贪墨害民，枷市三日，杖流之。”[④]耻辱刑的程度与枷市日期的长短成正比。枷市的时间越长，所受之杖也应越多。

中国古代也有类似刑罚，其正式发端应在唐代。宪宗元和十一年六月，京兆府奏：“如有本户辄合集买成匹段代纳者，所由决十五，枷项令众。”[⑤]《宋刑统》卷二十六受寄财物辄费用门引唐开成二年八月二日敕节文云：“今后应有举放……并勒依官法……如有违越……其放钱人请决脊杖二十，枷项令众一日月……”[⑥]唐代的枷杖法延续到宋代，[⑦]之后又传播到高丽。只不过，枷杖法在唐代只是偶然用之，在高丽则成了一种经常使用的刑罚。

（二）杖杀

在高丽王朝的大部分时期内，杖刑不仅持续保持了其轻刑的特质，而且

---

① 《高丽史》卷七《文宗一》，第209页。

② 《高丽史》卷四十五《恭让王一》，第1362页。

③ 《高丽史》卷一百九《许有全传》，第3325页。

④ 《高丽史》卷一百三十三《辛禑一》，第4014页。

⑤ 《册府元龟》卷五百四《邦计部·丝帛》（校订本），第5738页。

⑥ 《宋刑统》，中华书局，1984年，第414页。

⑦ 具体论述见魏殿金：《宋代刑罚制度研究》，齐鲁书社，2009年，第115—117页。

亦未被严重滥用。《宣和奉使高丽图经》卷十六“囹圄”条:“凡决杖,以一大木横缚二手于上,使之着地,而后鞭之。笞杖极轻,自百至十,随其轻重而加损。”①《鸡林类事》云:“有犯不去巾,但褫袍带,笞杖颇轻,投束荆使自择,以牌记其杖数……其犯恶逆及骂父母乃斩,余止杖肋,亦不甚楚,有降或不免。”②高丽杖刑之轻已成为时人的共识,故公徒、私杖是高丽一个重要的法律界限,在颁赦之时常以这条界限为标准,对此史料多有记载,兹略举几例:

1.(靖宗二年春正月)甲午,犯公徒、私杖以下及诸征赎者悉令原免。③

2.(文宗十六年八月)乙酉,幸兴王寺,制曰:“是寺鸠孱已久,巨构将成。今亲观厥功,特申异数。应内外重刑并降从流配,公徒、私杖以下咸赦除之。董役官吏并加爵赏。”④

3.(宣宗七年六月)甲辰制:“灾变屡作,时雨愆期。放内外公徒私杖以下罪;官吏犯法罢职者理无私曲,量叙本品。”⑤

在高丽前期贵族结构以及佛教意识形态的影响下,高丽基本不存在“杖杀”。直到高丽中期武人政权成立后,“杖杀”现象才开始偶尔出现。

(郑)国俭家在水精峰下,峰路幽僻高险,恶少五六人常聚其峰,见妇人有姿色者必劫乱之,至夺其衣物。一日,国俭见一妇人盛饰,着袈裟,由峰路下。……贼邀而劫执,从婢皆散。国俭不能忍视,遣女婿内侍李维城,令同正崔谦率家童捕之获三人,囚大理,乃大将军李富甥侄及权势武官子侄也。请谒交午,法官欲不治。刑部员外郎赵闻识独抗

---

① 《宣和奉使高丽图经》卷十六,第81—82页。

② [宋]孙穆:《鸡林类事》,载于杨渭生等编《十至十四世纪中韩关系史料汇编》(上),学苑出版社,1999年(下文省略),第25页。

③ 《高丽史》卷六《靖宗世家》,第153页。

④ 《高丽史》卷八《文宗二》,第225页。

⑤ 《高丽史》卷十《宣宗世家》,第287页。

议，讯鞫杖杀，时议快之。[①]

和唐代官员滥用杖刑的情形相似，这其实也是司法官员在其权力范围内以杖刑而行死刑，目的是达成实质正义或特定的社会效果。即是说，杖杀现象的出现，乃在社会秩序逐渐崩解，既有法制不能被预期发挥功能的情况下，“清官”以杖杀实现实质性正义，“污官”则以之枉法寻租。

到了高丽末期，恭愍王通过武装政变从元的帝国秩序中脱离，同时又试图摆脱传统世家大族的影响，强化王权，杖杀才开始增多。试举几例：

1. 金元命，中赞之淑之孙……后与吴仁泽等谋除吨，吨知之，诉于王，系巡军鞫之，杖流盈德，没为奴，籍其家。久之，吨遣其党孙演杖杀之。[②]

2. 王召郑梦周、裴克廉等同省宪刑曹更议，籍敏修家。子取贵尝为辛吨所爱，金兴庆谮于王。王谒阳陵，取贵不扈驾，杖杀之。[③]

3.（恭愍王十年三月丙申）郎将朱彦英奸料物库副使李中明妻，郎将郑元奸将军李元立妻，御史台效（劾）之，会赦皆原免。元不悛，御史台杖杀之。[④]

4. 吨追遣私人于中路，皆缢杀之。又以璘、元命尝与思义通书，皆杖杀之。凡为吨所杀者，妻子不敢诉冤，廷臣无敢言之。[⑤]

在恭愍王竭力压制贵族权的背景下，杖杀有演变为一种司法惯例的趋势，各级有司法权的机构均可杖杀人，却很少有人为此承担责任；甚至被朝廷正式赦免之人，也可为司法机关杖杀；国王与其任用之权臣杖杀人更成为一种普遍现象。这其实是伴随元明交替，在高丽内部权力重组的过程中，既

① 《高丽史》卷一百《郑国俭传》，第 3102 页。

② 《高丽史》卷一百十一《金元命传》，第 3393 页。

③ 《高丽史》卷一百二十六《曹敏修传》，第 3829 页。

④ 《高丽史》卷三十九《恭愍王二》，第 1231 页。

⑤ 《高丽史》卷一百三十二《辛吨传》，第 3975 页。

有政治与社会结构日趋崩解的征兆。

（三）敕杖

由于高丽王朝是一个由世家大族执政的贵族社会，王权受到了官僚贵族集团的有力制约，敕杖这一在唐代被王权用来打击臣权的刑罚未被高丽移植。高丽前期，根本不存在国王杖责大臣的记载。到了王朝后期，由于王国已成为元帝国的一个特殊行政单位，国王以其帝室驸马的身份，依仗帝国的强权，取得了相对于臣权的优势，国王杖罚大臣们的情况才开始出现。兹举几例：

> 1.（忠烈王三十四年九月）乙丑，（忠宣王）杖谳部议郎韩仲熙于宫门，人莫知其罪。既而召仲熙慰抚之。①
>
> 2.（忠肃王五年五月辛酉），遣司宪执义金千镒于庆尚、全罗、忠清道，持平张元组于西北面问民疾苦……千镒怀私诬妄，无所纠举，王杖于内庭，罢之。②
>
> 3.（忠惠王三年五月）丙申，颁禄，内竖以不支禄诉之王，使护军承信缚提调郭之保、黄和尚杖于宫门，以承信代之。③
>
> 5.（恭愍王十七年九月）丙辰，杖柳淑于洪州，金达祥于清州，辛旽寻遣人杀之……冬十月癸酉，遣判宗簿寺事文天式如元贺千秋节。天式至辽阳，道梗而还，杖复遣之。④

除国王权力的相对提升外，这种现象的出现还有另一重要原因，这就是元帝国对高丽深入而广泛的干涉，破坏了高丽社会传统的权力结构及与其相应的政治和伦理观念。蒙古皇帝这一实实在在的君临于高丽社会之上、拥有前所未有之力量，且时时刻刻都会对高丽社会施加实质影响的新最高权力者的出现，在使作为帝国驸马之国王权力提升的同时，又使其失去了国

---

① 《高丽史》卷三十三《忠宣王一》，第 1058 页。

② 《高丽史》卷三十四《忠肃王一》，第 1096 页。

③ 《高丽史》卷三十六《忠惠王世家》，第 1147 页。

④ 《高丽史》卷四十一《恭愍王四》，第 1282 页。

内最高主权者的地位，王权优越于贵族权的传统法理基础发生了动摇。在帝国秩序下，国王与贵族同为天子之臣，相当多的贵族与官僚们的权力不再主要来自国王，而是来自蒙古皇帝与元廷，这使他们对国王传统的效忠关系弱化，高丽传统的权力来源与承受关系被打破：国王不能完全决定贵族、官僚们的仕途与命运，他们中的不少人亦可不听命于国王，而是更积极地和皇帝或元廷的权臣贵戚建立关系。这就造成了国王和大臣们之间的紧张关系：国王为了行使其政令、显示其权威，使大臣们听命于己，更倾向于对他们行使杖罚，而大臣们对王权亦不再尊重，他们越过国王，直奔大都控诉，以维护其利益。这种事件在高丽后期时常发生，单单是国王和大臣们之间大规模的直接冲突就发生过数次，兹举一例，《高丽史·吴潜传》：

> (吴)潜以谗佞得幸，离间王父子，陷害忠良，人皆切齿，畏祸莫有言者。会元使断事官帖木儿不花、翰林李学士等为执石胄父子来，前护军元冲甲等五十人欲以潜事告帖木儿不花，先白王(忠烈王)，王止之。又令护军曹頔谕之，冲甲等不从，遂为书告曰……。帖木儿不花等得其书，言于王曰："冲甲所言虽非吾等所断，亦不可不问，宜将冲甲与潜赴京对辨。"又尹万庇、郑僐、金禧、尹谐、吴永丘、李舟、李偰、宣宗桂、高延、洪承绪等以书告元使曰："……不去此人，必生祸乱，殃及无辜。伏望回奏天聪，去此大恶，小邦之福也。"又洪子藩、金珲……吴玄良、金由祉等告元使曰："……伏望无复致疑，除此元恶，小邦之幸也。"……致仕宰相蔡仁揆等二十八人、万户金深等军官一百五十人又诣元使请罪潜。王召版图判书致仕崔諹曰："闻卿等亦将诉吴潜于使臣，有诸？姑徐之。"諹不从，乃与朴全之等七十余人又诣元使请罪潜……子藩、深等率三军将士及冲甲等围王宫，请出潜。王不许，请至再三，不得已将出之。潜势窘，但叩头请留。护军吴贤良直入王所，执潜以出，使护军崔淑千押送于元。元遣刑部尚书塔察儿等囚潜兄弟、三司右尹蒇、承旨演正郎珩、少尹连、妹婿中郎将赵深。后帝杖流潜于安西。①

① 《高丽史》卷一百二十五《吴潜传》，第3787页。

这是发生在忠烈王时期的一次国王与官僚贵族间的激烈冲突，其表面上的原因似乎是官僚贵族对国王身边佞臣的不满，实质挑战的却是王权本身，高丽社会传统的权力结构及建立于其上的政治和伦理观念已经动摇。

在王朝前期，国王是当然的主权者，具有天然的合法性，王权与贵族权之间形成了相互制约的关系。王权要尊重官僚贵族的特权，官僚贵族要维护王权的稳定。到了高丽后期，国王已不是最高主权者，其合法性主要是来自蒙古皇帝的册封及帝室驸马的地位。王权和臣权（贵族权）之间的平衡关系被打破。可从另一个角度看，相对于臣权，国王的地位反而有了大的提升：首先，作为皇帝的驸马、蒙古公主的丈夫，他是皇帝家族的一员；其次，作为正式受册封的国王和征东行省右丞相，他是蒙古皇帝的代表，其行使的权力不再仅仅是传统的王权，而是皇帝权的延伸，有帝国强权的支持与保障。因此，他可以倚元廷的强势摆脱传统加给他的束缚，不再像高丽前期的君主们那样尊重臣权，而是可以对他们随时加以杖罚了。同样，官僚贵族们则向皇帝与元廷控告国王的“不法”。《高丽史·蔡河中传》：“后帝复赐王印章还国，河中、頔等又令留都无赖子弟二千余人连名呈省，复诉王不已。”[①]

一方面是“谮诉”不已，一方面是杖声不决，这已成为高丽后期的一个独特社会现象。影响所及，高丽王朝摆脱元帝国的强权统治后，国王肆行杖罚的现象不仅没有收敛，甚至还有加重的趋势。《高丽史·恭愍王世家》：“（恭愍王十八年六月）壬午，王以幸臣上将军卢璹奸阉人妻，令左右棒八百。又谓幸臣大护军郑熙启曰：‘尔亦行同于璹，不罚何惩？’棒四百，命宪府鞫之。二人濒死，不得更讯。璹寻死。”[②]从“棒八百”“棒四百”这些数字看，实已到了骇人听闻的地步。

结语

在《开皇律》的基础上，更为严整的新五刑制度在唐代形成，然而本是轻刑的杖刑在司法中却日益显示出重刑的特征。这主要是由于唐朝进入全面

---

① 《高丽史》卷一百二十五《蔡河中传》，第 3796 页。

② 《高丽史》卷四十一《恭愍王四》，第 1286 页。

守成阶段后，新五刑体系已不能满足政治需要，对杖刑的改革势在必行。可此时王朝的法律体系已经定型，难以大做更张，只好通过皇帝敕令的方式增加刑罚烈度，出现了附加杖和敕杖。附加杖和敕杖的泛滥造成“徒刑有必生之理，杖刑为致死之条”的乖离现象，官僚阶层“刑至于辱，或有所耻”的发声亦无力阻止，直至“杖杀”也开始走向日常化。不仅皇帝在朝堂上杖杀大臣，各级官员也在其权力范围内用尽其极，地方官吏为实现实体正义滥用杖杀，甚至得到皇权的鼓励。

高丽完整移植了《唐律》的五刑体系，但由于具体政治、社会、文化等方面的差异，杖刑及其适用有其独有的特征。首先，高丽杖刑主要受到唐中后期和宋朝的影响：枷杖是对晚唐“着枷立市”的变异，折杖法是对宋朝法律的移植。其次，高丽杖刑与唐代杖刑最大的不同在于，高丽杖刑是真正的轻刑。高丽贵族社会的特质，使杖刑难以被皇权用以控制朝臣。佛教意识形态的主导地位，也抑制了轻刑的“重刑化”。到了高丽中期，武人政权为追求实质正义与社会治理的效果，司法权限范围内的杖杀现象出现。高丽末期，在元的帝国秩序内，王权与臣权的矛盾激化，国王利用帝室驸马的身份提高王权，也开始利用杖杀控制臣权。总之，杖刑的适用在高丽和唐代均随着社会和政治的需要而不断变化。刑罚作为社会治理手段，其适用与具体的社会情境、权力关系有着不可割裂的关系。

第二节　高丽对唐财产刑的变异

一、赎刑：从严格到宽松

赎刑是《唐律》规定的五种正刑的代用刑，在适用上有极为严格的限制，刘俊文总结说：

> 唐之赎刑，不是汉、梁曾有过的普遍赎刑，而是秦及魏晋南北朝隋历代所实行之有限制赎刑，且限制较历代尤严：首先，是赎者之限制。

> 唐律规定合赎之人，主要有三类，一为享有准赎特权之人，包括全部流内官及七品以上官爵之部分亲属、五品以上官爵之妾在内，此可谓之特权赎；二为不具备一定责任能力之人，包括七十以上之老人、十五岁以下之孩童及废疾以上病患者在内，此可谓之责任赎；三为犯有某些法定征赎罪名之人，包括犯过失杀伤人罪及犯疑罪之人在内，此可谓之法定赎。除上述三类，概不合赎。其次，是罪刑之限制。唐律规定死罪一般不准赎，必犯流罪以下始听赎；同时在流罪中又规定犯五流不准赎……第三是程序之限制。唐律规定，凡有官爵之人，犯罪需赎者应先以官当，即以官抵刑，只有在罪轻不尽其官之情况下才准留官收赎……可见唐之赎刑，其使用范围相当狭窄。①

赎刑在唐代是一种特殊的“权利”，其适用有极为严格的条件限制。从玄宗时期开始，虽发生了一些变化，②但不是变得宽松，反而更加严格。《宋刑统》卷二“以官当徒除名免官免所居官”门引一条年代不明的格文：“勋官、散试官不许赎罪。”③此格应是唐格。赎刑的适用范围愈加狭窄，勋官和散试官已不能如从前那样用赎了。

一句话，严格化一直是唐代赎刑规定与适用的一大特点，在近 300 年间，基本没有松动之时，直到中晚唐依然如此。《全唐文》卷六百七十二载有白居易的两道判词，其一：“得甲去妻后，妻犯罪，请用子荫赎罪，甲怒不许”，判：“二姓好合，义有时绝；三年生育，恩不可遗……赎罪宁辞子荫……”；④其

---

① 刘俊文：《唐律疏议笺解》，第 55 页。

② 刘俊文云：“唐赎以铜，此为常法，实际执行中多有变化”，（刘俊文：《唐律疏议笺解》，第 55 页。）并举天宝六载（747）四月八日敕文（该敕文云：“其赎铜如情愿纳钱，每斤一百二十文。若负欠官物、应征正赃及赎物无财，以备官役折庸，其物虽多，止限三年。一人一日折绢四[按当作三]尺。若会恩旨，其物合免者，停役。”《唐会要》卷四十《定赃估》，第 727 页。）指出：“此敕说明，至迟在天宝以后，唐之赎刑已是铜、钱并用，无财者且可以服官役折抵也。”（刘俊文：《唐律疏议笺解》，第 56 页。）但此仅为执行手段的变化。

③ [宋]窦仪，等：《宋刑统》，法律出版社，1999 年版，第 32 页。

④ 《全唐文》卷六百七十二，第 3038 页。

二:“得丁氏有邑号,犯罪当赎,请同封爵之例,所司不许,辞云:邑号不因夫、子而致。”判:“丁氏恩降闺门,罪罹邦宪,宠非他致,既因表以勋贤,咎虽自贻,亦可免于刑戮,若不从其宽典,则何贵于虚封……宜听辑矣之辞,难夺赎兮之请。”[①]在此两案中,判由一概不许用赎,判词则从法理和人情的角度出发,竭力论证可以用赎,反映的均是用赎严格的事实。

那么,高丽赎刑又是如何呢?《高丽史》卷八十四《刑法一》:“笞刑五:一十,折杖七,赎铜一斤。二十,折杖七,赎铜二斤……死刑二:绞,赎铜一百二十斤。斩。赎铜,上同。”[②]从文本上看,高丽赎刑和唐并无不同,在现存史料中,也确有按照文本规定适用此刑的记载。《高丽史》卷八十八《后妃一》:“宫人金氏有宠,号邀石宅宫人,庆州人。融大诈称新罗元圣王远孙,认良民五百余口为奴婢,以赠金氏及平章韩蔺卿、侍郎金诺为援。御史台按问得实,奏请罪之。穆宗命罚金氏铜一百斤,流蔺卿、诺于外,闻者皆贺。”[③]

本案两名涉案人韩蔺卿和金诺均被判处了流刑,至于金氏,因其妇女的身份,依据《唐律》的法理,不可单独配流。由于她是穆宗宫人,符合特权赎的条件——根据《高丽律》的规定,“一百斤”的赎铜数正好是“流三千里”的代用刑——故被罚铜百斤。总之,该案赎刑的运用是合乎《唐律》原理的。

不过,高丽赎刑对唐制亦有一大变异:高丽赎刑的适用标准较为宽松。如前文所论,在唐代,赎刑是一种特权与优待,适用有严格限制。高丽的情形则大不相同。首先,在文本上,国王以制、判对律文进行修改,扩大了用赎的范围,如肃宗十年(1105)判:“进士虽无荫,凡轻罪赎铜。”[④]赋予了进士以赎的特权。其次,在司法层面,赎刑的适用更为广泛。徐兢在出使高丽时就观察到:“(高丽)亦有枷杻之法,然淹延不决,有至阅时经岁,唯赎金可免。”[⑤]

---

① 《全唐文》卷六百七十二,第3042—3043页。

② 《高丽史》卷八十四《刑法一》,第2656—2657页。

③ 《高丽史》卷八十八《后妃一》,第2773页。

④ 《高丽史》卷八十五《刑法二》,第2710页。

⑤ 《宣和奉使高丽图经》,第82页。

大量案件实际多以国王的教令为依据，以赎结案。如靖宗五年（1039）十一月制："八关会虽是前规，既行盛礼，宜播德音。其犯公徒私杖以下及诸征赎，皆免之。"[①]对于公徒、私杖以下之罪，高丽赎刑实际已成为普遍之赎刑。

当然，这种变异不能完全突破唐制的基本框架——故对于公徒、私杖以上之罪，高丽赎刑仍为限制之赎刑。忠肃王十五年（1328）十二月，资赡司状申："银瓶之价日贱，自今上品瓶折赍布十匹，贴瓶折布八九匹，违者有职征铜，白身及贱人科罪。"[②]正因为在公徒、私杖之上，高丽赎刑为限制性赎刑，故如犯同样之罪，官员可享受赎刑的待遇（"有职征铜"），而"白身及贱人"就要被依律科罪，承受实刑了。

到了高丽后期，随着既有社会秩序的渐趋瓦解，赎刑的适用又有了较大变化。首先，赎刑越来越重，且时常与实刑并用，不再是一种单纯的代用刑。恭愍王二十年（1371）十二月教："罚惩非死，民极于病。比来中外官曾不恤刑，既杖且赎，民何以堪？自今毋得并行杖赎，如有违者，许诸人赴官陈诉，倍数征还。"[③]辛禑十四年（1388）六月教："刑罚轻重，当有定法……今后中外官司务加矜恤，毋致冤枉。其杖与赎毋得并行。"[④]既杖且赎成了一种普遍性现象，屡禁不止，完全突破了《唐律》的原理。其次，赎刑的适用范围进一步扩大，逐渐突破了公徒、私杖的限制。朝鲜太祖元年（1392）十一月，工曹典书李敏道上书论时务，其四曰"禁征布"。都评议使司议云："书曰金作赎刑，自笞杖以至死罪，情可矜、法可哀者，征钱以赎。前朝征布，盖其遗意。"[⑤]由此可知，到了高丽末期，不仅是官员，就连平民，也可以赎公徒、私杖以上之罪了。

① 《高丽史》卷八十《食货三》，第 2560 页。

② 《高丽史》卷七十九《食货二》，第 2524 页。

③ 《高丽史》卷八十五《刑法二》，第 2711 页。

④ 《高丽史》卷八十五《刑法二》，第 2712 页。

⑤ 《朝鲜王朝实录·太祖实录》太祖元年十一月甲午条，首尔大学奎章阁本。

二、罚金刑：从无到有直至普遍化

中国罚金刑的起源甚早。至少到汉代，罚金刑就已成了一个独立的刑种。[①] 不过，在唐代，罚金刑被逐出了国家的法律体系。在高丽，罚金却是一种主刑，适用极为频繁。孙穆在其《鸡林类事》中就提到："（高丽）国法至严，追呼虽寸纸不至即罚，凡人诣官府，少亦费米数斗，民贫，甚惮之。"[②]《宣和奉使高丽图经》卷二十"妇人"条："臣闻三韩衣服之制，不闻染色，唯以花文为禁，故有御史，稽察民服文罗花绫者，断罪罚物，民庶遵守，不敢慢令。"[③]这是对唐制的一大变异。

在高丽，罚金刑除了用"罚"表示外，更常用"征"来指称。高丽的各种官方文件，多会涉及"征"。试举几例：

1. 睿宗十一年（1116）四月，制曰："其西京及随驾员将军卒及沿路州府郡县长吏，有所犯停囚，应受公徒私杖以下罪。上京留守百官于驾出后，凡有征、赎等杂轻罪，咸赦除之。"[④]

2. 睿宗十五年九月制曰："庶推小惠，以慰舆情。八月乙酉以后，误有所犯，为所司论劾及赎铜征瓦，咸除之。"[⑤]

3. 毅宗二十二年（1166）四月，宣旨曰："迎驾时有所违误，为有司所

---

① 关于中国罚金刑的起源，学界观点不一。有学者认为，夏代即有此刑，他们认为《尚书·舜典》中记载的"金作赎刑"就是罚金刑。多数学者认为，罚金刑正式出现在西周时期，到了秦代，作为罚金刑之赀刑的规定已较为完整。汉承秦制，不仅正式出现了"罚金"之名，而且罚金之制更为完善。蔡枢衡先生则认为罚金刑正式出现在秦始皇时期，指出："春秋时代创造了赎赀制度。《说文解字》：'赀，小罚以财自赎'……是以财代刑……商鞅为秦立法，遂定以货代刑制度。云梦秦简有赎。秦始皇前进一步，改为罚金。"（见其著：《中国刑法史》，广西人民出版社，1983年，第90页。）

② 《鸡林类事》，第25页。

③ 《宣和奉使高丽图经》卷二十，第103页。

④ 《高丽史》卷十四《睿宗三》，第406页。

⑤ 《高丽史》卷十四《睿宗三》，第425页。

拘执者，公徒私杖以下赎铜征瓦，并皆放除。”[①]

4. 明宗四年(1174)十二月乙卯，诏曰：“思欲宽宥，恩泽广被中外。可赦斩绞二罪以下，除刑付处。庚寅、癸巳配流者，皆移免上京，并除赎铜征瓦。”[②]

这些文书均同时提到了“征”与“赎”。“赎”即赎铜，“征”即征瓦或征布。两者并用，且所收物品不同，说明它们是两种不同的刑罚，则“征”当为罚金无疑。

高丽后期还出现了征银之制。忠烈王三十四年(1308)九月，“百官贺王诞日，各献茶果。典仪寺不及，书云观梨一器而已。典仪兼官李彦忠、书云提点崔诚之并征银一斤。”[③]此处之征银，和唐代从玄宗时期开始实行的罚俸不同。唐代罚俸仅适用于官员，而高丽征银的范围甚广。对此，史料中有不少记载，兹举几例：

1. (洪)承绪中第，累官至正尹。美容仪，尝与辛育才争田，殴杀之。其妻告辨伪都监，承绪逃，乃征银瓶，人以无状目之。[④]

2. (忠烈王)三十四年，忠宣王复位，教曰：“……四件奴婢……若有藏闪不出者，征银二斤，以其奴婢准数充役。”[⑤]

3. 朱印远，悦子也，忠烈朝登第，累迁庆尚道按廉使……又恶闻乌鹊声，常令人操弓矢吓之，一闻其声，辄征银瓶，民甚苦之。宣罢其职。[⑥]

---

① 《高丽史》卷十八《毅宗二》，第 578 页。

② 《高丽史》卷十九《明宗一》，第 600 页。

③ 《高丽史》卷三十三《忠宣王一》，第 1059 页。

④ 《高丽史》卷一百五《洪子藩附洪承绪传》，第 3229—3230 页。另，洪承绪之生卒年不详，大约生活在忠宣王之后到恭愍王之前的时期(1313—1351)。

⑤ 《高丽史》卷八十五《刑法二》，第 2719 页。

⑥ 《高丽史》卷一百二十三《嬖幸一》，第 3736 页。

从性质上看，征银同征瓦、征布一样，亦是罚金刑的一种适用方式。征银制的出现与盛行，当与银成为普遍流通货币的时代背景有关。如学者揭示的那样，在以元为中心的天下，“白银到处通用，是一切价值的基准”。[①] 高丽作为元帝国的一个特殊组成部分，交易也多以白银支付，并因此而影响到了刑罚的适用。

高丽的罚金刑亦是对唐制的变异，这首先表现于律令文本。仁宗十二年（1134）判曰：“殴人折齿者，征铜与被伤人。”[②]此乃以国王教令对既有律条进行的修改，超出了《唐律》的范畴。

对于同样之罪，《唐律·斗讼律》“斗殴折齿毁缺耳鼻”条规定：“诸斗殴人折齿、毁缺耳鼻、眇一目及折手足指，若破骨及汤火伤人者，徒一年；折二齿、二指以上及髡发者，徒一年半。”[③]《高丽律》只移植了唐律的69个条文，此条是否在内，由于史料缺略，已不得而知。即使《高丽律》未移植此条，但在定罪量刑时，也应遵循其法理。可到了仁宗时，却做出了上述“征铜”的变异。根据这条史料，日本学者仁井田陞还据其“从复仇到赔偿”的理论，得出了高丽法制尽量避免《唐律》之“实刑主义”而实行“赔偿主义”的结论。[④]。

关于高丽罚金刑的性质，仁宗曾对金国使节说：“自来小国旧法：犯罪人处断流配外，更不征赎。是以因循，至于今日。”[⑤]由此可知，在高丽，罚金与赎刑一样，具有代用刑的性质，是一种主刑，与五刑不并科。正因如此，到了高丽后期，随着既有秩序的逐渐瓦解，出现了大量适用罚金刑而不适用实刑的现象。

罚金刑的泛滥，使最高统治者不得不屡下禁令。1038年，忠宣王下教：“往往守令贪污不法，至于民吏所犯可决杖者，反征银物，以充其欲。”[⑥]辛禑

---

① ［日］杉山正明著、周俊宇译：《忽必烈的挑战——蒙古帝国与世界历史的大转向》，社会科学文献出版社，2014年，第216页。

② 《高丽史》卷八十四《刑法一》，第2687页。

③ 刘俊文：《唐律疏议笺解》，第1469页。

④ ［日］仁井田陞著、池田温补编：《唐令拾遗补》，东京大学出版社，1997年（以下省略），第274页。

⑤ 《高丽史》卷十五《仁宗一》，第465页。

⑥ 《高丽史》卷八十四《刑法一》，第2672页。

四年十二月,宪司上疏曰:“且各镇军官因军人小错,赎罚太重,以致失业流移。今后军人随所犯轻重,依例断罪,毋得赎罚。”[①]罚金的滥用甚至到了连元帝国都不得不出来干涉的程度。忠穆王后四年(1348)七月,元使实德在途中见到造成都监的榜文:“纳木石不及期者,征布配岛。”他将榜文取回,对高丽宰相蔡河中说:“此邦之民,其何以生? 吾将奏于帝。”[②]

那么,高丽的罚金刑究竟有多重呢?《高丽史·卢英瑞附朴良衍传》:“良衍,尝以亲从护军管内乘,潜易良马八匹。事觉征布八百匹,流之。”[③]尽管我们不知道当时的马价,但从常识看,潜易良马八匹,其“剩利”的倍赃绝对不会达到布八百匹之多。[④] 因此,该案中的“征布八百匹”乃是罚金。财产刑的适用还打破了从前的惯例,在罚金的同时再课以实刑,故朴良衍又被处以了流刑。

一般而言,罚金乃“罪之最轻者用之”[⑤],针对的是那些社会危害性不大的轻微违法犯罪行为。对这些行为,不处以身体刑或劳役刑,而代之以罚金刑,不仅不损伤受罚者的尊严,还能在一定程度上有补于国家财政,可谓一举两得。在汉代,罚金刑即主要适用于轻微违法、误犯、过失犯罪。[⑥] 比之汉代,高丽罚金刑的适用范围要广得多。比如上文所论殴人折齿就属重于“公徒、私杖”之较为严重的犯罪。正因如此,官吏们才有了选择性适用的可能。在此状况下,对公徒、私杖以下等“杂轻罪”是处以赎刑还是处以罚金刑,已无明显区别,赎即是罚,罚即是赎,都以惩罚为目的,而无优惠之意味,故“赎罚”“征赎”常并称。

---

① 《高丽史》卷八十四《刑法一》,第 2676 页。

② 《高丽史》卷三十六《忠惠王世家》,第 1151 页。

③ 《高丽史》卷一百二十四《嬖幸二》,第 3769 页。

④ 《唐律疏议·贼盗律》“以私财奴婢贸易官物”条:“诸以私财物、奴婢、畜产之类贸易官物者,计其等准盗论,计所利以盗论。”(刘俊文:《唐律疏议笺解》,第 1414 页。),准盗论无倍赃,以盗论有倍赃。如有剩利则以盗论累并于准盗论累课。即便如此,朴良衍潜易良马八匹的倍赃也不太可能达到八百匹之多。

⑤ [清]沈家本:《历代刑法考》,中华书局,2006 年,第 330 页。

⑥ 关于这一问题较为详细的讨论,可参考闫晓君《汉初的刑罚体系》(《法律科学》,2006 年第 4 期)一文中的有关论述。

有意思的是，在唐后期社会秩序瓦解的过程中，也出现了法外征、罚的现象。《资治通鉴》卷二百三二贞元三年(787)七月甲子条："时关东防秋兵大集，国用不充。李泌奏：'自变两税法以来，籓镇、州、县多违法聚敛。继以朱泚之乱，争榷率、征罚以为军资，点募自防。'"胡三省注曰："征罚者，吏民有罪，罚使纳钱谷以免罪而如数征之也。"[①]不过，此种实践并未被朝廷正式认可，未能如高丽那样进入到国家的法律体系之中。

三、收田刑：新型的全方位财产刑体系

从玄宗时开始出现的罚俸刑，实质是一种财产刑，[②]故中晚唐时期，在官员犯行政过失罪的情况下，赎刑多为罚俸所取代。之所以如此，当有两方面的原因：首先，从适用程序上看，适用赎刑的程序较为繁琐，且计算颇为困难。[③] 其次，徒刑赎铜，最多不过徒三年赎铜六十斤，折换成钱才7200 文(7.2 贯)，惩罚力度较小；而罚俸则不同，少则一月，多则半载，其力度远非赎铜可比。对官员们来说，赎刑是一种特权，而罚俸则是实实在在的惩罚。

高丽建国之初，也曾存在过"追其禄俸"的刑罚。太祖十七年(934)五月诏："尔等遵我训辞，听我赏罚。有罪者无论贵贱，罚及子孙。功多罪小，量行赏罚。若不改过，追其禄俸或一年、二三年、五六年以至终身不齿。"[④]但自此以后，史料中再无类似记载，此制应未真正实行过。

不过，高丽同样存在以官员为主要处罚对象的惩罚方式，即收职田。《高丽史·刑法志》载有这样一条法令："官吏临监自盗及临监内受财枉法者，徒杖勿论，收职田归乡。"[⑤]收职田与归乡刑并列，两者合起来成为律典规

---

① [宋]司马光编著、[元]胡三省音注：《资治通鉴》卷二百三二贞元三年七月甲子条，第 7492 页。

② 见张春海：《唐代罚俸制度论略》，《史学月刊》2008 年第 11 期。

③ 《唐会要》卷四十《定赃估》以及《全唐文》卷九百六十八所载大中六年十月中书门下的《议平赃定估奏》(《全唐文》卷九百六十八，第 4458 页)中对此多有议论，不再赘言。

④ 《高丽史》卷二《太祖二》，第 37 页。

⑤ 《高丽史》卷八十四《刑法一》，第 2666 页。

定之徒、杖刑的代用刑。其中，徒刑、杖刑或归乡刑为主刑，收职田为附加刑。天会五年(1127)，高丽使节金子镠出使金朝时，“不能检下，致令崇吉刺伤人命”。他回来后，即被收职田，同时被处以远流的刑罚。[①] 这一制度一直实行到了高丽末期。1378 年《崔宰墓志铭》便载：

> 玄陵即位，选台臣，复掌令……乙未秋，以中显大夫监察执议直宝文阁，召至选军，以田其法旧矣。命公为其都监使，一人受田，有子孙，子孙传之，无则他人代受。有罪当收其田，则人人皆欲得，于是杂然矣。公曰：“是争民施夺也，可乎?”于是与其当得者一人，而止讼稍简矣。[②]

官员在被除名之后，官职丧失，自然不应再受职田，故收职田常与除名并科。文宗十二年，“开城牧监直员李启私遣人捕府军金祚，祚乃投河而死。刑部奏当脊杖配岛，制：‘除名收田。’”[③]辛禑王时，宋天逢上疏国王：“今忠佐不忠不敬之罪已具前疏，固不容诛……乞收告身，籍没家产，鞫问决罪，以戒后来。”结果“命削官收田”。[④] 当然，除名并非收职田的必要条件，只要是犯有各种“公私杂罪”，均可被处以此刑。忠宣王在其即位教书中就宣布：“公私杂罪者还其职田。”[⑤]这些犯罪人中的不少应未达到被除名的程度，但仍被收职田。[⑥]

高丽的职田，就其名称而言，当来自隋唐时期授予官员的“职分田”制

---

① 《高丽史》卷十五《仁宗一》，第 465 页。

② 《牧隐稿・文稿》卷十五《高丽国大匡完山君谥文真崔公墓志铭并序》，第 133 页。

③ 《高丽史》卷八十四《刑法一》，第 2687 页。

④ 《高丽史》卷一百十一《宋天逢传》，第 3403 页。

⑤ 《高丽史》卷三十三《忠宣王一》，第 1048 页。

⑥ 因官员只要犯徒、杖以上罪，几乎都可能被处收职田，故史料中收职田的例子甚多。显宗十六年(1025)十二月，下教：“凡犯罪收职田者蒙赦，除真盗及伪造公私文书、受财枉法、监临自盗、谄曲奸邪所犯外，并听还给。”(《高丽史》卷五《显宗二》，第 126 页。)毅宗五年四月，“少府少监韩令臣尝为典解库判官，以私粗布潜换官布三十匹，收职田，放还田里”(《高丽史》卷十七《毅宗一》，第 534 页。)

度，职分田的意义在于以其收获物充当俸禄，从这个层面看，高丽收职田的旨趣与唐代的罚俸有相通之处。

不过，唐代职分田的所有权归国家，官员离任时要将职田移交给下任。[①]高丽的职田则为世袭，收职田也因此而成了一种较重的刑罚。在唐代，官员后代能够继承的是永业田。[②] 开元二十五年令："诸永业田皆传子孙，不在收授之限，即子孙犯除名者，所承之地亦不追。"[③]既然子孙犯除名都不追缴其所继承的永业田，那么，对官员本人就更无夺永业田之理了。在史料中，我们也从未见到这样的事例。高丽的职田，从其可继承的性质看，与唐代的永业田类似，故韩国学者才有"作为官员永业田之职田"的说法。[④]

此外，高丽还有"不得受永业田"之罚。靖宗七年(1041)正月，门下省奏："旧法，凡犯罪者不得受永业田。上将军李洪叔曾犯宪章，流配岭表，其妻子孙不当给田。"[⑤]如果说收职田针对的主要是官吏，那么收永业田针对的则是所有有资格被授予永业田之人。《高丽史·刑法志》便载有这样一条法规："判：镇人犯归乡罪者，仍留配本处。若受田丁者，收其田与他。"[⑥]这样一来，收田之刑就形成了一种全方位覆盖的附加刑体系。

与收田之刑相应，还有收田丁之罚。元宗十四年(1273)十月传旨曰："向者讨耽罗，京外别抄亡命者甚多，不可不惩，故曾以罪状轻重征银，收其田丁。今国家多难，天文屡变，欲修德弥灾，其已征白银外，其所收田丁，悉令还之。"[⑦]从与征银并列的情形看，收田丁的性质应近于罚金，属财产刑的

---

① 关于唐代职分田性质的论述，可参看张泽咸：《唐代阶级结构研究》，中州古籍出版社，1996年，第144—145页。

② 当然关于唐代官员永业田的给授是有争论的，王国维认为"有名无实"，张泽咸则不同意这样的看法(可参看上注张泽咸：《唐代阶级结构研究》，第140—142页。)

③ 《通典》，第30页。

④ 최연식：〈高麗前期의職田과그 支給形態〉，《韓國史硏究》(70)，1990，第66页。

⑤ 《高丽史》卷七十八《食货一》，第2485页。

⑥ 《高丽史》卷八十四《刑法一》，第2668页。

⑦ 《高丽史》卷二十七《元宗三》，第867页。

范畴。这是因为田与丁均是高丽人财产最重要的组成部分,①是可以继承的。②

有韩国学者在研究高丽的官人犯罪问题时,将收职田同高丽前期的田柴科制度相联系,认为在高丽前期,"对官人犯罪执行刑罚的过程中,刑罚体系和收租地分配体系同时启动,以对犯罪人进行处罚,这是完整、全面地反映高丽官僚运行构造之高丽独有的一种体制"。③ 我们认为,对收田之刑,还可这样理解:高丽土地制度的一个重要原则是按照人们所服之役分配土地(当然"功荫田"除外):只要为国家工作,不论是高官还是贱吏,均可分得一定的田土,而犯罪之人在服刑期间已不再为国服务,其田土当然要被回收。作为一个反证,因功荫所得之田,即使本人犯罪,也不在收回之限,而可传给子孙。④

四、制度变异的原因

一国法律对犯罪与刑罚如何设定,首先取决于其国民特别是统治阶层对各种行为之社会危害性的认识,而这又与该国的政治体制与社会结构有关。在这些方面,高丽与唐均存有重大差异:高丽是一个"君弱臣强"的贵族社会,而唐则是一个君权强大的国家。此种体制与结构上的差异,使高丽在移植唐

① 《高丽史》九十一《宗室二·王珦传》:"忠烈王三子……珦,忠宣二年封丹阳府院大君……红贼陷京城,珦与典理判书印安等降于贼。及贼平,监察司劾奏:'珦等降贼……罪莫大焉,不可与愚民一视。若以罪经赦宥,则乞禁锢子孙,籍没田民,以惩后人。'王从之。"(《高丽史》九十一《宗室二·王珦传》,第2847—2848页。)《高丽史》卷一百十一《庆复兴传》载庆复兴移檄德兴君从者曰:"本国父老子弟或以功名,或以朝觐,用宾中国……尔尚不知委质报德,误从白家之息,自纳篡逆之必,使之夷三族,拨坟墓,潴宅舍,没田口,然后已乎?"(《高丽史》卷一百十一《庆复兴传》,第3389页。)"田"与"民"(或"口")并列,均为籍没的对象。

② 靖宗十二年判:"诸田丁连立无嫡子,则嫡孙;无嫡孙,则同母弟;无同母弟,则庶孙;无男孙,则女孙。"(《高丽史》卷八十四《刑法一》,第2683页。)

③ 尹薰杓:〈고려 시기 관인범죄의 行刑 운영과 그 변화〉,《고려 시대의 형법과 형정(한국사론 33)》,국사편찬위원회,2002,第90页。

④ 显宗十二年十月判:"功荫田,直子犯罪,移给其孙。"文宗三年五月,"定两班功荫田柴法……功荫田者之子孙谋危社稷、谋叛、大逆、延坐及杂犯公私罪除名外,虽其子有罪,其孙无罪,则给功荫田柴三分之一。"(《高丽史》卷七十八《食货一》,第24872页。)

代法制时，不得不对之进行大规模的变异，财产刑不过是其中的一环而已。

具体而言，由于贵族制的色彩，唐在律典中规定了赎刑制度，但在强劲皇权的笼罩下，其适用极为严格。在唐代，赎刑的适用对象尽管有数个种类，但主要是各级官员及其亲属。即是说，适用赎刑的首要前提，是当事人的身份必须是君主的臣属。赎刑作为官员特权的一种，因身份而取得，反过来也具有确认身份的作用，适用不能不严格。可在高丽，世家大族（士族）的势力基本可世代相承，无世袭之名而有世袭之实，赎刑权失去了确认身份的附加功能，适用标准变得宽松亦属当然。

在高丽的收田刑体系中，最重要的当数收职田。此制乃基于半岛贵族制的国情，以“砺士行”为目的而创设。高丽末期，既有制度崩解，此法不能维持，大臣们相继上疏，要求恢复。尹绍宗上疏云：“窃观祖宗之制，凡有所犯者，不给田以砺士行……请令辨正都监收诸人所赂田民，及所鬻告身，以砺风俗。”[①]此制直到朝鲜王朝的世祖时期才告废止。[②]《朝鲜王朝实录·世祖实录》世祖十二年(1466)八月甲子条：“革科田，置职田”。[③] 所谓“科田”即高丽时期的职田。[④] 因新实行的职田法不再如高丽时期那样世袭，大司宪梁诚之上疏反对：“科田所以养士大夫者也。臣闻将置职田……而致仕之臣，与夫公卿大夫之子孙，将不食一结田，似乖所谓世禄之意也。我东方土瘠民贫，士农各异，若不食禄食租，则与齐民无异矣。与齐民无异，则国无世臣矣。”[⑤]

所谓“士”即当时被称为“士大夫”的世家大族，他们完全以做官为生业。收职田意味着对其经济基础的打击，甚至导致家道衰落，被从贵族集团中排

---

① 《高丽史》卷一百二十《尹绍宗传》，第3657—3658页。

② 关于朝鲜前期职田制度的变动问题，可参看李景植：〈朝鮮前期 職田制의運營과그變動〉，《韓國史研究》(28)，1980。本文不赘论。

③ 《朝鲜王朝实录·世祖实录》世祖十二年八月甲子条。

④ 朝鲜初期河纬之《丹溪遗稿·戊午庭对策》：“臣谓职田之法，始于隋唐……国家科田之制，因爵之等级，定田之多寡。职虽已去，而田则不去。身虽已殁，而犹及后嗣。其忠信重禄之美，非隋唐职田之比”(1996年，第545页)指出了到当时为止的职田(科田)之法与唐制的不同，即半岛的职田到后来实际变为世袭，故收职田也就成了一种比较重的财产刑。

⑤ 《朝鲜王朝实录·世祖实录》世祖十二年十一月庚午条，首尔大学奎章阁本。

除。这能巩固贵族集团小集团的特性,[①]有利于贵族制的长久维持。质言之,收职田是贵族社会内部淘汰机制的组成部分之一。

在高丽,“士”之地位的高低取决于门阀,而门阀的高低不仅取决于血缘,还取决于家风特别是家族成员的品行。因此,高丽社会特重“风俗”。如在婚宦、行为上有所不端,就会被认为有“咎痕”,对本人及其子孙乃至整个家族都将产生重大影响,收职田亦是此系统性制度的一环。辛禑十四年七月,大司宪赵浚等在上书中说:“我太祖……乃定田制……凡士大夫受田者,有罪则收之,人人自重,不敢犯法,礼义兴而风俗美。”[②]收职田有助于维护贵族集团文化上的优越地位,增强贵族制本身的合理性。

相比之下,唐代的罚俸制是基于皇权专制体制下官僚政治的现实而为,以对官员的控制与惩罚为目的,不符合半岛国情,故不得不对之进行变异,创设收职田,形成有自身特色的刑罚与刑罚体系。总之,高丽的收田之刑作为一个完整的体系,与半岛特定的结构与体制紧密联系,是整个制度系统的有机组成部分。

当然,影响法律的因素从来都不是单一的。除了权力、体制与结构的原因外,文化传统、宗教信仰、经济发展程度等因素对高丽财产刑的盛行也有一定影响。

首先,它和半岛的传统与风习密切相关。《宣和奉使高丽图经》卷十九“民庶”条:“然其为人寡恩好色,泛爱重财。”[③]“泛爱”指基于佛教的轻刑传

---

① 奥尔森就指出:“当这些分利集团企图通过政治行动达到其目标时,排挤新成员的原因在于:该集团若能以最少的人数取胜,则其中每一成员分得的利益最多。……采用政治或军事手段来达到目的的特殊利益集团的一个有趣例子就是掌握统治权的贵族或寡头。……该集团必定是排他性的……全部历史上所有贵族统治集团都有排他性的事实……当统治集团的地位足够稳定,能将其权力传给其后代时,这种排他性就更加明显了。……这种排他性是如此根深蒂固,以致有些人认为这是“天赋的”,并找出一切理由来为其辩护。”([美]曼库儿·奥尔森著,吕应中等译:《国家兴衰探源——经济增长、滞胀与社会僵化》,商务印书馆,1999 年,第 77—78 页。)他还指出:“对于一个不按人口比例分配农业收成的分利集团而言……最少人数的分利集团中的成员可以取得最大的收益。”(《国家兴衰探源——经济增长、滞胀与社会僵化》,第 172 页。)

② 《高丽史》卷七十八《食货一》,第 2490—2491 页。

③ 《宣和奉使高丽图经》,第 99 页。

统。孙穆在其《鸡林类事》中说:“夷性仁,至期多赦者。”[1]洪汝河云:“若高丽政刑,一切不论轻重,专以慈仁姑息为心。”[2]高丽神宗亦下诏:“视古哲王,宽刑宥罪,崇德报功。”[3]在此传统下,一些从中国移植而来的刑罚逐渐轻刑化,最典型的就是杖刑。在唐代,杖刑几乎等于死刑,不行杖罚竟成了为政宽仁的表现。[4] 天宝六载(747),玄宗下令削除绞、斩两种死刑,实际情况却是“其实有司率杖杀之”[5]。而在高丽,杖刑确为轻刑,并给宋朝使节留下深刻印象,在他们的记录中多有高丽“笞杖极轻”[6]、“笞杖颇轻”[7]之类说法。赎刑的大规模适用,亦当与此轻刑化传统有关,主要适用于“情可矜、法可哀”的情形。

“重财”与“泛爱”并列,足见它是当时半岛的另一重要风习,反映了高丽人对财产所持的人生态度。《宋史·高丽传》载高丽肃宗事迹云:“颙性贪吝,好夺商贾利。富室犯法,辄久縻责赎,虽微罪亦输银数斤。”[8]高丽财产刑的盛行当与此现实有关。

其次,就经济的发展程度言,高丽与唐亦不可同日而语。不需多方论证,仅从货币的使用和流通一个侧面就足以说明问题。[9] 直到睿宗十七年

---

① 《鸡林类事》,第 25 页。

② [朝鲜]洪汝河:《木斋集》卷十《刑法志》,《韩国文集丛刊》124,景仁文化社,1996 年(以下省略),第 524 页。

③ 《高丽史》卷二十一《神宗世家》,第 649 页。

④ 《旧唐书·韩思复传》:“韩思复……初为汴州司户参军,为政宽恕,不行杖罚。”(第 3148 页)又《旧唐书·徐有功传》:“徐有功……为政宽仁,不行杖罚。”(第 2817—2818 页)

⑤ 《资治通鉴》卷第二百十五天宝六载春正月丁亥条,第 6876 页。

⑥ 《宣和奉使高丽图经》卷十六,第 82 页。

⑦ 《鸡林类事》,第 25 页。

⑧ 《宋史·高丽传》,中华书局,1977 年,第 14048 页。

⑨ 高丽使用货币非常晚,《高丽史·食货志》“货币”条载:“成宗十五(996)年四月,始用铁钱”。(《高丽史》卷七十九《食货二》,第 2519 页。)不过之后好像并没有流通,所以在肃宗二年(1097)十二月又下教说:“朕承先王之业,将欲兴民间大利,其立铸钱官,使百姓通用。”在肃宗六年四月,铸钱都监还上奏说:“国人始知用钱之利,以为便,乞告于宗庙。”到肃宗九年又命令“州县出米谷开酒食店,许民贸易,使知钱利”。但当时的情况却是“泉货之行已三岁矣,民贫不能兴用”。(《高丽史》卷七十九《食货二》,第 2520 页。)以后在高丽还时常有废钱之议。

(宋宣和四年),徐兢出使高丽时看到的情况还是“无泉货之法,惟纻布、银瓶,以准其直。至日用微物不及匹两者,以米计锱铢而偿之。”[①]因为“国贫俗俭”,[②]高丽的官府亦相当困窘。《宣和奉使高丽图经》卷三“郡邑”条:“治民惟牧守都护,公廨数楹,令长则随所在舍于居民。夷政租赋之外无健讼在官者。公田不足以资用,则亦仰给于富民云。”[③]在此种财政状况下,朝廷必须多方筹集资金,财产刑不过是其中的一个途径而已。

再者,高丽财产刑的盛行,与本国佛教的兴盛也有关系。高丽的财产刑以“赎铜、征瓦”为主要形式,如果说赎铜可以弥补财政之缺,那么“征瓦”的作用何在?如果我们注意到瓦的建筑材料属性,对其用途就可揣知一二了。

在整个高丽时期,除去大量创建寺刹外,国家并无重大的建设活动[④]。而高丽历代国王都十分佞佛,在位期间热衷于建设各种裨补寺刹,需要大量的建筑材料与金钱,铜与瓦尤必不可少。比如,文宗时期创建的兴王寺,“凡二千八百间,十二年而功毕”,[⑤]需要材料数量之大可想而知。与此同时,在高丽社会,每年都要举行各种形式的与佛教相关的活动。[⑥] 单就“饭僧”一项,每次少则几百,多则10万,其所需要的费用之广是可以想见的,高丽财产刑的广泛运用亦当与此有一定关系。

结语

高丽对唐财产刑的变异主要体现在三个方面:首先,高丽赎刑的适用极

---

① 《宣和奉使高丽图经》卷三“贸易”条,第17页。

② 《宣和奉使高丽图经》,第108页。

③ 《宣和奉使高丽图经》,第18页。

④ 比如一直到高丽末期,不少重要城市都没有城墙,就连首都开京,建设也相对简单,徐兢在《宣和奉使高丽图经》卷三“国城”条中就说:“今王城在鸭绿水之东南千余里,非平壤之旧矣。其城周围六十里,山形缭绕,杂以沙砾,随其地形而筑之,无壕堑,不施女墙,列构延屋如廊庑状,颇类敌楼。虽施兵仗以备不虞,而因山之势非尽坚高,至其低处则不能受敌。万一有警,信知其不足守也。”(第14—15页)

⑤ 《高丽史》卷八《文宗二》,第233页

⑥ 具体参见朴龙云《高丽时代史》,第346—351页。

为普遍，对公徒、私杖以下之罪，为普遍之赎刑，而非如唐代那样有种种严格的限制。其次，在唐代，罚金刑被逐出了国家的法典，而在高丽，罚金却是一种主刑，不仅适用频繁，而且进入到国家正式的法律体系。再次，在贵族制的权力格局下，高丽还创设了以官员为主要适用对象的收田刑。

高丽对唐代财产刑的此类变异，首先与其在政治体制及社会结构上和唐存在的重大差异有关。这种差异的关键在于：高丽是一个等级森严的贵族社会，而唐则是一个君主集权制国家。在贵族制下，赎刑权失去了其在唐代所具有的确认身份的功能，故适用标准相对宽松。贵族制又是一种小集团的统治，需有内部淘汰机制，以“砺士行”为目标的收田刑便具有这样的功能。另外，在政治、体制与结构的因素外，意识形态、经济发展程度及文化传统等方面的差异也是高丽对唐制进行变异的原因，重财的习俗及佛教的兴盛均在不同程度上刺激了高丽财产刑的发达。

第三节　高丽与唐律外之刑的差异

一、以戍边为主的唐代律外刑

唐代的律外刑主要有安置、配隶、效力、罚镇等。除安置刑外，[①]其他均为出于维护边疆安全，从而也是维护王朝本身的目的所创制。

古代华夏王朝是以农业为生存基础，自秦代开始，其范围就扩展到了当时技术条件下的地理极限。其最大威胁，乃位于其北方界限之外，在文明与生存形态上迥异的游牧部族。因此，以长城为界，中原王朝与游牧部族展开

① 安置刑最初只是一种为了打击政敌，规避正式法律程序而创设的具有临时性、变通性的政治手段，之后逐渐刑罚化、正式化。安置的适用对象主要是政治犯和皇族、贵戚、高官大吏等特权阶层中的人物。其次，安置多是政治考量与司法裁断的结合。第三，安置一般都要由皇帝以别敕的方式做出。第四，安置是一种强制性的软禁措施，当事人的人身自由要受到相当大的限制。对此，我们就不详细论述了。

了长期的对峙与抗衡。被阻挡于这一界限之外的北方游牧部族，亦试图以各种方式突破这一界限。这种格局的不断重现，造成了一种近似循环的历史。[①] 围绕长城两侧展开的生存竞争，使得王朝必须在这一漫长地带投放大量兵力。

在传统农业社会，人力资源同样具有稀缺性，供应有限。不论兵制如何，历代王朝在保护与维持这一生存与资源边界的过程中，总显兵源不足。王朝疆域辽阔，边境地带漫长，所需兵员、人力、资源异常庞大。不论王朝如何强盛，在当时的条件下，仍会经常性地面临兵员短缺问题。过多地征发内地农业地带的青壮农民戍守边疆，会对国家的农业生产、社会稳定、财政收入造成重大不利影响，最终削弱政权的基础与合法性。为此，在正常的兵员征集途径外，另寻其他渠道以解决兵员问题，就成为关乎政权的重大问题。发罪人为兵的制度因此而被创造出来。

早在一统王朝初建的秦代，迁刑与谪刑就出现了，它们均有戍守边疆之意。[②] 被迁、谪之人虽未被直接充入军伍，但如沈家本所言："其人充荷戈之役，与军士无异，即后代之充军，第其制不同耳。"[③]陈玉屏认为秦代存在"谪兵制"——"封建国家使用谪兵的主要目的，是要在保障兵员补充的同时，尽量节省民力。"[④]他所说的谪兵制指"七科谪"，这一制度因其范围并不限于罪人，最终冲击了秦代社会的稳定与政权合法性，使秦王朝为戍卒掀起的风暴所倾覆。

汉代出现了将死刑减等的徙边刑，作为正刑的发罪人为兵之刑要迟到北魏时才被正式创制出来。[⑤] 西魏、北周实行军防制，出现了与之配套的配

---

① 关于此，可参看[美]拉铁摩尔著，唐晓峰译：《中国的亚洲内陆边疆》：江苏人民出版社，2005 年，第 328—329 页。

② 参见栗劲：《秦律通论》，山东人民出版社，1985 年，第 284—286 页。

③ [清]沈家本：《历代刑法考 · 刑法分考十 · 谪戍》，中华书局，2006 年（以下省略），第 283 页。

④ 陈玉屏：《魏晋南北朝兵户制度研究》，巴蜀书社，1988 年，第 19 页。

⑤ 沈家本和吴艳红均做过一定的研究。见沈家本：《历代刑法考 · 刑法分考八 · 充军》，第 229—245 页；吴艳红：《试论中国古代的"发罪人为兵"》，《中外法学》2001 年第 2 期。

防之制。苏绰在其著名的“六条诏书”中说：“租税之时，虽有大式……多不存意。致令贫弱者或重徭而远戍，富强者或轻使而近防。”[①]唐长孺认为：“苏绰所云‘轻使而近防’，他们应即是番上的丁兵。这种防戍之役一直延续到隋初。”[②]北周在适用流刑时，又有配防之举。《周书》卷三十三《王悦传》：“悦及康并坐除名，仍配流远防。”[③]直到隋代的开皇十年五月，文帝才“以宇内无事，益宽徭赋。百姓年五十者，输庸停防。”[④]

隋代的发罪人为兵之刑主要有配防与配戍两种。隋代的配防制乃承袭北周制度而来，孙万寿“坐衣冠不整，配防江南……一旦从军，郁郁不得志……后归乡里，十余年不得调”。[⑤] 配防即配入军防，承担防戍之役。不过，在开皇元年和三年两次定律时，配防未被收入法典，而是成为在司法实践中适用徒、流刑的变通性手段。但现实存在的兵员问题，最终还是迫使文帝于开皇十三年(593)下诏“改徒及流并为配防”。[⑥] 不少人被配防岭南，大大加重了刑罚的烈度。[⑦]

大业三年(607)，《大业律》修成，恢复了从前的“新五刑”体系，配防又被逐出律典。然而，炀帝“西规奄蔡，南讨流求，视总八狄之师，屡践三韩之域，”[⑧]配防又成为解决兵源问题的手段。《隋书》卷七十三《梁彦光附子梁文谦传》：“会杨玄感作乱……配防桂林而卒。”[⑨]

另外，隋代还有配戍之制。柳謇之“坐供顿不给，配戍岭南”。[⑩] 蜀王杨

---

① 《周书》卷二十三《苏绰传》，第 390 页。

② 唐长孺：《魏晋南北朝隋唐史三论》，武汉大学出版社，1992 年版，第 206 页。

③ 《周书》卷三十三《王悦传》，第 580 页。

④ 《隋书》卷二十四《食货志》，第 682 页。

⑤ 《隋书》卷七十六《孙万寿传》，第 1735 页。

⑥ 《隋书·刑法志》，第 714 页。

⑦ 《隋书》卷七十四《厍狄士文传》：“上悉配防岭南……遇瘴疠死者十八九。”第 1692—1693 页。

⑧ 《隋书》卷七十《史臣曰》，第 1635 页。

⑨ 《隋书》卷七十三《梁彦光附子梁文谦传》，第 1676 页。

⑩ 《隋书》卷四十七《柳机附柳謇之传》，第 1276 页。

秀得罪后，柳彧被“除名为民，配戍怀远镇”。① 由于戍远防近，②配戍虽与配防的性质相同，但更为艰苦。

唐王朝建立后，基本继承了隋代旧制。贞观十六年(642)，太宗下令：“徙死罪者实西州，其犯流、徒则充戍，各以罪轻重为年限。”③隋代的配防变为了“充戍”。这种变化乃由军事制度上西魏、北周的军防制在唐代转为镇戍制所致。《新唐书》卷五十《兵志》：“唐初，兵之戍边者，大曰军，小曰守捉，曰城，曰镇，而总之者曰道。”④《元和郡县图志》卷四“会州”条：“周武帝保定二年废州，改为会宁防，隋开皇元年改防为镇”。⑤ 名称随制度的变化而变化，但实质相同。

随着疆域的不断开拓，开元时期，兵员短缺问题更加严重，从前的配防、充戍制遂被改造为“罚镇”制。开元十八年(730)正月诏：“其左降官及流、移、配隶、安置、罚镇、效力之类，并宜量移近处。”⑥罚镇的实质即充戍，故罚镇与配州并举。开元十九年二月诏：“比者天下勋官，加资纳课，又因犯入罪，罚镇、配州……其先罚镇及配隶人，未归者并即放还。”⑦配州即配在州县服役，主要指徒刑犯服役的情形。罚镇与其对举，表明服役地点一为军镇，一为州县。除此之外，两者在性质与处罚程度上基本接近。因此，开元时期，罚镇有时被作为流刑的减等刑适用。开元二十年二月诏：“其犯十恶及造伪头首，量决一百，长流远恶处；流罪，罚镇三年；其徒已下罪并宜释放。”⑧罚镇的期限虽被定在三年左右，但在实践中常不能被遵守。杜甫《兵车行》就描绘了这样的情形：“或从十五北防河，便至四十西营田。去时里正与裹

---

① 《隋书》卷六十二《柳彧传》，第 1484 页。

② 谷霁光认为：“《苏绰传》以戍和防对举，显见两者之分别在于防守地带之远近。”(谷霁光：《镇戍与防府》，载《谷霁光史学文集》第一卷，江西教育出版社，1996 年，第 357 页。)

③ 《资治通鉴》卷一百九十六贞观十六年正月辛未条，第 6175 页。

④ 《新唐书》卷五十《兵志》，第 1328 页。

⑤ [唐]李吉甫撰：《元和郡县志》卷四“会州”条，中华书局，1983 年，第 97 页。

⑥ 《册府元龟》卷八十四《帝王部 · 赦宥第四》(校订本)，第 940 页。

⑦ 《册府元龟》卷六十三《帝王部 · 发号令第二》(校订本)，第 676 页。

⑧ 《册府元龟》卷八十四《帝王部 · 赦宥第四》(校订本)，第 941 页。

头，归来头白还戍边。”普通服兵役者尚且如此，那些因犯罪被罚镇之人的处境可想而知。

北周和隋又有“从军自效”之制。《隋书》卷四十四《嗣滕穆王杨纶传》：“除名为民，徙始安……大业七年，亲征辽东，纶欲上表，请从军自效，为郡司所遏。”[①]从军自效乃犯人在服刑期间，鉴于国家有重大军事行动，自愿申请投军的一种制度。到了唐代，此制又发展为“效力刑”。显庆五年(660)以后，由于战争时间延长，兵员出现经常性短缺，效力遂成为王朝最主要的一种发罪人为兵之刑。《册府元龟·将帅部·荐贤》：“仁轨坐事除名，配军效力。”[②]效力被称为“配”，从前的自愿色彩消失，转而成为一种强制性的刑罚。

安史之乱后，效力者的去向有二，一是配往西北军镇效力，一是配往朝廷直接掌控的各藩镇军中效力。被配效力之人常被称为“效配军团人”。[③]在唐中后期的赦令中，效力常和流、移并提，效力人和流人被准予量移的条件基本相同。贞元六年(790)十二月《南郊赦文》：“左降官经三考，流人、配隶、效力之类，经三周年者，普与量移。”[④]效力已成为一种经常性的处罚手段。

在唐代，还出现了配隶刑。《唐律疏议·名例律》“免所居官”条解释“杂户”和“官户”云：“杂户者，谓前代以来，配隶诸司职掌，课役不同百姓……各于本司上下。官户者，亦谓前代以来，配隶相生，或有今朝配没，州县无贯，唯属本司。”[⑤]在唐代律令中，配隶主要指将官户、杂户等贱民配往诸司服役。除前代配隶者外，在本朝之所以被配隶，主要是因其直系亲属身犯反、逆等重罪，被缘坐配没。

唐代赦令中经常出现和流刑并称的“配隶”一词，与律典中“配隶”的意

---

① 《隋书》卷四十四《嗣滕穆王杨纶传》，第1222—1223页。

② 《册府元龟》卷四百一十三《将帅部·荐贤》(校订本)，第4681页。

③ 宝应元年(762)五月大赦文：“左降官并诸色流人及罚镇、效配军团人等，一切即放。”《册府元龟》卷八十八《帝王部·赦宥第七》(校订本)，第971页。

④ 《册府元龟》卷八十九《帝王部·赦宥第八》(校订本)，第984页。

⑤ 刘俊文：《唐律疏议笺解》，第218页。

思不同。开元十八年(730)正月诏:

其左降官及流、移、配隶、安置、罚镇、效力之类,并宜量移近处。其官已复资,至叙用之时,不须为累。其流人、配隶并一房家口者,所犯人情非劫害、身已亡殁,其家口放还。[①]

配隶与流刑、安置、罚镇、效力等刑罚手段并列,不是律典规定的普通流刑或其他刑种的代称,而是一种独立的刑罚手段。它和流刑性质相近,乃律典规定的普通流刑的一个变种,故配隶也被称为"配流",配隶人也被称为流人。元和八年(813)十一月,刑部侍郎王播奏:

准本年九月十七日敕,自今已后,两京及关内、河东、河南、河北、淮南、河东西等道州府犯罪系囚,除大逆及下手杀人外,其余应入死罪者……并免死配流天德五城诸镇。臣谨言:……今请犯十恶及故杀、斗、谋、劫、私铸钱、造伪,并京兆界持杖强盗不论,并依律文及前后格敕处分。自余死刑,即请准今敕减死,配隶天德五城。有妻者仍准式勒随流人,其父祖子孙欲随去者任去。[②]

配隶和普通流刑的区别在于:普通流刑只居作一年,随后就可在当地附籍为民,配隶则要长期服苦役。大中四年(850)正月,朝廷下令:"徒、流人比在天德者,以十年为限。既遇鸿恩,例减三年。"[③]由上引元和八年十一月王播奏文可知,被流到天德五城之人实际上是被处以了配隶刑。由这道敕文则又可知,他们的配役期限至少在十年以上,远超普通流刑一年的期限。

适用配隶的方式多样,不一定要像罚镇、效力那样将罪犯罚入军伍,而是多将他们发遣到边远的州郡服役,故史料中称配隶为配州。开元十九年

① 《册府元龟》卷八十五《帝王部·赦宥第四》(校订本),第940页。

② 《册府元龟》卷六百十六《刑法部·议谳第三》(校订本),第7124页。

③ 《唐会要》,第739页。

二月，玄宗下诏："比者天下勋官，加资纳课，又因犯入罪，罚镇、配州。言念于兹，有乖宽恤。宜各依令、式处分，其先罚镇及配隶人未归者，并即放还。"[①]当然，也有直接被配入军伍服役的情形。开元八年，岚州刺史萧执珪因贪黩就被直接"配隶营府"。[②] 开元十七年(729)十一月颁下的赦文云："自先天以来，有杂犯经移近处流人，并配隶碛西、瓜州者……并宜放还。其反逆缘坐、长流及城奴，量移近处，编附为百姓。"[③]大量罪犯被配隶到了西北州郡。由于配隶人和国防的关系密切，配隶人、流人实际上与罚镇、效力人一样，多在军镇的管理之下。会昌六年(846)五月武宗下诏：

> 灵武、天德、三城封部之内……自今已后，天下囚徒合处死刑，情非巨蠹者，特许生全，并家口配流此三道，仍令本军镇各收管安存，兼接借农具，务使耕植。[④]

配隶之刑较罚镇为重，配隶人在边镇的地位比罚镇人更低。《册府元龟》卷三百二十《宰辅部·识量》载太和初宰相韦处厚事迹云："时李载义累破沧镇贼众，每俘执，多遣刳剔。处厚以恩喻之，载义深纳其旨。自此沧镇所获生口，配隶远地，前后全活数百千人。"[⑤]李载义在沧镇所获"贼众"为叛军，多被以酷刑杀死。经韦处厚干预，这些人被减死配隶，从罪行看，当然要重于因普通犯罪而被罚镇、效力之人。唐后期，将藩镇叛军配隶几乎已是一种惯例，陆贽《放淮西生口归本贯敕》云："应从李希烈作乱以来，诸道所有擒获淮西生口，配隶岭南、黔中等道，宜一切释放归本道。"[⑥]

---

① 《册府元龟》卷六十三《帝王部·发号令第二》(校订本)，第676页。

② 《册府元龟》卷七百《牧守部·贪黩》："萧执珪为岚州刺史……开元八年(720)并坐贬。诏曰：'……宜从远谪。执珪宜除名，配隶营府，即差使所在驰驿领送至彼，不得东西。"(第8087页)

③ 《册府元龟》卷八十五《帝王部·赦宥第四》(校订本)，第939页。

④ 《册府元龟》卷五百三《邦计部·屯田》(校订本)，第5722页。

⑤ 《册府元龟》卷三百二十《宰辅部·识量》(校订本)，第3625页。

⑥ 《全唐文》卷四百六十三《放淮西生口归本贯敕》，第2089页。

总之，中原王朝所处的特定地理与文明环境，使北方游牧族群成为其最大的外部威胁，王朝必须投入大量的人力与物力资源用于北方边疆，进行防卫。人口资源的短缺，使通过正常渠道征集的兵员常处于不足状态，各种类型的发罪人为兵制度因此被创设了出来。在隋唐这样的开拓型王朝，此种情形尤其明显。于是，便有了各种以发罪人为兵为目的之律外刑的出现。配防、配戍、效力、罚镇、配隶等刑乃其中最主要的几种。下文所述高丽的情况则与此不同。

二、与华制关系较为密切的刑罚

（一）钑面

存在于《高丽律》外的各种刑罚手段有一个显著特点：它们基本均出于半岛国情自生、自创，以“土俗”为主。[①] 但这些刑罚中的一些又或多或少受到了中国制度的影响，有一些“华”、“俗”交融的色彩。其中，与中国法制关系较为密切的有枷市、钑面、黥刑、潴宅等。

高丽的钑面刑乃对犯人面部刻划，形成永久性标志的刑罚。现存史料中关于适用钑面刑的最早记录在显宗四年（1013）。该年，显宗判：“还贱奴婢更诉良者，杖之，钑面还主。”[②]其正式出现当更早，可能在高丽立国不久就已存在，甚至是半岛长久以来的习惯法。之后，它又随着高丽王朝的“制度化”趋势实现了成文化。《高丽史·刑法志》就载有这样两个法条：1.“宰牛人，良贱勿论，钑面刑决，远陆州县充入”[③]2.“犯盗，配所逃亡者，刑决钑面，配远陆州县”。[④] 因为它是王朝的正式刑罚，适用贯穿了高丽一代，有年月可

① 本文使用“华化”与“土俗”两个名词，其中所谓“华化”是指高丽王朝内部积极要求引进中国唐、宋制度和文化的倾向，而“土俗”则是指要求坚持本国固有制度和文化的倾向。关于这一问题的详细讨论，可参考《高丽王朝的“华化”与“土俗”之争》，《安徽史学》2008 年第 1 期。

② 《高丽史》卷八十五《刑法二》，第 2718 页。

③ 《高丽史》卷八十五《刑法二》，第 2693 页。

④ 《高丽史》卷八十五《刑法二》，第 2706 页。

考的有以下五条：

1. 文宗三年(1049)判："公私奴婢，三度逃亡者，钑面还主。"[①]

2. 文宗八年，以将作监商人故烧官炭库，判决脊杖二十，钑面配岛。[②]

3. 仁宗十四年(1136)五月诏曰："今法官论杀牛者，准杀人之罪，钑面配岛。此非律文本意，自今以本罪罪之。"[③]

4. 明宗十五年(1185)八月，有南原郡人与郡吏有隙，至其家缚吏于柱，遂火其家而烧杀之。群臣议以斗杀论。制云："原其罪状，宜钑面充常户。"[④]

5. 忠烈王二十四年(1298)正月甲辰，元遣使册为国王，以忠烈为逸寿王。丙午，(忠宣王)受内禅，即位于康安殿。戊申，教曰："……前所配者，除谋乱国家、不忠不孝、杀人强盗、谋故劫杀，钑面充常户外，其余入岛者出陆余(移)乡……"[⑤]

分析这些史料可知，钑面刑的适用有两个特点：其一，主要适用于类似杀人这样的重罪，常和流刑、充常户刑并处。其二，适用不分良贱。

"钑面"一词为古代中国所无，乃高丽人独创。虽然如此，类似刑罚在中国却早已有之，墨刑便是典型。高丽的钑面刑当受到了中国古制的启发，和宋代的刺配法有所不同。[⑥]

另外，高丽又有"黥"刑。在最为高丽人推重的唐代，死刑减等有时便用"黥"代替。《旧唐书·后妃上》："则天时，婉儿忤旨当诛，则天惜其才不杀，

① 《高丽史》卷八十五《刑法二》，第 2718 页。

② 《高丽史》卷八十五《刑法二》，第 2696 页。

③ 《高丽史》卷八十五《刑法二》，第 2710 页。

④ 《高丽史》卷八十四《刑法一》，第 2688 页。

⑤ 《高丽史》卷三十三《忠宣王一》，第 1047—1048 页。

⑥ 韩国学者김난옥认为，黥刑是在人的脸上刻字后"入墨"，而钑面则是在脸上刻画故意留下伤痕，并不入墨。김난옥：〈고려후기의流配刑〉，《國史館論叢》104，第 175 页。

但黥其面而已。"[①]"黥面"刑在唐代不常用,经过五代的发展,到宋代才广泛适用起来。

高丽史料中关于"黥"刑的最早记录出现于仁宗时期(1122—1146),但其广泛适用乃在武人掌权的明宗时期(1170—1197),且"黥"为流配刑的附加刑。[②] 有时,被黥配之人还会被罚为奴婢之类的贱人或贱役,[③]显示它与钑面刑有一定的承继关系,乃半岛本土制度与中国制度的结合。

(二) 枷市

"枷市"是一种让罪犯身着大枷,在市场等人员密集之所示众的刑罚。辛禑四年(1378)二月,"以知杆城郡事田光富贪墨害民,枷市三日,杖流之"。[④] 恭让王二年(1390)三月,"前判事金贵妻与僧通,俱立市五日,决杖"。[⑤] 枷市的适用对象相当广泛,既有普通百姓,又有下级官吏,还有高官贵族。适用范围亦甚广,既有事关风俗的犯罪,也有一般的贪墨欺诈犯罪,还适用于叛逆等重罪,[⑥]是一种普遍适用的常用刑。

"着枷立市"是枷市的完整表述,于史料中最早出现于靖宗十一年五月。当时,朝廷揭榜云:"令选军别监依前田丁连立,其领内十将六十有阙,除他人,并以领内丁人迁转录用……如有饰诈求免者,着枷立市,决杖七十七下,配岛。指挥人并令征铜。"[⑦]从表达的规范化看,枷市之法在当时已相当成

---

① 《旧唐书》卷五十一《后妃上》,第 2175 页。

② 这样的事例甚多,略举两例。《高丽史·宗室传》:"宦者郑諴谋陷台谏,密诱散员郑寿开诬告台省及台吏李份等怨王,谋推戴暻为主。王惑其言,欲去之。谏臣金存中请令有司按问,果无验。黥寿开,配黑山岛,流份于云梯县。"(《高丽史》卷九十《宗室一》,第 2837 页)《高丽史》卷八十五《刑法二》:"明宗三年四月,执奏李义方置平斗量都监,斗升皆用概,犯者黥配于岛。"(第 2697 页)

③ 《高丽史》卷二十《明宗二》:"(明宗二十四年)冬十月丁酉,南路兵马使收贼妻孥三百五十余人,黥配西海道,充诸城奴婢。"(第 641 页)

④ 《高丽史》卷一百三十三《辛禑一》,第 4014 页。

⑤ 《高丽史》卷四十五《恭让王一》,第 1362 页。

⑥ 《高丽史》卷二十二《高宗一》:"(八年三月)戊戌,捕义州逆贼尹章等三人,枷于市,辛丑斩之。"第 688 页。

⑦ 《高丽史》卷八十一《兵一》,第 2581 页。

熟，可能在成宗制律时已被创设。着枷立市与决杖常同时使用，故史料中又多以“枷杖”称之。文宗十年九月发布教令曰：

> 近来纲纪弛紊，且无惩革……或地有鱼盐、梓漆，或家有畜产、赀财，皆被侵夺。若有吝之者，即假事严加枷杖，伤其性命。怀冤抱痛，无所告陈。[①]

中国古代亦有类似之刑，发端当在唐后期，前文已经论及。到了宋代，适用更加广泛。《名公书判清明集》卷三《赋役门·税赋》“戒揽户不得过取”条：“若是则揽户之取盈，不啻加倍与官府矣，何无忌惮之甚……魏六乙、周七乙各决脊杖，刺配本州，枷项市曹，示众十日。”[②]《续资治通鉴长编》卷七十九，真宗大中祥符五年闰十月乙丑朔，“诏京城盗贼当决杖配隶者，自今免其令众，内情重者奏裁。”[③]在一般情况下，“盗贼当决杖配隶者”需“枷杖令众”。

从时间的先后、唐与高丽在文化上的关系，[④]以及刑罚本身适用的特点来看，高丽的枷市之法受到了唐代“枷项令众”之法的影响当无疑问。

（三）潴宅

在高丽，对犯有十恶等重罪之人常处以潴宅刑。《高丽史·吴思忠传》：

> 恭让初，与舍人赵璞等上疏极论李穑、曹敏修之罪。又曰：“李仁任拥立辛禑之罪，亦殿下之所亲见也。请委诸宪司斩棺潴宅，以声其罪。”……命罢穑父子，废敏修为庶人。又与璞等上疏曰：“……宜令有司斩棺潴

① 《高丽史》卷七《文宗一》，第 209 页。

② 《名公书判清明集》，中华书局，2002 年，第 63 页。

③ [宋]李焘：《续资治通鉴长编》卷七十九，中华书局，1979 年，第 1799 页。

④ 高丽统治集团对唐代的制度和各种故事十分熟悉，从成宗时期开始，在制定制度、处理政务时动辄引以为据，《高丽史》中载有很多这样的例子。如《高丽史·成宗世家》：“[成宗八年(989)]冬十二月丙寅，教曰：‘昔唐太宗每于皇考妣忌月禁屠杀，敕天下僧寺限五日，焚修转念，以为例程。……仍于是月禁屠杀，断肉膳。’”(第 70 页)

宅，籍没家产……”于是潴仁任宅，流穑父子、崇仁、仑芬、达汉。[①]

从文本上看，此制最早应出于中国。《礼记·檀弓下》：“邾娄定公之时，有弑其父者，有司以告。公瞿然失席，曰：‘是寡人之罪也。’曰：‘寡人尝学断斯狱矣：臣弑君，凡在官者杀无赦。子弑父，凡在宫者杀无赦。杀其人，坏其室，洿其宫而猪焉。”王文锦注“猪”同“潴”，并解释“洿其宫而猪焉”为“把房基庭院挖成池子，灌上水”。[②]

《说文解字》释“瀦”云：“水所亭也”。[③] 李建雄认为，“先秦秦汉官民养猪圈厕一体，通常屎尿停聚，故‘瀦’又每作‘猪圈’之义。”因此，他将上文《礼记·檀弓下》所载邾娄定公时对弑其父者的处罚解释为：“指邾娄定公夷平弑父者宫室，灌注粪水比之猪圈。”[④]

虽然《礼记》有潴宅的说法，但秦汉以降在实践中甚少运用。西汉末年，看到王莽将危汉室，宗室刘崇起兵。事件平定之后，刘崇族父刘嘉建议：

> 臣闻古者畔逆之国，既以诛讨，则猪其宫室以为污池，纳垢浊焉，名曰凶虚，虽生菜茹，而人不食。四墙其社，覆上栈下，示不得通。辨社诸侯，出门见之，著以为戒。方今天下闻崇之反也，咸欲骞衣手剑而叱之。其先至者，则拂其颈，冲其匈，刃其躯，切其肌；后至者，欲拨其门，仆其墙，夷其屋，焚其器，应声涤地，则时成创。而宗室尤甚，言必切齿焉。何则？以其背畔恩义，而不知重德之所在也。宗室所居或远，嘉幸得先闻，不胜愤愤之愿，愿为宗室倡始，父子兄弟负笼荷锸，驰之南阳，猪崇宫室，令如古制。[⑤]

---

① 《高丽史》卷一百二十《吴思忠传》，第3662页。

② 王文锦：《礼记译解》，中华书局，2001年，第151页。

③ 许慎：《说文解字》，中华书局，1963年，第238页。

④ 李建雄：《秦汉时期的猪文化景观》，《农业考古》2020年第6期，第232页。

⑤ 班固：《汉书》，中华书局，1964年，第4084—4085页。

李建雄评论说，“王莽报请批准。‘猪崇宫室’的处置方案和《礼记·檀弓》如出一辙，可见王莽对此事件的处理既是泄愤，也是一场尊经崇古的‘精彩’演出。”①

又，《后汉书》卷十五《邓晨传》：“而新野宰乃污晨宅，焚其冢墓。”②“污晨宅”的具体方式不明，就原理看应与“潴宅”有一致之处。曹魏明帝时，制《新律》十八篇，“改汉旧律不行于魏者皆除之，更依古义制为五刑……至于谋反大逆，临时捕之，或汙潴，或枭菹，夷其三族，不在律令，所以严绝恶迹也。”③《新律》依古义以制刑，“污潴”为其一，但不在当时所制五刑之内，乃对谋反大逆之人偶尔使用的一种特殊刑罚。又，《晋书》载记第七《石季龙下》：

> 宣小子年数岁，季龙甚爱之，抱之而泣。儿曰：“非儿罪。”季龙欲赦之，其大臣不听，遂于抱中取而戮之，儿犹挽季龙衣而大叫，时人莫不为之流涕，季龙因此发病。又诛其四率已下三百人，宦者五十人，皆车裂节解，弃之漳水。洿其东宫，养猪牛。东宫卫士十余万人皆谪戍凉州。④

“洿刑”即潴宅刑，当非羯人发明，而是承袭《新律》以来的做法。此刑一直沿用到了北魏。宣武帝时，“时雁门人有害母者，八座奏轘之而潴其室，宥其二子。”⑤灵太后返政后，张子慎伏阙上书：“开逆之始，起自宋维；成祸之末，良由腾矣……以臣赤心愽愽之见，宜枭诸两观，洿其舍庐。”书奏之后，“灵太后义之……后遂剖腾棺，赐义死。”⑥邓奕琦认为，北魏时期实行这一刑罚，和“孝文帝太和改革掀起复礼议礼热潮后，比附经义论罪名定刑的春秋

① 李建雄：《秦汉时期的猪文化景观》，《农业考古》2020 年第 6 期，第 232 页。

② ［南朝］范晔：《后汉书》卷十五《邓晨传》，中华书局，1965 年，第 583 页。

③ ［唐］房玄龄等撰：《晋书》卷三十《刑法志》，中华书局，1974 年(以下省略)，第 925 页。

④ 《晋书》卷一百七《石季龙下》，第 2784—2785 页。

⑤ ［北齐］魏收：《魏书》卷六十五《邢峦传》，中华书局，1974 年(以下省略)，第 1450 页。

⑥ 《魏书》卷六十《韩麒麟传》，第 1335—1336 页。

决狱在北魏愈演愈烈”的情况有关。[①] 对王显、高肇一案，清河王等便奏曰：“案王显阴结奸徒，志为不逞；高肇远同凶逆，遥构祸端。无将之罪，事合洿戮。”(《魏书》卷三十一《于栗磾传》，第744页)在另一涉及谋反的案件中，尚书邢峦奏：“古人议无将之罪者，毁其室，洿其宫，绝其踪，灭其类。其宅犹弃，而况人乎?”(《魏书》卷一百一十一《刑罚志》，第2880页)

因潴宅乃自《新律》以来一直适用的刑罚，故在隋唐时期，新五刑体系虽已确立，但在律典中仍保留了潴宅刑的踪迹。《唐律疏议·名例律》“彼此俱罪之赃”条在律疏的问答中说：“谋反、大逆，罪极诛夷，污其室宅，除恶务本。”[②]“污其室宅”指的就是《礼记》所云潴宅刑。由此可知，潴宅刑的本意乃除恶务尽，主要适用于谋反、谋大逆等严重违反伦常关系的犯罪。

唐代虽已无此刑，但高丽人却依据对中国文化的理解，将这一刑罚在半岛复活。在所谓辛旽谋逆事件发生后，恭愍王“流旽于水原，命李成林、王安德押行……宪府又请诛旽、流其亲党、籍产、潴宅。王曰：‘法者，天下万世之公，予不得私挠。宜如所奏！’”[③]从恭愍王“法者，天下万世之公，予不得私挠”之语可知，潴宅在高丽是一种正式刑罚，故宪府才会要求对某些重罪犯处以此刑。

高丽潴宅刑的适用完全按照《礼记》的规定进行，具体适用方法在后世的《朝鲜王朝实录》多有记载。燕山君十年(1504)六月，国王下令：“且克均、弼商、世佐、李坡等家，潴以为池，立石书罪名，使万世人臣知戒。”[④]执行此刑，不仅要将犯人之家挖成一个大水坑，还要在旁立大石，于其上详书罪名，以达到“使万世人臣知戒”的目的。因工程量浩大，需要动员大量的人力。该月，兵曹判书任士洪等启：“罪人家潴池事，命发京畿军人五千役之。畿内军数不过一千五百，请抄五部坊里军人开凿。”传曰：“发五部及畿内烟户军，

① 邓奕琦：《北朝法制考述》，载《中国法制史考证》甲编第三卷，中国社会科学出版社，2003年版，第457页。

② 刘俊文：《唐律疏议笺解》，第318页。

③ 《高丽史》卷一百三十二《叛逆六·辛旽》，第3986页。

④ 《朝鲜王朝实录·燕山君日记》燕山十年六月己卯条。

速毕役。”[①]此刑的目的主要在于展示，重视的是警示效果。

三、以土俗为主与华制略有渊源的刑罚

（一）髡刑

《宣和奉使高丽图经》卷十八“在家和尚”条：“在家和尚，不服袈裟，不持戒律……其于公上，负载器用，扫除道路……悉以从事。边陲有警，则团结而出……其实刑余之役人，夷人以其髡削须发，而名和尚耳。”（第 97 页）髡是一种普遍性刑罚。从被髡之人要负担包括军役在内的各种杂役，类同贱民的情形看，髡刑的实质是耻辱刑。从《高丽史》的记载看，高丽的髡刑主要适用于宗室及高官贵族。这是由史臣的视角造成的。恭愍王十五年八月，髡前宰相李龟寿，“置于松广寺”。[②] 又，《高丽史・宗室传》：“释器娶民家女，生一子，潜寓前评理梁伯益田庐，事觉，髡之，置鸡龙山。”[③]释器为前代国王忠惠王庶子，恭愍王以忠惠之弟被元册封为高丽国王，视释器为政治上的最大威胁之一，以此数次兴起大狱。抓获释器后，恭愍王对其施加髡刑，乃高丽的传统。

佛教为高丽国教，[④]对宗室和高官贵族适用髡刑，等于将他们落发为僧，在一定程度上保持他们地位的同时，将他们排除于政治舞台之外，同时又使他们再受教法的约束。在当时的观念环境中，这种做法能为人们理解与接受，发生相当之效力。

《高丽史・显宗世家》：“显宗元文大王，讳询，字安世，安宗之子……千秋太后忌之，逼令祝发。”[⑤]在即位之前，显宗是王位的有力竞争者，为千秋太后所忌，她采取的主要措施就是将其削发为僧，使之退出世俗权力的竞争。在高丽后期，忠烈王、忠宣王父子之间的斗争你死我活，忠烈王部属王惟绍

---

① 《朝鲜王朝实录・燕山君日记》燕山十年六月丁亥条。

② 《高丽史》卷四十一《恭愍王四》，第 1275 页。

③ 《高丽史》卷九十四《宗室二》，第 2854 页。

④ 参见［韩］李基白：《韩国史新论》，第 90 页。

⑤ 《高丽史》卷四《显宗一》，第 87 页。

等就试图髡忠宣之发——王惟绍“又谮于左丞相阿忽台、平章八都马辛曰：‘前王素失子道，又不与公主谐……今听其祝发，令瑛继尚公主，可副我王之志。’”①

高丽“小君”制是这一制度的另一来源。《高丽史·元宗世家》：“国制：宫人侍幸而有子则祝发为僧，称为小君。”②高丽是一个等级制社会，贱人所生之子仍为贱。依据这一原理，将宗室及高官贵族削发为僧，隐然有贬低其身份之意。恭愍王诛杀奇氏一族后，个别未被杀害的奇氏家人就被处以髡刑。《高丽史·卢頙传》载：

> 王尝求龙脑于和义翁主奇氏不得，至是托以与北元通谋，下巡卫府，又囚重贵等及前佐郎方得珠狱，未几杀重贵、寿林、明，枭于市。髡奇氏，置之尼院。皆奇后之族，时人怜其无辜。③

在朝鲜半岛这一长期浸润于中国文化的华夏化社会，独自创造出一种全新的制度并不容易。在本土社会、文化环境的熏习及特定需求的刺激下，高丽人受文化传播之影响，并在此种影响下对中国制度进行改造以“发明”出适合本土社会的制度，就成为一种现实的路径。随着中国典籍的传播，秦汉时期长久实行髡刑的事实，④早已为半岛精英所熟知。在与高丽同时代的宋代司法实践中，也时常会适用此刑。《名公书判清明集》卷十《人伦门·孝》“孝于亲者当劝不孝于亲者当惩”条：“今忽遽百姓吴拾同妻阿林愬其子吴良聪不孝……姑与从轻，杖脊二十，髡发，拘役一年，仍就市引断。”⑤高丽人依托这些制度，结合本国贵族社会、佛教信仰的特点，将中国的髡刑“改

① 《高丽史》卷一百二十五《王惟绍传》，第3782页。

② 《高丽史》卷二十六《元宗二》，第812页。

③ 《高丽史》卷一百三十一《卢頙传》，第3966页。

④ 关于古代中韩之间的典籍交流，可参考黄建国：《古代中韩典籍交流概说》，载包伟民主编《史学文存》，上海古籍出版社，2001，第457—477页。

⑤ 《名公书判清明集》，中华书局，2002年，第383页。

造”适用毋宁是自然之事。

（二）归乡刑与充常户刑

“归乡刑”和“充常户刑”是一套与流刑相近，但主要基于半岛本土资源而生的刑罚体系。《高丽史·选举志》“学校”条载仁宗朝《式目都监详定学式》：“凡系杂路及工商乐名等贱事者、大小功亲犯嫁者、家道不正者、犯恶逆归乡者、贱乡部曲人等子孙及身犯私罪者，不许入学。”①“学式”将“犯恶逆归乡者”同各种贱役并列，说明被处以归乡刑之人被当作服贱役之人看待。金富轼在平定妙清之乱后，对叛军人员的处置为：“其勇悍抗拒者黥西京逆贼四字，流海岛；其次黥西京二字，分配乡部曲；其余分置诸州府郡县，妻子听任便，许为良人。”②“分配乡部曲”乃“配乡”的完整说法，再从它与“妻子听任便，许为良人”对照的情况看，此刑的关键在于将犯人抑为贱民。

充常户刑乃归乡刑的上位刑。《高丽史·刑法志》“户婚”条：“官私奴婢招诱良人子卖买者，女人则初犯依律断之，再犯归乡；男人则初犯归乡，再犯充常户。”③此条的犯罪主体本就是官私奴婢这样的贱民阶层，故“常户”绝不可能为普通编户齐民，只能是低于或至少等于官私奴婢的贱民集团。文宗二十年七月制：“诸官人归乡者，充常户；诸因畏惧致死者，以绞论；有乖于义，皆除之。”④在此之前，高丽法律规定官人犯罪也可被罚归乡或充常户。这是以良为贱，故被认为“有乖于义”。

高丽立国时，中央权威不足，地方势力强大，朝廷的实际统治地域不出京畿地区。从成宗时期，朝廷才开始在地方逐步推行郡县制，但地方实权仍多掌握在豪族手中。

在此情境下，高丽统治集团对地方势力实行歧视政策，尽量贬低其身份，规定他们“非由科举，不得免役从仕”。即使少数人有机会通过科举在京

① 《高丽史》卷七十四《选举二》，第2360页。

② 《高丽史》卷九十八《金富轼传》，第3028页。

③ 《高丽史》卷八十四《刑法一》，第2683页。

④ 《高丽史》卷八十五《刑法二》，第2710页。

城任职，也要受到“其受京职者，限七品”[①]的限制，将他们降为在地方承担各种职役的“乡吏”阶层。乡吏之子不能任伍、尉以上武职，参加科举考试也有“乡吏则三丁一子许赴试”[②]的限制。他们世袭其职，上升渠道受到严格限制。高丽武人政权时的状元赵文拔，因最高首领崔忠献之子崔怡的请求才得以使其年逾六十的老父免除乡役。[③] 由此可知，在京还是在乡对居于执政地位的在京贵族集团[④]的社会地位与切身利益有直接影响。如被处以归乡刑，意味着被赶出京城，其实质内涵则是身份上的降低。[⑤]

归乡刑和充常户刑与半岛贵族制密切相关的另一个层面是：其降低身份的特性有助于限制统治集团人数，维持其封闭、狭小之特权集团的特性。这是贵族社会得以存在的必要条件。[⑥] 正是基于这些理由，我们断定归乡刑和充常户刑的创设，主要基于半岛本土资源。

但如上文所言，完全自创制度甚难。归乡刑与充常户也受到了唐中后期某些非主流法律措施的启发。《旧唐书·阳城传》载阳城在道州刺史任上的事迹云：“道州土地产民多矮，每年常配乡户，竟以其男号为‘矮奴’。城下车，禁以良为贱，又悯其编氓岁有离异之苦，乃抗疏论而免之，自是乃停其贡。民皆赖之，无不泣荷。”[⑦]唐代道州“乡户”乃一种贱役，故道州民才被称为“矮奴”，因而有了阳城“禁以良为贱”的措施。高丽人对唐代制度与故事非常熟悉，有可能将之“拿来”，创制出与本国社会结构相适应的“归乡——

① 《高丽史》卷七十五《选举三》，第2401页。

② 《高丽史》卷七十五《选举三》，第2402页。

③ 《高丽史》卷一百二《赵文拔传》，第3135页。

④ [韩]李基白：《韩国史新论》，第159页。

⑤ 直到朝鲜王朝时期，还以距离京城的远近作为流刑轻重的区分，也应是受此影响。《朝鲜王朝实录·中宗实录》二年(1507)五月丙午条：“左议政朴元宗启曰：‘金戡与郑眉寿，一时被罪，而勘之罪，比眉寿少轻。其时勘则病卧，故虽闻之未及告，犹可恕也。请依眉寿例，移勘于距京都三日程何如？’传曰：‘可。’”

⑥ 关于限制集团内的人数为贵族社会维持之间的关系，可参看[美]曼库儿·奥尔森著，吕应中等译：《国家兴衰探源——经济增长、滞胀与社会僵化》，商务印书馆，1998年，第73页。

⑦ 《旧唐书》卷一百九十二《阳城传》，第5133—5134页。

充常户”刑罚体系来。

四、完全的土俗刑罚

（一）降号

从理论与来源上讲，贵族的势力根基在于乡里。因此，高丽社会特重乡贯与世系。《高丽史》卷五十六《地理一》：“贞海县，世传太祖时梦熊，驿吏韩姓者有大功，赐号太匡，割高丘县地置县，为其乡贯。”①忠宣王即位后下教曰：“凡州、府、郡、县，先王因丁田多少以等差之。近来两班内外乡贯，无时加号，甚乖古制，有司论罢。”②每个高丽人均有其乡贯，个人与家族荣辱与乡里有直接关联。《高丽史》卷五十六《地理一》：“蔚州，本屈阿火村，新罗婆娑王取之置县……太祖时，郡人朴允雄有大功，乃并河曲东津虞风等县，置兴礼府，后降为恭化县，又改知蔚州事。”③又“安东府，本新罗古陁耶郡……太祖十三年，与后百济王甄萱战于郡地，败之。郡人金宣平权幸张吉，佐太祖有功，拜宣平为大匡，幸吉各为大相，升郡为安东府。后改为永嘉郡”。④

在高丽立国过程中，凡有功于太祖者，其乡里均被升格，相反则被降格。如“海阳县，本百济武珍州……后高丽王弓裔以太祖为精骑大监，帅舟师略定州界，城主池萱以甄萱婿，坚守不降。太祖二十三年称光州，成宗十四年降为刺史，后又降为海阳县令官。”⑤高丽初期的这类做法，以后被制度化，隐然之中，地方的行政级别竟与社会等级建立起对应关系。

在王朝统一后的长久和平期，对一个地区行政级别的升降逐渐和赏罚相联系，成为一种法律制度。《高丽史·地理三》：“盐州……来属后置监务，高宗四年，以御丹兵有功升为永膺县令官。四十六年，以县人将军车松祐有

① 《高丽史》卷五十六《地理一》，第 1801 页。

② 《高丽史》八十四《刑法一》，第 2671 页。

③ 《高丽史》卷五十七《地理二》，第 1808 页。

④ 《高丽史》卷五十七《地理二》，第 1822 页。

⑤ 《高丽史》卷五十七《地理二》，第 1838 页。

卫社之功升知复州事；元宗十年，又以卫社功臣李汾禧之乡改为硕州。”[①]《郑仁卿墓志》：“公之桑梓本为县令，以公立功加号为知官，改为瑞州。”[②]人与地形成连带关系。在罚的层面，事实上成了一种连坐制，降号具有了刑罚性质。仁宗七年六月，中书门下奏：“忠州人刘挺弑父，其牧守及州吏不能教民，请皆下吏，仍降州为郡。”[③]

降号之法主要适用于反叛、弑逆之类严重违犯伦常的犯罪。如某地发生此类案件，则由朝廷下令降低该地级别，以作为对整个地域及该地出身之人的惩戒。这种制度在中国并不存在，高丽精英也清楚此制乃半岛特有的制度，和中国制度无关。在刘挺弑父一案的集议中，有大臣就指出：“《礼》云：‘邾娄定公时，有弑父者，杀其人、坏其室、洿其宫而止耳。’不言其所居州邑则降州为郡，非古法也。”[④]

降号的出现，仍和高丽贵族制的社会特性有关。在这样的社会，不同的行政级别本身，就意味着权利上的巨大差异，决定着资源的分配。行政级别越高，所享有的权利越多，能获得的资源也越多。反之亦然。李穑《南阳府望海楼记》载：

> 州之洪氏，自太祖兴时有翼戴功，讳殷悦者是已，世为大族。至江都末，南阳君诛权臣，反政王室，生文睿府主，为两朝大母，升之为府……固不可以他郡县等夷之也，故重其守臣。[⑤]

对一个地区行政级别的降级，会产生严重的实质性后果。首先，降号会带动对整个行政区域的重大调整，相应的则是对该地域官员的裁减与降级。《高丽史·金镛传》：“初，红贼招降杨广诸州，水原府先降，降为郡，削其四部

① 《高丽史》卷五十八《地理三》，第 1848 页。

② ［韩］许兴植编：《韩国金石全文》（中世下），第 1097 页。

③ 《高丽史》卷十六《仁宗二》，第 469 页。

④ 《高丽史》卷十六《仁宗二》，第 469 页。

⑤ 《牧隐稿·牧隐文稿》卷六《南阳府望海楼记》，第 49—50 页。

曲隶安城。”[1]又《高丽史·地理志》记：

> 庆州，本新罗古都……神宗五年，东京夜别抄作乱，攻劫州郡，遣师讨平之。七年，以东京人造新罗复盛之言，传檄尚、清、忠、原州道谋乱，降知庆州事，夺管内州、府、郡、县、乡、部曲，分隶安东、尚州。[2]

这种做法在中国是难以想象的。作为一个中央集权国家，这样做的结果只会导致中央对地方控制力的弱化及地方行政的混乱。而在高丽，由于地域不广，且地方主要由地方势力所控制，中央在地方设立的机构，象征性意义更为突出，由降号带来的对行政区划及官僚机构的调整，不会对中央权力造成太大影响，反而可成为中央控制地方，以刑罚为名调整行政区划与官员构成的手段，同时打击地方势力。

首先，由降号带来的地方间的分化与整合，会给世世代代扎根于此的地方势力造成打击，故他们总设法加以避免。《高丽史·朴义传》：“朴义，密阳人……密城人赵阡杀守应贼，降密城为归化部曲。义赂左右，白王曰：‘密城大郡，贡赋甚伙，降为部曲，无镇抚者恐其民流散。’乃置苏复别监。”[3]密城被降为部曲，一定程度上等于将该地所有居民降为作为贱民之一种的“部曲”。相反，置苏复别监则等于使之重新正常化，当地之人又重归编户齐民的行列。

其次，越是在中央权力巩固的时期，地方势力越需借助朝廷的力量发挥影响。地方势力与朝廷官吏是相互倚重的关系。《宣和奉使高丽图经》卷三“郡邑”条：“治民惟牧守、都护，公廨数楹，令长则随所在舍于居民。国政租赋之外无健讼，在官者公田不足以资用，则亦仰给于富民云。”[4]一旦降号，地方势力与官府的关系就要被打破，失去行使影响力的公权力依托。

再次，升降号还意味着资源分配上的巨大差异。《高丽史·地理三》：

---

① 《高丽史》卷一百三十一《叛逆五·金镛》，第3958页。

② 《高丽史》卷五十七《地理二》，第1805页。

③ 《高丽史》卷一百二十四《朴义传》，第3751页。

④ 《宣和奉使高丽图经》，第18页。

"春州,本貊国,新罗善德王六年为牛首州……太祖二十三年为春州,成宗十四年称团练使,属安边府州。人以道涂艰险,难于往来。至神宗六年,赂崔忠献,升为安阳都护府。"①为了解决道途艰阻,难于往来之弊,当地人想到的方法居然是将本地的行政级别升格,因为这意味着与此级别相应的资源投入,从而就可以解决交通问题。

复次,地方行政级别的不同,还会导致税收上的差异。《永州利旨银所升为县碑》:"至元后元年,上护军安子由等朝京师回,以天后命复驸马先王。若曰:'永州利旨银所,古为县。中以邑子违国命,废而借民税白金称银所者久。今其土人那寿也先不花,幼官禁中,积给使劳,其以功升乡贯复为县。'于是王教有司行之,如中中旨。明年,那寿奉使东归,为乡里荣。"②

最后,升降号还直接与地方居民的身份相关。高丽常有将县降为部曲的事例,也有将部曲、乡、所升格为县的情况。③ 这实际等于将该地居民的身份压低或抬升了一个等级。④ 在高丽这样的身份制社会,身份的升降与个人的切身利益直接相关。《高丽史·选举志》"科目"条:"(靖宗)十一年四月判:'五逆、五贱、不忠、不孝、乡、部曲、乐工杂类子孙,勿许赴举。'"⑤同卷"学

① 《高丽史》卷五十八《地理三》,第1844页。

② [高丽]崔瀣:《拙稿千百》卷二,景仁文化社,1996年,第38页。

③ 《高丽史》卷五十七《地理二》:"感阴县……显宗九年来属。毅宗十五年,县人子和等诬告郑叙妻与县吏仁梁咒诅上及大臣,投子和于江,降县为部曲。"(《高丽史》卷五十七《地理二》,第1815页)又,明宗六年正月,"公州鸣鹤所民亡伊、亡所伊等啸聚党与,自称山行兵马使,攻陷公州。"朝廷在征讨失利的情况下决定招抚,于是便采取了"升亡伊乡鸣鹤所为忠顺县,以内园丞梁守铎为令、内侍金允实为尉以抚之"的措施,亡伊则回书云:"既升我乡为县,又置守以安抚……终不为降虏,必至王京然后已。"在起不到作用的情况下,朝廷又"诏削忠顺县"。(以上引文均见《高丽史》卷十九《明宗一》,第606页。)

④ 与降号相对,升号的条件是要"有功"。忠肃王十二年十月,下教说:"郡县大小本有定制,近来无功而升号者颇多。其非先代所设,皆仍旧号。"(《高丽史》卷三十五《忠肃王二》,第1116页)当然,不少情况下,是因为当地出生的某些人得到了国王的宠幸,向国王请求取得的。《高丽史·恭愍王世家》:"(恭愍王元年五月己丑)王遣使召僧普虚于益和县……虚白王升迷元为县,置监务。虚主号令,监务但进退而已。"(《高丽史》卷三十八《恭愍王一》,第1184—1185页。)

⑤ 《高丽史》卷七十三《选举一》,第2305页。

校”条所载“式目都监详定学式”中也提到：“贱乡、部曲人等子孙及身犯私罪者，不许入学。”[①]据此，如县被降格为乡或部曲，该县之人就不能入学和赴举，失去了仕进的机会。即使已进入官僚队伍，其仕途也会受到重大影响。《高丽史》卷一百十一《宋天逢传》载：

> 辛禑初，以大司宪与同列上疏曰：“窃见宦者判崇敬府事尹忠佐，顺州鄙人，滥荷至恩，秩同宰相，擅权用事，蒙蔽上聪……且顺州，咀咒之乡，以其乡人置之左右，尤为不可。”[②]

正因为这样的利害关系，降号刑一旦实行，将产生极大的社会影响。《高丽史》卷一百十四《郑之祥传》记：

> 郑之祥……为全罗道按廉……野思不花，本国人也，入元，有宠于顺帝……不花降香至本国……之祥迎候恭谨，不花待遇甚倨……不花絷缚辱之。之祥忿恚大叫，饴州吏曰：“国家已诛诸奇，不复事元……此使者易制耳。若等何畏而不我救？将见尔州降为小县也。”邑吏呼噪而入，解缚扶出。之祥遂率众执不花、元哲等囚之，夺不花所佩金牌，驰还京。[③]

降号的谣言居然可煽动邑吏劫持元帝国的使节，可见其与人们利益关切程度之深。正因如此，降号才可成为一种有力的刑罚手段。

出于同样的原因，集体性地运作升号，已成为高丽社会的一个普遍现象。《高丽史·白善渊传》：“毅宗……见（白善渊）而悦之，号为养子……礼成江人赂善渊、肃恭、荣仪，请以礼成为县。”[④]武人郑仲夫、李义方等发动叛

① 《高丽史》卷七十三《选举一》，第2360页。

② 《高丽史》卷一百十一《宋天逢传》，第3402页。

③ 《高丽史》卷一百十四《郑之祥传》，第3501—3502页。

④ 《高丽史》卷一百二十二《白善渊传》，第3708页。

乱掌权后,“仲夫以西海道郡县属贯乡海州,义方升外乡金沟为县令”。① 忠烈王时,“阉人黄石良因缘用事,升其乡合德部曲为县”。② 恭愍王崇信僧侣普虚,“虚白王升迷元为县”。③ 权近《司宰少监朴强传》也记载了生动的一例:

> 朴强,宁海府人也,世为本府吏。宁海即古德源都护府,东女真入寇城陷,降为知官,以所管甫城,归于福州。举邑耻之,莫得申理。时强之曾祖成节适为上计吏,如京遂诉于都堂,闻于内,升为礼州牧。复还甫城,铸州牧印以赐,至今所用即其印也。州之人士仕于朝者及居乡者,皆归功于成节,听其免役。成节曰:“吾今老矣,虽免吾役,不复能为士矣,请免吾子孙。”众皆曰然,署牌以给,故其子学如及其孙天富皆不役于乡。天富即强之父也,玄陵潜邸在燕都,天富实从之。天富有力,能以一臂担玄陵周麾而呼,玄陵乐而爱之。④

“降号”之法不仅为中国所无,⑤亦为主流观念所反对。贞观十四年,戴州刺史贾崇以所部有犯十恶者,被御史劾奏。太宗谓侍臣曰:

> 昔陶唐大圣,柳下惠大贤,其子丹朱甚不肖,其弟盗跖为巨恶。夫以圣贤之训,父子兄弟之亲,尚不能使陶染变革,去恶从善。今遣刺史,化被下人,咸归善道,岂可得也?若令缘此皆被贬降,或恐递相掩蔽,罪人斯失。诸州有犯十恶者,刺史不须从坐,但令明加纠访科罪,庶可肃

① 《高丽史》卷一百二十八《叛逆二·郑仲夫传》,第 3866 页。

② 《高丽史》卷一百六《秋适传》,第 3267 页。

③ 《高丽史》卷三十八《恭愍王一》,第 1184 页。

④ 权近:《阳村集》卷二十一《司宰少监朴强传》,景仁文化社,1996 年,第 215—216 页。

⑤ 在历史上,有王莽“更名高句骊王为下句骊侯”(《后汉书》卷八十五《东夷列传》,第 2814 页)这样的“降号”之事,但和刑罚无关。

清奸恶。[①]

戴州发生之事，按照高丽的做法，极有可能被处以降号之罚，以刺史为首的官吏要随之被降级或裁撤。可在唐代，时人认为，对此连弹劾都是不妥的。之所以会出现如此重大的差异，主要因两国不同的社会结构和权力格局等现实情势使然。《资治通鉴》记此事云："戴州刺史贾崇以所部有犯十恶者，御史劾之。上曰：'昔唐、虞大圣，贵为天子，不能化其子；况崇为刺史，独能使其民比屋为善乎！若坐是贬黜，则州县互相掩蔽，纵舍罪人。自今诸州有犯十恶者，勿劾刺史，但令明加纠察，如法施罪，庶以肃清奸恶耳。'"[②]所论与高丽降号刑的取旨正好相反。

到了朝鲜王朝时期，降号刑仍以故事和惯例的形式被广泛适用，且被国王的教令所肯定，为正式刑种。世宗十一年(1429)五月的一道教令就规定："品官人民，如有阴嗾告诉，或身自告诉者，连续不绝，则知官以上降号，县官降为属县。"[③]端宗二年(1454)六月，议政府据刑曹呈启："竹山人金亡龙凌辱本邑守令，按……庚午年受教：'凌辱监司守令者，依前朝故事，破家、潴宅、黜乡。'今亡龙，请依此施行。"[④]"黜乡"即降号。

成宗时期，半岛的全盘"华化"已相当深入。成宗八年(1477)十一月，朱溪副正李深源在其上书中云："及我太宗大王即政之初，首革圆坛，罢祈恩，禁淫祀，然后先王之礼复明于世。……前朝以上千百年久习，及至我朝一举顿变，以从华制，迄于今赖之。凡礼乐文物舆服之制郁郁可观者，何莫非祖宗强断之力也！"[⑤]要求用强力手段推广并普"华制"。

在这种文化状态下，降号之法亦开始受到质疑。成宗十九年(1488)九月，在讨论朴成弑母一案时，李克培议曰："《春秋》之法，子弑父，则凡在宫者

---

① ［唐］吴兢：《贞观政要》刑法第三十一，岳麓书社，2000 年，第 266 页。

② 《资治通鉴》贞观十四年十二月乙巳条，第 6162 页。

③ 《朝鲜王朝实录・世宗实录》世宗十二年三月丙寅条。

④ 《朝鲜王朝实录・端宗实录》端宗二年六月己亥条。

⑤ 《朝鲜王朝实录・成宗实录》成宗八年十一月己丑条。

杀无赦。杀其人，潴其宅而已，未有所居官号降革之文。且郡县沿革，徒为烦扰，使人失所，无补于治教。”[①]他反对降号的理由有二，一是没有中国典籍上的依据，一是会给国家行政造成困扰。这说明朝鲜中央政府对地方的整合有了相当程度的进展，对地方进行“治理”的重要性日渐超出对地方势力牵制与控驭的需要。中宗时，谏院曾上启曰：

> 以杀父之故，改号、降号，考之于经，稽之于法，皆无所取，如此新立之科，不须创设。王者之政，劝善必延于世，罚恶只诛其身。彼破家潴宅，并与所尝居而尽灭之者，痛绝极治，不容天地之意，至深至切，又何加乎？水原降号之后，枭獍之类，接踵而出，则徒为政令之烦，无补于治化，益可知矣……是岂圣王之制？……即令弘文馆、法官，广考经传，先王之制，如有古例，参酌立法，以为恒规。如无古例，则请亟收成命，江原、原州，并复旧号，以杜将来之弊。[②]

谏院反对将降号之法成文法化，理由主要就是此法对行政造成的扰乱。但制度的惯性强大，质疑之声未能取消降号之法，它在实践中仍广泛适用。中宗三十五年(1540)，发生了卢凡根等人弑父案，谏院启曰：“天下之恶，莫大于弑父。诛讨之法，亦无所不用其极。前者密阳朴君孝、水原卢凡根，亦以弑父之罪，破家潴宅，妻子定属，降其邑号。今乔桐扈世长、原州刘石，与朴君孝等，罪恶无异，其用法，不可异科。扈世长、刘石，请依朴君孝等，破家潴宅，妻子定属，降其邑号，以严治恶之法。”国王下令：“议于大臣。’”[③]十五天后，三公议启曰：“破家、潴宅，显著于古籍，今亦为之。降邑号之事，虽不着于前书，往岁乐安、密阳等地，亦有如此人，而皆降邑号，今不可不降也。但水原，畿甸之大邑。或有天使之行；或国有大事，则此府可以担当，似不可

---

① 《朝鲜王朝实录・成宗实录》成宗十九年九月辛酉条。

② 《朝鲜王朝实录・中宗实录》中宗三十八年四月己丑条。

③ 《朝鲜王朝实录・中宗实录》中宗三十五年七月乙未条。

轻易为之。然若示罪大恶极之意，则不可不降。”[①]

降号之法之所以一直在争议中实行，其基本理由已与高丽时代不同。到了这一时期，随着儒化与华化的深化，半岛日益成为一个典型的儒家社会，纲常伦理受到前所未有的重视，精英阶层竭力提倡儒家的纲常名教及与之相应的各种礼仪制度。成宗十二年(1481)六月，李晏在上疏中就说：“我国言语，不通中国，而人伦五常，侔于中国。”[②]燕山君三年(1497)十二月，正言郭宗蕃书启：

> 自生民以来，君臣、父子之伦，赖以不坠者纲常耳。祖宗朝每于颁赦，关系纲常，虽小不释，人皆知纲常之重，不敢犯分。殿下即位以来，罪犯纲常者，并皆赦宥。成宗二十六年扶植纲常之功，尽毁于殿下之数年。今沈湄、宗灏罪在不赦，而特命许通叙用，臣念至于此，不胜痛心。[③]

降号则成为维持伦常体系的重要手段，有扶持纲常的作用。中宗即云：“当初以永革、降号两意，问于大臣，则皆云难于永革，以此降号尔。潴宅之事，亦非律文，故不果为也。今更思之，民弊与纲常，固有轻重，而潴宅亦可为也。”[④]

到了朝鲜后期，关于降号的争议再起。肃宗二十年(1694)年，发生了恩津人忠立弑主一案。司法机关裁断“革其县”，[⑤]引发争议。作为政府首脑的领议政(首相)南九万(1629—1711)带头反对。由于其上疏甚为重要，透露出许多关键信息，详录如下：

> 伏以外方州县有恶逆之人，则降其邑号，罢其守令。非但中国历代

① 《朝鲜王朝实录·中宗实录》中宗三十五年七月壬寅条。

② 《朝鲜王朝实录·成宗实录》成宗十二年六月壬子条。

③ 《朝鲜王朝实录·燕山君日记》燕山君三年十二月丙子条。

④ 《朝鲜王朝实录·中宗实录》中宗十二年闰十二月乙酉条。

⑤ 《朝鲜王朝实录·肃宗实录》肃宗二十年九月庚辰条。

律令之所无,至于我朝《经国大典》、前后《续录》,皆无此文。考见《舆地胜览》沿革,则或因邑民有功而升号,有罪而革邑。此似是一时之特命,而非有一定之格例也……及至先王朝癸卯年,刑官大臣又以为降号、罢守,本非法典所载,而施之于罪人胎生之地,尤涉不当,遂以居生邑施罪。然其时所禀,只在纲常罪人,而不及于逆贼。故顷于庚申年逆狱时,降号、罢守,皆施于胎生之邑云。事无依据,错出于一时之禀……然州府郡则皆降为县,而县则无可降,遂革其邑而属于旁邑,主县官吏待之如属司。故官属逃散,民人怨咨。数年之后,便成荒邑。此又不可不念者也。恶逆之变,古人所以处之者,以其见于经史言之。礼记邾娄定公之言曰:"坏其室,污其宫而潴焉。"盖君逾月而后举爵。降及后世,或有缺其城角,以示耻而已。至于降号、罢官,则非但古今法文之所无。前史故实、律家所录、祖宗遗事、先贤所论,皆以为不可,则恐非今日所当必遵之规也。……如或以为人伦大变,不可视以为恬常,无所警惩之道云尔,则虽不罪其守令,凡自县令以上之邑,皆使降号为县监;至于县监,则从礼穷于制之义,仍以置之,只令班次于诸县之下,则亦足以使本邑人知耻。此于方今例行之规,无甚径庭,而畏罪而掩蔽,引嫌而不申、罢官之烦、革邑之弊,庶几可息,岂不幸甚哉?[①]

朝鲜王朝以"遵华""儒化"为基本国策,《大明律》为其基本刑事法律,本国法有无中国法上的渊源直接关系到其合理性。南九万认为降号之法为"中国历代律令之所无,至于我朝《经国大典》、前后《续录》,皆无此文",就是要从根本上否定降号之法的合理性依据。

但如上文所示,此法绝非如他所言乃"一时之特命,而非有一定之格例"。他通过考证得出的结论正好说明降号之法乃半岛自高丽以来长久行用的固有法,而固有法(土俗)是朝鲜法的重要渊源之一。[②] 这是以降号为首

① [朝鲜]南九万:《药泉集》卷八《戊辰拟上札》,景仁文化社,1996 年,第 39—40 页。

② 关于这一问题的详细讨论,可参看何勤华等:《法律文明史·第七卷:中华法系·第三章第二节:朝鲜法》,商务印书馆,2019 年版,第 560—613 页。

之半岛“土俗法”在儒化社会能有一席之地的原因所在。然而，土俗法要想在儒化的潮流下生存，必须有符合这一文化与观念环境的基本面。降号正好以其针对纲常伦理犯罪的特点，与朝鲜国家与社会的要求相契合。因此，它不仅可继续存在，而且适用范围还有扩大的趋势——从“纲常罪人”扩及“逆贼”(反逆也是纲常犯罪，这里的“逆贼”应主要指因这些罪而被连坐之人)

降号虽契合了半岛儒化的文化与观念环境，却与半岛政治秩序、权力格局甚至社会结构(如乡、部曲这类贱民集团的逐渐消失导致县“无可降”)上的变化发生了矛盾。经过几百年的整合与权力渗透，朝鲜王朝已成为比较典型的中央集权国家，对地方势力整合的任务基本完成，对地方的治理而非对地方势力的控制成为王朝地方事务的中心。

在此情势下，降号之法的实行显然会对地方政治带来危害。作为政府首脑的南九万对此有直接的感受，他列举了实行降号之法带来的一系列行政上的弊病。从他的言论看，朝鲜精英显然早已对此达成了某种共识，所谓“先贤所论，皆以为不可”。

现实的情况虽导致降号“恐非今日所当必遵之规”，但却不能以此否定它惩戒“人伦大变”的意识形态要求。因此，尽管社会情势发生了重大变化，降号之法在行政层面越来越不合时宜，但在社会与文化层面仍发挥着重要功用。因此，南九万只建议改良，即为降号之法的适用设定下限——降到县为止，以此维护中央对地方进行控制的最基本、最末端的单位。

由于降号被认为和潴宅一样，是维护纲常礼教的重要手段，作为儒学代表性人物之一的朴世采(1631—1698)不同意南九万的看法：

> 窃观领议政臣南九万所进札意……可谓详且备矣。然以祖宗朝故事言之……其间沿革，固难详知。义例自相传守，必有其故。揆以大体，似难轻废矣。盖闻王制刑之义，乃曰必原父子之亲、君臣之义以权之。为其为纲常之首，故先举之……如以邾娄定公之言详味之，降号罢守，虽曰过重，亦似是坏室潴宫之推……义理法例之严正又如此……断

然废之，则恐非所以重纲常、慎义例之道。①

揆诸当时的观念与文化状态，这些理由更为有力。因此，英祖朝制定《续大典》时，正式将降号和潴宅之法规定入法典："纲常罪人（注：弑父母夫、奴弑主、官奴弑官长者），结案正法后，妻子女为奴，破家潴宅，降其邑号，罢其首令。（注：从时居邑）县令以上降县监，县监勿革，而序诸县之末，限十年复旧。反逆缘坐自有本律，破家以下用此律。"②这一法条是对以上两种意见的折中，在保留降号以威慑纲常犯罪的同时，反映了当时政治现实下行政上的要求。南九万的改良建议基本被采纳。首先，为降号设置下限，只降到县一级，同时还规定了一个10年的回归期。其次，将反逆缘坐的情形排除在降号的适用范围之外，尽量减少其副作用。

无论如何，纲常礼教才是这部法典的核心，《续大典·刑典》"推断"条还专设一款规定："罪犯纲常，情理深重者，杖一百，流三千里。"③成为一个总的加重性条款。朝鲜王朝是一个身份制社会，对于功臣及其子弟本来有很多优待。可是，随着对礼教的强调，对他们犯纲常之罪亦不予减轻。《续大典·刑典》规定："功臣子与孙纲常赃盗外，流以下许赎。"犯纲常与赃盗两种情况被《续大典·刑典》排除到许赎范围之外。在王朝的司法实践中，纲常犯罪同样受到前所未有的重视。官撰案例集《秋官志》便将"伦常"犯罪编为醒目的一类，称："人之所以为人者，以具备伦彝也。国之所以为国者，以重风化也。无是则其将人不人而国不国矣。"④在此现实与观念环境中，降号之法一直没大争议地被行用不辍。纯祖十八年（1818）四月，义禁府启：

因宁边按核御史韩用仪查启，备边司回启内，罪人石彦应行之律，

① ［朝鲜］朴世采：《南溪先生朴文纯公文续集》卷七《恩津人弑主革邑罢守当否议》，景仁文化社，1996年，第211页。

② ［朝鲜］金在鲁等编：《续大典》，亚细亚文化社，1983年（以下省略），第399页。

③ 《续大典·刑典》"推断"条，第401页。

④ 《秋官志·卷二·伦常》，首尔大学奎章阁本，第197页。

> 详考禀处事，允下矣。谨稽《大典通编》原典，有曰“纲常罪人，结案正法后，妻子女为奴，破家潴泽，降邑号罢守令，结案后径毙者，一体论。”……罪人所犯纲常之极罪，实是天地之大变……断以极律，少无不可……[①]

直到近代，在半岛的社会结构、文化与观念状况发生了根本性变化，西方法律体系传来，全面取代传统法律之后，降号之法才因失去“功用”而彻底退出历史舞台。

（二）档案刑

严格的等级身份制常与严密的档案制度如影随形。严格的档案制度是等级制的重要制度保障。

在高丽，各色人等均有自己所属阶层的档案系统。其中，最重要的当数记录官员资历、政绩的“政案”。《高丽史·选举志》“铨注”条：“旧制：吏部掌文铨，兵部掌武选，第其年月，分其劳逸，摽其功过，论其才否，具载于书，谓之‘政案’。中书拟升黜以奏之，门下承制敕以行之。”[②]在贵族制的社会结构下，政案的实际功用远不止此，更有记录官员世系，以此确定他们社会地位，从而决定各种关键性资源分配的作用。《高丽史·荣仪传》：“（荣）仪以逆民之后限其职，王嘉祝厘之功，令有司据远近户籍政案注脚，改录施行。”[③]政案比唐代具有类似作用的《氏族志》具有更为广泛、强大的功能。

在高丽，档案制是一种多方位、全覆盖性质的国家制度，除政案外，还有户籍、军籍、奴婢籍、罪籍（罪案）等各种档案系统。以下是关于奴婢贱籍的两个事例：

> 1. 金允侯，高宗时人尝为僧，住白岘院。……后为忠州山城防护别监，蒙古兵来围州城凡七十余日，粮储几尽，允侯谕厉士卒曰：“若能效

① 《朝鲜王朝实录·纯祖实录》纯祖十八年(1818)四月乙酉条。

② 《高丽史》卷七十五《选举三》，第2368页。

③ 《高丽史》卷一百二十三《荣仪传》，第3723页。

力，无贵贱悉除官爵，尔无不信。”遂取官奴簿籍焚之，又分与所获牛马。人皆效死赴敌，蒙古兵稍挫，遂不复南。[①]

2. 金州民大文者，族党近百人。英柱倚势欲压而为奴，都官佐郎李舜臣性谄曲，阿英柱意，舞文为贱。大文诉王府断事官赵仁规，仁规考其案，具陈英柱奸伪。[②]

所有这些档案均会对每个人的身份、地位、仕宦，并对其子孙的前途与福祉产生决定性影响。《高丽史·金坵传》记：“（金坵）自幼善属诗文……高宗朝擢第二人及第，知贡举金仁镜恨不置第一……补定远府司录，同县人黄阁宝挟憾，摘世累诉有司。权臣崔怡重其才，营救不得，改济州判官。”[③]所谓“世累”即记载在档案中的祖先有身份瑕疵或曾犯有某种过误的事实。实际的最高统治者也不能轻易突破档案制的制约，如果他企图违反制度与惯例，破格用人，就会面对重重阻力，尤其难以通过由贵族控制的宰枢和台谏两关。《高丽史·文宗世家》载：

（文宗九年八月）己亥，尚书吏部奏：“检校将作少监庾恭义，大匡黔弼之曾孙，前有所犯，久滞散秩。曾降制旨：太祖配享功臣之后虽有罪犯，并须叙用。今恭义宜授肃州防御使。”门下省奏：“恭义曾犯谄谀，名载罪籍，不可叙用。……请罢之。”制可。[④]

如果说降号主要是一种面向现在的横向地域性连坐制度的话，档案制度则在相当程度上是一种面向未来的纵向连坐制度，因而具有相当严厉的惩罚性，可被视为一种附加刑。其基本原理，在某些方面，类似于现代的“剥夺政治权利”等刑罚手段。正因如此，被冤屈之人平反后，所做最重要的工

① 《高丽史》卷一百三《金允侯传》，第3175页。

② 《高丽史》卷一百二十三《李英柱传》，第3738页。

③ 《高丽史》卷一百六《金坵传》，第3255页。

④ 《高丽史》卷七《文宗一》，第205—206页。

作之一就是削去他们档案中的“不良”记录。《高丽史·李永传》记:“及李资谦杀韩安仁,(李永)以安仁妹婿坐流珍岛。……乃饮酒一斗,愤懑而卒……资谦败,永子请改葬……命吏部削罪案。”①

由于档案制度对高丽社会之维持所具有的绝对重要性,档案的保管十分严密,除因特殊原因被毁(如因战火被焚毁)外,一般均能做到有案可查。《高丽史·金伦传》记:“(金伦)后为监察侍丞,有甲乙二人争家口……命吏检当时印簿所分,名数俱存。以诘甲,甲亦诎。其精详多类此。”②这也使档案制度作为一种附加刑不仅严厉,而且可被落实。

贵族社会的一大特点是对血缘与世系的重视。破坏血缘与世系纯洁性的行为属于严重犯罪。因此,性犯罪成为王朝严厉打击的对象。档案刑与性犯罪之间发生了直接关联,这又使之具有了耻辱刑的特征。其中,比较重要的便是录入“恣女案”与“游女籍”。

1. 睿宗三年(1108)判:有夫女淫,录恣女案,针工定属。③

2. (李)需,字乐云,初名宗胄,未详其乡贯。登第为崔怡所爱……仕至尚书礼部侍郎,妻亡服未阕,通妻侄之妇。妇谋害其夫,事觉并流海岛,又录其妇游女籍。需以文学知名,秽行如此,人皆丑之。④

录入“恣女案”或“游女籍”,会对当事人及其子孙后代的权利与地位产生重大影响。高丽时期的史料不足,我们可以后世朝鲜时代的情况为例对此略加分析。在朝鲜王朝时期,“士大夫之妻,更适三夫者”⑤,就要被录于“恣女案”,且其子孙的出仕要受到严格限制。

① 《高丽史》卷九十七《李永传》,第 3009 页。

② 《高丽史》卷一百十《金伦传》,第 3352 页。

③ 《高丽史》卷八十四《刑法一》,第 2684 页。

④ 《高丽史》卷一百二《李淳牧附李需传》,第 3136 页。

⑤ 《朝鲜王朝实录·世宗实录》,十八年六月癸丑条载司宪府大司宪李叔畤等条列时弊六条以进,其中的第五条就讲:“臣等谨按《续六典》内:‘士大夫之妻,更适三夫者,录于《恣女案》,以戒后来。’……愿自今本府成案录名,以励风俗。”

> 成宗十九年(1488)闰正月,司宪府掌令朴文孝启:"……臣等谓孟鳞祖母更适三夫,录于恣女案,固不得为守令……"国王曰:"议诸领敦宁以上。"沈浍议:"守令,一邑民表,有痕咎者,不可授也,当从宪府所启……"尹弼商议:"金孟鳞祖母之事,非他失行之比,失行之中,尤其甚者,台谏之驳宜矣。然已在法前,似不可失信……"洪应议:"金孟鳞兄弟数三人,历扬内外,其来已久,皆法前所生,仍之为便……"尹壕议:"金孟鳞事在《大典》颁降前,为守令无妨……"从洪应议。召持平成世明,传曰:"孟鳞事在《大典》前,不可改也。柳自英换他司正。"世明启曰:"《大典》再嫁者之后,至曾孙方许守令等职。今孟鳞祖母更适三夫,其名必载恣女案矣。且近者十日之内,升叙者多至六七,渐不可长。请改正。"①

金孟鳞虽因"事在法前"免予牵连,但恣女案这一档案刑的启动对其家族的影响巨大。高丽时期也应如此。

唐亦有关于犯罪的档案制度,唐绍之《禁奢侈疏》:"望请婚姻家障车者,并须禁断,其有犯者,官荫家请准犯名教例附簿,无荫人决杖六十,仍各科本罪。"②唐的档案制度主要用于铨选,而非如高丽王朝那样成为一种刑罚。高丽时期档案制度的严密、广泛,对人们影响的深刻以及刑罚化,是唐代不能比拟的。

高丽的档案刑一直延续到后世。朝鲜王朝有恣女案、罪案、政案、赃案、军案、贱案等等各式各样的档案系统,对整个社会运行起着重大作用。有些档案刑还被修入《经国大典》,成为和《大明律》规定之五刑并列的刑罚,此即所谓的"录案"制。《经国大典·刑典》"禁制"条曰:"士人败常及犯赃者、士族妇女失行者(注云:更适三夫者同),录案,移文吏、兵曹、司宪府、谏院。"③

档案刑在实践中的执行也相当频繁与严格。世宗十八年六月,司宪持

① 《朝鲜王朝实录·成宗实录》,成宗十九年闰正月庚午条。

② 《全唐文》卷二百七十一,第1216页。

③ 《经国大典》,第1079—1080页。

平洪深启曰："朴彧，曩为都节制使都事，台省以祖母瑕咎，署经告身，书曰：'政曹外。'"[①]朴彧因祖母的所谓"瑕咎"，在告身上被署以"政曹外"，显然以严格的档案制度为前提。"瑕咎"一旦被记录在案，子孙便会受到牵连。成宗十三年(1482)十月，司宪府掌令朴衡文在上疏中就提到："凡赃吏所以录案者，必禁锢子孙也。"[②]

当然，朝鲜时期，贵族政治与官僚制的结合更为紧密、精致，[③]科举成为出仕的主要渠道，和家门相比，个人的能力相对更为重要，政权又有所开放，更多的家族可以进入到官僚体制之中。[④] 其优点是扩大了统治的基础，但对贵族政治本身的维持却是一个不利因素，因为官职这种"集体物品"是有限的，[⑤]特权集团中的人数越少，集体中其他人获得的利益就越大。为了保持贵族集团的封闭性，就要人为限制集团的成员数，以使利益与特权不至于因为成员的增加而逐渐消散。朝鲜的两班贵族当然也要通过限制集团人员过度增加，来维持贵族政治的基本架构。于是，在法律制度上，录案制度便与禁锢子孙之法密切结合在一起。成宗二十二年十月，洪应就对国王说："录案重事，禁锢子孙，臣意谓，我朝录案之法，无差等……且中朝用律，只及其身，无子孙禁锢之法。"[⑥]

（三）投水刑

投水刑是高丽不同于中国的一种特有刑罚，在史料中最早出现于毅宗时期。毅宗十五年十月，"感阴县人子和、义章等诬告：'郑叙妻任氏与县吏仁梁咒诅上及大臣。'王命阁门祗候林文贲按问，乃子和与仁梁有隙，欲陷之

---

① 《朝鲜王朝实录・世宗实录》，十八年六月戊戌条。

② 《朝鲜王朝实录・成宗实录》成宗十三年十月乙酉条。

③ 关于此，可参考李泰镇：〈集权官僚体制의 성립〉(《韓國史研究入門》，知識産業社，1988)一文的有关讨论。

④ 关于此，可参考李存熙：〈양반 관료 국가의 특성〉，《한국사》23《조선 초기의 정치 구조》，국사편찬위원회，2003，第20页。

⑤ 在朝鲜王朝，两班的实职总数是5605个，其中文班为1779个，武班为3826个，文班的地位更高，文班职更受重视。参见李存熙：〈양반 관료 국가의 특성〉，第23页。

⑥ 《朝鲜王朝实录・成宗实录》成宗二十二年十月甲辰条。

也。于是投子和、义章于江”。①

毅宗时期是高丽社会大变动的前夜，之后便进入长达百年的武人统治期。在这一时期，出身低微、粗鲁无文的武将执政阶层及各级官员，开始大量使用投水刑。神宗元年，“私童万积等六人樵北山……律学博士韩忠愈家奴顺贞告变于忠愈，忠愈告忠献，遂捕万积等百余人，投之江。”②神宗六年，“诸家童因樵苏分队习战于东郊，忠献闻之，遣人捕之，皆遁，只获五十余人，掠问投于江。”③从这些具体案例看，投水刑乃针对谋反等重罪而设的一种酷刑。它的出现是包括法制在内之既有制度崩解的表征。在武人政权彻底确立了自身统治体制的崔怡执政期，投水刑的使用更达到了顶峰，适用范围亦大为扩展。

首先，它仍是针对谋反、谋大逆之类严重犯罪的一种常用刑。《高丽史》一百一《卢仁绥传》记：“（仁绥）后与周演之谋杀怡，事泄，怡执之投水中。”④《高丽史》一百三《金希磾传》记：“希磾尝泄术僧演之相崔怡之语，有人因谮怡曰：‘希磾等谋害公。’……从容语曰：‘愿一言而死。’遂口号云：‘欲报清河百注恩，东西南北偬忘身。奈何一旦逢天厌，紫陌人为碧海人。’自投于海，并沈其子弘己等三人。”⑤《高丽史》一百二十九《叛逆三・崔忠献附崔沆传》：“侍御史李僐素与二人善，及按庆尚道，至固城召二人宴，县令权信由亦与焉。后有僧谮信由于沆曰：‘僐与信由潜召廉右等谋乱。’沆投僐等四人于江，时人哀之。”⑥又《高丽史》卷一百一《金台瑞附金敉传》：

> 有人谮敉于怡，怡召责之曰：“汝集无赖徒，欲何为乎？”髡其首，流河东。执其所亲将军金正晖、平虏镇副使孙仲秀、茶房安琦等三十五

① 《高丽史》卷十八《毅宗二》，第558页。

② 《高丽史》一百二十九《叛逆三・崔忠献》，第3892页。

③ 《高丽史》卷一百二十九《叛逆三・崔忠献传》，第3893页。

④ 《高丽史》一百一《卢仁绥传》，第3125页。

⑤ 《高丽史》一百三《金希磾传》，第3172页。

⑥ 《高丽史》一百二十九《叛逆三・崔忠献附崔沆传》，第3914页。

人,投之江。后怡召敉还归俗,拜司空……敉闻沆谋害己,欲先图之……至是怡出其状,悉囚署名者鞫之。沉景咸等于江,流敉于高澜岛,其余死流贬黜者四十余人。①

其次,它又被适用于非谋反、大逆的其他严重犯罪行为。《高丽史》卷一百二《金之岱传》:"后为全罗道按察使。崔怡子僧万全住珍岛一寺,其徒横恣,号通知者尤甚……之岱命缚之,数其不法,投之江。"②《高丽史》卷一百二十五《奸臣一・朴暄传》:"朴暄,初名文秀,公州人也。中第,为崔怡家臣……官累刑部尚书,论崔沆事,流黑山岛。后怡以无可与议者,召暄还。未至而怡死,沆遣人投海中。"③又《高丽史》卷一百二十九《叛逆三・崔忠献附崔沆传》载:

沆尝以继母大氏助若先子敉,不右己,深怨之。乃夺大氏宅主爵,收其财产,令夜别抄皇甫俊昌等投大氏前夫子将军吴承绩于海。会夜黑潮退,承绩得不死,祝发潜入皆骨山,寄书于母。家奴至密城泄于人,副使李舒闻之以报沆,沆大怒,获承绩,投之江。④

值得注意的是,在这一时期,投水刑已基本制度化为一种国家层面的正式刑罚。《高丽史》卷一百三十《叛逆四・李岘传》载:

李岘,高宗时人。性贪婪……宰枢会议曰:"岘以宰相犯叛逆,宜赤族。"于是弃市,籍其家。有人蹴其口曰:"吃尽几人银帛耶?"沉其子之瑞、之松、之寿、之柏、永年于海,妻及姊妹、女婿并流于岛。⑤

---

① 《高丽史》卷一百一《金台瑞附金敉传》,第3123页。

② 《高丽史》卷一百二《金之岱传》,第3144页。

③ 《高丽史》卷一百二十五《奸臣一・朴暄传》,第3779页。

④ 《高丽史》卷一百二十九《叛逆三・崔忠献附崔沆传》,第3914页。

⑤ 《高丽史》卷一百三十《叛逆四・李岘传》,第3928页。

对这起重大案件，朝廷显然经过了正式审判，并将之完全公之于众。由此可见，投水刑在当时已被民众普遍接受，不再是法外滥刑。正因投水刑已基本制度化，作为实际最高统治者的武人集团首领，才可大量使用此刑。《高丽史》卷一百二十九《叛逆三 · 崔忠献附崔怡传》载："（高宗）十四年……怡谓演之侮己……沉演之于海，夷其族。捕道一鞫之，乃服。又捕之正辉、希磾及中郎将牙允伟、别将申作桢，并沉于海，妻子兄弟分配远地。又沉希磾子三人。"[①]同传载："（高宗）三十年，校尉赵甫寿谮其表兄大将军宋白恭于怡，怡投白恭于江，拜甫寿为郎将。"[②]同传又载："沆信谮，凡有私憾者辄诬告谋乱以邀赏，及鞫无验。沆又遣将军宋吉儒、沈金庆、孙于海，以承绩姻亲也，分遣人沉杀南道编配者过半。"[③]不再一一枚举。

崔氏武人政权 60 年的统治结束后，武人金俊、林衍陆续执政，投水刑的适用大幅减少，见诸史料的只有一例。《高丽史》卷一百三十《叛逆四 · 金俊传》载："俊闻之，鞫璜、注、光旦、英旦、秀之等，杀之，流守钧父子、宗植于岛，籍璜、守钧家产以与仁问。君寿又以盲僧伯良卜其吉凶，投海，籍其家。"[④]

从投水刑在史料中出现的轨迹及适用的频率看，执政集团的变化是其出现的社会与历史背景，武人的执政，在一定程度上破坏了高丽贵族制的传统。以世袭之武人为代表的最高统治权在此特殊情势下大幅强化，有了强烈的突破既有体制与惯例的冲动与需要。为了威慑与控制本集团成员及被视为对立面的文臣集团，在毅宗时初露端倪的投水刑便被广泛适用。

由于历史的惯性，以及随着进入元帝国的强权控制期，高丽王权依托蒙古人的权力而有了大的提升，投水刑并未因武人集团统治的终结而消失，史料中的记载不少。《高丽史》卷一百二十三《嬖幸一 · 李汾禧传》载："及（忠烈）王还国，周鼎等因内僚讽王，王召方庆密议，流汾禧于白翎岛、槢于祖忽

---

① 《高丽史》卷一百二十九《叛逆三 · 崔忠献附崔怡传》，第 3906 页。

② 《高丽史》卷一百二十九《叛逆三 · 崔忠献附崔怡传》，第 3910—3911 页。

③ 《高丽史》卷一百二十九《叛逆三 · 崔忠献附崔沆传》，第 3915 页。

④ 《高丽史》卷一百三十《叛逆四 · 金俊传》，第 3931 页。

岛，籍其家。或谓：'若茶丘闻之，必告都省究问，不如杀之。'乃遣人皆沉于海。"[①]《高丽史》卷一百二十六《奸臣二·林坚味传》载："巡军勾捡坚味、益淳、兴邦、吉敷财产，考掠其妻，皆死狱中。尽收杀被诛者子孙，虽在襁褓，皆投之江，匿免者无几。"[②]《高丽史》卷一百三十三《辛禑一》载："先是，僧小英托缘化，遣其徒数人于北方，潜寄书沈王曰：'今国家臣弑其君，主谀臣谄，国柄专在权臣，若引兵来，大事可成。'湑见其书来告，下小英狱，鞫之，果服，乃沉于碧澜渡。"[③]

在朝鲜王朝，投水刑主要适用于太祖一朝。前朝高丽的宗室成员，基本上都被处以了投水刑。此乃沿袭高丽旧制，有除恶务本、赶尽杀绝之意。《朝鲜王朝实录·太祖实录》"太祖三年(1394)四月甲申"条记："尹邦庆等投王氏于江华渡。"[④]《朝鲜王朝实录·太祖实录》"太祖三年四月己丑"条记："孙兴宗等投王氏于巨济之海。"[⑤]投水刑与身份无关，故一些被认为犯有重罪的普通人也会被处以投水刑。《朝鲜王朝实录·太祖实录》"太祖七年十月庚午"条记："巡军沉妓菊花于汉江。初，菊花为赵浚所畜，见弃有怨，语人曰：'浚有异志。'浚请鞫问，命囚巡军，菊花承招，遂沉之。"[⑥]

在太祖之后，此刑基本绝迹，不再见于史料。《朝鲜王朝实录·世祖实录》"世祖六年(1460)三月乙未"条记：

> (明使)张宁到林畔馆，问伴送使朴元亨曰："宰相掌邦刑，决死罪，用何法乎?"答曰："一依《大明律》。"又问曰："死罪几等?"答曰："凌迟处死及斩、绞。其余徒、流、杖、笞，并依律文。"又问曰："用剞刑乎?"答曰："律无剞刑，故不用。"宁曰："是。"笑谓武忠曰："我等所闻正诬矣。"忠

---

① 《高丽史》卷一百二十三《嬖幸一·李汾禧传》，第3729页。

② 《高丽史》卷一百二十六《奸臣二·林坚味传》，第3825页。

③ 《高丽史》卷一百三十三《辛禑一》，第3999页。

④ 《朝鲜王朝实录·太祖实录》太祖三年四月甲申条。

⑤ 《朝鲜王朝实录·太祖实录》太祖三年四月己丑条。

⑥ 《朝鲜王朝实录·太祖实录》太祖七年十月庚午条。

曰:“我等闻贵国决死罪皆沉于江,故有是言,果误耳。”[①]

在当时的明朝,还多有朝鲜“决死罪皆沉于江”的传言,可见半岛投水刑影响之广泛,以至于明使张宁等来到朝鲜后要对其死刑制度进行详细的询问。这种由于信息传布不畅产生的时代错位,在当时所在多有。朝鲜成宗八年(1477)八月,崔淑精启:“夫妇,正家之本也……《大明一统志》言:‘朝鲜相悦为婚’,此我国常人之事,士大夫未必如此也……夫妇,人伦之本也。世宗朝,如有淫妇,则治之以律外之法,故人皆畏而不犯法。今但治之以《大明律》,故人皆放肆,愿殿下谨男女之别。”听到这番话,成宗非常惊奇:“《一统志》果如是云乎?”[②]

投水刑虽在高丽武人政权崔怡执政的时期已基本制度化为一种正式刑罚,但从其起源及本质看,乃国家律典之外的酷刑。朝鲜王朝时期的史学家洪汝河即云:“明、神以来,武臣相继执权,朝臣忤辄见诛。有被告者,未尝置狱验问,一切沉之水中,以胁众立威,薙狝衣冠,椎剥生灵,其毒虐所被,自古以来,未尝有也。”[③]到了朝鲜王朝,随着全盘华化、儒化政策的推进,各种制度快速向中国制度靠拢,投水刑彻底退出历史舞台就是必然之事了。

在中国法制史上,秦代有定杀之刑。《法律答问》曰:“疠者有罪,定杀。定杀,何如?生定杀水中之谓也。”[④]即对那些应处重刑的传染病人,以投入水中淹死的方式执行死刑。高丽的投水刑与此显然不同,它不是被限定在适用于某些特定的犯罪对象,而是具有随意性。另外,“定杀”这类刑罚,不见于《史记》《汉书》等中国正史,而出自秦简,高丽人无从得知。因此,我们认为投水刑应是高丽人的自创,或是继承早已有之的土俗刑罚。李石亨《讼旱魃》诗云:“赤帝无慈降祝龙,朱麾绛帜正当空……会将具罪诉真宰,絷尔

---

① 《朝鲜王朝实录·世祖实录》世祖六年三月乙未条。

② 《朝鲜王朝实录·成宗实录》成宗八年八月辛酉条。

③ 洪汝河:《木斋集》卷十《刑法志》,第524页。

④ 《睡虎地秦墓竹简·释文》,文物出版社,1990年,第122页。

恶魁投海中。"[①]从这一习俗中，我们可约略窥知投水刑乃来自传统的信息。这种"风俗"的形成，当然和半岛三面环水、海岛众多、一般多将罪人流放海岛的司法实践有关。从更广的视角看，投水刑应是古代沿海及水域广泛之国家与民族中，因特定地理环境而发生的一种普遍性做法。可资比较的是，和高丽同时代的占城，也有类似刑罚。《建炎以来系年要录》卷百七十"绍兴二十五年十一月戊午"条载占城法制曰："民有罪，轻者笞臀背，重者笼而掷之水中。杀人者，复使其亲属殴杀偿之。"[②]

结语

在古代中国，北方游牧部族为抢夺资源，时常对农业文明区进行劫掠乃至武力征服，中原王朝在以长城两侧为核心的边疆地带，常需投入大量兵力进行防御。在疆域广袤，以农业为基础的传统社会，人力本身就是极其重要的资源。中原王朝尽管人口相对繁庶，但戍边兵员不足仍是一个经常性问题。在这样的场景下，"发罪人为兵"的制度应运而生。皇帝为解决重大军事行动时期兵力资源的困窘，越过律法，制定了此类律外之刑。

中国古代"发罪人为兵"的刑罚制度，以秦代的迁刑和谪刑为雏形，经过汉代发展，在北魏时期被正式创造出来。隋承袭北周设立了配防和配戍制度。唐则在隋代旧制的基础上设置了一些实质相同的刑罚，只是根据军制的变化，将这类制度进一步细分为"充戍""罚镇""配州"等制而已。除此之外，唐代还变革了隋代的"从军自效"制，将服刑人员自愿加入军中服役之制一转而为"效力刑"，抹去了其中的自愿色彩，将其转为一种强制性刑罚。另外，唐代还出现了与普通流刑性质接近，但需服刑人长期做苦役的配隶刑。总之，唐代的律外刑大多以戍边为主。这是由古代中国农业民族长期与游牧群体对峙、冲撞的地缘政治与文明环境决定的。

与中国在地缘与文明环境上的差异，使高丽的律外之刑与唐相比，呈现

---

① [朝鲜]李石亨：《樗轩集》卷上《讼旱魃》，景仁文化社，1996年，第404页。

② [宋]李心传：《建炎以来系年要录》卷百七十，上海古籍出版社，2018年，第2941页。

出重大不同。种类多样，是高丽律外刑体系的一大特征。就它们与中国制度的关系而言，又可分为三种类型：

第一种类型是与中国制度关系密切的刑种。它们大多为古代中国刑罚的变种。较为明显的有类似古代中国“墨刑”的“钑面”刑，及古代中国曾出现过的“枷市”与“潴宅”刑。这些刑罚的行刑方式与古代中国没有大的区别，多带有警示众人、侮辱罪犯的效果。

第二种类型为在一定程度上借鉴了中国制度，但又有浓重高丽本土色彩的刑罚。与高丽佛教文化和“小君制”紧密关联的髡刑、限制特权集团人数的“归乡刑”与“充常户”均属此类。

第三种类型则是完全由半岛土俗发展而来的刑罚，它们反映的是半岛本身社会结构、政治体制、权力格局、文化传统乃至地理特征的要求。其中，比较典型的有“降号”“录案”“投水刑”等。

总之，高丽的律外刑不像唐代那样，大多为流刑之变种，而是与半岛社会的“国情”密切相关。高丽是一个分权性的贵族制社会，具有世袭性质的世家大族把控了政治、社会与文化权，律外之刑大多为维护这一体制而产生。不过，由于高丽王权持续实行华化政策，不少律外刑又直接或间接地移植自中国。两种因素的冲撞，使华化与土俗的融合成为一大特征。简言之，外部的文明与族群环境不同，内部的社会与权力结构不同，导致唐与高丽在律外刑形态与内涵上的差异。

第四章　法律条文变异

第一节　高丽对唐令的变异

朝鲜王朝(1392—1910)时期的学者柳寿垣在论高丽时代的制度时指出:“东俗慕唐特甚,唐亡已久矣,至今指中国人谓唐人,指物货谓唐物,虽灶婢、村女亦称唐沙碗、唐种子。其实由丽氏慕尚唐制,因以口熟之致也。”①“慕尚唐制”是高丽文化的一大特色,不仅体现在唐文化对半岛日常生活的浸透,更体现在对半岛制度的影响。高丽第六代国王成宗(982—995)通过移植唐制系统性地为本国创法立制,即这种影响的第一个高峰。② 唐代制度以律令格式为支撑,这决定了成宗在创法立制时,必然将唐律令格式的法律体系同时移植到半岛,而唐令就是其中最为显著者,其与高丽令的关系令人瞩目。早在20世纪60年代,日本学者仁井田陞便对高丽令与唐令的关系有所论述。③ 之后,我国学者郑显文也作过一定程度的比较。④ 最近,韩国

---

① [朝鲜]柳寿垣《迂书》卷一,无页码。

② 后代学者对此评价甚高,朝鲜时期的史学家崔溥云:“太祖以神武英雄之资……虽干戈草创,未遑制作……成宗励政兢惕,立宗社,耕籍田,设学校,励贤才,崇尚节义,矜恤民隐,制作一新,可谓守成之良主。”([朝鲜]崔溥:《锦南集》卷二《东国通鉴论·高丽亡》,第419—420页。)

③ 仁井田陞:「唐宋の法と高麗律」『東方學』30,1965。

④ [韩]郑显文:《唐律令与高丽律令之比较》,(韩国)《民族文化论丛》,第37辑。

岭南大学出版了《高丽时代律令的复原与整理》一书，对高丽时代的令文进行了系统性复原，不失为一种有益的尝试。不过，该书只是将《高丽史》各《志》的内容按照唐令的篇目进行了大致的归类，既未指出复原的根据，也未进行必要的辨析，有相当大的局限性。从总体上看，既有研究仍相当薄弱，对法律移植的整体文化环境及在此文化环境中高丽人采取的移植唐令的方法与模式问题未有关注，妨碍了我们对中华法系形成过程的整体性认识。

《新唐书·刑法志》："唐之刑书有四，曰：律、令、格、式。令者，尊卑贵贱之等数，国家之制度也。"①《唐六典》卷六《刑部》："凡文法之名有四，一曰律，二曰令，三曰格，四曰式……凡律以正刑定罪，令以设范立制，格以禁违止邪，式以轨物程事。"②学者们大致同意令主要是一整套关于行政制度的法律规范，③是中国千余年来行政法律技术的结晶。因此，技术性是其最基本的特性之一。

然而，这套高度发达的技术性的规则体系产生于特定的政治文化环境中，是特定文明的一部分。具体到唐代，这套技术性制度体系是在整个社会儒化的背景下制定出来并具体运行的，④礼是其核心，⑤就是说文化性（在儒化的语境下，伦理又是其核心）成了唐令的另一个基本特征。

按照对礼体现的程度，我们可将唐令大致分为两类：一是礼之色彩较淡，技术性较强的部分，关于三省六部、选官与司法等内容的篇目大致属于此类；一是与礼的关系较为密切的部分，其中又以《假宁令》与《丧葬令》最为

---

① 《新唐书》卷五十六《刑法志》，第 1407 页。

② 《唐六典》卷六《刑部》，第 180—185 页。

③ 李玉生从现代法学的角度出发，认为："唐令是以行政法律规范为主，同时包含民事法律规范、诉讼法规范、军事法规范等多种部门法规范的综合性法典"（见李玉生：《关于唐代律令格式的性质问题》，《金陵法律评论》2002 年第 2 期，第 150 页），无疑也是有相当理据的。

④ 唐代法制乃承隋代法制而来，由文帝开启的隋代法制建设运动的主旨即"汉化"与"儒化"。关于此，可参考高明士：《从律令制度论隋代的立国政策》，载《唐代文化研讨会论文集》，台北文史哲出版社，1991 年。

⑤ 李玉生：《唐令与中华法系研究》（南京师范大学出版社，2005 年）对此有一定的涉及，可参看。

典型。在大规模移植唐制以创法立制的高丽前期，半岛的基本文化观念、社会伦理、风俗习惯、意识形态，与唐存在较大差距，[①]故高丽人对唐令中不同性质的内容，采取了不尽相同的移植方法与模式。

一、技术性内容的移植

规定审判管辖、回避、起诉、审判的程序与方法、死刑复奏等事项的《狱官令》，以技术性为主，与司法的关系最为密切，但长久以来却为学界所忽视，[②]故本节将以《狱官令》为中心，对高丽移植唐令技术性色彩较强条文的路径进行探讨。

《高丽史》卷八十四《刑法一》："高丽一代之制，大抵皆仿乎唐，至于刑法亦采唐律，参酌时宜而用之，曰狱官令二条、名例十二条……总七十一条，删烦取简，行之一时，亦不可谓无据。"[③]《狱官令》不仅存在，而且还有条文被吸收到了律典之中。《狱官令》之所以能在高丽法制体系中占如此重要之地位，和其技术性强因而适用性也强的特点有关。[④] 通过对现存史料的钩沉索隐与综合分析，我们认为，高丽对唐令技术性内容的移植大致采用了以下三

---

① 《高丽史・百官志》："高丽太祖开国之初，参用新罗、泰封之制，设官分职，以谐庶务。然其官号或杂方言，盖草创未暇革也"（《高丽史》卷七十六《百官一》，第 2403 页）。高丽后期的崔瀣（1287—1340）也说："以逮神圣开国，三韩归一，衣冠典礼，实袭新罗之旧。"（《拙稿千百》卷二《东人之文序》，第 27 页）高丽初期的文物制度以"土俗"为主。

② 《高丽史》各志对高丽一代官僚制度的记载较为详细，当代学者已做了详尽的研究，本书不拟赘论。比较有代表性的成果有龚延明：《高丽国初与唐宋官制之比较——关于唐宋官制对高丽官制影响研究之一》，《韩国研究》第 1 辑，1994 年；龚延明：《唐宋官制对高丽前期王朝官制之影响——以中枢机构为中心之比较研究》，《中国史研究》1999 年第 3 期；龚延明：《唐宋官制对高丽中期王朝之影响——以高丽王朝成宗、文宗官制改革为中心与唐宋官制比较研究》，刊于《韩国学论文集》第 6 辑，1997 年；[日]矢木毅：《高丽官僚制度研究》，京都大学学术出版会，2008 年。

③ 《高丽史》卷八十四《刑法一》，第 2655 页。

④ 受制于本国固有的社会结构与政治格局，高丽在移植《唐律》时，对之做了大幅变异，使《高丽律》本身成为一部"技术性"色彩特浓的法典。重点移植唐代法制中的"技术性"部分，成了高丽前期法律移植的一大特点。关于这一问题的简单论述，可参考张春海：《唐律、高丽律法条比较研究》，《南京大学法律评论》2012 年秋季卷，法律出版社，2012 年。

种方法：

(一) 字句的变动

《高丽史·刑法志》“恤刑”条：

> 诸妇人在禁临产月者，责保听出。死罪，产后满二十日；流罪以下，满三十日。[①]

此条属《狱官令》，移植自唐令。《天圣令》载宋《狱官令》：“诸妇人在禁临产月者，(临产月者)责保听出。死罪产后满二十日、流罪以下产满三十日，并即追禁，不(在)给程。”[②]《日本养老令·狱令》第二十三条：“凡妇人在禁，临产月者，责保听出。死罪产后满廿日，流罪以下，产后满卅日，并即追禁，不给程。”[③]三者内容基本相同，只是高丽令脱落了最后一句而已。

《高丽史·刑法志》“职制”条又载有这样一个条文：

> 诸流移人未达前所，而祖父母、父母在乡丧者，给暇七日发哀，周丧承重亦同。[④]

此条亦属《狱官令》，移植自唐令。《天圣令·狱官令》载唐令：“诸流移人未达前所，而祖父母、父母在乡丧者，当处给假七日发哀，(周)丧给假三日。其流配在役而父母丧者，给假百日举哀，祖父母丧，承重者亦同，周丧给七日，并除给程。”[⑤]两相比较，可知高丽令只是将唐令的后一款删除，并将前

---

① 《高丽史》卷八十五《刑法二》，第2709页。

② 天一阁博物馆、中国社会科学院历史研究所天圣令整理课题组校证：《天一阁藏明钞本天圣令校证》(下册)，中华书局，2006年(以下省略)，第331页。

③ [日]井上光贞、关晃、土田直镇、青木和夫：《律令》，岩波书店，1976年(以下省略)，第461页。

④ 《高丽史》卷八十五《刑法二》，第2708页。

⑤ 《天一阁藏明钞本天圣令校证》(下册)，第341页。

一款中的“周丧给假三日”改为了“周丧承重亦同”。[①]

《高丽史·刑法志》“职制”条:

> 诸犯死罪在禁,非恶逆以上,遭父母丧、夫丧、祖父母丧,承重者给暇七日发哀,流、徒罪三十日,责保乃出。[②]

此条同样属于《狱官令》,移植自唐令。《天圣令·狱官令》载唐令:“诸犯死罪在禁,非恶逆以上,遭父母丧、妇人夫丧,及祖父母丧承重者,皆给假七日发哀,流、徒罪三十日,悉不给程。并待办定,责保乃给。”[③]同前条的情况一样,高丽令只是将唐令中关于给程的条款删除,并在字句上作了微小改动。由此,我们可以窥知,高丽对唐令的变异具有一致性,是遵守一定的规则与逻辑进行的,因而形成了某种“模式”。然而,这种“一致性”的变异也使法条本身失去了严密性。

《高丽史·刑法志》“职制”条载有这样一个条文:

> 诸察狱之官,先备五听,又验诸证,事状疑似,不首实,然后拷掠,每讯相去二十日。若讯未毕,更移他司,仍须鞫者,连写本案移送,即通前讯,以充三度。若无疑似,不须满三度。若因讯致死者,皆具状申牒,当处长官与纠弹官对验。[④]

比照现存唐代律令,可知其属《狱官令》。与该条形成对应关系的是唐

---

① 作为比对,《日本养老令·狱令》的第二十二条:“凡流移人,未达前所,而祖父母父母在乡丧者,当处给假三日发哀。其徒流在役而父母丧者,给假五十日举哀(祖父母丧承重者亦同)。二等亲七日,并不给程。”([日]井上光贞、关晃、土田直镇、青木和夫:《律令》,第461页。)

② 《高丽史》卷八十五《刑法二》,第2708—2709页。

③ 《天一阁藏明钞本天圣令校证》(下册),第342页。

④ 《高丽史》卷八十四《刑法一》,第2708页。

开元七年与二十五年令：

> 诸察狱之官，先备五听，又验诸证信，事状疑似，犹不首实，然后拷掠。每讯相去二十日。若讯未毕，更移他司，仍须拷鞫者（囚移他司者，连写本案俱移），则验计前讯，以充三度。即罪非重害及疑似处少，不必皆须满三。若囚因讯致死者，皆俱申牒当处长官，与纠弹官对验。[①]

两条内容基本一致，但又有微小差异。首先，高丽《狱官令》脱落了唐令中的一些字词。具体而言，唐令规定“又验诸证信”，高丽《狱官令》脱一“信”字；唐令规定“犹不首实”，高丽《狱官令》脱一“犹”字；唐令规定“仍须拷鞫者”，高丽《狱官令》脱一“拷”字；唐令规定“若囚因讯致死者”，高丽《狱官令》脱一“囚”字。这种文字上的脱落可能是由于抄写不慎所致。但在一条令文中，脱落如此多的文字，显然不合常理，更可能是高丽人在制定令典时有意改写，以使条文简明易懂。

此种变异模式在内容上体现得更为明显。比如，唐令规定“仍须拷鞫者（囚移他司者，连写本案俱移），则验计前讯”，高丽则变异为“仍须鞫者，连写本案移送，即通前讯”，将注文放入了正文。这样做的目的，当是为了简化条文，使之更易理解。不过，有时，这种改写却改变了令文的原意。如高丽令将唐令的“即罪非重害及疑似处少，不必皆须满三”改写为“若无疑似，不须满三度”，将“罪非重害”的情况排除到了“不须满三度”的范围之外。

关于此，我们不妨再和日本对唐令该条的移植做一比对。日本《养老令·狱令》中第三十五条规定：“凡察狱之官，先备五听，又验诸证信。事状疑似，犹不首实者，然后拷掠，每讯相去廿日。若讯未毕，移他司。仍须拷鞫者（囚移他司者，连写本案，俱移），则通计前讯，以充三度。即罪非重害，及疑似处少，不必皆须满三。若囚因讯致死者，皆具申当处长官。在京者，与

① 《唐令拾遗》，第712—713页。

弹正对验。”[①]此条基本照抄唐令，虽有个别微小改动，如将唐令的“皆俱申牒当处长官”改为“皆具申当处长官”，将“与纠弹官对验”改为“与弹正对验”，但意思并未发生变化。由此，我们可进一步确认，在移植唐代律令时，高丽采取了与日本不同的移植方法与模式。这一点，在后文的分析中还会进一步凸显出来。

（二）介于日本令与宋令之间

《高丽史·刑法志》“恤刑”条载有这样一个条文：

> 诸流移囚，在途有妇人产者，并家口给暇二十日；家女及婢给暇七日。若身及家口遇患，或逢贼、津济水涨，不得行者，随近官，每日验行，堪进即遣。若祖父母、父母丧者，给暇十五日。家口有死者，七日。年七十以上、父母无守护，其子犯罪应配岛者，存留孝养。[②]

这一条文和日本《养老令·狱令》第二十一条的规定相似，日本令该条规定：

> 凡流移囚，在路有妇人产者，并家口给假二十日（家女及婢，给假七日）；若身及家口遇患，或津济水长，不得行者，并经随近国司，每日检行，堪进即遣（若患者伴多，不可停待者，所送使人，分明付属随近国郡，依法将养，待损即遣递送）；若祖父母、父母丧者，给假十日，家口有死者三日，家人奴婢者一日。[③]

由此可知，《高丽史·刑法志》所载条文亦属《狱官令》，且和日本令一样，均来自唐令。《天圣令》载宋《狱官令》一条：

---

① [日]井上光贞、关晃、土田直镇、青木和夫：《律令》，第466页。

② 《高丽史》卷八十五《刑法二》，第2709页。

③ [日]井上光贞、关晃、土田直镇、青木和夫：《律令》，第460页。

> 诸流移人在路有产，并家口量给假。若身及家口遇患，或逢赋(贼)难、津济水涨不得行者，并经随近官司申牒请记，每日检行，堪进即遣。若患者[伴多不]可停侍(待)者，所送公人分明付属随近(伴多不)州县，依法将养，待损，即遣递送。若祖父母、父母丧，及家口有死者，亦量给假。①

将三个条文进行详细比较，我们发现：高丽《狱官令》具有介于宋《狱官令》与日本《狱令》之间的特点。具体而言，高丽《狱官令》与日本《狱令》该条，于妇人在途产子的规定上，无论是内容还是书写方式，基本一致。比如，均出现了“妇人产者”及“并家口给暇二十日……”的字句。不同的是，高丽《狱官令》将日本《狱令》的注释移入了正文，而这正是高丽移植唐代律令时一以贯之的“变异”方法。在这一点上，日本《狱令》无疑更接近唐令的原貌。

两者另外的不同之处是一些字句的微小变动。比如，日本《狱令》将“诸”改为“凡”，用“在路”而不用“在途”。将“诸”改为“凡”，是日本移植唐代律令时的惯用方法，就这一点而言，高丽令更接近唐令。至于用“在路”还是“在途”，比照《天圣令》可知，唐令本来的用法应该是“在路”。

不过，就这一款而言，不论是高丽令还是日本令，均与《天圣令》存在重大差异。日本《养老令》在《天圣令》之前，是直接移植唐制，高丽令与日本《养老令》同而与《天圣令》异，表明它也是直接移植自唐制，而非辗转来自宋制。宋《天圣令》此条反而是对唐令的修改。这就证实了《高丽史·刑法志》成宗模仿唐制创法立制之说的准确性，显示高丽系统创制律令格式体系的时期是在宋天圣之前，应该就是在成宗时期。

再就该条的中间一款而论，日本令删去了“逢贼”与“申牒请记”两处，高丽令虽亦删除了“申牒请记”，但保留了“逢贼”。这显示，两国在移植唐代律令时，都对唐令作了一定程度的简化处理，但高丽令更接近唐令(尽管唐令

---

① 《天一阁藏明钞本天圣令校证》(下册)，第330页。

该条已佚，但从高丽令的情况看，就该条中款而言，应和宋令相同）。

就该条的后一款而论，日本令和宋令大致相同，应接近唐令原貌。高丽令则对唐令作了大幅改动，删去了"若患者[伴多不]可停侍(待)者，所送公人分明付属随近(伴多不)州县，依法将养，待损，即遣递送"一句。

就倒数第二句而言，三令亦不相同，高丽令与日本令接近，应是唐令的原貌，宋令则对唐令做了改动。

此外，高丽令比之唐令和日本令，增加了"年七十以上、父母无守护，其子犯罪应配岛者，存留孝养"一句，这是对唐存留养亲制度的吸收。这一制度始创于北魏，①并为唐律所继承。② 高丽令"存留孝养"的规定，是以律入令。其另一面，则是以令入律，即《高丽史・刑法志》序言所说将《狱官令》吸收入律的情况。律、令在一定程度上呈现交融、混合的特征，界限在一定程度上被打通。这应是高丽移植唐代律令制度的另一特点，与日本严格遵从唐代法律体系的移植模式不同。可惜，由于高丽令文亡佚严重，对此我们已无法深入探究了。

(三) 将土俗因素引入令典并依据国情创制令文

显宗九年闰四月，门下侍中刘瑨等奏："又按《狱官令》'从立春至秋分，不得奏决死刑。若犯恶逆，不拘此令。'然恐法吏未尽审详，伏请令后内外所司皆依《月令》施行！"③又《高丽史》卷八十四《刑法一》：

> 禁刑：国忌：十直[初一日、初八日、十四日、十五日、十八日、二十三日、二十四日、二十八日、二十九日、三十日]；俗节[元正、上元、寒食、上

---

① 《北魏律》规定："诸犯死罪，若祖父母、父母七十已上，无成人子孙，旁无期亲者，具状上请，流者鞭笞，留养其亲，终则从流，不在原赦之例。"(《魏书》卷一百一一《刑罚志》，第1297页。)

② 《唐律疏议・名例律》"犯死罪应侍家无期亲成丁"条："诸犯死罪非十恶，而祖父母、父母老疾应侍，家无期亲成丁者，上请。犯流罪者，权留养亲……若家有进丁及亲终期年者，则从流。计程会赦者，依常例。即至配所应侍，合居作者，亦听亲终期，然后居作。"(刘俊文：《唐律疏议笺解》，第269—271页。)

③ 《高丽史》卷八十五《刑法二》，第2709页。

巳、端午、重九、冬至、八关、秋夕];慎日[岁首、子午日、二月初一日]。[①]

刘瑨在其奏文中,对高丽《狱官令》的条文引用不全,不能将其看作是高丽相关令文的完整形态,只有将它和“禁刑”的规定合而观之,才能大致呈现出该条的基本面貌,而这与唐开元二十五年《狱官令》中的一条相近。该条规定:

> 诸决大辟罪,官爵五品以上,在京者,大理正监决;在外者,上佐监决,余并判官监决。从立春至秋分,不得奏决死刑。若犯恶逆以上及奴婢、部曲杀主者,不拘此令。其大祭祀及致斋、朔望、上下弦、二十四气、雨未晴、夜未明、断屠月日及假日,并不得奏决死刑。在京决死囚,皆令御史、金吾监决。若囚有冤枉灼然者,停决奏闻。[②]

就不得执行死刑的日子而言,高丽与唐大致相同,但也有一些明显差异。这些差异是由两国不同的风俗、文化乃至意识形态引起的。就风俗而言,中国重视二十四节气,高丽在这方面相对较淡,而更重“俗节”。当然,这些“俗节”多数亦来自中国,但被赋予了不同的意义与重要性。俗节中最重要的是“八关”,它和燃灯节并列,是高丽的两大节日之一,所谓“春设燃灯,冬开八关”。[③] 在佛教中,有所谓“八关斋戒”之说,[④]但在高丽的具体语境下,八关节主要是一个由本国自新罗以来流传下来的“花郎道”及自然崇拜而生发出的一个节日,属土俗信仰。[⑤] 太祖在留给子孙的《十训要》中即云:“朕所至愿在于燃灯、八关。燃灯所以事佛,八关所以事天灵及五岳名山大

① 《高丽史》卷八十四《刑法一》,第2658页(对引文的标点符号,笔者进行了一定的改动)。

② 《唐令拾遗》,第698页。

③ 《高丽史》卷九十三《崔承老传》,第2891页。

④ 八关中的“八”指八条严格戒律,分别为:不杀生、不偷盗、不非梵行、不妄语、不饮酒、不非时食、不香花曼庄严其身亦不歌舞倡伎、不坐卧大床。

⑤ 关于“八关节”与佛教及土俗信仰的关系,可参看徐永大:〈민속종교〉,《한국사》17《고려 전기의 종교와 사상》,국사편찬위인회,2003,第334页。

川龙神也。”[①]点明了八关与本国传统自然信仰的关系。毅宗二十二年(1167)三月亦下教曰:“遵尚仙风。昔新罗仙风大行,由是龙天欢悦,民物安宁,故祖宗以来崇尚其风久矣。近来两京八关之会,日减旧格,遗风渐衰。自今八关会,预择两班家产饶足者,定为仙家,依行古风,致使人天咸悦。”[②]八关与半岛的“仙风”即花郎道直接相关。总之,八关体现的主要是土俗信仰,与中国文化的关系不大。将“土俗”因素引入令典,是高丽在移植唐代律令时与日本的一个重大差别。

《高丽史·刑法志》“职制”条:

> 犯杀人罪,初段坚问九端;隔三七日二段,坚问十二端;隔四七日三段,坚问十五端。[③]

无论是现存《唐律疏议》还是各种唐令遗文,均不见与此类似的条文。不过,从内容上看,此条乃针对犯杀人罪者审讯办法的规定,和唐令“三度考囚”[④]的内容具有一致性,亦当属于《狱官令》。由此条的存在,我们可以发现,在以移植方式制定本国令典时,高丽人会依据本国国情独创一些为唐所无的法条。这是高丽在移植唐代律令方法与模式上与日本的又一重大差异。

二、伦理性内容的移植

如前文所言,律令格式虽是一整套技术性的法律体系,但它又是整体文明的一部分,浸透并体现着整体文化的特征。而在中华文明中,伦理又居于核心,唐代律令的诸多内容即是此种伦理的法制化。然而,高丽在移植唐代律令时,其包括伦理在内的整体文化环境与唐存在重大差异,因此,对于伦

① 《高丽史》卷二《太祖二》,第 43 页。

② 《高丽史》卷十八《毅宗二》,第 577 页。

③ 《高丽史》卷八十四《刑法一》,第 2667 页。

④ 《唐令拾遗》,第 712—713 页。

理性色彩较强之唐令的移植，高丽人采取了与技术性内容不同的移植方法与模式。由于史料所限，我们拟仅以假宁制度为中心，对此问题进行探讨。

学者认为，中国古代的假宁制度有两层含义："其一是国家官吏的法定休假制度；其二是国家官吏因婚丧吉凶等事项向主管机关申请的给假制度。"[①]与礼的关系甚为紧密，是唐令中伦理性较强的部分。正因如此，与移植《狱官令》等技术性篇目的情况不同，高丽以令文形式留存下来的关于"假宁"的内容仅有一条，[②]其他绝大多数关于"假宁"的法令均以制、判的形式出现。之所以会出现这种情况，主要就是因为唐《假宁令》中的多数条文均有较强的伦理色彩，与半岛的土俗不合，成宗创法立制时条件尚不成熟，无法被移植。而在此之后，由于华化与土俗间的张力，高丽人亦始终无法对之进行大规模、整体性移植，而只能随着华化的进展与时机的成熟程度，以零星、断续的方式，通过制定单行法规的方式移植。

高丽最早关于假宁的单行法令出现于成宗元年(982)。该年成宗判："两亲忌，给暇一日两宵。祖父母远忌，无亲子者，亦依此例。"[③]这一判文究竟是出现在《令典》制定之前，还是出现于《令典》成立之后，由于史料缺略，已不得而知，但它移植自唐令则无疑问。唐《假宁令》："诸私忌日，给假一日，忌前之夕听还。"[④]正好相当于成宗元年法令的"一日两宵"，成宗的判文乃唐《假宁令》该条的具体化。

---

① 郑显文：《法律视野下的唐代假宁制度研究》，《南京大学法律评论》2008年春秋合卷，法律出版社，2009年，第314页。

② 《高丽史》卷八十四《刑法一》："每月初一日、初八日、十五日、二十三日、每月入节日[一日]、元正[前后并七日]、立春[一日]、蚕暇[正月内子午日]、人日[正月七日]、上元[正月十五日前后并三日]、燃灯[二月十五日、]春社[一日]、春分[一日]、诸王社会[三月三日]、寒食[三日]、立夏[三日]、七夕[一日]、立秋[一日]、中元[七月十五日前后并三日]、秋夕[一日]、三伏[三日]、秋社[社稷祭日]、秋分[一日]、授衣[九月初一日]、重阳[九月九日]、冬至[一日]、下元[十月十五日]、八关[十一月十五日前后并三日]、腊享[前后并七日]、日月食[各一日]、端午[一日]、夏至[前后并三日]。"《高丽史》卷八十四《刑法一》，第2659页(对引文的标点符号，笔者进行了一定的改动)。

③ 《高丽史》卷八十四《刑法一》，第2659页。

④ 《唐令拾遗》，第680页。

当时，高丽已在筹划或正在系统制定包括《令典》在内的律令体系，在此背景下，这种以判的形式单独就唐令中的某个条文进行立法的做法不同寻常，透露出和此法令相关的其他各种法条因尚不具备被系统移植过来的条件，无法被规定到《令典》中的信息。但就此条而言，由于涉及的是父母及祖父母这一最近的亲属圈，受到的阻力较小，可先行移植，以作为一种立法上的先导，有试探与引导舆论之意，并以此在“重外家”的文化氛围中，[①]逐渐提升本宗的地位。

依据学界通说，高丽系统移植唐代律令的时期为成宗初，那么，到了成宗十五年，高丽较大规模移植唐代法制的工作应已结束。可是，由于成宗初年对唐制的移植只是一种粗线条的框架性移植，唐代律令中包括伦理性条文在内的多数内容均因各种原因被过滤掉了。随着时间的推移与条件的成熟，高丽人断定有些未被移植的内容已具备条件，可以移植了，于是便以国王制、判的方式开始零星、断续的移植，使高丽对唐代法制的移植呈现出了鲜明的过程性特征。

成宗十五年判：

> 凡官吏父母丧三年，每月朔望祭，暇一日；第十三月初忌日小祥斋，暇三日；其月晦小祥祭，暇三日；第二十五月第二忌大祥斋，暇三日；其月晦大祥祭，暇七日，至二十七月晦禫祭，暇五日。[②]

这一判文亦移植自唐令。宋《天圣令》之《假宁令》规定：“诸遭丧被起者，服内忌给假三日，大、小祥各七日，禫五日，每月朔、望各一日。祥、禫假给程。若在节假内，朝集、宿直皆听不预。”[③]就条文的具体内容与细节而言，两者存在不小的差异，但基本原理相同。

这些差异主要由两方面的因素所造成：一是高丽对唐令的变异，一是宋

① 具体论述见后文。

② 《高丽史》卷八十四《刑法一》，第 2659—2660 页。

③ 《天一阁藏明钞本天圣令校证・附唐令复原研究》，第 324 页。

令对唐令的改造。学者依据宋令对唐《假宁令》此条进行了复原:"诸遭丧被起者,服内忌给假三日,大、小祥各七日,禫五日,每月朔、望各一日。祥、禫假给程。若在节假内,朝集、宿直皆听不预。"[①]与宋令完全相同。不过,考虑到高丽判文与宋令的差异,及高丽判文亦根源于唐制且在时期上较宋《天圣令》为早,而宋令对唐令又多有修改的事实,这一复原是否准确是有疑问的。

这种以制、判方式对唐令中伦理性较强条文的零星、断续移植,常要根据半岛的具体伦理状况进行变异。靖宗三年(1037)正月判:

> 两亲及祖父母归葬者,除往返程,给暇二十一日。[②]

这一规定亦移植自唐令。《天圣令》载宋《假宁令》:"诸改葬,齐衰杖期以上,给假二十日,除程。期三日,大功二日,小功、缌麻各一日。"[③]唐令中也有类似条文,吴丽娱根据此条复原唐令为:"诸改葬,齐衰杖周以上,给假二十日,除程。周三日,大功二日,小功、缌麻各一日。"[④]

唐令此条覆盖了五服之内的所有亲等,而高丽令只涉及两亲及祖父母,对唐令删减的幅度甚大,显示高丽虽已开始实行中国式的礼法制度,但还未成为唐宋那样的礼法社会,近亲为婚、男住女家、外家与妻家地位高等现象均是其表征。

当时,重外亲是高丽最重要的现实伦理,外亲的重要性远远超过本宗。朴彭年《乞郡状》记载:

> 臣自襁褓,养于外家。舅年今七十,姑年今七十四,景迫桑榆,无他嗣子,唯臣母而已。以臣为子,抚摩长育,无异所生。此于古制,虽无可拟,原其情则诚为哀悯。况我国俗,为母族,情礼甚重,非中国比也。虽

① 《天一阁藏明钞本天圣令校证·附唐令复原研究》,第597页。

② 《高丽史》卷八十四《刑法一》,第2660页。

③ 《天一阁藏明钞本天圣令校证·附唐令复原研究》,第323页。

④ 《天一阁藏明钞本天圣令校证·附唐令复原研究》,第601页。

> 非亲族，亦得见养，则谓之父母，况亲父母之父母乎……伏望察臣微诚，委以旁近小邑，公务之暇，许以往来，则上供臣职，下遂私情。[①]

根据当时的习惯法，人们对外家负有赡养义务。朴彭年之所以讲“此于古制，虽无可拟”便是说这种做法在中国的古代典籍中找不到依据，而是基于本国重外家与母族的习惯法而来。故李穑在诗中亦云：“归养虽将孝子论，褒扬难得大人言……外家旧德难磨去，登第他年报母恩。”[②]

在与中国伦理存在重大差异的现实情境下，高丽虽移植了中国的五服制度，但又依据本国习惯法进行了变异，使外祖父母的地位同于祖父母，略高于妻之父母。《高丽史》卷六十四《礼六》载：“齐衰周，给暇三十日。正服：为祖父母，为伯叔父及妻，为姑……外族正服：为外祖父母。”[③]高丽规定的为外祖父母所服之丧服比中国的小功高出了两个等级。[④] 直到朝鲜王朝末期，重外家的风气仍未能完全扭转，柳重教（1832—1893）云：“吾东人试卷，不书外祖，不得应举。不应举，目之以废人。”[⑤]

在这种伦理状况下，如法律对本族五服以内亲改葬均给假，却不对实际上更亲的外家与妻家作出规定，是难以被人接受的，可与此同时，“华化”的路径又必须坚持，此种文化上的张力使得高丽朝廷只能先就为一般人能接受的、可以形成共识的两亲及本宗之祖父母的情形作出规定，缓慢地“华化”，向礼法社会迈进。

对于唐令中那些与本国伦理冲突不大的令文，如只涉及父母的法条，高丽人在引进时所作的变异就要小得多。靖宗十一年（1045）二月制：

---

① ［高丽］朴彭年：《朴先生遗稿·乞郡状（甲子）》，景仁文化社，1996，第 480 页。

② 《牧隐稿·诗稿》卷二十四《跋愚谷，益斋诸先生赠洪进士敏求归养诗》，第329 页。

③ 《高丽史》卷六十四《礼六》，第 2038 页。

④ 在中国，齐衰不杖期适用于为祖父母、伯叔父母、兄弟、未嫁之姐妹、长子以外的众子以及兄弟之子。

⑤ ［朝鲜］柳重教：《省斋集》卷十四《往复杂稿·答田子明别纸二（甲戌四月）》，景仁文化社，2004 年，第 319 页。

文武官父母在三百里外者，三年一定省，给暇三十日。无父母者，五年一扫坟，给暇十五日，并不计程途。五品以上奏闻，六品以下有司给暇。登第者定省扫坟日限，亦依此例。[①]

《天圣令》载唐《假宁令》："诸文武官，若流外以上长上者，父母在三百里外，三年一给定省假三十日；其拜墓，五年一给假十五日，并除程。若已经还家者，计还后年给。其五品以上，所司勘当于事无阙者，奏闻。"[②]除表述上的微小改动外，高丽此条主要增加了"登第者定省"的条款，而对登第者给予更多的优惠是高丽制度上的特色。比如，高丽有对"三子登科"之家给予优惠的法令。史载："旧制：三子登科，岁给母大仓米三十石。以富辙兄弟四人登科，加赐十石。遂以为常。"[③]"三子登科"的规定不见于唐，当是高丽特有的制度。再如，高丽还以判的方式，对律文进行了修改，赋予进士以"赎刑"的特权，此亦为唐制所无。[④]

通过以上分析，我们看到，高丽对唐令中伦理性内容的移植，采取了与技术性内容不同的移植方法与变异模式。就移植方法而言，乃以制、判做零星之移植。至于变异的模式，则为介于华化与土俗之间，既要对华制的内容做基本的移植，又要反映核心土俗的要求。这类方法与模式的采用是由特定的历史条件决定的。在成宗创法立制时，高丽社会的总体伦理状况与中国相去甚远，而当时又刚刚经历了光、景两代王权与贵族集团间残酷的"华化"与"土俗"之争，王权和贵族集团经过博弈与妥协，虽确立了"华化"政策的正当性，可精英阶层对中国制度与文化的认同仍相当有限，在这种充满张力状况下进行的法律移植，内含着紧张的文化冲突，而伦理又居于文化的核心，故唐代令典中伦理性较强的那些条文大多未被吸收入令典。然而，"华化"毕竟是高丽王权的基本政策，半岛的基本文化走向亦是缓慢而断续地

① 《高丽史》卷八十四《刑法一》，第 2660 页。

② 《天一阁藏明钞本天圣令校证·附唐令复原研究》，第 325 页。

③ 《高丽史》卷七十四《选举二》，第 2342 页。

④ 肃宗十年(1105)制："进士虽无荫，凡轻罪赎铜。"(《高丽史》卷八十五《刑法二》，第 2710 页。)

“华化”,故在成宗以后,历代国王均依据当时具体的条件,以制、判的形式逐渐引进唐令中的某些伦理性条款,从而使高丽的法律移植模式呈现出明显的过程性特点。这些由零星、断续方式移植而来的法条亦根据半岛的实际伦理状况进行了变异,高丽本国法制也因此而逐渐完善起来。

结语

高丽对唐令的移植乃在特定的文化状态之下,对在另一文化状态下产生之法律文明成果的引进。这种成果既有与社会文化状况关涉较少的大量的技术性规范,也有不少反映特定文明特征的伦理性内容,因此,高丽对唐代令典的移植选择了一种特殊的路径,这就是先对唐令中的内容进行分类,对不同种类、不同性质的令文采取不同的移植方法与模式。也就是说,高丽移植唐令的过程,实际上采取了两个关键性步骤,首先是对唐令进行分类与筛选,之后再根据本国具体的社会文化与伦理状况进行移植。与此同时,对不同种类的令文,高丽人采取的移植方法亦不相同。具体而言,对于唐令中那些技术性强的内容,采取了较大规模之框架性移植的方法,并根据本国的土俗与国情进行了微小变异,主要体现为三种情况:1. 字句与条文上的微小变动;2. 内容介于日本令与宋令之间,3. 将土俗因素引入令典并根据本国国情创制法条。这种移植的方法与模式使高丽令典含有了一定程度的土俗因子,在某种程度上呈现出了华、俗交融与混合的状态。

对于唐令中那些伦理性较强的内容,高丽人采取了不同的移植方法与模式。由于伦理上的张力与文化上的冲突,在成宗创法立制时,唐令中的绝大多数伦理性条款均未被吸收,只有个别条文被以制、判的方式零星、断续地移植了过来,且根据半岛的具体伦理状况进行了变异。然而,由于“华化”是高丽王权的国策,半岛的基本文化走向亦是缓慢的“华化”,故在成宗以后,高丽人会依据条件的成熟情况择机以制、判的方式渐进地、个别化地引进唐令中的伦理性内容,高丽的法律移植模式亦因此呈现出较为明显的过程性特点。总之,与对技术性条款采取之先框架性移植、然后再进行变异的方式相比,对伦理性条文的移植,高丽人采取了零星、断续移植的渐进移植法。这种方法的采用较为有效地克服了文化上的阻力,推动了半岛法制平稳的“华化”,体现了时人的智慧与法律移植上的持久力,这也使高丽对唐令的移植既是一个不断华化的过程,又是一个将中国制度本土化的过程。两相混合,形成了具有半岛特色的本国法律体系。

第二节　高丽对唐式的变异

隋唐时期的律令格式在儒化与汉化的文化与社会整合政策下进行,[①]“礼”是其精髓与核心。[②] 与此同时,它们本身又是一整套具有很强操作性的技术性规范,是千年以来立法与行政技术的结晶,这就使它们具有两个明显的特征:一是由整体“结构—文化”环境决定的浓烈的“伦理性”(文化)与“社会性”(结构),二是作为法律规范本身的“技术性”。礼与法,技术与伦理、文化之间实现了较为完美的结合。

当然,在不同的法典以及同一法典的不同篇目与条文中,礼与法,技术与结构、文化成分所占的比重、体现的方式与程度并不相同:有的是较为纯粹的技术性条款,有的则对“结构—文化”性因素体现较多,有的则兼而有之。

高丽前期,半岛与中国唐代在社会发展及文化发育、社会结构与文化状态上存在重大差异,法律移植作为在整体“社会—文化”环境笼罩下的一种特殊立法方式,既要受到由文化及社会发展水平制约的技术性影响,又要受整体“结构—文化”环境的制约。

整体“结构—文化”环境的重大差异,使高丽精英阶层对中国文化的认同尚未普遍建立起来。在此语境下,高丽人对唐代法制的移植过程就成了

① 关于此,可参考高明士:《从律令制度论隋代的立国政策》,载《唐代文化研讨会论文集》,台北文史哲出版社,1991 年。

② 参见刘俊文:《唐律疏议笺解·前言》。

一个从“技术”到结构与伦理的全方位变异过程。这种变异在律、令、格、式四种法律形式中均有体现。但到目前为止，学界对高丽人在制定本国之式时如何移植并变异唐制尚无深入、系统之研究。综合各种史料的记载，我们认为高丽具有自身特色的式，但这些式乃是在特定“结构—文化”环境下，对唐制筛选与变异的结果。

一、技术性内容的移植与变异

高丽在移植唐代制度时，已具有较为明确的分类意识，对不同性质的法律采取了不尽相同的移植方法与模式。主要作为行政法细则性质的式，[①]其内容多是“技术性”的。对此类法条，高丽人采取了基本照搬，又依据半岛实际情况略加变异的移植方法与模式。高丽有《公牒相通式》：

> 京官：内史、门下、尚书都省于六官诸曹、七寺、三监出纳，门下侍郎以上不姓草押；拾遗以上，著姓草押；录事、注书、都事内位著姓名。六官诸曹、七寺、三监于三省侍郎，少卿以下具位姓名；御史、卿以上，著姓草押……吏部台省于六官诸曹、七寺、三监，门下侍郎平章以下拾遗以上著姓草押，录事具衔姓名，于诸署局录事，注书著草押……[②]

《唐六典》卷一《三师、三公、尚书都省》云：“凡都省掌举诸司之纲纪与其百僚之程式……凡下之所以达上，其制亦有六，曰：表、状、笺、启、牒、辞。（注：……九品已上公文皆曰牒）”。[③] 高丽《公牒相通式》正是对官僚机构间文书往来格式规定的行政细则，符合《唐六典》的规定。该式的原理无疑来自唐。仁井田陞曾对唐开元移式、关式、牒式与符式进行了复原，其中《牒式》为：

---

① 霍存福：《唐式性质考论》，《吉林大学社会科学学报》1992 年第 6 期，第 24—30 页。

② 《高丽史》卷八十四《刑法一》，第 2663 页。

③ 《唐六典》卷一《三师、三公、尚书都省》，1992 年，第 10—11 页。

尚书都省　　为某事。

某司云云，案主姓名，故牒。

年月日

主事姓名

左右司郎中一人具官封名　　　令史姓名

书令史姓名①

关式、移式、符式与牒式类似，其格式均为长官"署位"；主管之司的郎中"具官封名"即只署名，不署姓；令史与书令史则要姓名俱签；正好对应高丽《公牒相通式》中的"不姓草押""著姓草押"与"内位著姓名"三种方式，可见高丽式对唐式的变异不大。

高丽又有《烽式》。毅宗三年(1149)八月，"定《烽式》：平时夜火昼烟各一、二；急二、三；急三、四；急四。每所防丁二、白丁二十人，各例给平田一结。"②唐代亦有《烽式》。《武经总要》前集卷五"烽火"条云："烽燧，军中之耳目……唐兵部有《烽式》，尤为详具。"并录唐式云：

凡边城堠望，每三十里置一烽……凡掌烽火，置帅一人，副一人，每烽置烽子六人……用烽火之法：应火炬长八尺，橛上火炬长五尺，并二尺围……凡白日放烟，夜放火……一炬火，一人应；二炬火，二人应；三炬火，三人应；四炬火，四人应……依式放烟……凡寇贼入境，马步兵五十人以上，不满五百人，放烽一炬……若余蕃贼千人以上，不知头数，放烽四炬……③

高丽《烽式》极为简单，意义难明，主因在于它只是截录了该式的部分内容，而未如《武经总要》那样详录。不过，从其规定之放烽火的数量与唐一

① 《唐令拾遗》，第489—490页。

② 《高丽史》卷八十一《兵一》，第2586页。

③ [宋]曾公亮、丁度：《武经总要》前集卷五《制度五》，商务印书馆，2017年，第73页。

样,也是从一炬到四炬的情形看,高丽式的基本原理应与唐式相近。

当然,也有变异之处。在唐代,每一烽置帅一人,副一人,烽子六人,高丽则每所置防丁二人,白丁二十人,人数多于唐。这首先是由两国不同的国情所致。唐地域广袤,边境漫长,置烽之所甚多,不可能为每个烽燧配置过多人员,而高丽的边境即所谓的“东西两界”要狭小得多,加之首都距边境较近,故有条件也有必要为每个烽燧配置更多人员。高丽还有《刑杖式》:

> 尺用金尺。脊杖,长五尺,大头围九分,小头围七分。臀杖,长五尺,大头围七分,小头围五分。笞杖,长五尺,大头围五分,小头围三分。[①]

该式亦依据唐代法律原理所制定。《天圣令》载宋《狱官令》:

> 官杖长三尺五寸,大头阔不得过二寸,厚及小头径不得[过]九分。小杖长不得四尺五寸,大头径六分,小头径五分。讯因(囚)杖长同官杖,大头径三分二厘,小头径二分二厘……[②]

郑显文指出:“虽然高丽的《刑杖式》与唐代《狱官令》的刑具规格略有不同,但该法律条文参考了唐代的《狱官令》应不会有疑问。”[③]我们认为,亦不应排除其参考了唐式的可能性。还需注意的是,在杖的规格上,高丽对唐制进行了变异,此种变异也应是出于对本国具体国情的考量。

从“尺用金尺”的规定看,该式显然制定于臣服金朝之后。一般认为,金代尺度沿袭唐宋。如确实如此,则高丽在笞、杖规格上对唐制变异的显著特点是:笞、杖在略微加长的同时大幅变细,这意味着刑罚的大幅减轻,与高丽

---

① 《高丽史》卷八十四《刑法一》,第2657页。

② 《天一阁藏明钞本天圣令校证》(下册),第337页。

③ 郑显文:《唐律令与高丽律令之比较》,网址链接:http://law.cacbo.com/show.php?contentid=28905。

的轻刑传统相符。不过，也有学者认为，唐、宋时期的一尺约等于现在的九寸三分(30.7 cm)，金代一尺约等于43厘米，[①]超过唐宋。如此说确实，则高丽的笞杖比唐宋更长，但仍较唐宋为细，轻刑的特点仍在。

二、结构性内容的移植与变异

法律制度不是凭空搭建的楼阁，而是立基于特定的社会结构之上，既受整体"结构—文化"环境的制约，又是这种"结构—文化"的产物。在特定的法律体系中，除了那些具有普遍适用性的技术性条文外，总有一些是特定社会结构与文化状况的规范化与法制化。由于涉及利益与文化冲突，这类法条的移植难度更大，需做更大幅度的变异，否则不仅难以被认同，也不易取得效果。这就要求采取与移植技术性内容不同的方法与模式。我们先分析高丽式对唐制结构性内容的移植与变异问题。

在高丽初期的80余年间，王权与贵族集团曾进行过激烈的博弈，甚至导致大规模杀戮，强劲的贵族制传统使中国的君主制体制最终未能在半岛实质性地建立起来。在整个高丽时期，王权相对微弱，贵族势力强大，对王权构成了有力牵制，重要国政一般都要经过大贵族的合议才能实行。高门贵族不仅世代占据着一些重要职位，还通过荫叙制度及在科举制上设置于己有利的条件，使其势力世代相承。唐代虽亦有贵族制色彩，但皇权持续上升，贵族没落的趋势明显。

社会结构上的这种差异，对法律制度的移植产生了重大影响。穆宗元年(998)十二月制定的一道式文就是对此状况的反映。史载，穆宗"改定文武两班及军人田柴科"：

> 第一科，田一百结，柴七十结(内史令，侍中)；第二科，田九十五结，柴六十五结(内史门下侍郎、平章事、致仕侍中)……第十八科，田二十

① 关于这一问题的具体讨论，可参考高青山、王晓斌：《从金代的官印考察金代的尺度》，《辽宁大学学报(哲学社会科学版)》1986年第4期，第75—76页。

> 结(散殿前副承旨、大常司仪……)不及此限者,皆给田十七结,以为常式。①

我们不妨将此式称为"田柴科"式。高丽的田柴科制度虽借鉴了唐的均田制,但从本质上看却主要是对半岛社会结构与文化传统的反映,与均田制存在重大差异,故此式为高丽特有,在唐代令、式中找不到直接的依据。换言之,该式对唐制的借鉴主要是形式,内容完全是"土俗性"的。田柴科制初创于高丽景宗时期。景宗元年(976)十一月,

> 始定职散官各品田柴科,勿论官品高低,但以人品定之:紫衫以上作十八品(一品田柴各一百一十结……十八品田三十二结、柴二十五结)。文班丹衫以上作十品(一品田六十五结、柴五十五结……十品田三十结、柴十八结)。……武班丹衫以上作五品(一品田六十五结、柴五十五结……五品田四十五结、柴三十九结……)②

景宗元年是高丽史上的一个特殊时点。景宗甫一即位,便逆转了其父(光宗)的华化政策,被打压的贵族势力再次得势,田柴科之设就是对他们的补偿,故该制秉承的原则是"勿论官品高低,但以人品定之",即主要以门阀高低为准。

在贵族社会,人品(门阀)与官品本来是一致的,可在光宗时期,"华化"派得势,他们或来自中国,或出自社会下层,却占据着朝廷高位,人品与官品分离,贵族在官品上处于劣势。因此,景宗元年的田柴科制要依据"人品"而非"官品"。不过,从以紫衫、丹衫等作为区分的情形看,"人品"又离不开"官品"。③所谓"以人品定之",其精髓在于可在一定的官品范围内拉大受田柴的差距,

---

① 《高丽史》卷七十八《食货一》,第2481—2483页。

② 《高丽史》卷七十八《食货一》,第2479—2481页。

③ 《高丽史》卷七十二《舆服志》:"光宗十一年三月,定百官公服:元尹以上紫衫,中坛卿以上丹衫,都航卿以上绯衫,小主簿以上绿衫。"(第2264页)

使“旧臣宿将”与高门贵族获得最大利益，这与唐代主要依据官品授田的做法不同。

不过，以人品确定的田制和现实中以三省六部制为框架的官僚体制难以匹配，穆宗之后，随着王权与贵族势力妥协的达成，“华化”的渐次深入特别是贵族势力的大幅跃进，人品与官品再趋一致，便又改为完全以官品为准分配田柴，出现了来自中国的令式“带动”土俗性令式，使之逐渐“中国化”的现象。穆宗元年关于“文武两班及军人田柴科”的“常式”即是如此。

关于结构性因素对式之移植的影响，我们不妨再以“学式”为例加以说明。《高丽史》卷七十四《选举二》载《仁宗朝式目都监详定学式》：

> 国子学生以文武官三品以上子孙，及勋官二品带县公以上，并京官四品带三品以上勋封者之子为之。太学生以文武官五品以上子孙，若正从三品曾孙，及勋官三品以上有封者之子为之。四门学生以勋官三品以上无封，四品有封，及文武官七品以上之子为之。三学生各三百人……凡系杂路及工商乐名等贱事者、大小功亲犯嫁者、家道不正者、犯恶逆归乡者、贱乡部曲人等子孙，及身犯私罪者，不许入学……律、书、算及州县学生，并以八品以上子及庶人为之……①

该式显然来自唐式。《新唐书》卷四十四《选举志上》：

> 国子学，生三百人，以文武三品以上子孙若从二品以上曾孙及勋官二品、县公、京官四品带三品勋封之子为之；太学，生五百人，以五品以上子孙、职事官五品期亲若三品曾孙及勋官三品以上有封之子为之；四门学，生千三百人，其五百人以勋官三品以上无封、四品有封及文武七品以上子为之，八百人以庶人之俊异者为之；律学，生五十人，书学，生

---

① 《高丽史》卷七十四《选举二》，第 2361 页。

三十人，算学，生三十人，以八品以下子及庶人之通其学者为之……[①]

两相比较，可知高丽学式与《新唐书》的记载有同有异。除对书学与算学未作具体规定，及在学生人数、学习内容、学习时间上的微小不同外，高丽学式与唐制的最大差异有二：

首先，唐制将四门学1300人的名额分为两部，其中500人"以勋官三品以上无封、四品有封及文武七品以上子为之"，800人"以庶人之俊异者为之"，"学校对平民子弟门开得更大了"。[②] 而在高丽，由于贵族社会的特性，等级制更为严格，故将唐制中对庶民开放的条款删除，七品以下低层官吏及平民子女被完全排除在外，国子三学彻底沦为贵族学校。

其次，高丽规定了不少禁止入学的条件，唐则无此类规定。这些禁止性条件又可分为两类：

第一类是犯特定罪行之人，即大小功亲犯嫁者、犯恶逆归乡者及犯私罪者。"归乡"，是针对贵族集团的一种特有罪名。禁止近亲间的婚姻关系并将之定为犯罪，针对的仍是精英阶层，因为只有他们才有入学的资格。同样，公罪与私罪的划分针对的本来就是官僚集团，而在高丽，官僚与贵族常是一体之两面，故"犯私罪者"的规定也以贵族集团为主要对象。由此，我们就不难明白这些禁止性条款的意义：贵族社会是小集团的统治，要以各种制度对人进行淘汰首要的便是在精英阶层中建立起淘汰机制，以长久保持其小集团特性，这些禁止性规定正是内部淘汰机制的一环。

第二类是在社会分层中处于下位之人。贵族社会小集团统治的维持，还必须对人群进行分类，以各种制度与非制度性安排，将那些占人口绝大多数的本集团之外的人尽量阻挡在外，阻止他们向上流动。因此，高丽存在一个整然有序的分层体系——统治集团内部有文班、武班、南班的差别；统治集团之外的良人阶层则有乡吏、军人、杂类，乡·所·部曲人、工匠、商人、津

---

① 《新唐书》卷四十四《选举志上》，第1159—1161页。

② 吴宗国：《唐代科举制度研究》，北京大学出版社，2010年，第115页。

尺、驿民的区分;另外,还存在一个数量庞大的贱民阶层。

高丽社会的分层结构与"役"挂钩,不同阶层之人从事不同的职业,具有世袭性。因此,人们所属的社会阶层也基本世袭。文武两班专以做官为业,特别是文班,更是一个世袭的文化贵族阶层,自称"士族"或"士大夫"。乡吏世袭地方吏职,杂路则世袭中央机构中的吏职,一般农民、工匠、商人、津尺、驿民、奴婢同样如此。越往下,所从事的职业越卑贱,在社会结构中的位置越低。

不同阶层之人享有不同的权利,承担不同的义务,总的原则是:在社会分层结构中的排位越高,享有的权利越大,受到的制约越少;排位越低,享有的权利越小,受到的制约越大。因此,位于社会下层之人及其子孙被排除在入学范围之外。从总体上看,高丽学式似乎将唐制较为完整地移植了过去,但在结构因素的作用下,却做了两项根本性变异。

法条的内容常是综合性的,既有规范性、技术性的成分,也有文化性、结构性的内容,高丽式对有关唐制的变异也具有综合性特征。有的变异看似是技术性的,实质却是结构性的。显宗时期的《避马式》即是如此:

> 一品官,正三品以上马上祇揖,从三品以下下马回避;三品官,五品以上马上祇揖,六品以下下马回避;四品官,六品以上马上祇揖,七品以下下马回避;五品官,七品以上马上祇揖,八品以下下马回避;六品官,八品以上马上祇揖,九品以下下马回避;七品官,九品以上马上祇揖,流外杂吏下马回避。[①]

此式显然移植自唐制。唐垂拱《仪制令》规定:"其准品应致敬,而非统属者,则不拜。"开元七年《仪制令》规定:"诸致敬之式,若非连属应致敬之官相见,或贵贱悬隔,或有长幼亲戚者,任随私礼。"是否下马又是"致敬之式"

① 《高丽史》卷八十四《刑法一》,第2661页。

中最重要的内容。唐贞观《仪制令》规定:“三品以上遇亲王于路,不合下马”。[1] 开元七年《仪制令》规定:“诸官人在路相遇者,四品已下遇正一品、东宫四品已下遇三师、诸司郎中遇丞相,皆下马。”与这些令相应,在唐代必有相关的式。由于这些式已佚,我们只能以令与高丽的《避马式》做一对比。唐开元二十五年《仪制令》规定:

> 诸文武官三品以下拜正一品(中书门下则不拜),东宫官拜三师,四品已下拜三少。自余属官于本司隔品卑者皆拜。其准品应致敬,而非相统属者,则不拜。[2]

在三品与一品的关系上,唐令的规定与高丽《避马式》全同。对三品以下,唐令规定的致敬原则有二:一是致敬的对象应为属官与本司长官之关系,即两者有统属关系,非统属者不拜;一是致敬的方法为“隔品卑者皆拜”。而在高丽,首先,不区分统属与非统属,官品卑者遇官品高者皆须致敬;其次,致敬的方法为隔两品者“马上祇揖”,隔三品者“下马回避”。

这些变异从表面上看似乎只是技术性的,却是对高丽官府上下等级秩序更为严格这一结构性特征的反映。高丽社会的基本特征是严格的等级身份制,而官僚制的实施,使官僚机构内的品级具有了区别身份与社会分层的作用。在官府中的品级高,意味着他们在社会上的门阀高、地位高,品级低则意味着门阀低、地位低。高品与低品之间差距越大,在身份上的差距也越大,礼数非严不可。高丽《避马式》反映的正是“土俗”对“华制”的拉动与变异。

三、伦理性内容的移植与变异

高丽前期,半岛文化与中国文化差异巨大,精英阶层中存在着严重的

---

① 《唐令拾遗》,第421、423、425页。

② 《唐令拾遗》,第425、422页。

“华化”与“土俗”冲突，由于伦理的价值与秩序在一国文化中居于核心地位，对那些伦理性较强的唐制，高丽人在以移植方式制定本国之式时，采取了更加审慎的态度，在移植路径上显现出了不同的特点。在现在还略知梗概的高丽式中，以《五服给暇式》的伦理性最强。成宗四年，“新定《五服给暇式》”规定：

斩衰、齐衰三年，给百日；齐衰期年，给三十日；大功九月，给二十日；小功五月，给十五日；缌麻三月，给七日。①

这是“式”之名称在现存高丽文献中的首次出现。由于唐代相关的式已佚，我们只能将之与相关唐令做一比较。《天圣令》载宋《假宁令》：

诸齐哀(衰)期给假三十日，闻哀二十日，葬五日，除服三日。诸齐哀(衰)三月、五月，大功九月、七月，并给假二十日，闻哀十四日，葬三日，除服二日。诸小功五月，给假十五日，闻哀十日，葬二日，除服一日。诸缌麻三月，给假七日，闻哀五日，葬及除[服]各一日。②

唐令的规定应与此相近。仁井田陞早已注意到成宗所定《五服给暇式》与唐宋令略有不同的事实，他的解释是，此乃因成宗时还没必要对唐令进行原封不动的移植所致。③ 至于为何没有必要，他未做说明。我们则认为，出现这种情况的主因在于两国不同的文化与伦理环境。

从高丽《五服给暇式》与宋(唐)《假宁令》的内容看，两者最大的差异在于：唐的服丧期长，完全按照儒家伦理规范进行；高丽的服丧期则较短，与儒家的伦理要求有一定差距。而这又是对更普遍之伦理状况的反映。比如，在高丽前期，一直未确立父母去世守孝三年的规则，而是行百日丧。

① 《高丽史》卷八十四《刑法一》，第2659页。

② 《天一阁藏明钞本天圣令校证·附唐令复原研究》，第323页。

③ 《唐令拾遗补》，第282页。

成宗十一年(992)六月制:“六品以下不入常参官,父母丧百日后,所司劝令出仕……遥谢行公。”[①]之后,行百日丧的范围不断扩展。直到高丽末期,李穑还感叹说:

> 丧制之废久矣……按本国服制图:三年丧,给暇一百日,余各以次而降……且暇者,为在官言也,暇尽当视事……服虽除,不饮酒……心丧三年可也。乃曰:“吾暇已尽矣,吾服已除矣。”而无所不为者……原其弊,在于在官者之暇,起复之泛及,而无职守者效之,而民庶又效之,因循苟简,遂不知其失焉耳。[②]

在高丽,除给暇日外,官员们都应正常办公,这在唐代至少触犯了“冒哀求仕”罪。[③] 又,文宗四年(1050)正月制:

> 外官父母在京身死,除,奏达,许令上京。军兴时,所管事体商量,兼考兵马使给暇移文,酌量裁决。其别命员及随使记事者,亦依此例。[④]

由此制可知,在此之前,如父母在京身死,在地方任职的官员必须得到国王准许后才能赴京奔丧。而在中国礼制,则必须奔丧。[⑤]

高丽一代,儒学虽是统治集团的政治理念,但影响力远不及佛教,佛教才是半岛的主流意识形态。在此语境下,对伦理色彩浓烈的《五服给暇式》进行大幅变异,便是当然之事了。不过,问题还有另一面:高丽在文化上一直走着一条虽然缓慢却持续不断的“华化”之路,成宗之后五服制在半岛的不断进展就是其中的一个侧面。因此,成宗之后的五服给暇制度,内容亦渐

---

① 《高丽史》卷六十四《礼六》,第2039页。

② 《牧隐稿·文稿》卷七《赠金判事诗后序》,第57—58页。

③ 刘俊文:《唐律疏议笺解》,第807页。

④ 《高丽史》卷六十四《礼六》,第2404页。

⑤ 《通典》卷第一百四十《开元礼纂类三十五·凶礼七》,第1444页。

进而持续地扩展，主要方法就是以国王制、判的方式零星而断续地移植并变异唐制。文宗二年判：

> 大小官吏四仲时祭，给暇二日。①

高丽此制乃截取了唐制的一段，并将给暇日期缩短了一半，体现的即断续但又是渐进的华化路径。仁宗十八年判：

> 无亲子祖父母忌，依宋制，给暇一日两宵。

又判：

> 入流品以上者，妻父母服，给暇三十日；其忌日，依外祖父母例，给暇一日两宵。②

第一条判文直接移植自宋制，第二条判文则是基于半岛妻父母地位高的现实，依据唐制原理制定的具有半岛特色的给暇制度。

高丽时期，在半岛既有的伦理状态下，妻父母的地位基本等同于己之父母。《高丽律》“谋杀周亲尊长”条便将《唐律》本条规定之“诸谋杀期亲尊长、外祖父母、夫、夫之祖父母、父母者，皆斩”③中的“夫、夫之祖父母、父母者”改为“夫妇之父母”。④ 上引仁宗十八年(1140)之判等于进一步确认了妻父母在法律上等同于齐衰期亲的地位。

至于该判文提到的“外祖父母例”，同样是对半岛重外家习俗的反映。《高丽史》卷六十四《礼六》：“齐衰周年……义服：嫁继母为子。外族正服：为

---

① 《高丽史》卷八十四《刑法一》，第 2660 页。

② 《高丽史》卷八十四《刑法一》，第 2661 页。

③ 刘俊文：《唐律疏议笺解》，第 1263 页。

④ 《高丽史》卷八十四《刑法一》，第 2685 页。

外祖父母。义服：为继母、慈母、义母、长母、为妻。”[①]在唐代为外祖父母所服之小功服，在高丽被提升到了齐衰。

丁若镛看到高丽时代为妻族、外族所服丧服较重的现象，认为其原因在于“高丽立国，适与五代相值，所奉礼义，皆唐人之绪余，故外党之服，若是其隆重，厥咎在唐”[②]。其结论与历史事实正好相反。

总之，就与伦理相关之式的移植而言，高丽人采取的基本路径是，将唐制中那些与半岛伦理抵触不大的部分先行移植；至于那些与半岛土俗伦理抵触较大，不太能为普通大众接受的内容，则视本国文化上“华化”的进展情况与时机的成熟程度，以制与判的形式做零星、断续的移植。不论是哪种方式的移植，均非照搬，而是做了与本土社会相应的变异，国家的法律体系由此而完善、成熟起来。

结语

法律移植并非简单的法条或法律制度的跨国界流动，而是与重塑一国政治、社会乃至文化的运动密切相关，甚至就是其中的一环。因此，法律移植的路径选择，常受多重因素影响，具有相当程度的复杂性。高丽在制定本国之式时对唐制的移植就是如此。

由于在社会、文化与权力格局诸层面，高丽与唐均存在重大差异，而式又具有“行政法细则”的性质，具体性、针对性、适用性是其特征，这就使得高丽人在制定本国之式时，尽管遵循了唐制的原理，但在具体内容上，又依据本国国情进行了变异，并依据制度性质与内容的不同，采取了不同的变异方式。

由于法律存在于“结构—文化”的整体环境之中，是此种环境的产物，故高丽人在移植唐制制定本国之式时，对那些与社会结构与权力格局有关的

---

① 《高丽史》卷六十四《礼六》，第2038页。

② [朝鲜]丁若镛：《与犹堂全书》第三集《礼集(其一)》第十五卷《丧礼四笺》卷十五《丧期别十六·外亲七》，景仁文化社，2002年，第321页。

制度做了相当程度的改造。从表面上看，这类改造似乎是技术性的，实质却是对半岛贵族社会结构的反映。至于那些与伦理相关的式，高丽人则采取了仅将唐制中那些与半岛伦理抵触不大之内容通过改造而进行零星、部分移植的方法；对于那些与半岛伦理抵触较大，不太能为普通大众接受的唐制，高丽人则视本国“华化”的进展情况与时机的成熟程度，以制与判的方式做随时性移植。作为一种文明成果，法律有其相对独立的品格，具有很强的技术性，并非完全是结构与文化的附属物。主要作为行政法细则性质的唐式，不少内容即“技术性”的，对唐式中的此类内容，高丽人采取了基本照搬，又依据半岛国情略加改造的移植方法与模式。

通过以上移植路径，高丽的法律体系逐渐完善、成熟起来，呈现出一种不断向华制“进化”的趋势。

第五章　法律体系变异

第一节　华俗互动下高丽的二元化法制体系

一、制、判：半岛土俗的法制化

唐代制度由律令格式的法律体系所构筑，高丽在移植唐制建构本国官制时，必须将这套基础性制度一并移植，以作为其制度体系的外壳。在此外壳之下，移植而来的“华制”与半岛的“土俗”冲撞、混合，形成独具半岛特色的法制——制、判体系。它们和律令格式体系共存，使高丽法制呈现出明显的二元化色彩。这种状况的产生，主因在唐制的不少内容与高丽国情不合被大幅删改，需以制、判体系为补充。那么，两者在制度与实践层面以怎样的样态存在，又怎样互动？学界尚未揭示。本节将通过对高丽法律体系的综合性考察，究明制判体系独特的形成路径与运作方式，以理解其在半岛法律史上的意义。

（一）制、判的含义与性质

“制”即国王的命令，其名来自唐。《唐六典》卷一《三师、三公、尚书都省》：“凡上之所以逮下，其制有六，曰：制、敕、册、令、教、符（注：天子曰制，曰敕，曰册；皇太子曰令；亲王、公主曰教）。”[①]

在高丽，“制”除称“诏”之外，在有些历史时期亦称“教”，主要视与中国

---

① 《唐六典》卷一《三师、三公、尚书都省》，第10页。

诸王朝的关系而定。一般而言，当高丽在政治与文化上较为深入地认同中国，承认自身是以中国王朝为中心的天下秩序中的一方诸侯时，则称“教”。这主要集中在臣服于宋与元的时期。成宗受宋册封，于公元 986 年 3 月，“以诏称教”。[①]《资治通鉴》卷一百八十九武德四年九月甲午条胡三省注：“诸王出命曰教”。[②] 成宗“以诏称教”乃自觉将本国降到了宋之诸侯的地位，使高丽成为“天子”之下的王国。不久，高丽又被迫先后臣服于辽、金，但内心并不认同，故又开始称制、称诏；直到屈服于蒙古帝国后，才再次称教。

制虽是国王的命令，但大多其实是根据官僚机构的奏请而来。成宗七年(988)二月，左补阙兼知起居注李阳上封事：

> 其一曰：“古先哲王，奉崇天道，敬授人时……按《月令》：‘立春前出土牛，以示农事之早晚’。请举故事以时行之。其二曰……”(成宗)教曰：“李阳所论，皆据典经，合垂俞允……始自今岁，以作通规……宜颁两京百司及十二牧知州县镇使等，咸使知委，勉行条制。当体予意，普示黎元，无犯此令。”[③]

成宗以教的形式对李阳之奏予以肯定，确认其为“通规”与“条制”，成为王朝的正式法律。制乃以上下互动方式而成为高丽王朝的法律渊源。

“判”是国王对官僚机构的“状”或“疏”所做的裁断。忠肃王十五年(1328)十二月，资赡司状申：“银瓶之价日贱，自今上品瓶折赍布十匹，贴瓶折布八九匹，违者有职征铜，白身及贱人科罪。”国王“判可”。但“时铸银瓶杂以铜，银少铜多，故官虽定价，人皆不从”。[④] 又《高丽史》卷一百十八《赵浚传》：

> 赵浚，字明仲，侍中仁规之曾孙……撰祈禳疏云：“疏正直忠信之人，狎谄佞谗邪之徒。”知申事金涛，代言朴晋禄、金凑曰：“王若问正直忠信而疏者何人，谄佞谗邪而狎者何人，则何以对？”令浚改撰。遂白

---

① 《高丽史》卷三《成宗世家》，第 65 页。

② 《资治通鉴》卷一百八十九武德四年九月甲午条注，第 5923 页。

③ 《高丽史》卷三《成宗世家》，第 68 页。

④ 《高丽史》卷七十九《食货二》，第 2524 页。

祸："诰院所撰，宜令书题，宰臣监申，然后判可。"祸从之。[①]

关于"状"，《唐六典》卷八《门下省》"侍中"条："凡下之通于上，其制有六：一曰奏抄……五曰表，六曰状，皆审署申覆而施行焉。"[②]"表"与"状"之类的文书必须通过"申"的程序才能上达给最高统治者。关于"疏"，《六典》未做规定，但同"表"与"状"一样，作为臣下向皇帝所上文书，也需经过"审署申覆"的程序。由此而言，制与判的主要区别在于它们作成与运作方式上的差异，在当时被视为两种不同的立法方式，但从现代法学的角度，我们已很难从性质、效力与内容等层面将它们完全区分开来。

需要指出的是，在高丽一代，国王对个别刑事案件的裁断也称"判"。仁宗元年(1123)，清州有人因救父杀人，国王判云："事理可恕，除入岛，只移乡。"[③]这种"判"近于现代法学所说的"判决"，其结论只有个案之效力，并非一种立法活动，更非一种立法方式，与作为法律渊源的"判"不同。

（二）土俗的法制化

就文化属性而论，制、判以反映土俗的内容最为丰富。那些为律令体系所无，或难以被规定到律令体系中的反映半岛特定国情与土俗的制度，主要以制、判的形式出现。这又分为两种情况：一是华制与土俗的混合性制度，一是完全反映土俗的制度。

半岛的一些关键性制度均是较为纯粹的土俗，其中又以奴婢制度、限职制度、禁锢制度、其人制度、乡职制度等最为典型。这些制度与半岛特定的权力格局与社会结构密切相关。以下我们仅以奴婢制、限职制与禁锢制为例略加说明。

奴婢法制是从新罗开始一直持续到朝鲜王朝后期的半岛固有制度，与中国制度存在显著差异。柳寿垣《迂书》卷一《论丽制》"奴婢"条云：

丽制：放良奴婢，年代渐远，则必轻侮本主。若骂本主，或与本主亲

① 《高丽史》卷一百十八《赵浚传》，第3605—3606页。

② 《唐六典》卷八《门下省》，第241—242页。

③ 《高丽史》卷八十五《刑法二》，第2710页。

族相抗，则还贱役使。还贱者诉冤，则钑面还主。此实残酷无据之政……且丽朝用人，考其八世户籍，不干贱类，乃得筮仕。若父若母一贱，则纵其本主放许为良，于其所生子孙，却还为贱。又其本主绝嗣，亦属同宗。天下安有如许惨毒之法耶……我朝……崇尚门阀，甚于丽朝……奴婢世传，一循丽制。[①]

柳寿垣点明了高丽奴婢法制与贵族制之间的关系。为他所痛斥的高丽奴婢法制的种种规定与原则，主要便是以制、判形式被法律化的。试举几例：

1. 成宗六年七月教："放良奴婢年代渐远，则必轻侮本主。今或代本主水路赴战，或庐墓三年者，其主告于攸司，考阅其功，年过四十者，方许免贱。若有骂本主，又与本主亲族相抗者，还贱役使。"[②]

2. 显宗四年判："还贱奴婢更诉良者，杖之，钑面还主。"[③]

3. 文宗三年判："公私奴婢三度逃亡者，钑面还主。"[④]

这些法条在中国法制中找不到依据，完全依据半岛土俗。它们总的目的是不使奴婢为良，将他们永远役使，以持久维持一个数量庞大的贱民阶层，成为贵族社会赖以存在的经济与社会基础。

在被元朝强权控制下的高丽后期，任征东行省平章的阔里吉思试图依据中国法改革半岛奴婢法制，遭到了国王与贵族集团的强烈反对。忠烈王上表元成宗曰："若许从良，后必通仕，渐求要职，谋乱国家……由是小邦之法，于其八世户籍不干贱类，然后乃得筮仕。凡为贱类，若父若母，一贱则贱，纵其本主放许为良，于其所生子孙却还为贱。又其本主绝其继嗣，亦属同宗，所以然者，不欲使终良也。"[⑤]道出了这一体系的核心原则与秘密。

对于高丽奴婢法制的来源，柳寿垣云：

---

① [朝鲜]柳寿垣：《迂书》卷一，无页码。

② 《高丽史》卷八十五《刑法二》，第2717—2718页。

③ 《高丽史》卷八十五《刑法二》，第2718页。

④ 《高丽史》卷八十五《刑法二》，第2718页。

⑤ 《高丽史》卷三十一《忠烈王四》，第1012页。

> 丽制则不然，立法之初，不能循天理，则圣制，以成大公至正之治。徒取唐季之法，参以国俗，硬做一副制度。而其实则虽于唐制，亦昧其里面精义细密作用之妙，只以模仿傅会为事。故自外面观之，则制度规模，非不阔大；仪文典章，非不彬彬。而其中则政事无实，治规庬杂，反成邯郸之步，徒为效颦之归。此实出于治无根本而然也。[①]

其“取唐季之法，参以国俗”的判断不确，因为唐代奴婢法制的原则是“一良永良”、“从良不从贱”，尽可能地向对贱民有利的方向靠拢。《唐律·户婚律》“放部曲奴婢还压”条就规定：“诸放部曲为良，已给放书，而压为贱者，徒二年；若压为部曲及放奴婢为良，而压为贱者，各减一等；即压为部曲及放为部曲，而压为贱者，又各减一等。各还正之。”[②]对放贱为良持鼓励态度，甚至还规定了类似“放贱为良，给复三年”[③]之类的优惠政策。

到了唐季，随着贵族制的退场，以“律比畜产”为特征的奴婢作为一个阶层基本消失。到了宋代，城乡客户、雇工、人力、女使等在唐代没有独立人格的“贱民”，均成为法律关系的主体。[④] 赵彦卫在其《云麓漫抄》中即云：“《刑统》，皆汉唐旧文，法家之五经也。当国初尝修之，颇存南北朝之法及五代一时旨挥，如‘奴婢不得与齐民伍’，有‘奴婢贱人，类同畜产’之语……不可为训，皆当删去。”[⑤]

正因以“一贱永贱”、“从贱不从良”、“父母一贱则贱”为原则的高丽奴婢法制是半岛土俗，与唐制存在根本性差异，难以被吸收入中国式的律令格式体系中，故只能以制、判的形式成文化、法制化。这才是高丽奴婢法制不能成“大公至正之治”的根本原因。

贵族政治的最大特点是以血缘为基础的世袭小集团政治。要维持此种体制，必须尽力保持统治集团小集团的性质，这就需制定一系列相关的法律

---

① ［朝鲜］柳寿垣：《迂书》卷一《论丽制》，无页码。

② 刘俊文：《唐律疏议笺解》，第949页。

③ 刘俊文：《唐律疏议笺解》，第355页。

④ 郭东旭：《宋代法制研究》，河北大学出版社，2000年，第376页。

⑤ ［宋］赵彦卫：《云麓漫钞》卷四，中华书局，1985年，第94页。

制度加以规范,限职之法即是如此。柳寿垣《论丽制》“铨注”条:“此外又有限职之制,凡工商内外子孙,勿许清要理民之职,只许做校尉等流外杂职八九品而止。虽其祖先,系是三韩功臣,若自高祖以下内外祖先,或有工商,则并锢子孙,此实自古所未有之法也。”[①]又云:“大抵丽氏法制中,禁锢子孙之法最多……此何政法?”[②]

如果说限职制针对的是世家大族以外阶层的话,禁锢制针对的主要是本集团,它们均以保持贵族势力小集团的特性为目的,通过制、判方式成文化、法制化。

> 文宗十二年五月,式目都监奏:“制述业康师厚十举不中,例当脱麻。然是堂引上贵曾孙,堂引是驱史之官。伏审……又丙申年制:杂路人子孙蒙恩入仕者,合依父祖仕路。今师厚不宜脱麻。”[③]

制述业即唐宋时期的进士科,“十举不中,例当脱麻”之制乃由宋代的特奏名制度而来,但在半岛贵族制的状况下,又为本国的“限职”之法所制约。所谓“杂路人”,又称“杂类”,常与“工商乐名”并列,虽是良人中的一个阶层,可以出仕,但要在品级与职位上受到严格限制,一般只能任职南班,不能进入由贵族集团垄断的东西两班。

对杂路人及其子孙的限制大多以制、判形式成文化、法制化。文宗十年(1058)十二月,判曰:“杂路人子孙从父祖曾祖出身仕路,外孙许属南班。若祖母之父系杂路者,许叙东班。”[④]直到此时,杂路人子孙才可在特定条件下出仕东班。可到了肃宗元年(1096)七月,又判曰:“注膳、幕士、所由、门仆、电吏、杖首等杂类,虽高祖以上三韩功臣,只许正路南班,限内殿崇班加转。”[⑤]对杂路人的限制愈发严格,出仕的通道不断收紧。之后,又出现了“恣女案”制度与限制僧人子孙之制。

---

① 柳寿垣:《迂书》卷一《论丽制》,无页码。

② 柳寿垣:《迂书》卷一《论丽制》,无页码。

③ 《高丽史》卷七十五《选举三》,第 2382 页。

④ 《高丽史》卷七十五《选举三》,第 2384 页。

⑤ 《高丽史》卷七十五《选举三》,第 2382 页。

毅宗六年(1152)二月判:“京市案付恣女失行前所产,限六品职;失行后所产,禁锢。”三月判:“僧人子孙限西南班七品。”①

这一制度的本质在于禁锢妇女失行后所产子孙及僧人后代的出仕,将他们排除在贵族的范围之外,既可保证贵族势力小集团的特性,又可维护他们在道德上的优势,增强制度的合理性。

对于高丽如此众多的与唐不同的制度,柳寿垣认为主要是由于高丽人在移植唐制时,不知为政之本所致。

高丽之治,大抵崇尚唐制,而不知为政之本,故其弊流为门阀用人矣……丽朝立国,无所依仿而为治。时当唐末,中国人士,多有东来者。丽朝之治,盖仿唐季,而子孙慕华尤切。文物凡事,必欲一朝变革。而东民椎鲁,实无速化彬然之理,故不得不崇用士人,厌贱杂技,以为鼓舞之地,遂至于禁锢工商之域如此……又复禁锢恣女子孙。所谓恣女,即改醮之流也。原其本意,非出于崇尚门阀,而其弊自然为门阀之归矣……或曰:“丽朝制作多出唐人,岂不知四民不可偏废,而立法之初,偏僻如此耶?”答曰:“所谓唐人,多是沿海穷秀才……不过略记中国文物制度之糟粕……而遭逢幸会,得参制作之际。渠安知四民一致,不可废一而为国也哉!”②

柳寿垣虽看到了高丽土俗与门阀政治的关系,却把原因归结到高丽人对唐制移植的不当,认为应由归化中国士人负主要责任,可谓倒因为果。

二、华化语境下的制与判

(一) 华化语境下的制与判

制、判固多来自土俗,但也有一些是在变异唐代令式的基础上制定而

① 《高丽史》卷七十五《选举三》,第2384页。

② 柳寿垣:《迂书》卷一《论丽制》,无页码。

成。靖宗十二年(1046)判:“诸田丁连立无嫡子,则嫡孙;无嫡孙,则同母弟;无同母弟,则庶孙;无男孙,则女孙。”①此判来自唐《封爵令》。唐开元七年《封爵令》规定:“诸王公侯伯子男,皆子孙承嫡者传袭,若无嫡子及有罪疾,立嫡孙;无嫡孙,以次立嫡子同母弟,无母弟,立庶子;无庶子,立嫡孙同母弟;无母弟,立庶孙……”②虽然高丽判文针对的是田柴科制度下的土地继承,唐《封爵令》针对的是爵位传袭,但它们处理的核心问题一致。就原理而言,高丽之判明显受到了唐令的影响。

另有一些制、判则来自唐代的一些非法律性资源。高丽关于“行卷”的制与判即是如此。唐代,科举制度尚不成熟,取士不仅要看科场表现,还要看平时才学。考试之前,士子们要向达官贵人或闻士名流投呈作品,称为“行卷”。这在当时只是一种惯例,而非律令规定的程序与义务。在高丽王朝,行卷则成为法律规定的一项必须提交的材料。宣宗八年(1091)十二月判:“内侍人吏行卷,依披篮赴举例,试前为限纳之。又进士遭父母丧者,其业未选前服阕,则行卷、家状修送贡院,虽限内姓名未录,许令赴试。”③

高丽对中国唐代之前或之后制度的移植,由于无现成律令可以依凭,也以制、判的方式移植。文宗八年(1054)三月判:“凡田品不易之地为上,一易之地为中,再易之地为下。其不易山田一结,准平田一结;一易田二结,准平田一结;再易田三结,准平田一结。”④此条来自《周礼》。《周礼·地官·大司徒》:“不易之地家百晦,一易之地家二百晦,再易之地家三百晦。”⑤高丽判文结合本国国情,对周制进行了移植与变异。

另外,高丽制、判亦结合进不少唐代律令的精神。文宗即位年判:

凡军人有七十以上父母而无兄弟者,京军则属监门,外军则属村留

---

① 《高丽史》卷八十四《刑法一》“户婚”,第 2683 页。

② 《唐令拾遗》,第 219 页。

③ 《高丽史》卷七十三《选举一》,第 2306 页。

④ 《高丽史》卷三十二《食货一》,第 2477 页。

⑤ 杨天宇译注:《周礼译注》,上海古籍出版社,2004 年,第 152 页。

二三品军。亲没后，还属本役。[1]

该判乃为高丽特有的军事组织而设，非对唐制的移植，可在内容上又结合了唐代侍养制度的精神。[2] 此后，这种精神不断以判的形式被强化与重申。文宗三十五年十月判："凡内外军丁亲年七十以上无他兄弟者，并令侍养，亲没许令充军。"[3]仁宗六年判："诸领府军人遭父母丧者，给暇百日。"[4]这些均是半岛制度与文化上不断华化在法制上的反映。

在此语境下，有些制、判虽为高丽所特有，但其所反映的趋势却是华化。比如，近亲为婚乃高丽特有的风俗，[5]但随着中国文化影响的深入，高丽人逐渐具有了变俗意识，并采取了具体措施，主要手段就是法律，即以制、判形成禁止性规范，以逐渐实现婚姻制度上的华化。

文宗十二年五月判：嫁大功亲所产，禁仕路。[6]

宣宗二年四月判：同父异母姊妹犯嫁所产，仕路禁锢。[7]

肃宗元年二月判：嫁小功亲所产，依大功亲例禁仕路。[8]

---

① 《高丽史》卷八十一《兵一》，第 2581 页。

② 《唐律疏议·名例律》规定："诸犯死罪非十恶，而祖父母、父母老疾应侍，家无期亲成丁者，上请。犯流罪者，权留养亲……若家有进丁及亲终期年者，则从流。"（刘俊文：《唐律疏议笺解》，第 269 页。）

③ 《高丽史》卷八十一《兵一》，第 2583 页。

④ 《高丽史》卷八十一《兵一》，第 2585 页。

⑤ 朝鲜崔溥（1454—1504）云："新罗之初，习俗鄙野，娶堂从之亲，恬不知耻。……高丽家法，非特堂从，虽姊妹，亦不避。如景宗之纳光宗女，显宗之纳成宗女，睿宗之纳宣宗女，则于己为堂从。光宗之大穆后，则大（太）祖之女。德宗之敬成后、文宗之仁平后，则显宗之女，皆其姊妹也。三纲不正，有夷狄之风。皆假外亲为姓，以之而示群下，以之而闻上国，以之而奉宗庙社稷之祀，可乎？当时群臣……自喜因循，不知其同流于禽兽而不辞也，岂不深可惜哉？……不别同姓，不分亲疏，弃礼乱正如高丽者，又何足责哉？"（《锦南集》卷二《东国通鉴论》，第 401 页。）

⑥ 《高丽史》卷七十五《选举三》，第 2383 页。

⑦ 《高丽史》卷七十五《选举三》，第 2383 页。

⑧ 《高丽史》卷七十五《选举三》，第 2383 页。

睿宗十一年八月判：大小功亲犯嫁者，禁锢。[①]

仁宗十二年十二月判：嫁大小功亲，所产曾限七品，今后仕路一禁。[②]

毅宗元年十二月判：大、小功亲内只禁四寸以上犯嫁，五六寸亲党不曾禁嫁，缘此多相昏嫁，遂成风俗，未易卒禁。已前犯产人许通仕路，今后一皆禁锢。[③]

在这些判文中，通过"限职"以反对本国近亲为婚习俗的那些法令尤引人注目。它们是结合半岛贵族制的制度资源进行的立法，因而是较为有效的，我们从法条规定的禁锢范围越来越广的趋势，可清楚地看到这一点。制、判成为移风易俗的手段，华化是其基本的历史与文化背景。

（二）制、判与律令格式的关系

首先，有相当数量的制、判被吸收到入律令格式之中。在《高丽史·刑法志》以外的各志中存在相当数量的"科条的记事"。如："一品曰三重大匡，重大匡；二品曰大匡、正匡；三品曰大丞、佐丞；四品曰大相、元甫；五品曰正甫；六品曰元尹、佐尹；七品曰正朝、正位；八品曰甫尹；九品曰军尹、中尹。"[④]它们均为半岛特有制度，在唐代律令中找不到对应的条文，应该是先以制或判的形式存在，之后又通过系统性立法进入到律令格式的法律体系之中。

其次，高丽对唐代法制的移植常以制与判的方式零星、部分地进行。文宗二年正月制："犯罪配乡人若有老亲，权留侍养，亲没还配。"[⑤]此条乃移植自唐律。《唐律疏议·名例律》："诸犯死罪非十恶，而祖父母、父母老疾应侍，家无期亲成丁者，上请。犯流罪者，权留养亲……若家有进丁及亲终期

① 《高丽史》卷七十四五《选举三》，第 2383 页。

② 《高丽史》卷七十五《选举三》，第 2384 页。

③ 《高丽史》卷七十五《选举三》，第 2384 页。

④ 《高丽史》卷二十九《选举三》，第 2399 页。

⑤ 《高丽史》卷八十五《刑法二》"恤刑"条，第 2709 页。

年者，则从流。”①两相对照可知，文宗二年制将唐律中的权留养亲改为了“权留侍养”，将“若家有进丁及亲终期年者则从流”改为“亲没还配”，即以大幅简化与改写的方式对唐制进行了变异。

这种以制、判渐进式地移植唐制的做法不惟体现于律，亦体现于令、格、式等其他法典。显宗十五年(1024)十二月判：

> 诸州县千丁以上，岁贡三人；五百丁以上，二人；以下，一人。令界首官试选，制述业则试以五言六韵诗一首，明经则试五经各一机，依例送京国子监更试，入格者许赴举，余并任还本处学习。如界首官贡非其人，国子监考歉科罪。②

在唐代，“乡贡”需先参加州县每年举行一次的考试，先县考，后州考，③录取名额亦有限制。《唐六典》卷三十《三府都督都护州县官吏》：“凡贡人，上州岁贡三人，中州二人，下州一人。若有茂才异等，亦不抑以常数。”④高丽上述判文显然来自唐代令式，只是依据本国国情略有变化而已。

这些被移植到半岛的律令格式，之后还经历了一个补充与发展的过程。这些改进主要也以制、判的方式进行。文宗二十二年制：“凡人无后者无兄弟之子，则收他人三岁前弃儿养以为子，即从其姓，继后付籍，已有成法。其有子孙及兄弟之子而收养异姓者一禁。”⑤《唐律疏议》的相关法条则规定：“诸养子……即养异姓男者，徒一年；与者，笞五十。其遗弃小儿年三岁以下，虽异姓，听收养，即从其姓。”⑥两相比较可知，文宗二十二年制乃对与《唐

① 刘俊文：《唐律疏议笺解》，第269页。

② 《高丽史》卷七十三《选举一》，第2395页。

③ 唐高祖李渊于武德四年(621)四月初一，敕诸州学士及白丁：“有明经及秀才、俊士、进士，明于理体，为乡里所称者，委本县考试，州长重覆，取其合格，每年十月随物入贡。”(《唐摭言》卷十五《杂记》，上海古籍出版社，2012年版，第101页。)

④ 《唐六典》卷三十《三府都督都护州县官吏》，第748页。

⑤ 《高丽史》卷八十四《刑法一》“户婚”条，第2683页。

⑥ 刘俊文：《唐律疏议笺解》，第941页。

律》此条相关之律令的移植与变异。文宗时，还以制的方式制定了这样一条法律："禁以伯叔及孙子行者为养子。"①乃对唐令的移植。唐开元二十五年《户令》："诸无子者，听养同宗于昭穆相当者。"②高丽之制不过是对唐令做了更直接的表述而已。

随着半岛华化的深入，零星移植而来的中国制度不断面临进一步完善的压力。还以收养制度为例，仁宗十四年(1136)二月制："同宗支子及遗弃小儿，三岁前，节付收养者，为收养父母服三年丧。遗弃小儿仍继其姓同宗支子，为亲父母期年。异姓族人之子收养者服丧之制，礼虽无据，恩义俱重，不可无服，其令服大功九月四十九日。"③此种补充是为了和从中国移植而来的五服制度相匹配。

通过制、判方式移植而来的律令格式，随着不断积累，逐渐显露出了整体性特征。此种整体性，又进一步拉动了对中国制度的引进，促发着本国相应制度的创出。肃宗二年(1096)判："被差充丁夫杂匠稽留不赴，一日，笞四十；四日，五十；七日，杖六十；十日，八十；十三日，九十；十九日，一百；二十三日，徒一年。将领主司，各加一等。"④《唐律疏议》"丁防稽留"条："诸被差充丁夫杂匠，而稽留不赴者，一日笞三十，三日加一等，罪止杖一百；将领主司加一等。防人稽留者，各加三等。即由将领者，将领者独坐。"⑤两相比较，可知肃宗三年判不过是对此条做了一定程度的变异而已。

肃宗三年的这一判文之后又被吸收入律典。《刑法志》"户婚"条有"被差充丁夫、杂匠稽留不赴，一日，笞四十；二日，五十；七日，杖六十；十日，七十；十三日，八十；十六日，九十；十九日，一百；二十三日，徒一年。将领主司，各加一等"⑥这样一个条文。据笔者研究，这一律文当出自武人政权时期

① 《高丽史》卷八十四《刑法一》，第 2683 页。

② 《唐令拾遗》，第 141 页。

③ 《高丽史》卷六十四《礼六》，第 2041 页。

④ 《高丽史》卷八十四《刑法一》，第 2669 页。

⑤ 刘俊文：《唐律疏议笺解》，第 1226 页。

⑥ 见《高丽史》卷八十四《刑法一》"户婚"条，第 2682 页。

制定的一部律典。[1] 该条律文虽和判文略有不同，但来自肃宗二年的判文当无疑问。质言之，通过制、判的零星移植模式与通过集中性立法的较大规模移植模式之间存在一种交汇机制，由此形成了部分性移植与集中性移植并行不悖、制判体系与律令体系相互配合的态势。

制、判还可以修改律令格式。仁宗十二年(1134)判："殴人折齿者，征铜与被伤人。"[2]此条乃对律典的修改，完全超出了《唐律》的范围。对同样之罪，《唐律·斗讼律》"斗殴折齿毁缺耳鼻"条规定："诸斗殴人，折齿，毁缺耳鼻，眇一目及折手足指，若破骨及汤火伤人者，徒一年；折二齿、二指以上及髡发者，徒一年半。"[3]对殴伤人的处罚以实刑主义为原则，可仁宗十二年判却将之改为了赎刑。仁井田陞甚至据此得出了高丽法制尽量避免唐律之"实刑主义"，而实行"赔偿主义"的结论。[4]

制、判不仅可以变异律令，甚至还可部分乃至全部地废止律令的某些条款与规定。文宗二十年七月制："诸因畏惧致死者以绞论，有乖于义，皆除之。"[5]"诸因畏惧致死者，以绞论"一款移植自《唐律》"以物置人耳鼻孔窍中"条。[6] 在移植的当时，高丽已对《唐律》本条进行了变异——将《唐律》本条的"各随其状，以故斗、戏杀伤论"改为了"以绞论"。[7] 现在又以制的形式，将律文的这一规定删除。由此可知，制、判的效力与权威在律令格式之上，主要以"新法"与"特别法"的形式存在。

三、以制、判进行的"华制"之"土俗"化

高丽对唐律令体系的移植具有选择性，多移植那些与国情有交集的制

---

① 关于此，见张春海：《高丽律辑佚与复原及其所反映之时代》，《南京大学法律评论》2010 年秋季卷，法律出版社，2010 年。

② 《高丽史》卷八十四《刑法一》，第 2687 页。

③ 刘俊文：《唐律疏议笺解》，第 1469 页。

④ 《唐令拾遗补》，第 274 页。

⑤ 《高丽史》卷八十五《刑法二》，第 2710 页。

⑥ 刘俊文：《唐律疏议笺解》，第 1295 页。

⑦ 《高丽史》卷八十五《刑法二》，第 2710 页。

度与条文。但即使是这些经过筛选的条文，亦与高丽的土俗与需要不完全相符，仍需进行变异，半岛土俗借助华制而法律化的现象出现了。

一些高丽制度从整体性或系统性的角度看是来自中国的制度，可又在不断“土俗”化，最终使“华制”沦为形式，仕进制度即是如此。

自光宗实行华化政策以来，科举与荫叙便成为高丽最主要的两种仕进通路。从基本的制度框架看，它们均系移植唐制而来，但在高丽贵族制的国情下，又进行了一些关键性变异。

> 文宗九年十月，内史门下奏：“氏族不付者，勿令赴举。”[①]
>
> 元宗十四年(1273)十月，参知政事金坵知贡举。旧制：“二府知贡举，卿监同知贡举。其赴试诸生，卷首写姓名、本贯及四祖，糊封，试前数日呈试院。”[②]

科举参加者必须提供出身家门文件的规定，将科举与贵族制直接挂钩。之所以有此要求，是因为道德标准是维持高丽贵族制的条件之一。对这一制度，朝鲜太宗时，司宪府上疏曰：“吾东方，自王氏统合以来，官无大小，皆待告身署经台谏，其或系出有累者，行有不洁者，必滞告身以惩之。是故人各饬砺，务尚节操，巩固维持，几五百年。”[③]“系出有累”即指世系方面的瑕疵，“行有不洁”则指道德方面的问题。世系与道德标准既然如此重要，就须以法律加以规制。科举时提供本贯及四祖(父、祖、曾祖、外祖)的证明文件，就是要查证应试者“四祖”是否有“痕咎”(“痕累”)及本贯是否被降号。如当事人或其祖先有痕咎，会对其本人及后代产生严重影响。庾仲卿为工部尚书庾逵之子，国王让他门荫出仕，却遭到了以首相李子渊为首的十一人的驳议：“仲卿舅平章李龚，奸兄少卿蒙女，生仲卿母，仲卿不宜齿朝列。”[④]如不能

---

① 《高丽史》卷七十三《选举一》，第 2305 页。

② 《高丽史》卷七十四《选举二》，第 2340 页。

③ 《朝鲜王朝实录·太宗实录》太宗十三年十一月庚辰条。

④ 《高丽史》卷九十五《金元鼎传》，第 2961 页。

提供相应的文件，则不能授予官职。《高丽史》卷九十五《崔冲传》载：

明年（文宗五年）为式目都监使，与内史侍郎王宠之等奏："及第李申锡不录氏族，不宜登朝。"门下侍郎金元冲、判御史台事金廷俊奏："氏族不录，乃其祖父之失，非申锡之罪。况积功翰墨，捷第帘前，身无痕咎，合列簪绅。"制曰："冲等所奏固是常典，然立贤无方，不宜执泥，其依元冲等奏。"①

一般认为，高丽科举考试分"乡贡试——国子监试——东堂试（礼部试）"三个阶段，②就国子监试而论，高丽有这样的法律："旧制：国子监以四季月六衙日，集衣冠子弟，试以《论语》《孝经》，中者报吏部，吏部更考世系，授初职。"③学校与科举两大制度是高丽最早完整移植而来的唐制，其国子监考试生徒之法，也是借鉴唐制而来。《唐六典》卷二十一《国子监》国子博士条："每岁，其生有能通两经已上求出仕者，则上于监；堪秀才、进士者亦如之。"④这是上引高丽"旧制"的来源。但在华制的外壳下，却装入了"吏部更考世系"这一与半岛贵族制相配合的土俗性内容。

与之相对的是对其他各阶层的限制，这些限制主要也以制与判的方式出现。首先，包括乡、部曲人在内的各种贱民阶层被剥夺了参加科举的资格。靖宗十一年四月判："五逆、五贱、不忠、不孝、乡、部曲、乐工杂类子孙，勿许赴举。"⑤其次，限制乡吏阶层应举。文宗二年十月判：

各州县副户长以上孙、副户正以上子欲赴制述、明经业者，所在官试，贡京师。尚书省、国子监审考所制诗赋，违格者及明经不读一二机

---

① 《高丽史》卷九十五《崔冲传》，第 2940 页。

② 朴龍雲：《高麗時代蔭叙制와科擧制研究》，第 206 页。

③ 《高丽史》卷九十九《崔惟清附崔宗峻传》，第 3053 页。

④ 《唐六典》卷二十一《国子监》，第 559—560 页。

⑤ 《高丽史》卷七十三《选举一》，第 2305 页。

者，其试贡员科罪。若医业，须要广习，勿限户正以上之子。虽庶人，非系乐工杂类，并令试解。①

户长、户正等乃乡吏阶层世袭的乡职。“乡吏”是一个与作为执政集团之在京世家大族相对应的以乡村为根据地的中小贵族阶层，朝廷对这一阶层的限制十分严格，特别是通过“乡职制度”限制他们的出路。

“乡职”源于高丽初期各地豪族势力自设的官署名号，它们大多直拟中央官府。到了高丽第六代君主成宗时，王权在和大贵族势力达成妥协的基础上，引进了唐代的三省六部制，地方上的各种名号被降为乡职。《高丽史》卷二十九《选举三》“乡职”条：“成宗二年，改州府郡县吏职，以兵部为司兵，仓部为司仓，堂大等为户长，大等为副户长，郎中为户正，员外郎为副户正，执事为史，兵部卿为兵正，筵上为副兵正，维乃为兵史仓部卿为仓正。”②担任乡职的乡村小贵族势力则逐渐沦为“乡吏”。国家对这一阶层实行歧视政策，制定了很多限制性法规，上引文宗二年十月判只是其中的一条，它将乡吏阶层应举的范围限定在副户长以上孙、副户正以上子。如乡吏赴举子孙达不到要求，还要对有关官员治罪。这种规定为唐代所无，完全是半岛土俗。

再看关于荫叙的法律。隋朝建立后，虽废除了九品中正制，但为了保证当朝贵族与高官子弟世代为官，创设了门荫制。唐承隋制，并以详细法律作出严密规定。③ 唐代门荫制的最大特点是：门荫范围限于本宗子孙，不及外姓。唐开元七年《选举令》：

诸一品子正七品上，从三品子递降一等，四品、五品有正从之差，亦递降一等，从五品子从八品下，国公子亦从八品下，三品已(以)上荫曾

① 《高丽史》卷七十三《选举一》，第2305页。

② 《高丽史》卷七十五《选举三》，第2399页。

③ 关于唐代的门荫制度，可参看吴宗国：《唐代科举制度研究》，第二章第一节《门荫入仕》，北京大学出版社，2010年。

> 孙，五品已(以)上荫孙，孙降子一等，曾孙降孙一等……自外降入九品者，并不得成荫。[①]

门荫制非常适合半岛贵族社会的特性，故为高丽所移植，成为王朝最主要的一种出仕方式。成宗创法立制时，有意限制贵族权力，尚未移植此类制度。[②]随着贵族制的日渐成熟，这一制度终于在穆宗时被从唐移植而来——穆宗下教："文武五品以上子，授荫职。"[③]

不过，当时高级官贵只能荫子，用荫的范围小于唐。但这与半岛实际社会结构与权力格局不符，之后范围不断扩大。显宗五年十二月教："两班职事五品以上子孙若弟侄，许一人入仕。"[④]不仅扩大到了孙，还扩展到了弟与侄，已超出了唐制的范围。之后，更是扩展到了收养子。睿宗三年二月诏："两京文武班五品以上，各许一子荫官。无直子者，许收养子及孙。"[⑤]仁宗五年二月判："收养同宗支子，许承荫；收养遗弃小儿、良贱难辨者，东、西、南班并限五品。"[⑥]仁宗时期又扩大到了外孙、外甥和女婿。仁宗十二年六月判：

> 致仕见任宰臣直子，军器、注簿、同正。收养子及内外孙、甥、侄，良酝令同正。前代宰臣直子，良酝令同正。内外孙，令史同正。枢密院直子，良酝令同正。收养子及内外孙甥侄，良酝丞同正。左右仆射、六尚书以下文武正三品直子，良酝令同正。收养子及内外孙甥侄，主事同正。从三品直子，良酝令同正。收养子及内外孙、甥、侄，令史同正。正从四品直子，良酝丞同正。正从五品直子，主事同正。[⑦]

---

① 《唐令拾遗》，第214—215页。

② 朴龙云教授则推测，此制可能在穆宗之前已经设立，但并无证据(见其著《高麗時代蔭叙制와科舉制研究》，第6页)。

③ 《高丽史》卷七十五《选举三》"凡荫叙"条，第2385页。

④ 《高丽史》卷七十五《选举三》"凡荫叙"条，第2385页。

⑤ 《高丽史》卷七十五《选举三》，第2385页。

⑥ 《高丽史》卷七十五《选举三》，第2385页。

⑦ 《高丽史》卷七十五《选举三》，第2385页。

与唐代令式只规定出身官品不同，高丽用荫者一上来就有实职，这显然与半岛贵族社会的特性直接相关。① 总之，高丽以制与判，将唐代只能用父、祖之荫的制度变异为由父荫、祖荫、外祖荫、兄荫、外叔荫、伯父荫、舅荫组成的庞大体系，②是华制“土俗化”的典型体现。柳寿垣不明此理，论高丽铨选之法曰：“功臣子孙，勿论内外玄孙之玄孙，许以初入仕。功臣子孙，虽或录用，岂有外玄孙之玄孙，亦许悬荫之理耶，可笑甚矣。”③

结语

在华、俗两分的文化与社会环境中，高丽法律体系呈现出了明显的二元性：既有在华化政策下由移植唐制而来的律令格式体系，又有扎根于本国传统的制、判体系。制与判，均是以国王命令形式出现的特别法，它们虽主要是土俗的法制化，但在王朝不断华化的语境下，制、判与华制之间又形成了复杂的互动关系。首先，有些制、判是在变异唐代律令格式的基础上制定的；其次，有些制、判来自唐代的一些非法律性资源；再次，高丽对中国唐代以前及以后的一些制度性资源的移植也以制、判的方式进行。最后，有些制、判虽为高丽所特有，可反映的趋势却是华化。

再就制、判与律令格式的关系而论，首先，有相当数量的制、判被吸收到了律令格式之中。其次，高丽对唐代法制的移植常以制与判的方式零星、部分地进行。再次，被以制、判移植到半岛的律令格式，又经历了一个不断被补充与发展的过程，这些改进主要也以制、判的方式进行。两大法律体系大致与华制和土俗的二分格局相对应，彼此之间既有较为明显的分野，又紧密配合、相互补充，共同构成了高丽王朝的基本法律框架。

对于高丽制度的这种状况，柳寿垣以“无稽之法”斥之，其论田制云：“丽

① 朴龙云教授在其专著中对“荫叙与家门”有专论，可参看其著《高麗時代蔭叙制와科舉制研究》，第 74—83 页。

② 关于高丽荫叙的种类，可参考《高麗時代蔭叙制와科舉制研究》，第 19 页。

③ ［朝鲜］柳寿垣：《迂书》卷一《论丽制》“铨注”条，无页码。

朝田制……则亦不纯用唐制，多以无稽之法，参错于其间……”[①]在他看来，高丽制度几无一善：“丽朝以海外偏邦，不思国力之不逮，凡百制度，动皆模拟唐朝……不过模得华制影子。”[②]这不过是他从自身所处之高度儒化的现实出发，脱离具体语境所做的肤隔之论。从长时段的历史进程看，高丽在半岛制度与文化的发展史上实有承前启后、继往开来的作用。半岛在制度与文化上大规模的华化正是从高丽时代开始的。在移植中国制度的过程中，尽管受到了本国固有社会结构、文化传统与政治格局的制约，但统治集团通过博弈，努力寻找着华制与土俗间的平衡点，摸索出了一套较为成功的模式，法制上的二元化体系即是如此。高丽人通过对唐代法制的框架性移植，搭建了中国式制度的基本外壳，在此外壳之下，又包容了大量的土俗制度，两者密切互动，最终形成了有半岛特色的法律体系。

第二节　高丽律令格式法律体系的基本特征

长久以来，我国学者大都认为，高丽法律是以唐代法律为母法之“中华法系”的子法之一。[③] 有日本学者甚至认为，半岛法制从新罗时代开始就进入到“律令制”时代，成为“律令制国家群”的成员之一。[④] 既然如此，我们就必须追究高丽王朝的律、令、格、式体系究竟以怎样的形态存在，具备怎样的特征等基础性问题。

---

① 柳寿垣：《迂书》卷一《论丽制》“田制”条，无页码。

② 柳寿垣：《迂书》卷一《论丽制》“官制”条，无页码。

③ 见杨鸿烈：《中国法律对东亚诸国之影响》，中国政法大学出版社，1999 年；徐道邻：《唐律通论》之“唐律之与东亚诸国法”一节，中华书局，1947 年，及其论文《唐律在中国法制史上及东亚诸国之价值》，《图书月刊》1944 年 3 卷 2 期；杨廷福：《唐律对亚洲古代各国封建法典的影响》，载《唐律初探》，天津人民出版社，1982 年。

④ ［日］井上光贞：《律令国家群的形成》，《岩波讲座世界历史》第 6 卷，第 41 页。关于这一问题研究的综述，可参考周东平：《律令格式与律令制度、律令国家——二十世纪中日学者唐代法制史总体研究一瞥》，《法制与社会发展》2002 年第 2 期，第 131—136 页。

一、法典的框架性与有限的系统性

对高丽是否存在律令格式体系，学界存在争论。日本学者花村美树、浜中升、北村秀人及仁井田陞等认为《高丽律》不存在，高丽一朝所用之律即《唐律》，《高丽史·刑法志》中出现的与《唐律》内容相近但又不完全相同的法条，不过是高丽司法官员为了翻检、查阅方便抄录《唐律》形成的私撰书。[①]至于令、格、式三种法典是否存在，他们未言及。不过，从仁井田陞对高丽令文的研究看，[②]至少他不否认高丽“令”的存在，我们不妨将其观点归纳为“有令无律”。这种看法无疑对高丽法制乃中华法系子法的论断构成了挑战。

我们认为这类说法不成立。尽管高丽一代的各种法典均已湮灭，但还是有些资料与线索保留在了《高丽史》各志中。通过对这些史料的考索可知，高丽律令格式体系的存在是一个确定不移的事实。以《令典》论，文宗二十七年(1073)正月，有司奏：“按《令典》，工商家执技事上专其业，不得入仕与士齿。”[③]有司所引高丽《令典》的规定即出自唐令。唐开元七年(719)《户令》：“诸习学文武者为士……工商之家不得预于士，食禄之人不得夺下人之利。”唐开元二十五年《选举令》则规定：“诸官人，身及同居大功已上亲，自执工商，家专其业，不得仕。”[④]表述上虽有差异，但它们之间的渊源关系是清晰的。律典、格典与式典的情况类似。[⑤]

尽管高丽律令格式体系的存在没有疑问，但在内容与样态上，又与唐制存在差异，有自身的特点。这些均基于高丽的国情，是半岛与中国在政治、文化、社会诸层面“落差”的产物。具体而言，高丽对唐代法律体系的移植是在华化与土俗存在巨大张力的语境下进行的。

---

① 花村美树「高麗律」『朝鮮社会法制史研究』(岩波書店，1936)，第124—125页。

② 仁井田陞「唐宋の法と高丽法」『東方學』30，1965，第1—23页。

③ 《高丽史》卷七十五《选举三》，第2383页。

④ 《唐令拾遗》，第154、206页。

⑤ 笔者便对《高丽律》进行了辑佚与复原，并将之与唐律作了详细比较。(关于此，可参看张春海：《唐律、高丽律比较研究——以法典及其适用为中心》，法律出版社，2016年，第101—175页。)

严耕望在研究北魏前期尚书制度的演变时，谈及鲜卑政权的汉化（华化）问题："尚书制度之演变既明，其与华化趋势之关系亦自易了，盖北魏初期之立国实由部族制度演化而来，君弱臣强，事固宜然；是以华化为君主所欣乐，而为部酋所忌惮，非雄才大略之君不能御其臣而就己意也。"[①]高丽前期对唐制的移植与此类似，华化与土俗之争的背后是王权与贵族集团的博弈。最终，双方达成妥协，大规模地筛选与改造，成为法律移植的基本特征。如此，高丽的律令格式体系虽大体具备了唐代法律体系的框架，但又因有重要缺损而导致系统性上的不足。以律典论，《高丽史·刑法志》序："曰《狱官令》二条，《名例》十二条，《卫禁》四条……《断狱》四条，总七十一条。"[②]除去《狱官令》，律典仅有六十九个条文，而唐律则有500条之多。

由于内容缺失太多，律典几十个条文间不可能存在有机联系，它们不过是按照《唐律》的体系被放在了一定的篇目之中而已，系统性有限，空白地带甚多。这就决定了《高丽律》的框架性搭建必须是有选择性的。以《名例律》论，除了十恶、官当、除名、免官等几个条文外，"八议"及其他诸如"请、减、赎、荫"等一系列制度基本均被删除。[③]

再看《令典》的情况。令在高丽的法律体系中占有重要地位。仁宗十四年（1136）十一月下令："凡明法业式：贴经二日内，初日贴律十条，二日贴令十条，两日并全通。第三日以后，读律，破文兼义理，通六机……读令，破文兼义理，通六机……"[④]明法考试以《律》和《令》为主，两者地位不分轩轾，构成高丽法律体系的基本架构。

由于《高丽律》简单粗陋，如果非要说高丽也是所谓律令制国家的话，它只能是以令而非律为中心。正因如此，成宗之后，由令与式共同构成的制度体系逐渐被称为"旧制"（"前制"），成为高丽制度体系的主干，半岛特色的三

① 严耕望：《北魏尚书制度考》，《历史语言研究所集刊》第十八册，中华书局，1987年，第255页。

② 《高丽史》卷八十四《刑法一》，第2655页。

③ 具体论述，可参考张春海：《唐律、高丽律法条比较研究》，《南京大学法律评论》2011年秋季卷，法律出版社，2011年，第115—143页。

④ 《高丽史》卷七十三《选举一》，第2307页。

省六部制即是这一体系的外化。显宗十一年(1020)五月,有司奏:

> 前制:凡人年八十以上及笃疾者,给侍丁一名;九十以上,二名;百岁者,五名,唯征防人不与焉。谨按丁酉年间,清州人成允罪当移乡,以其父年满七十,除流侍养,况父子俱无罪责,而父母年七八十者,岂谓礼文所无而不许侍丁?古今孝心,无贵贱一也。请依旧制,征防人亦免役养亲。①

此制移植自唐令。开元二十五年《户令》:“诸年八十及笃疾,给侍一人;九十,二人;百岁,五人。皆先尽子孙,听取近亲,皆先轻色。无近亲外取白丁者,人取家内中男者并听。”②在显宗以前,高丽《令典》已移植了唐《户令》此条,只不过唐令该条并不涉及防人,③高丽在移植唐令时作了微小变异,将防人“免役养亲”之制凸显了出来,使之更加明确化。

有些“旧制”则是华制与土俗的混合。如有“旧制”规定:“国子监以四季月六衙日,集衣冠子弟,试以《论语》《孝经》,中者报吏部,吏部更考世系,授初职。”④此国子监生徒考试之法也是借鉴唐制而来。《唐六典》卷二十一《国子监》“国子博士”条:“每岁,其生有能通两经以上求出仕者,则上于监;堪秀才、进士者亦如之。”⑤这是上引高丽“旧制”的来源。但在华制的外壳下,高丽人又装入了“吏部更考世系”这一与半岛贵族制相匹配的土俗制度。华制与土俗混合后,形成具有半岛特色的令文,更易被高丽人接受。

这些令文在半岛长久稳定地运行,使“旧制”体系得以形成,具有了一定程度的系统性,但仍有相当的限度,因为唐令中那些与土俗抵触较为严重的

---

① 《高丽史》卷八十一《兵一》,第2580页。

② 《唐令拾遗》,第139—140页。

③ 《唐律》中虽有“犯流罪者,虽是五流及十恶,亦得权留养亲”之规定,但是对犯罪者而言,亦不涉及防人,因为唐令针对的乃所有“凡人”,防人已包括在内。

④ 《高丽史》卷九十九《崔惟清附崔宗峻传》,第3053页。

⑤ 《唐六典》卷二十一《国子监》,第559—560页。

内容基本未被移植。这在《假宁令》与《丧葬令》两篇表现得最为突出。在现存高丽史料中，关于假宁与丧葬的制度大多以国王制、判的形式出现。以制、判方式零星、断续移植唐《假宁令》与《丧葬令》的情况表明，高丽《令典》缺乏这方面的内容，我们甚至还可大胆地推测，在成宗系统制定律令格式体系时，其《令典》中根本就没有《假宁令》与《丧葬令》两篇。

二、法典的简单化与法条的直观化

关于高丽律令格式体系的简单化，我们不妨仍以律典为例加以说明。《唐律疏议・卫禁律》共33条，而高丽成宗制律时《卫禁律》只有4个律条。《唐律疏议・厩库律》共28条，高丽《厩库律》仅3条。其他篇目的情况大体类似，律典简单化的特点非常明显。另外，《高丽律》只有正文，《唐律疏议》中的注释、疏议、问答被一概删除，这是《高丽律》简单化的又一表现。

法典的简单化与上文所论高丽律令格式之框架性及有限系统性的特点密切相关，根本原因在于，在华化与土俗冲突、磨合的背景下，唐代法制中的多数制度在立法博弈过程中，被以各种方式与理由筛选掉了，只剩下了一个空落的框架与外壳。

法条的直观化是高丽律令格式体系的又一特征。比如，《高丽律・职制律》“枉法赃”条规定：“枉法赃：一尺，杖一百；一匹，徒一年；二匹，一年半；三匹，二年；四匹，二年半；五匹，三年；六匹，流二千里；七匹，二千五百里；八匹，三千里；十五匹，绞。有官品人犯者，官当收赎；一匹以上除名；无禄减一等，二十匹，绞。”[①]与之相应的《唐律疏议・职制律》“监主受财枉法”条则规定：“诸监临主司受财而枉法者，一尺杖一百，一匹加一等，十五匹绞；不枉法者，一尺杖九十，二匹加一等，三十匹加役流。无禄者，各减一等：枉法者二十匹绞，不枉法者四十匹加役流。”[②]两相比较，可知《高丽律》此条乃以列举式对《唐律》概括式的法条进行了改写。

---

① 《高丽史》卷八十四《刑法一》，第2666页。

② 刘俊文：《唐律疏议笺解》，第863页。

这样做主要是为了通俗易懂，尽可能地让本国普通民众能够理解移植而来的外国法。为达此目的，高丽人在移植《唐律》时，不仅以列举式的立法技术取代了唐代的概括式立法技术，同时还大量删除《唐律》中抽象的通例性规定。这样做，虽减少了理解上的难度，却造成了条文之间难以贯通与呼应，彼此分割、断裂，缺乏有机联系的弊端。为了解决这些问题，高丽人在制定法典时不得不更加依赖列举式的立法技术，从而愈发加重了其缺陷。

为了使法条通俗易懂，《高丽律》还对《唐律》的一些法律用语进行了修改。《高丽律·职制律》"因官挟势乞百姓财物"条规定："因官挟势乞百姓财物，一匹，笞二十；二匹，三十……五十匹，二年半；与人物者减一等。若亲故与者，勿论。"[①]《唐律》本条的规定则为："诸因官挟势及豪强之人乞索者，坐赃论减一等；将送者，为从坐。亲故相与者，勿论。"[②]概括性极强，定罪量刑采用了"坐赃论减一等""为从坐"等抽象表述方式。至于何为"坐赃"，何为"从坐"，要依律内其他专门或通则性规定加以界定。这种表述方式要求律典本身严密合理，前后照应，环环相扣。高丽则不仅抛弃《唐律》的概括式立法技术，还将《唐律》本条中的"将送者"改为"与人物者"，"乞索者"改为"乞百姓财物"，即使用语义更为显豁的词汇替代较难解的词汇。

出于同样的目的，《高丽律》只有正文，未采用《唐律》之正文加注释、疏议与问答的立法模式。《唐律》中那些被认定有必要的注释与疏议，被直接采入正文，法条更为直观化。如《高丽律·卫禁律》"越州镇戍等城垣"条规定："越县城，杖九十；州镇，徒一年；未越者，减一等；从沟渎出入与越同。"[③]《唐律疏议·卫禁律》"越州镇戍城垣"条则规定："诸越州、镇、戍城及武库垣，徒一年；县城，杖九十；越官府廨垣及坊市垣篱者，杖七十。侵坏者，亦如之。（注：从沟渎内出入者，与越罪同。越而未过，减一等。余条未过，准此。）即州、镇、关、戍城及武库等门，应闭忘误不下键，若应开毁管键而开者，

---

① 《高丽史》卷八十四《刑法一》，第2667页。

② 刘俊文：《唐律疏议笺解》，第906页。

③ 《高丽史》卷八十四《刑法二》，第2693页。

各杖八十……”[1]两相比较，可知《高丽律》该条系截取《唐律》相应律文前半段的部分内容，又合并一条注文的半段而成。

总体上看，《高丽律》不仅条文少，还对《唐律》进行了大幅的简单化、直观化改造，使之成了一部技术含量相对较低的法典。简单化、直观化不仅是《高丽律》的基本特征，也是高丽令、格、式的基本特点，这在后文的分析中还会进一步显现。

三、法典的个别化倾向及界限的融通

（一）个别化：高丽律令格式体系成立的一个主要方法

所谓“个别化”，指由于社会、文化或政治等方面的原因，高丽对唐代律令格式中的某一法典，或某一法典中的某些篇目，无法进行具有一定系统性的框架性移植，只能以个别、零星与随机性的方式移植。对此，本节拟以式为例进行分析。

从现有史料看，高丽亦有较为发达的式。《高丽史・礼六》：“钤辖以下诸军使副、判官于阶上俱重行，再拜……拜讫，便行师，如《军令式》。”[2]《军令式》已佚，我们不易判断它和唐式的关系。又，文宗十八年(1064)三月，兵部奏：“军班氏族，成籍既久，蠹损朽烂，由此军额不明，请依旧式改成帐籍。”[3]兵部所云“旧式”当为《兵部式》。从“旧式”的用语看，此式早已存在。另从“军班氏族”之类高丽特有的兵制术语看，此式并非简单照搬唐制，而有自身的特色。

值得庆幸的是，个别式保留下一些内容，使我们得以一窥高丽式的面貌，并将之与唐式做一定程度的对比。毅宗十三年(1159)，典牧司奏定《诸牧监场畜马料式》：

① 刘俊文：《唐律疏议笺解》，第633页。

② 《高丽史》卷六十四《礼六》，第2045页。

③ 《高丽史》卷八《文宗三》，第227页。

> 战马，一匹黄草节一日稗一斗、豆二升、末豆四升，青草节稗一斗、末豆三升；杂马，一匹黄草节一日稗四升、豆二升、末豆三升，青草节稗三升、末豆二升；骆驼……①

如郑显文指出的那样，在唐代，管理畜牧业的机构为太仆寺，在《太仆式》中有相应条款。②《唐六典》卷十七《太仆寺》典厩令条："凡象日给稻、菽各三斗，盐一升；马，粟一斗、盐六勺，乳者倍之；驼及牛之乳者、运者各以斗菽，田牛半之；施盐三合，牛盐二合；羊，粟、菽各升有四合，盐六勺。（注：象、马、骡、牛、驼饲青草日，粟、豆各减半，盐则恒给；饲禾及青豆者，粟、豆全断。若无青可饲，粟、豆依旧给。其象至冬给羊皮及故毡作衣也。）"③《六典》该条应出自唐式，在内容上和高丽《诸牧监场畜马料式》有很大不同，但就规范本身及隐于其后的原理而言，高丽式还是受到了唐式的影响。

由此我们隐约可知，高丽人在制定本国式时尽管依据了唐式原理，但在具体内容上又做了重大变异，这当和式之"行政法细则"的性质有关。由于两国国情不同，式又具有强烈的具体性、针对性与适用性特点，高丽人只能更多地从本国实际出发，不能为了法律本身的完美而照搬唐式。

因此，在律令格式四种法律形式中，高丽的式最为特殊。到目前为止，还未有明确证据表明高丽存在一部完整的《式典》。相反，几乎所有已知的高丽式都是根据现实需要，零星、随时性地制定出来，个别化是高丽式成立的主要方式。高丽一代，式的制定非常频繁。它们主要通过国王命令特定大臣草拟式文，然后认可并颁布的方式成立。成宗六年(987)八月，"命李梦游详定《中外奏状及行移公文式》。"④显宗二年(1011)，"礼部侍郎周起奏定《糊名试式》"。⑤ 这些均为高丽初年之事，李梦游、周起是当时著名文人，熟

① 《高丽史》卷八十二《兵二》，第2617—2618页。

② 郑显文：《出土文献与唐代法律史研究》，中国社会科学出版社，2012年，第485页。

③ 《唐六典》卷十七《太仆寺》，第484页。

④ 《高丽史》卷三《成宗世家》，第66页。

⑤ 《高丽史》卷七十三《选举一》，第2304页。

悉中国制度，[①]他们拟定的式应参考或移植了唐宋制度。

国王随时制定并颁布的这些式，往往被宣布为“常式”“恒式”“永式”。成宗八年四月，“始令京官六品以下四考加资，五品以上必取旨，以为常式。”[②]显宗九年二月教：“《礼记》：‘季春之月，省囹圄，去桎梏’。内外法司宜遵《月令》，以导阳和，用为恒式。”[③]文宗三十五年五月制：“凡蕃人来朝者，留京毋过十五日，并令起馆，以为永式。”[④]

式之行政细则的性质使其在具体政务中被运用得十分频繁。在各种史料中，常有“如式”“依式”之语。[⑤] 如违反式的规定，则要被依律治罪。明宗二十二年(1192)五月制：“自今禁用油蜜果，代以木实……以为定式。有不如令，有司劾罪。”[⑥]这与唐代“令者，尊卑贵贱之等数，国家之制度也；格者，百官有司之所常行之事也；式者，其所常守之法也。凡邦国之政，必从事于此三者，其有所违，及人之为恶而入于罪戾者，一断以律”[⑦]的原理一致。

（二）律、令、格、式间界限的融通

律、令、格、式间界限的融通，是高丽律令格式体系的另一重要特征，“以令入律”与“以律入令”即是最为明显的表现。《高丽史·刑法志》“恤刑”条载有这样一个条文：

---

① 据《高丽史》卷七十三《选举一》，李梦游曾于成宗二年、五年、六年知贡举，取进士。他在成宗时期曾任左执政，死后与崔承老、崔亮、李知白、徐熙一起配成宗(见《高丽史》卷五《显宗二》，第127页)。周起在《高丽史》中无传，但从其任礼部侍郎且定式的事迹看，应该也是以文学见长。

② 《高丽史》卷七十五《选举三》，第2367页。

③ 《高丽史》卷四《显宗一》，第107页。

④ 《高丽史》卷九《文宗三》，第264页。

⑤ 这样的记载不胜枚举，仅举一例。睿宗五年(1110)九月判：“制述、明经诸业新举者……选上，乡贡则东、南京、八牧、三都护等界首官，依前式试选申省。”(《高丽史》卷七十三《选举一》，第2306页。)

⑥ 《高丽史》卷八十五《刑法二》，第2697—2698页。

⑦ 《新唐书》卷五六《刑法志》，第1407页。

诸流移囚,在途有妇人产者,并家口给暇二十日;家女及婢给暇七日。若身及家口遇患,或逢贼、津济水涨,不得行者,随近官,每日验行,堪进即遣。若祖父母、父母丧者,给暇十五日。家口有死者,七日。年七十以上、父母无守护,其子犯罪应配岛者,存留孝养。①

这一条文和日本《养老令·狱令》第21条的规定相似,日本令该条规定:

凡流移囚,在路有妇人产者,并家口给假廿日(家女及婢,给假七日);若身及家口遇患,或津济水长,不得行者,并经随近国司,每日检行,堪进即遣(若患者伴多,不可停待者,所送使人,分明付属随近国郡,依法将养,待损即遣递送);若祖父母、父母丧者,给假十日,家口有死者三日,家人奴婢者一日。②

《高丽史·刑法志》所载条文当属《狱官令》,且和日本令一样,均来自唐令。《天圣令》载宋《狱官令》一条:

诸流移人在路有产,并家口量给假。若身及家口遇患,或逢赋(贼)难、津济水涨不得行者,并经随近官司申牒请记,每日检行,堪进即遣。若患者[伴多不]可停侍(待)者,所送公人分明付属随近(伴多不)州县,依法将养,待损,即遣递送。若祖父母、父母丧,及家口有死者,亦量给假。③

详细比较三个条文可知,高丽令比之唐令及日本令,增加了"年七十以上、父母无守护,其子犯罪应配岛者,存留孝养"一句,这是对唐存留养亲制度的吸取。这一制度始创于北魏,后为唐律继承。高丽令"存留孝养"的规

---

① 《高丽史》卷八十五《刑法二》,第2709页。

② [日]井上光贞、关晃、土田直镇、青木和夫:《律令》,第460页。

③ 《天一阁藏明钞本天圣令校证》(下册),第330页。

定，是“以律入令”。

在另一方面，则是“以令入律”。《高丽史·刑法志》序言记《高丽律》篇目为：“曰《狱官令》二条……总七十一条。”[①]《狱官令》的两个条文被吸收到了律典之中，且极有可能单独构成律典的一个篇目。如此一来，律、令在一定程度上呈现出交融、混合的特征。高丽移植唐代律令制度的这种模式，和日本严格遵从唐代法律体系的移植模式有很大不同。

同样，令与式之间的界限也是开放、模糊的。如高丽有《刑杖式》：“尺用金尺。脊杖，长五尺，大头围九分，小头围七分。臀杖，长五尺，大头围七分，小头围五分。笞杖，长五尺，大头围五分，小头围三分。”[②]该式的直接渊源便是唐令。《天圣令》载宋《狱官令》：“诸杖，皆削去节目。官杖长三尺五寸，大头阔不得过二寸，厚及小头径不得[过]九分。小杖长不得四尺五寸，大头径六分，小头径五分。讯因(囚)杖长同官杖，大头径三分二厘，小头径二分二厘……”[③]郑显文指出：“虽然高丽的《刑杖式》与唐代《狱官令》的刑具规格略有不同，但该法律条文参考了唐代的《狱官令》应不会有疑问。”[④]也就是说，高丽在制定本国的令或式时，未严格遵循唐代法典之间的界限，而是依据本国的实际需要赋予其相关形式。相关事例还有不少，在此就不一一列举了。

四、游走于“华制”与“土俗”之间的法典内容

高丽对唐代法律体系的移植在华化与土俗之争的过程中展开，充满了斗争、博弈与妥协，反映到法典的内容上，便是游走于华制与土俗之间的特性。

（一）以华化为导向的法律移植

高丽对包括律令格式在内之唐制的移植，最初乃王权出于抑制贵族势

---

① 《高丽史》卷八十四《刑法一》，第 2655 页。

② 《高丽史》卷八十四《刑法一》“名例”条，第 2657 页。此既名为“式”，显非我们所要探讨的“律”的内容。从其“尺用金尺”的注释来看，显然是受到了金朝的影响。

③ 《天一阁藏明钞本天圣令校证》(下册)，第 337 页。

④ 郑显文：《唐律令与高丽律令之比较》，链接网址：http://law.cacbo.com/show.php?contentid=28905。

力的需要。高丽王权持续不断地推动华化的结果之一，便是建成了以三省六部制为骨干的官僚制体系。在律令制的语境下，必有与之伴随的相应法典体系特别是令典。令典乃官僚体制的法律化，官僚机构的设置、运作均须以之为据。《高丽史》以《百官志》为首的各志中那些关于官僚机构的规范性内容大部分均应出自《令典》。

《高丽史》卷七十一《百官一》三师三公条："太师、太傅、太保为三师；太卫、司徒、司空为三公。无其人则阙。"①仁井田陞指出，此条与唐《职员令》的规定相符。②《高丽史·百官志》中其他关于官僚机构的规定均是如此。通过对《高丽史·百官志》与《唐六典》《唐令》及两唐书《百官志》内容的反复比对，我们确定《高丽史·百官志》的主要内容就是一些和唐令类似的规定，《高丽史·百官志》当直接依据高丽的《令典》或与《令典》有关的志书如《式目编录》《周官六翼》等编纂而成。

在《高丽史》中，对制度的创设多用"定"字表述，如"景宗元年二月，定文武两班墓地：一品方九十步，二品八十步，坟高一丈六尺；三品七十步，高一丈……"③所谓"定"指国家的正式立法活动，"定令""定式"均包括于其中。上引条文即来自唐《丧葬令》。《唐令拾遗》复原开元二十五年《丧葬令》一条："诸百官葬，墓田一品方九十步，坟高一丈八尺；二品方八十步，坟高一丈六尺……"④两者的渊源关系非常明显。

由于"定"属于系统性立法，而此种立法又在律令制的语境下进行，故对于官僚机构的设置，《高丽史》亦表述为"定"。如，"政堂文学：文宗定一人，秩从二品……知门下府事：文宗定知门下省事一人，秩从二品……常侍：穆宗时有左右散骑常侍，文宗定左右各一人，秩正三品，后改左右常侍。"⑤通过对这些用例的综合考察，我们可以断定：所谓"定"，在《高丽史》中就是"定

① 《高丽史》卷七十六《百官一》，第 2404 页。

② 《唐令拾遗补》，第 277 页。

③ 《高丽史》卷八十五《刑法二》，第 2693 页。

④ 《唐令拾遗》，第 764 页。

⑤ 《高丽史》卷七十六《百官一》，第 2405—2406 页。

令”或“定式”之意，即系统性地创设令、式。[①]

当然，在以移植的方式编纂本国《令典》时，高丽人也依据国情做了不少变异。对此，我们不妨以关于“丁”的规定为例加以说明。文宗三十五年三月制定了这样一条令文：“父母年七十以上、八十以下，侍丁一人；九十，二人；百岁，五人。”[②]唐开元二十五年《户令》规定：“诸年八十及笃疾，给侍一人；九十，二人；百岁，五人。皆先尽子孙，听取先亲，皆先轻色。无近亲外取白丁者，人取家内中男者并听。”[③]如仁井田陞所论，高丽令文中的“父母”，与唐令中的“先尽子孙”是对应关系。[④] 但他未注意到的是，高丽令对唐令的变异尽管使令文变得相对容易理解，却缩小了法条的外延。这种做法和高丽人对《唐律》的变异一致。

（二）律令格式部分内容的土俗化

华化的另一面是华制的土俗化，两者此消彼长，相互交融，呈现出复杂的样态。就社会结构对律令格式土俗化的影响，我们不妨先以田柴科制为例加以说明。田柴科制初创于景宗时期。景宗元年(976)十一月，

> 始定职散官各品田柴科，勿论官品高低，但以人品定之：紫衫以上作十八品。一品田柴各一百一十结；二品田柴各一百五结……十八品田三十二结、柴二十五结。文班丹衫以上作十品。一品田六十五结、柴五十五结……十品田三十结、柴十八结……武班丹衫以上作五品。一品田六十五结、柴五十五结……五品田四十五结、柴三十九结……[⑤]

---

① 如成宗四年(985)，“新定《五服给暇式》”；毅宗三年(1149)八月，“定《烽燧式》”；(《高丽史》卷八十一《兵一》，第2586页)恭让王四年(1392)二月，人物推辨都监“定《决讼法》”。(《高丽史》卷八十五《刑法二》，第2705页。)

② 《高丽史》卷八十四《刑法一》，第2660页。

③ 《唐令拾遗》，第140页。

④ 《唐令拾遗补》，第278页。

⑤ 《高丽史》卷七十八《食货一》，第2479—2481页。

从"定"的用语看,这一规范性内容应为令或式。田柴科之设,是对光宗时期受到压抑之勋旧势力的一种补偿,故该制秉承"勿论官品高低,但以人品定之"的原则,即以门阀高低为定,这与唐代主要依据官品授田的做法不同。

就固有文化对律令格式土俗化的影响,我们可以与丧服制相关的假宁制度为例加以说明。成宗四年,"新定《五服给暇式》":"斩衰、齐衰三年,给百日;齐衰期年,给三十日;大功九月,给二十日;小功五月,给十五日;缌麻三月,给七日。"[①]这是"式"在高丽史上的首次出现。由于唐代相关之式已佚,我们只能将之与唐令做一比较。《天圣令》载宋《假宁令》:

> 诸丧,斩哀(衰)三年、齐衰三年者,并解官。齐哀(衰)杖期及为人后者为其父母,若庶人(子)为后为其母,亦解官,申其心丧。母出及嫁,为父后者虽不服,亦申心丧。其嫡、继、慈、养,若改嫁或归宗经三年以上断绝,及父为长子、夫为妻,并不解官,假同齐哀(衰)期。诸齐哀(衰)期,给假三十日,闻哀二十日,葬五日,除服三日。诸齐哀(衰)三月、五月,大功九月、七月,并给假二十日,闻哀十四日,葬三日是,除服二日。诸小功五月,给假十五日,闻哀十日,葬二日,除服一日。诸缌麻三月,给假七日,闻哀五日,葬及除[服]各一日。[②]

唐令的规定应与此相近。[③] 高丽《五服给暇式》与唐《假宁令》最大的差异在于唐的服丧期长,完全按照儒家的伦理规范进行,高丽的服丧期较短,与儒家的伦理要求有一定距离,显示儒家伦理尚在向半岛逐渐渗透的过程中,受到了一定程度的阻滞,制度亦因此而变形。

---

① 《高丽史》卷八十四《刑法一》,第 2659 页。

② 《天一阁藏明钞本天圣令校证·附唐令复原研究》,第 322—323 页。

③ 吴丽娱即据之复原了唐《假宁令》四条,见吴丽娱:《唐假宁令复原研究》,载《天一阁藏明钞本天圣令校证·附唐令复原研究》,第 601 页。

再看律文的土俗化。高丽人移植了《唐律》“子孙别籍异财”[①]之制，《高丽史·刑法志》：“祖父母、父母在，子孙别籍异财，供养有阙，徒二年；服内别籍，徒一年。”[②]但这与高丽的国情不合，半岛有重外家的习俗，多数人从小在外家长大，对外家的感情远远超过本宗。他们可姓外家之姓，继承外家财产。另外，高丽还有“预婿”之俗。所有这些均以习惯法的形式被确定了下来。

在以上风俗与习惯法的影响下，高丽人和亲生父母一起生活的时间不长，多数不共同经营日常生活，和父母别籍异财的情形所在多有，甚至是一种常态。当政者进行法律移植时，不顾现实将《唐律》反对别籍异财的制度移植过来，希望以此移风易俗，却造成了移植法与固有法，理想与现实之间的冲突。作为对现实的妥协，高丽人对此条进行了一定程度的改造：对于祖父母、父母在而子孙别籍异财的行为，规定的刑罚比唐律轻一年，[③]但华化的基本趋向不变。

重女婿是半岛自新罗以来的古老传统。高丽人李詹（1345—1405）云：“三代以后，帝王相继之次第，皆以一姓相传为法……新罗传继则不然，南解王□□□耄，谓其男儒理与其婿昔脱解曰：‘我死无论子婿，年长且贤者立之。’故脱解王继儒理之后……凡三易姓。”[④]在高丽，女婿为妻之父母所服的丧服与中国不同，不遵循中国制度服缌麻，而是增加了一等，服小功。[⑤] 这是

---

① 唐律“子孙别籍异财”条规定：“诸祖父母、父母在，而子孙别籍、异财者，徒三年。若祖父母、父母令别籍及以子孙妄继人后者，徒二年；子孙不坐。”居父母丧生子条规定：“诸居父母丧，生子及兄弟别籍、异财者，徒一年。”子孙违反教令条规定：“诸子孙违犯教令及供养有阙者，徒二年。谓可从而违，堪供而阙者。须祖父母、父母告，乃坐。”（分别见刘俊文：《唐律疏议笺解》，第936、939、1636页。）

② 《高丽史》卷八十四《刑法一》，第2683页。

③ 具体的分析见：《唐律、高丽律法条比较研究》，《南京大学法律评论》2011年秋季号，法律出版社，2011年，第124页。

④ ［高丽］李詹：《双梅堂箧藏文集》卷二十二《题新罗世系图后》，景仁文化社，1996年，第347页。

⑤ 《高丽史·礼志》：“小功五月：……义服，为妻父母，为女婿。”《高丽史》卷六十四《礼六》，第2038页。

前文所述高丽对中国律令进行土俗化修改的法理基础。

即便如此，因未反映半岛家庭内部的实际亲疏关系，不能落实，在实践中逐渐形成了另外一套与官方规定不同的规则。朝鲜太宗十一年（1411）闰十二月，礼曹启："《家礼》：妻父母、女婿之服，皆曰缌麻。吾东方婚姻之礼，夫就妇家，异于中国，故前代成宗时定服，于妻父母服期年，女婿小功。"[①]比照《高丽史・礼志》的记载，可知其定服制，"于妻父母服期年，女婿小功"的说法并无依据。

那么，礼曹所说的这套规则又从何而来？在《高丽史》中不见有与此相关的记载。我们认为，如同《高丽律》中的许多规则一样，高丽王朝的《详定礼》由于和半岛现实不符，大多未能落实，但以服制区分亲疏关系的做法被借鉴，民间社会逐渐形成了女婿为妻父母服期服的惯例。这种做法无疑具有极大的合理性，使官方无法用朝廷正式颁布的礼典加以矫正，只好默认。在高丽，存在成宗创法立制的历史记忆，且高丽前期的文献缺略，民间的创造便与此历史记忆相结合，宣称此制乃成宗所创，从而具有了合法性。民间的自发创造取代了官方的正式制度。[②] 在此状况下，高丽文化呈现出了一种杂糅、混合的状态。朝鲜王朝时期的学者评论说："高丽之治，半夷半华。"[③]

---

① 《朝鲜王朝实录・太宗实录》太宗十一年闰十二月己卯条。

② 直到高丽末期宣称"一遵《大明律》服制式"时，依然如此。《高丽史》六十四卷《礼六》五服制度："恭让王三年五月庚子，更定服制，一遵《大明律》服制式，唯外祖父母、妻父母服与亲伯叔同；无后人以三岁前遗弃小儿冒姓付籍者，即同己子，其以同宗之子亲近为先、继后者，亦许行服。三年之丧，天下之通丧，自今许终其制。"（第 2042 页）

③ [朝鲜]尹东源：《一庵遗稿》卷一《经筵讲义》，景仁文化社，2000 年，第 414 页。

第六章　高丽变异唐代法制的原则与方法

高丽王朝曾两次大规模移植《唐律》以制定本国律典。第一次发生在成宗(981—997)初期，制成第一部《高丽律》，除去《狱官令》，该律典实际上只有六十九条。毅宗二十四年(1170)，郑仲夫、李义方、李高等武将发动叛乱成功，高丽进入长达百年的武人统治期(1170—1270)。在这一时期，武人政权再次以《唐律》为蓝本，制定了第二部《高丽律》，大约在七十条左右。①

高丽一代，律典一直保持在 70 条左右的规模，直到高丽末期试图制定第三部律典《新定律》时依然如此。恭让王四年(1392)，“守侍中郑梦周进所撰《新定律》，王命知申事李詹进讲，凡六日，屡叹其美”。② 郑梦周所撰《新定律》只用 6 天即为恭让王讲解完毕，以每天进讲 10 条计，总共只有 60 余条，如每天进讲 20 条，也不过 120 多条。作为参照，朱元璋在洪武元年(1368)八月，“命儒臣四人同刑官讲《唐律》。日写二十条进取，止择其可者从之。”③以朱元璋的旺盛精力，每日也不过讲读 20 条，李詹给恭让王进讲《新定律》恐怕不会超过此进度。《新定律》的规模当在七八十条左右，这应是高丽制律时的一个传统。可《唐律》却有五百条之多，如果加上注释、律疏、问答，规模更为庞大。因此，高丽人在制定本国律典时，要对《唐律疏义》的内容进行大规模筛选，然后依据国情对剩余部分加以改造。筛选与改造成为立法的

① 关于此，可参考《高丽律辑佚与复原及其反映之时代》，《南京大学法律评论》2010 年秋季卷，法律出版社，2010 年。

② 《高丽史》卷四十六《恭让王二》，第 1399 页。

③ 《明太祖实录》卷三十四。

两个阶段，筛选是第一阶段的主要工作，即对《唐律》进行“过滤”，以消除那些被立法者认为不适合、不需要的律条。之后进入第二阶段，对经过滤剩下的律条进行改造，使之符合现实政治、社会、文化及意识形态的要求。最后，再依照唐律的体系编成律典。既然筛选与改造如此重要，那么高丽人又是依据什么原则与方法进行？这便是本章要探究的问题。

第一节　政治利益优先原则

和一般自然发生的文化传播或零星的制度引进不同，大规模的制度移植更依赖政治力的推动。法律移植特别是体系性的大规模法律移植，往往以重大政治变动为先导，以鲜明的政治目的为诉求，具有明确的政治性。它们多由在政治上居主导地位的集团发动，历史上这样的例子不胜枚举。[①] 因此，处于制度移入国权力顶层的各政治势力间的斗争与妥协，对法律移植的方式、规模、程度、结果有决定性影响。[②] 诺思云：“一般来说，现行的政治规则决定经济规则。”[③]同理，政治规则亦决定法律规则，政治规则本身则由权力所决定，政治利益为其内在动力与基本指向。

高丽政治制度受中国制度影响，在形式与框架上采用了中国式的政治体制，君主在名义上是最高主权者，但王朝又长期处于贵族政治的权力格局与社会结构下，名实不符，王权与贵族权之间存在张力关系。居于政治体制顶层的国王，为了强化王权，削弱贵族权，[④]成为大规模制度移植、进行激烈制度变迁的主力。文化高度发达，早已牢固确立君主制的中国，是他们制度

---

① 古代日本移植《唐律》就是在古代东亚世界发生的一例。

② 诺思就指出：“制度未必或者说通常不会是为了实现社会效率而被创造出来的，相反，它们(起码是那些正式制度)之被创立，是为了服务于那些有制定新规则的谈判能力的人的利益的。”[美]道格拉斯·C·诺思：《制度、制度变迁与经济绩效》，上海三联书店、上海人民出版社，2008年(以下省略)，第22页。

③ [美]道格拉斯·C·诺思：《制度、制度变迁与经济绩效》，第67页。

④ 高丽乃是一个贵族社会，王权低落。关于此，可参考李基白：《韩国史新论》，第159页。

移植学习的对象。高丽王权积极主动移植《唐律》的基本动力与出发点，是自身政治利益的最大化，即通过体系化之法律规则的引入，压制基于传统与结构的贵族权，伸张与强化王权。

对《唐律》的移植之所以被王权寄予如此厚望，是因为《唐律》本身即以君主制为依归。

王权的扩张便意味着贵族权的萎缩，双方在权力的分配上，基本是一种此消彼长的关系，故贵族集团坚决反对王权移植包括法律体系在内的各种"激进"制度变革措施。可是，在当时的制度框架内，他们又无法赤裸裸地以权力与利益的受损为诉求。于是，他们便采取了诉诸文化的方式。高丽政权同中原王朝近似，在相当程度上可被视为艾森斯塔得所谓"文化取向"的政治体系。① 贵族集团借助文化理由，为权力与利益之争裹了一层外衣。唐代法与本国"土俗"不合，必须维护本国的固有文化与传统，成为他们反对大规模移植唐代法律制度的主要理由之一。

半岛自新罗以来，贵族的地位和特权一直是由一系列被称为"土俗"、"土风"、"旧俗"或"本俗"的习惯法及固有法所支撑。所有这些"土俗"的核心，便是贵族政治与②贵族特权，所谓"我东方有大家世族，相与维持而夹辅之也"③。结果，在高丽初期的光宗(950—975)与景宗(975—981)两王在位的近三十年间，双方展开了惨烈斗争，坚持"土俗"的贵族和主张"华化"的归化中国士人及其追随者大批被杀，系统的法律移植工作未来得及充分展开。诚如诺思所言："当正式规则的剧烈变化导致了其与现存的非正式约束不相融合时，二者之间无法缓解的紧张将带来政治的长期不稳定。"④

---

① [以色列]艾森斯塔得著，阎步克译：《帝国的政治体系》第九章第四小节"中华帝国的文化取向与目标的影响"，贵州人民出版社，1992年。

② 关于此，可参考参见邊太燮：〈門閥貴族社會의 형성〉，《韓國史通论》，三英社，1999；李基白：〈高麗 中央官僚의 貴族적 性格—成宗대를 中心으로〉，《東洋學》5，단국대학교 동양학연구소，1975。

③ [朝鲜] 梁诚之：《讷斋集》卷四《请封功臣》，韩国文集丛刊[9]，景仁文化社，1996年版，第334页。

④ [美]道格拉斯·C·诺思：《制度、制度变迁与经济绩效》，第193页。

这种两败俱伤的零和博弈模式显然不能再继续下去了，否则将危及统治集团的整体利益，有必要将零和博弈变为双赢博弈。成宗的继位提供了这样的契机，双方很快达成妥协——贵族集团承认王权推行"华化"政策的合法性，王权则承诺尊重"土俗"，所谓"华夏之制不可不遵，然四方习俗，各随土性，似难尽变……不必苟同"。[①] 在此基础上，高丽对唐代法制的移植再次展开。与光宗时期不同，此次对唐代制度的移植是在大规模筛选与改造的基础上进行的。

在一特定社会，主要的规则体系由拥有更强谈判能力的集团所主导、界定，主要反映他们的利益。在高丽，拥有最强谈判能力的集团当然是王权与贵族集团。法律移植过程中，对《唐律》的筛选与改造主要就是他们之间妥协与折中的产物。至于如何妥协，则要看双方的力量对比及他们在立法过程中博弈的具体方式与水平。

成宗首次移植《唐律》制定本国第一部律典时，正值光宗以恐怖手段剪除勋旧势力后不久，王权的力量尚强，拥有相当的威势。在此语境下，王权主持制定第一部《高丽律》时，虽对贵族集团做了一定程度的让步，但其基本精神仍是强化王权。因此我们看到，第一部《高丽律》的《名例律》规定了十恶、官当、除名、免官等制度，在着意强化王权的同时，努力规制贵族与官僚集团的权力，《唐律疏议·名例律》中诸如议、请、减、赎、荫等一系列保障官僚与贵族特权的法律均被删除，只剩下了官当一项。

总之，第一部高丽律典对《唐律》的改造，更多体现了王权的利益与意志。到了武人执政时期，王权极度衰落，君主沦为任人宰割的傀儡，执政的武人出于自身利益的考虑，在制定第二部《高丽律》时，对《唐律疏议·名例律》进行了更大幅度的删减，只保留了五刑一条，整部律典完全失去了支撑君主制的功能，臣权在无形中凸显了出来。

这种政治利益优先的原则也体现于其他篇目。《唐律疏议·卫禁律》

---

① 《高丽史》卷九十三《崔承老传》，第2891页。

“包括‘卫’和‘禁’两个部分，“‘卫’主要指宫廷之警卫”；“‘禁’主要指关津之禁约。”[①]从第一部《高丽律》之《卫禁律》存留有“阑入宫殿门及上阁”一条的情形看，该篇当以保卫国王人身安全的“卫法”为主，与此关系不大的“禁法”基本均被删除。可第二部《高丽律》之《卫禁律》的倾向恰恰相反，对保护王权最为重要也最有实质意义的“卫法”被删除，转而以“禁法”为主。

《职制律》的主要功能在于规制官员的行为。在高丽，贵族与官僚往往是一体两面之关系，故在第一部《高丽律》中，对《唐律疏议·职制律》的采纳较多，共 14 条，所占比重远远超过了《职制律》在《唐律》中占的比重。从现存一条为“被制书施行有违”的情形看，该篇应以对官员不敬行为、违纪行为和失职行为规制的律条为主，这和《名例律》《卫禁律》表现出的倾向一致。武人执政时期，随着王权的式微，实际的最高权力者强调的不再是官员对王室的忠心，而是他们本身的公正、清廉等基本素质。因此，第二部《高丽律》的《职制律》仅五条，除“匿父母及夫丧”一条外，其他四条均集中于对官员贪赃行为的处罚，规制官员不敬行为的律条全被删除。

《唐律疏议·擅兴律》由擅律和兴律组成。擅律专言军戎之事，兴律专言工程兴造之事。[②] 从第一部《高丽律》有“擅发兵”条的情形看，其《擅兴律》当以规制官员们军事上之专擅行为的律条为主，维护和提升王权仍是主要目的。在武人执政时期，这些律条显然会对武人集团的权力行使形成掣肘，因此在第二部《高丽律》中被删除，移植的主要是《唐律疏议·兴律》的内容，现存的一条便是属于该律的“丁夫杂匠稽留”条。

《唐律疏议·贼盗律》分为贼律和盗律两部分。该篇最大的特点之一是集中了大量关于“十恶”的规定，乃《名例律》“十恶”条的具体化。第一部《高丽律》的《贼盗律》共六条，从其《名例律》有“十恶”的规定，以及在其他各篇所表现出的总体倾向看，也应以这方面的规定为主。然而，在第二部《高丽律》，该篇的总体倾向为之一变。首先，尽管第二部《高丽律》之《贼盗律》的

---

① 刘俊文：《唐律疏议笺解》，第 537 页。

② 刘俊文：《唐律疏议笺解》，第 1160—1161 页。

条文数远超第一部，但在现存的十个条文中，只有一条属“贼律”（“谋杀周亲尊长”条），剩余九条均属“盗律”。其次，这些条文多为涉及具体财产犯罪之规定。第三，再就它们和“十恶”的关系看，仅涉及其中的两恶——“恶逆”和“不睦”，涉及的主要是家族伦理，对于强调君臣关系的“谋反”“谋大逆”“谋叛”只字未提。突出家族伦理，强调“孝”，刻意回避君臣间“忠”的伦理，显然是在迎合武人政权的需要。

《唐律疏议·斗讼律》分为斗律和讼律两部分。第一部《高丽律》之《斗讼律》现存“斗故杀人”和“投匿名书告人罪”两条，其他五条失传。第二部《高丽律》之《斗讼律》现存律文 16 条，在整部律典中所占比重最大，但大部分律文均为关于家族犯罪之规定，《唐律》中保护王权的律条均被删除。这显然也是为了适应武人政权家族统治的需要。武人政权特别是从崔忠献开始持续六十余年之崔氏一族的统治，主要是通过父死子继、世代把持兵柄、王权政治家族化的方式实现的。崔怡于高宗十四年置“书房”，史称“怡门客多当代名儒，分为三番，递宿书房”[①]。王国的大臣一变而为崔氏一族的家臣，从前的王权政治降格为崔氏一族的家族政治。在此语境下，崔氏武人政权制定刑律时，在贬低君臣之间“忠”之关系的同时，着意强调家族内部“孝”的关系[②]，希望以此来调整崔氏家族内部以及崔氏一族和其家臣的关系，进而达到维持统治的目的。总之，在第二部《高丽律》中，出现了较为明显的刻意压低王权的倾向，这显然与武人执政的时代背景有关。

第二节　尊重强势集团既得利益的原则

既然移植《唐律》是高丽社会内部有最强谈判力之集团间的博弈，博弈的技巧、时机等因素固然重要，但最终起作用的还是双方政治力量的对比，

---

① 《高丽史》卷一百二十九《叛逆三·崔忠献附崔怡传》，第 3906 页。

② 关于《高丽律》中对“孝”的强调，可参考李熙德：〈高麗律과 孝行思想에 대하여〉，《歷史學報》58，1973。

立法博弈的结果基本由权力格局的状况所决定。权力格局又建立在既有的社会结构之上，法律的制定和移植必须反映一个社会实际存在的利益格局。从这个角度看，法律移植的结果在其开始之时就几乎被注定。诺思便指出："显著的制度框架的变迁，牵涉到众多约束的诸多变化……只有当正式规则的改变对那些拥有充分谈判能力的人是有利的时候，正式的制度框架才可能有重大的变化。"[①]在对《唐律》进行筛选与改造的过程中，不能只考虑一方的利益，而不顾另一方的利益，否则游戏将无法继续。如上文所言，高丽王朝之所以能在成宗时期以移植《唐律》的方式制定本国律典，王权与贵族集团之间的妥协是其主因。在政治利益优先的原则下，立法已在相当大的程度上体现了王权的政治利益，作为对价，王权也不能不尊重并保护贵族集团最关键的既得利益，否则半岛正式的法律制度不可能有大的变化。

由于成宗时王权相对强势，及政治利益对王权所具有的绝对重要性，贵族集团不得不采取在政治利益上让步，而确保经济利益的策略。贵族集团经济上最关键的既得利益是奴婢制度，朝鲜王朝时代的李宗城即云："至于胜国……许奴婢而为其世传，割杨广一道，作为私田，士夫之骄重，其来远矣。田赋之外，财用之出处，只有户与口，而士夫之骄重待遇，本自如此，不敢为计户计口。"[②]如此重要的既得利益当然需要制度化的保障，这是高丽王朝存在一套相对发达的以习惯法为主要表现形式之奴婢法制的根本原因。这套法制的基本原则与具体制度和《唐律》有重大差异。《唐律》关于奴婢等贱民阶层的规定基本可以概括为：在严格维持等级身份制度的基础上实行"一良永良""从良不从贱"两大原则，多向有利于贱民的方向靠拢。高丽王朝实行的却是"一贱永贱""从贱不从良""父母一贱则贱"的原则，一旦沦为贱民，本人及子孙世世代代都无法脱离贱籍。[③]

对于必须确保贵族集团在奴婢制度上的利益，王权和贵族集团是有默契的。因此，他们对《唐律》律文进行了筛选，并对剩下的律条进行了改造。

① [美]道格拉斯·C·诺思：《制度、制度变迁与经济绩效》，第95—96页。

② [朝鲜]李宗城：《梧川集》卷十四《与灵城户判书》，景仁文化社，2000年版，第337页。

③ 关于高丽的奴婢法制，可参阅洪承基：《高麗貴族社會와 奴婢》，一潮閣，1997。

第二部《高丽律》的《名例律》便将《唐律疏义·名例律》中各种关于贱民集团的律条删除，仅移植了其中的一两条。这一两条还被做了与《唐律》本条意思完全相反的改造。比如，其“奴娶良女”一条[①]系移植自《唐律》的“奴娶良人为妻”条[②]，《唐律》此条处罚的主体是为奴娶良妻的主人，而《高丽律》此条处罚的主体却是奴本人。[③]

在高丽，贵族集团是国家的执政阶层，不仅对王权形成了强有力的牵制，和平民的距离亦极大。尽管成宗在和贵族势力达成妥协的基础上，移植了唐代的三省六部制，试图既以制度的力量在一定程度上保障贵族的特权，又能对之形成制约。可是，在现实的社会结构与权力格局下，这种显性的制度，在运作过程中逐渐发生了变化——贵族势力通过对荫叙及科举制的把持，可世代维持其地位与特权。在高丽，官员主要来自各个大小不同的贵族家庭，官僚制与贵族制已融为一体，官僚制成了贵族政治的运作形式。《高丽史·辛吨传》载：“王在位久，宰相多不称志。尝以为世臣大族亲党根连，互为掩蔽。草野新进矫情饰行以钓名，及贵显，耻门地单寒，联姻大族，尽弃其初。”[④]这已到了高丽末期。

在此状况下，高丽在两次制律的过程中，不仅将不少规制官员的律条删除，在量刑上也对官员予以优待，使《高丽律》在刑罚上出现了官轻民重的特点。比如，第二部《高丽律》的“枉征租税入己”条规定：“有禄者，三十匹加役

---

① 《高丽律》之户婚律规定：“奴娶良女，主知情，杖一百；女家徒一年。奴自娶，一年半；诈称良人，二年。”(《高丽史》卷八十五《刑法二》，第 2716 页。)

② 该条规定：“奴娶良人为妻：诸与奴娶良人女为妻者，徒一年半；女家，减一等。离之。其奴自娶者，亦如之。主知情者，杖一百；因而上籍为婢者，流三千里。”(刘俊文：《唐律疏议笺解》，第 1063—1064 页。)

③ 这一做法直到后世朝鲜王朝时才有所改变。《朝鲜王朝实录·太宗实录》太宗一年(1401)七月甲寅条：“贱口娶良女所生，属司水监。身良役贱故也。醴泉府院君权仲和上疏曰：‘本朝奴婢所生，从母从父之法尚矣。凶暴贱口，多娶良女所生，尽为私贱，以此贱口日增，良民日减，供国役者大减。愿自今勿令贱口交通良人，其有良女已为贱口妻者，亦令离异，或有违令，罪及奴主。’俞允。”

④ 《高丽史》卷一百三十二《叛逆六·辛吨传》，第 3976—3977 页。

流；无禄者，二十五匹加役流。”[1]《唐律》的规定则为“有禄者十五匹加役流；无禄者减一等，二十匹加役流”。[2] 在总体上均轻于《唐律》的同时，《高丽律》对有禄者规定的刑罚轻，无禄者反重。这和《唐律》本条显示的重罚官员的倾向相反。又《高丽律》“被强盗不救助条”规定：“官司不救，一百；窃盗减二等”，[3]《唐律》本条的规定则为“其官司不即救助者，徒一年。窃盗者，各减二等”[4]。《高丽律》规定的刑罚较《唐律》减轻了一等。

《高丽律》除了对官员犯罪予以减轻外，还有对平民犯罪加重的倾向。《高丽律》“丁夫杂匠稽留”条的起始刑为“一日笞四十”，直到“徒一年”；[5]《唐律》“丁防稽留”条的起始刑则为“一日笞三十”，“罪止杖一百”，[6]《高丽律》此条比《唐律》本条重一等。又《高丽律》“辜限”条规定：“手足殴伤人者，限十日；以他物殴伤人者，限二十日；以刃及汤火殴伤人者，限四十日。折跌支体及碎骨，限五十日。”[7]在“以刃及汤火欧伤人”的情况下将《唐律》的保辜期间从 30 日增加到了 40 日，较《唐律》为重。[8] 在这两条中，第一条的适用对象显然是平民，第二条的适用对象在理论上虽说是“凡人”，但主体仍是平民。

对平民处罚的加重亦是刑罚上官轻民重的一种表现。可资比照的是，《高丽律》虽基本上较为完整地吸收了《唐律》的六赃之法，可由于这些法条的适用对象主要是官员，所以相关条文中无一加重。

---

① 《高丽史》卷八十五《刑法二》，第 2692 页。

② 参见刘俊文：《唐律疏议笺解》，第 1001—1002 页。

③ 《高丽史》卷八十四《刑法一》“户婚”条，第 2682 页。

④ 刘俊文：《唐律疏议笺解》，第 1967 页。

⑤ 《高丽史》卷八十四《刑法一》“户婚”条，第 2682 页。

⑥ 刘俊文：《唐律疏议笺解》，第 1226 页。

⑦ 《高丽史》卷八十四《刑法一》“辜限”条，第 2657—2658 页。

⑧ 《唐律疏义》“保辜”条规定：“诸保辜者，手足殴伤人限十日，以他物殴伤人者二十日，以刃及汤火伤人者三十日，折跌支体及破骨者五十日。限内死者，各依杀人论；其在限外及虽在限内，以他故死者，各依本殴伤法。”（刘俊文：《唐律疏议笺解》，第 1482 页。）

第三节　功利原则

如前文所述，高丽移植《唐律》主要不是从律典文本上的合理性、系统性出发，而以维护和提升参与制定法律的强势集团的利益为主要着眼点。这固然和当时半岛特定的社会结构与权力格局有关。但如果将之与后世朝鲜王朝移植《大明律》时的情形做一对照的话，我们会发现，这种状况的出现还和当时半岛精英对中国文化的认知有关。以贵族集团为主体的高丽精英阶层中的一些人，不承认中国文化的优越性与普适性。成宗时期，李知白就抨击王权推行的华化政策说："圣祖创业垂统，洎于今日……曷若复行先王燃灯、八关、仙郎等事，不为他方异法以保国家致大（太）平乎？"[①]直指唐文化为异端。睿宗时，还有人将唐文化与契丹文化并列，要求不论是"唐风"还是"丹风"，一律禁止。[②] 在此状况下，高丽人对《唐律》的移植处处体现出功利的色彩。换言之，他们在制定本国律典的过程中，对《唐律》这一高度发达的文化体系，基本上不存敬畏之心，移植的目的只有一个，就是当下有用。这种情形除了上文所论政治与利益色彩较浓的层面外，在其他方面也有表现。

由于《户婚律》涉及的是最一般的社会问题，政治性不强，故第二部《高丽律》对《唐律》此篇的筛选采取了与对《名例律》《卫禁律》《职制律》和《擅兴律》等篇不同的做法——对《户婚律》的六大类条文，[③]高丽人均有所选择，而非如其他篇那样，只集中选择其中的某类律条，而删除另一些类别的律条。

---

① 《高丽史》卷九十四《徐熙传》，第 2908 页。

② 《高丽史・食货志》："睿宗元年，中外臣僚多言先朝用钱不便，七月诏曰：'钱法，古昔帝王所以富国便民，……不意群臣托太祖遗训，禁用唐、丹狄风之说，以排使钱。……若文物法度，则舍中国何以哉？'"（《高丽史》卷七十九《食货二》，第 2520—2521 页。）

③ 它们分别为：关于违反户口管理行为之处罚、关于违反土地管理行为之处罚、关于违反赋役管理行为之处罚、关于违反继承管理行为之处罚、关于违反婚姻管理行为之处罚、关于违反家族礼法行为之处罚。（《唐律疏议笺解》，第 913—914 页。）

当然，尽管第二部《高丽律》之《户婚律》的13个律文在《户婚律》的六大类中均有分布，[①]但仍显不均。在这些条文中，以违犯土地管理制度行为处罚类的律文最多，违犯家族礼法行为处罚类的律文次之，这两类律条在《唐律疏议·户婚律》中并不占多数。[②] 高丽人的这种作为，显然和前文所论武人政权重视家族内部伦理及重视土地犯罪的情形有关。另外，在这13个律文中，除"养异姓男"、"妻擅去"、"奴娶良人为妻"和"父母被囚禁嫁娶"4个律文外，其他9个律文均和财产犯罪有关，[③]这与我们下文要讨论的高丽人重视财产犯罪的倾向一致。

值得注意的是，尽管《户婚律》是第二部《高丽律》对《唐律》条文移植最多的一篇，但户婚制度却是两国在制度上差异最大的部分之一。就田制而论，唐代(至少在唐前期)实行均田制，而高丽实行的却是"田柴科"制。[④] 可即便如此，高丽人仍能从《唐律》中摘取律文为己所用。

当然，《高丽律·户婚律》中移植《唐律》最多的还是那些和某种特定制度无关，具有普遍适用性的律文，"盗耕公私田""妄认盗卖公私田""在官侵夺私田""盗耕人墓田"等条即是如此。这些律文指向的目标都是一个，即非法侵害土地所有权的行为。这既和武臣时期日益严重的土地兼并

---

① 属于违反户口管理行为处罚类的有"脱漏户口增减年状"、"里正不觉脱漏增减"共2条；属于违反土地管理行为处罚类的有"盗耕公私田"、"妄认盗卖公私田"、"在官侵夺私田"、"盗耕人墓田"共4条；属于违反赋役管理行为处罚类的有"枉征租税入己"1条；属于违反继承管理行为处罚类的有"养异姓男"1条；属于违反婚姻管理行为处罚类的有"妻擅去"、"奴娶良人为妻"2条；属于违反家族礼法行为处罚类的有"父母被囚禁嫁娶"、"应分财物不平"、"子孙别籍异财"3条。(关于此，参见张春海：《唐律、高丽律法条比较研究》，《南京大学法律评论》2011年秋季号，法律出版社，2011年，第122页。)

② 相反在《唐律疏议·户婚律》中有17条、比重将近占37%的关于违犯婚姻管理行为处罚类的律条在复原后《高丽律》的户婚律中仅有2条，所占比例仅15%。

③ 关于此，参见张春海：《唐律、高丽律法条比较研究》，《南京大学法律评论》2011年秋季号，法律出版社，2011年，第123页。

④ 关于此，参见[韩]姜晋哲：《高丽土地制度史研究》，第三章，高丽大学出版部，1993年。

现象有关，[①]也因为它们涉及贵族集团的根本既得利益。贵族集团最重要的既得利益除了奴婢制度之外，便是土地即“私田”。前文所引李宗诚的言论即云：“至于胜国……割杨广一道，作为私田，士夫之骄重，其来远矣。”为了保障贵族集团这一重大既得利益，《高丽律》对直接关系土地犯罪的行为多加重处罚。总之，高丽人对《唐律》移植的一个主要标准就是功利性、实用性，以能否解决当下问题为鹄的。

《唐律疏议·斗讼律》共60条，属“斗律”的有38条，属“讼律”的有22条，虽以“斗律”为主，但两者基本平衡。可在制定第二部《高丽律》的武人政权时期，由于政局动荡、社会不稳，普通刑事犯罪的发案率当有较大幅度的上升，故高丽人在移植《唐律》时，主要移植了《唐律》中斗律的内容，共计有12个律条。对“讼律”则做了大幅筛选，只剩4个律条，功利性色彩非常明显。

《唐律疏义·杂律》共计62条，分为二十大类。[②] 在制定第一部《高丽律》时，由于重点在《名例律》与《职制律》，在不到70条的总体规模与框架下，《杂律》不重要，大部分被删除，只移植了两条。可在制定第二部《高丽律》时，移植重点发生了变化。统治集团关注的主要是一般刑事犯罪，他们从《唐律》的《杂律》中最少移植了12个条文。即便如此，高丽人仍对《唐律》该篇进行了有重点的筛选，主要移植了和财产罪与奸非罪有关的律条，其他则多被删除。这既是重视财产犯罪的传统使然，也因为这两类犯罪于当时最经常发生，必须有针对性地打击。这同样体现了高丽人移植《唐律》时所具有的功利性与实用性特点。

《唐律疏议·诈伪律》有律文27条，大致可归纳为伪造与假冒罪、诈欺

---

① 在整部《高丽律》中，涉官加重的只有在官侵夺私田一条。此条之所以加重，首先是因为在高丽，土地问题一直非常严重，惩治关于土地的不法与犯罪行为一直是王朝关心的重大问题。《高丽史·崔奇遇传》：“迁至左司谏迁御史，以起居舍人为西海道按察使。李资谅营院馆，侵夺吏民田园，掌其事者因缘谋利，为民害。奇遇奏禁之，一方大喜。”（《高丽史》卷九十八《崔奇遇传》，第3043—3044页）相关记载甚多。关于高丽土地制度的相关问题，可参考[韩]姜晋哲：《高丽土地制度史研究》，第七章，高丽大学出版部，1993年。

② 参见刘俊文：《唐律疏议笺解》，第1772—1774页。

罪、伪证罪三类。[①] 在第二部《高丽律》中，现存律文均属第二类，第一类和第三类条文全无，说明它们中的绝大部分均被删除。这并非偶然。以第三类律文论，伪证罪主要规定和法律程序相关的犯罪，可高丽人认为程序性规定缺乏实用性，在移植《唐律》时一般均予删除，留下的均是实体性条款。就现在我们还能见到的两部《高丽律》的内容看，可以发现一个明显特点，即它们几乎筛选掉了《唐律》中所有的程序性条款。

在唐代，没有专门的如现今之《刑事诉讼法》或《民事诉讼法》那样的程序性法典，各种程序性规定散见于多种形式的法律中，《唐律》则以《断狱律》最为集中。《唐律疏义》之《断狱律》共 34 条，“错综一部条流，以为决断之法”，[②]主要规定了以下 4 大项内容：有关监管之规定及罚例、有关审讯之规定及罚例、有关判决之规定及罚例、有关执行之规定及罚例。[③] 程序性的、对司法官员进行规制的律条是其主体。然而，在高丽人看来，程序性条文的实用性差，在第二部《高丽律》中，《唐律》该篇的绝大多数律条都在立法过程中被删除，现仅存“禁刑”一条。[④] 即便此条，也是对《唐律疏义》“立春后秋分前不决死刑”[⑤]条改写的结果。

在现存的两部《高丽律》的律文中，没有一条关于法律程序的规定。不仅如此，即使是《唐律》中那些对法律概念和法律适用进行解释之条文，如本

---

① 刘俊文：《唐律疏议笺解》，第 1684—1685 页。

② 刘俊文：《唐律疏议笺解》，第 2011 页。

③ 刘俊文《唐律疏议笺解》，第 2012—2013 页。

④ 该条规定：“禁刑：国忌、十直[初一日、初八日、十四日、十五日、十八日、二十三日、二十四日、二十八日、二十九日、三十日]、俗节[元正、上元、寒食、上巳、端午、重九、冬至、八关、秋夕]、慎日[岁首、子午日、二月初一日]。”（《高丽史》卷八十四《刑法一》，第 2658 页。）

⑤ 《唐律疏议》该条规定：“立春后秋分前不决死刑：诸立春以后、秋分以前决死刑者，徒一年。其所犯虽不待时，若于断屠月及禁杀日而决者，各杖六十。待时而违者，加二等。疏议曰：依狱官令：‘从立春至秋分，不得奏决死刑。’……其大祭祀及致斋、朔望、上下弦、二十四气、雨未晴、夜未明、断屠月日及假日，并不得奏决死刑。其所犯虽不待时，‘若于断屠月’，谓正月、五月、九月，‘及禁杀日’，谓每月十直日，月一日、八日、十四日、十五日、十八日、二十三日、二十四日、二十八日、二十九日、三十日，虽不待时，于此月日，亦不得决死刑，违而决者，各杖六十。……即有闰者各同正月，亦不得奏决死刑。”（刘俊文：《唐律疏议笺解》，第 2101 页。）

条别有制、断罪无正条、称乘舆车驾及制敕、称期亲祖父母、称反坐罪之、称监临主守、称加减、称道士女官等律文,也因被认为缺乏实用性,在立法的过程中被过滤掉。

《高丽律》由于其基本规模太小,在移植《唐律》的过程中,处处凸显功利性。可是,法律是一种体系性存在,而非单个条文的汇集,如果无程序性、解释性及界定性条文的支持,那些实用性的条文也难以落实,不免沦为空中楼阁。

第四节 尊重国情与“土俗”的原则

高丽人常称说“土风”“土俗”,它们含义复杂,但其包摄的内容均有一个共同特点,即它们的基础乃是半岛固有文化。与此相对,我们可将那些和文化、传统、习俗等基本无关但与中国不同的其他因素,称之为“国情”。高丽人在移植《唐律》并对之进行筛选与改造的过程中,始终考虑到“土俗”与“国情”的因素,对其采取了尊重的态度。

一、尊重国情原则

高丽的基本国情是“国小民贫”[①],存在“泛爱重财”[②]的风习,对财产犯罪甚为重视,律典中关于财产犯罪的律条所占比例较大。这首先就意味着,高丽人在移植《唐律》的过程中,对关于财产犯罪的律条过滤相对较少,保留相对较多。比如,第二部《高丽律》之《贼盗律》中的律条基本上都是关于具体财产犯罪的。同样,因为重视财产犯罪,高丽人在制定律典的过程中,在量刑上也对经筛选剩下的《唐律》相关律条进行了较为系统的改造,多较《唐律》为重。举例而言,《高丽律》“恐吓取人财物”条规定满四十匹,首犯处死,而《唐律》本条则规定“诸恐喝取人财物者,准盗论加一等”,《唐律疏议·名例律》“称加减”条又规定:“加者,数满乃坐,又不得加至于死;本条加入死

① 高丽忠烈王语,见《高丽史》卷一百二十三《印侯传》,第3741页。

② 《宣和奉使高丽图经》卷十九,第99页。

者，依本条。”[①]《高丽律》显然较《唐律》为重。又《高丽律》“违方诈疗病”条规定到三十五匹计处以加役流，而《唐律》规定五十匹加役流。同样，《高丽律·杂律》“用枰（秤）斗尺度出入官物不平入己”条规定到三十五匹即处以加役流，《唐律》为五十匹加役流。类似情况不少，现将考证结果罗列如下：

（1）《高丽律》“应分财物不平”条在量刑上，在杖七十以下的情况，基本上要比《唐律》重一等；在杖七十以上的情况，重两等。

（2）《高丽律》“盗耕公私田”条规定，在杖一百以上的情况，为四十亩徒一年，五十亩徒一年半；而《唐律》为四十五亩有余徒一年，五十五亩有余徒一年半。

（3）《高丽律》“妄认公私田并盗贸卖”条规定，在杖一百以上的情况，为三十亩徒一年，三十五亩徒一年半，四十亩徒二年，五十亩徒二年半；而《唐律》为三十五亩有余徒一年，四十五亩有余徒一年半，五十五亩有余徒二年。

（4）《高丽律》在“官侵夺私田”条规定，十亩杖九十，十五亩杖一百；二十亩，徒一年；二十五亩，一年半；三十亩，二年；三十五亩，二年半；而《唐律》为九亩有余，杖九十，十二亩有余，杖一百；十七亩有余，徒一年；二十二亩有余，一年半；二十七亩有余，二年；三十二亩有余，二年半。

（5）《高丽律》“丁夫杂匠稽留”条量刑为从“一日笞四十”到“二十三日徒一年”，而《唐律》本条的起始刑为“一日笞三十”，并“罪止杖一百”，《高丽律》该条要比《唐律》本条重一等。

在第二部《高丽律》的现存律文中，直接关涉财产犯罪的律文共 23 条，重于《唐律》的有 8 条，占三分之一强。其中，又有 3 条是直接关于土地犯罪的（在“官侵夺私田”“盗耕公私田”“妄认公私田并盗贸卖”），亦占加重律文三分之一强的比例。在这些加重条文中，共有 5 个条文针对的是对公犯罪，占近三分之二。更为重要的是，所有这些被加重处罚的犯罪，都是家族以外的犯罪，没有一条是关于家族内部犯罪的。可见，对于家族内部的财产犯罪，《高丽律》既继承了《唐律》的基本精神，又体现了武人政权重视家族伦理的特点。

---

① 刘俊文：《唐律疏议笺解》，第 521 页。

其他未加重的那些财产犯罪，多是一些社会危害性相对较小的犯罪，如“故放畜产损食人田苗”“于他人田园辄将瓜果而去”，等等。总之，对于财产犯罪是否要加重，高丽人在移植《唐律》的过程中，根据本国国情，区别对待，有相当强的针对性。

高丽的另一个基本国情是，在文化发育程度上，和中国有巨大差距。这种状况在法律移植的过程中是必须加以考虑的。如果法律调整的对象对律典不理解，就达不到移植法律、适用法律的目的。当然，文化是一个非常宽泛的概念，但从文化源头的视角看，我们还是可以大致将文化分为本土文化与外来文化两个层面。就本土文化与外来文化的关系，我们又可约略地将之分为两个层次：第一个层次可从文化的类型上考虑，看它们是属于同质性文化还是异质性文化，更确切地讲，是属于同质性较多的文化，还是异质性较多的文化。如果同质性较多，我们就可大致将之视为同质或基本同质的文化。在这种文化间进行制度上的移植相对容易，且易于保持原有制度的系统性与完整性，移植的规模可相对较大。反之，在移植的过程中容易引起文化冲突，被移植而来的制度亦不易保持其完整性，移植的规模也相对较小。当然，实际的情况远为复杂。在高丽王朝前中期，半岛文化与唐文化有较强的异质性，[①]《唐律》中的不少内容不能被移植，而是被筛选、过滤掉了。这就造成了高丽人对《唐律》的移植规模太小，律典本身缺乏系统性与完整性的特点。

第二个层次可从文化的发育程度考虑。从历史上看，制度多是由文化发育程度较高、文化形态与内容较为复杂的地区被移植到文化发育程度较低、文化内涵较为简单之地。一般而言，两种文化在发育程度上越接近，制度移植越容易，且被移植的制度也易保持其系统性与完整性。反之，移植的难度会增大，被移植而来的制度也不易保持其完整性。高丽文化和唐文化相比，发育程度处于低位，两者之间有相当大的差距。那些文化含量高、体现了很高律学水平的《唐律》条文，因不能为高丽的大多数人所理解，在法律移植的过程中被删除。高丽人在法律移植过程中，几乎删除了《唐律》中所

① 下文所要提及的关于婚姻、家庭的形态，观念和伦理上的差异等等都是其中的显例。

有的通则、通例性律条，就属这种情况。以《名例律》论，不论是第一部《高丽律》，还是在第二部《高丽律》，其《名例律》对《唐律疏义·名例律》中包括相当于现代刑法典中关于犯罪和刑罚问题的总则性规定（如有犯流应配、流配人在道会赦、犯死罪应侍家无期亲成丁、犯徒应役家无兼丁、工乐杂户及妇人犯流决杖、更犯、犯时未老疾、彼此俱罪之赃、以赃入罪、略和诱人赦后故蔽匿、会赦应改正征收、犯罪未发自首、犯罪共亡捕首、盗诈取人财物首露、同职犯公坐、公事失错自觉举、共犯罪造意为首、共犯罪本罪别、共犯罪有逃亡、二罪从重、同居相为隐）的律文基本均未移植。

总则的情况如此，分则也一样。第二部《高丽律》的《贼盗律》尽管有 10 个条文，却无一条通例性规定。即使就《高丽律》比较重视的盗律论，“共盗并赃论”“共谋强窃盗”“盗经断后三犯”“公取窃取皆为盗”等通则性规定也全被删除。在第二部《高丽律》的《斗讼律》中，《唐律》中涉及精微法律技术和法律程序的条文也几乎全被删除，这些条文包括“囚不得告举他事”、“犯以赦前事相告言”、“告人罪须明注年月”、“为人作辞牒加状”及“越诉”等多个律文。这是高丽人在制律时只能采用列举式立法技术，放弃了《唐律》的概括式立法技术的原因之一。

二、尊重“土俗”原则

对于经筛选剩下的那些与高丽基本社会制度、传统和习俗相冲突的《唐律》律条，高丽人对其内容做了较大改动。对此，我们不妨以关于婚姻家庭制度的律条为例加以说明。

高丽实行同姓为婚、近亲结婚之制，①这一婚姻习俗在《唐律》中属内乱。

① 朝鲜崔溥云：“新罗之初，习俗鄙野，娶堂从之亲，恬不知耻……高丽家法，非特堂从，虽姊妹，亦不避。如景宗之纳光宗女，显宗之纳成宗女，睿宗之纳宣宗女，则于己为堂从。光宗之大穆后，则大（太）祖之女。德宗之敬成后、文宗之仁平后，则显宗之女，皆其姊妹也。三纲不正，有夷狄之风。皆假外亲为姓，以之而示群下，以之而闻上国，以之而奉宗庙社稷之祀，可乎？当时群臣……自喜因循，不知其同流于禽兽而不辞也，岂不深可惜哉……不别同姓，不分亲疏，弃礼乱正如高丽者，又何足责哉？”（《锦南集》卷二《东国通鉴论》，第 401 页。）

这显然与高丽现实的婚姻制度不合。因此，高丽人在移植《唐律》的过程中，将有关近亲相奸的条文全部删除。

高丽实行“男住女家”的“率婿婚”制[①]，有重外家的习俗——在家族关系中，父系、母系和妻系并重。[②]《唐律》实行以五服制罪的原则，亲属以父系为最尊，母系和妻系的法律地位较父系低得多。如此，便形成了意欲移植之制度与本国习俗的冲突。于是，高丽人在移植《唐律》时，根据本国现实的家族制度，对《唐律》的有关律条进行了改造。比如，《高丽律》的“杀堂弟妹”条，[③]虽系截取《唐律》“殴缌麻兄姊”条的一部分而来，却增加了为《唐律》所无之“殴妻父母，准十恶不睦论”的规定，将妻族和本族放到了同等重要的地位。《高丽律》“谋杀周亲尊长”条[④]将《唐律》本条的“夫、夫之祖父母、父母者”改为“夫妇之父母”，使该条的适用范围扩大到了岳父母，同时却排除了“夫、夫之祖父母”。这是对《唐律》十恶制度的重大修改，乃由妻族地位甚高的现实所决定。

在尊重土俗的原则下，对于和婚姻家庭制度相关的《唐律》条文，高丽人不仅对它们的内容进行了改造，而且还对量刑幅度做了调整。《宣和奉使高丽图经》卷十九“民庶”条：“男女婚娶，轻合易离，不法典礼。”[⑤]高丽的这种社会习俗与《唐律》“一准乎礼”的精神不合，对于这种行为，如完全依据《唐律》的规定量刑，会引发大量社会问题。因此，对此类关涉婚姻家庭关系的犯罪行为的处罚，《高丽律》规定的刑罚多较《唐律》为轻。以“轻合易离”的行为论，《高丽律》“妻擅去”条规定：“妻擅去，徒二年；改嫁，流二千里。妾擅去，

---

① 关于古代朝鲜半岛的“率婿婚”制，可参考朴秉濠《韓國法制史攷 近世의 法과 社會》(法文社，1974)之第五章《家族法》的有关论述。

② 关于古代半岛亲族范围的有关讨论，可参考[韩]金斗宪:《韩国家族制度史研究》，首尔大学出版部，1989 年，第 135—141 页。

③ 该条规定:“殴杀堂弟妹、堂侄孙，流二千里；故杀，绞；殴妻父母，准十恶不睦论。”(《高丽史》卷八十四《刑法一》，第 2686 页。)

④ 该条规定:“谋杀周亲尊长、外祖父母、夫妇之父母，虽未伤，斩；道士、女冠、僧尼谋杀师主，同叔伯父母……”(《高丽史》卷八十四《刑法一》，第 2686 页。)

⑤ 《宣和奉使高丽图经》卷十九，第 99 页。

徒一年半；改嫁，二年半”。[①] 对妾擅去的处罚，较《唐律》减轻了一等。[②] 当然，之所以对妾擅去的行为减轻处罚，而不言及妻，主要还是因为实践中妾“轻合易离”的情况更多所致。

又比如，《高丽律》“子孙别籍异财”[③]条对于祖父母、父母在而子孙别籍异财的行为，规定的刑罚比《唐律》轻一年。高丽有重外家的习俗，多数人一般从小在外家长大，李穑在其《跋及庵诗集》中就讲道：“曩予既为金氏兄弟序其外大父及庵先生之诗矣，及今与敬之同在成均……盖敬之生长外家，故知慕尤深。”[④]在成人之后，由于实行“男住女家”的“率婿婚”制，又常与妻父母一起生活，与祖父母、父母的感情相对淡漠，别籍异财的情况不会少，故对这种行为要减轻处罚。根据历史的实际背景判断，即使是这一减轻的条文，在司法实践中也不过是具文而已。

类似的情况不少，不再一一细论，仅将考证的结果罗列如下：

(1)《高丽律·职制律》“匿父母及夫丧”条“闻父母丧若夫丧，忘哀作乐”的情况为“徒一年”，而《唐律》为“徒三年”，《高丽律》比《唐律》降低了四等。

(2)《高丽律》“父母被囚禁嫁娶”条在父母犯死罪嫁娶的情况下规定的处刑为徒一年，较《唐律》轻一等。

(3)《高丽律》“詈亲兄姊”条在殴兄姊以及伯叔父母、姑、外祖父母致折伤的情况下，均处以流二千里的刑罚，《唐律》为流三千里。

(4)《高丽律》“殴杀堂弟妹”条在殴杀从父弟妹的情况下，处以流二千里的刑罚，《唐律》为流三千里。

(5)《高丽律》“妻妾詈夫之祖父母、父母”条对妻妾詈夫之祖父母、父母

---

① 《高丽史》卷八十四《刑法一》，第2683页。

② 《唐律疏议·户婚律》“义绝离之”条：“即妻妾擅去者，徒二年；因而改嫁者，加二等”。《唐律疏议笺解》，第1061页。

③ 该条规定：“祖父母、父母在，子孙别籍异财，供养有阙，徒二年；服内别籍，徒一年”(《高丽史》卷八十四《刑法一》，第2683页。)

④ 《牧隐稿·诗稿》卷十三《跋及庵诗集》，第111页。

的情况，处徒二年之刑罚，《唐律》为徒三年。

在第二部《高丽律》的现存律文中，直接关涉婚姻家庭犯罪的共有 27 个律条。其中，比之《唐律》，减轻处罚的共 7 条，占总条文的三分之一强。这些条文所针对的，基本均是轻微犯罪，主要集中在《户婚律》和《斗讼律》。其中属于《户婚律》的有祖父母父母在子孙别籍异财、祖父母父母被囚而嫁娶、妻擅去 3 条。属于《斗讼律》的有詈亲兄姊、殴杀堂弟妹堂侄孙、妻妾詈夫之祖父母父母 3 条，另外还有"闻父母丧若夫丧忘哀作乐杂戏"条，属《职制律》。对于属于《贼盗律》的全部犯罪及《斗讼律》中的大部分危害较重的犯罪，《高丽律》均不予减轻。这种情况说明，高丽人在对《唐律》进行改造时，大致遵循了《唐律》的基本精神。

极富高丽特色的是，《高丽律》对夫殴伤妻的行为，不予减轻；可对于妻妾之詈夫之祖父母、父母的行为却予以减轻。两者的内在逻辑一致，即优待女性，均是妇女地位高的现实在法律上的反映。由此可见，高丽人移植《唐律》，对律条进行的改造与筛选有其内在的逻辑，这个逻辑就是在大致遵循《唐律》基本精神的同时，尊重土俗与习惯法。

第五节　高丽移植与变异《唐律》的方法

一、筛选法

上文已经零星提及，高丽移植与变异《唐律》的方法主要有筛选法与改造法两种。筛选法又分为整体性筛选与部分性两种形式。所谓整体性筛选，指在法律移植过程中，将某一类律条整体删除。当然，整体性筛选不一定一次完成，可能经过了一轮又一轮的淘汰，最后过滤留下需要的律条。

总共只有 71 条的《高丽律》有一重要特点，即缺乏通则、通例性条文。也就是说，在法律移植的过程中，高丽人把《唐律》中的通则、通例性条文删除和过滤掉了。以《名例律》论，据《高丽史·刑法志》序，第一部《高丽律》的

《名例律》共12条，除了关于五刑的规定外，还有关于十恶、官当、除名、免官、老小及疾有犯、平赃及平功庸、化外人有犯等规定。在第二部《高丽律》中，复原了五个条文，均是关于五刑的规定，其他律文大都被筛选掉了。

与此类似，高丽人在移植《唐律》时，将其中关于程序性的规定也几乎全部删除，在复原后的第二部《高丽律》的《断狱律》中，仅存“禁刑”一条，对《高丽律》的辑佚中也未发现任何程序性条文。[①] 与此同时，占《唐律疏义》篇幅一半以上的律疏与问答，除律疏中的片段之外，均被删除。结合上文所论精英阶层不以中国法为然的总体背景看，高丽人对这些内容的整体性过滤与删除，当和他们未认识到这些内容的价值有直接关系。

另外，这也和高丽人在移植中国法律时既自负，又有较为强烈的功利性倾向有关，这些内容在他们看来繁琐而不实用，徒占篇幅，浪费立法资源，所以也将之删除。

以上是就主观而论，就客观的层面看，通则、通例、程序性条文以及律疏与问答，可谓《唐律》的精髓，对它们的理解及适用需以相当的文化积淀为基础。当时的高丽显然不具备这种条件，精英阶层也对之不甚理解，只能删除。主观上的文化自负心与事实上的文化后进状态，看起来似乎是一种自相矛盾的现象，但其根源却是相同的，这种现象在现代社会也不鲜见。

当然，还有其他一些因素的影响。在半岛，贵族集团最重要的既得利益就是固有的奴婢法制。在后世的朝鲜王朝，议政府在上启中还说：“夫奴婢代主之劳，使之如手足，士家之盛衰，实由苍赤之有无，关系匪轻。”[②]因此，《唐律》中关于奴婢等贱民集团的律条绝大多数被删除。这是出于社会原因对《唐律》进行整体性筛选的一个例证。在第二部《高丽律》中，所有与保障、强化王权相关的律文几乎都未出现，而在第一部《高丽律》中则存在这样的内容。这是出于政治因素对《唐律》进行整体性筛选的一个例证。

部分性筛选指对那些经过数次筛选留下的律条，也非全部采用，因为这

---

① 关于此，可参考张春海：《高丽律辑佚与复原及其反映之时代》，《南京大学法律评论》2010年秋季卷，法律出版社，2010年。

② 《朝鲜王朝实录·文宗实录》文宗元年五月丙辰条。

些律条中的某些条款和内容也有可能与高丽社会、政治及文化等方面的国情存在冲突，所以还要对它们进行再筛选。

之所以会出现这种情况，除了高丽人对《唐律》的价值缺乏正确认识的原因外，还和《唐律》本身的特点有关。《唐律》律条的内容相当丰富，一个条文中可能含有数个条款，涉及多个方面。这就会出现某个律条的部分条款与内容是高丽人想要移植的，另一些条款和内容却与高丽的土俗与国情相抵触的情形。于是，高丽人便采用了部分性筛选的方法，将那些不需要的条款与内容删除，留下需要的部分。比如，《唐律疏义・擅兴律》"丁防稽留"条规定："诸被差充丁夫、杂匠，而稽留不赴者，一日笞三十，三日加一等，罪止杖一百；将领主司加一等。防人稽留者，各加三等。即由将领者，将领者独坐。"①这一律文分前后两段，分别规定了对"丁夫杂匠稽留不赴"和"防人稽留"两种行为的处罚。经过整体性筛选，此条被保留，之后便进入了部分性筛选的阶段。在这一过程中，高丽人发现该条的后半段与本国国情不符。

隋唐王朝沿袭北周的军防制，普通百姓均须承担防戍之役。《隋书》卷二十四《食货志》："（开皇）十年五月，又以宇内无事，益宽徭赋。百姓年五十者，输庸停防。"②唐长孺认为："据此知开皇十年，丁男仍有守防之役。开皇十年停防亦限于50岁之丁男，50以下仍有此役。……唐玄宗时期仍有征自丁男的防丁。"③戍防之人被称为防人。《唐律疏议》卷十六载唐《军防令》云："防人番代，皆十月一日交代。"④戍防之役的切实履行对王朝的安全有重大意义，故在《唐律》中专设"防人稽留"条款，以法律进行规范、保障与调整。可在高丽，边境地区由从中央派出的州镇兵驻防，普通百姓不需承担普遍的防戍之役，⑤不存在"防人"制度，故将《唐律》该条的后一段内容删除，只留下

---

① 刘俊文：《唐律疏议笺解》，第1226页。

② 《隋书》卷二十四《食货志》，第682页。

③ 唐长孺：《魏晋南北朝隋唐史三论》，武汉大学出版社，1992年，第206—207页。

④ 刘俊文：《唐律疏议笺解》，第1206页。

⑤ 高丽文宗十五年制："东西界防戍军征发时，一领内百人以上一队三人以上有阙者，将军、领队、正罢职；一校尉领七人，一别将指谕领十五人，一郎将领三十人，所领内有阙罢领军职；参以上申奏，参外直罢。"（《高丽史》卷八十一《兵一》，第2582页）

前一段，形成了本国《擅兴律》的“丁夫杂匠稽留”条。[①] 这样的筛选当然有其合理性。

又比如，武人政权制定第二部《高丽律》时，根据删除所有程序性律条的标准，在整体性筛选的过程中，将《唐律疏议・断狱律》中的绝大部分律条删除。然而，却有一些例外。隋唐时期，佛教极盛，佛教禁杀放生的教义被规定到了《唐律疏议・断狱律》的“立春后秋分前不决死刑”条中。由于佛教是高丽国教，故高丽人在对《唐律》进行整体性筛选的过程中保留了此条。《唐律》该条规定：“诸立春以后、秋分以前决死刑者，徒一年。其所犯虽不待时，若于断屠月及禁杀日而决者，各杖六十。待时而违者，加二等。”律疏云：“其大祭祀及致斋、朔望、上下弦、二十四气、雨未晴、夜未明、断屠月日及假日，并不得奏决死刑。其所犯虽不待时，‘若于断屠月’，谓正月、五月、九月，‘及禁杀日’，谓每月十直日，月一日、八日、十四日、十五日、十八日、二十三日、二十四日、二十八日、二十九日、三十日，虽不待时，于此月日，亦不得决死刑……”[②] 《唐律》该条分为前后两段，前段乃根据从董仲舒开始形成的“秋冬行刑”的儒家理念而来，后段乃是受佛教影响所致。高丽是一个佛教国家，儒学虽说是精英阶层信奉的政治理念之一，但毕竟和佛教无法相提并论，因此，高丽人在移植《唐律》时，对此条进行了部分性筛选，将该条的前半段删除，保留了后半段，并增添了一些富有本国色彩的内容，做成了一个新的律条。[③]

二、改造法

对《唐律》筛选之后，剩下的内容并非就可直接编成法典，而是要根据半岛政治、社会及文化等方面的具体情况进行改造，然后才能使用。高丽人在

---

① 该条规定：“被差充丁夫杂匠，稽留不赴，一日，笞四十……二十三日，徒一年，将领主司各加一等。”（《高丽史》卷八十四《刑法一》，第 2682 页。）

② 刘俊文：《唐律疏议笺解》，第 2101 页。

③ 该条规定：“禁刑：国忌；十直[初一日、初八日、十四日、十五日、十八日、二十三日、二十四日、二十八日、二十九日、三十日]；俗节[元正、上元、寒食、上巳、端午、重九、冬至、八关、秋夕]；慎日[岁首、子午日、二月初一日]。”（《高丽史》卷八十四《刑法一》，第 2658 页。）

移植《唐律》时使用的改造法种类很多，大致可分为以下几种情形：

1. 基本照抄《唐律》某一律文或律文之一部，但将《唐律》之抽象、概括式的立法技术弃而不用，改用列举式的立法技术。

《高丽律·职制律》“因官挟势乞百姓财物”条：“因官挟势乞百姓财物，一匹，笞二十；二匹，三十…… 五十匹，二年半；与人物者减一等。若亲故与者，勿论。”[①]此条乃将《唐律》“挟势乞索”条以列举式改写而成。《唐律》本条的规定为：“诸因官挟势及豪强之人乞索者，坐赃论减一等；将送者，为从坐。亲故相与者，勿论。”[②]概括性极强，定罪量刑采用了“坐赃论减一等”“为从坐”等抽象表述方式。至于何为坐赃，何为从坐，要依据律内其他专门或通则性的规定加以界定。这种表述方式要求律典本身严密合理，前后照应，环环相扣，这又以高度发达的立法技术为基础和前提。以《高丽律》不足《唐律》四十分之一的微小规模[③]及半岛当时的律学水平[④]，显然无法做到这种程度。高丽人对法律移植又秉持功利性、实用性的态度，故只能弃《唐律》的概括式立法技术而用列举式，其目的就是使《唐律》这种主要从外国移植而来的法律直观易懂，便于官员及普通百姓掌握。大概正是出于这种需要，高丽人在移植《唐律》的过程中，对通例、通则及法律定义方面的律条，大多予以弃置。这已是高丽人筛选《唐律》的一个重要原则，也是《高丽律》的特色之一。

出于类似原因，高丽人还对《唐律》的一些法律用语进行了修改，以尽可能达到通俗易懂的效果。还以本条为例，首先，《高丽律》将《唐律》本条中“将送者，为从坐”一句根据《唐律疏议·名例律》“共犯罪造意为首”条之“诸共犯罪者，以造意为首，随从者减一等”[⑤]的规定，改写为“与人物者，减一等”。其次，又将《唐律》本条中的“亲故相与者”改为“若亲故与者”，将“将送

① 《高丽史》卷八十四《刑法一》，第 2667 页。

② 刘俊文：《唐律疏议笺解》，第 906 页。

③ 现存《唐律疏议》约有三十几万字，而《高丽律》最多不过七千字。

④ 韩国学者崔钟库在评价《高丽律》时就说：“《高丽律》本身是不能被看作是一个完备的法律的。”并认为原因在于：“（当时）在内，执行法律的当政者们对于法律思考的训练还没有熟练；在外，又受到了契丹、蒙古族的侵略，国内又经历了武人执政，法律制度没有得到应有的发展” 见［韩］崔钟库：《韩国法思想史》，首尔大学出版，1989 年，第 65 页。

⑤ 刘俊文：《唐律疏议笺解》，第 416 页。

者”改为“与人物者”，将“乞索者”改为“乞百姓财物”。均是用语义更为显豁易懂的词汇代替了那些在高丽人看来较为难解的词汇。

2. 分别截取《唐律》中某几个律条的一部分或截取律文正文、律疏及注文的某些部分，将其混合、加工和改造，形成新律文。

高丽人面对《唐律》无敬畏之心，而是根据需要，对之进行剪接、加工、混合、拼接，形成新律文。《高丽律・职制律》“匿父母及夫丧”条：“闻父母丧若夫丧，忘哀作乐、杂戏，徒一年；释服从吉，徒三年；匿不举哀，流二千里；诈称祖父母、父母死以求暇及有所避，徒三年。”[①]与《唐律疏议》中的相关律条比对，我们不难发现，该条系将《唐律疏议・职制律》之“匿父母及夫丧”条[②]和《唐律疏议・诈伪律》“父母死诈言余丧”条[③]中的部分内容进行剪接、改写、调换及拼接而成。《唐律》这两个律条所设定的法益均为传统之礼教，指向的均为祖父母、父母及夫等斩衰亲，具有很高的相关性。《高丽律》因规模较小，不能容纳太多内容，便利用这种相关性，以合并同类项的方法，截取《唐律》某几个律文的一部分并将之融合为一，形成新律文。

《高丽律・卫禁律》“越州镇戍等城垣”条：“越县城，杖九十；州镇，徒一年；未越者，减一等；从沟渎出入与越同。”[④]该条系截取《唐律》相应律文前半段的部分内容，并合并了一条注文的半段而成。[⑤] 因《高丽律》未采用《唐律》

---

① 《高丽史》卷八十五《刑法二》，第 2689 页。

② 《唐律疏议・职制律》“匿父母夫丧”条：“诸闻父母若夫之丧，匿不举哀者，流二千里；丧制未终，释服从吉，若忘哀作乐，徒三年；杂戏，徒一年；即遇乐而听及参预吉席者，各杖一百。”（刘俊文：《唐律疏议笺解》，第 799 页。）

③ 《唐律疏议・诈伪律》“父母死诈言余丧”条：“诸父母死应解官，诈言余丧不解者，徒二年半。若诈称祖父母、父母及夫死以求假及有所避者，徒三年；伯叔父母、姑、兄姊，徒一年；余亲，减一等。若先死，诈称始死及患者，各减三等。”（刘俊文：《唐律疏议笺解》，第 1755 页。）

④ 《高丽史》卷八十五《刑法二》，第 2693 页

⑤ 《唐律疏议・卫禁》“越州镇戍城垣”条：“诸越州、镇、戍城及武库垣，徒一年；县城，杖九十；越官府廨垣及坊市垣篱者，杖七十。侵坏者，亦如之。（注：从沟渎内出入者，与越罪同。越而未过，减一等。余条未过，准此。）即州、镇、关、戍城及武库等门，应闭忘误不下键，若应开毁管键而开者，各杖八十；错下键及不由钥而开者，杖六十。余门，各减二等。若擅开闭者，各加越罪二等；即城主无故开闭者，与越罪同；未得开闭者，各减已开闭一等。”（刘俊文：《唐律疏议笺解》，第 633 页。）

之律、注、疏三位一体的编纂方式，为了吸收疏与注的内容，就必须将之放入正文，以填补漏洞。此为分别截取律条正文和律疏、注文的某些部分，将其混合、改造和加工，形成新律文的情形。

3. 在律条中加入反映其固有传统、文化和社会状况的内容。

维护土俗是高丽贵族集团反对王权所推行的“华化”政策的旗帜，为了体现这一主张，同时也为了减少被移植而来的法律在适用过程中的阻力，高丽人在移植《唐律》时，通过改造法，在相关的一些律条中加入不少反映其固有传统、文化和社会状况的内容。《高丽律·斗讼律》“杀堂弟妹”条：“殴杀堂弟妹、堂侄孙，流二千里；故杀，绞；殴妻父母，准十恶不睦论。”①该条系截取《唐律》“殴缌麻兄姊条”的部分内容而来。《唐律》该条规定：“诸殴缌麻兄姊，杖一百。小功、大功，各递加一等……若尊长殴卑幼折伤者，缌麻减凡人一等，小功、大功递减一等；死者，绞。即殴杀从父弟妹及从父兄弟之子孙者，流三千里；若以刃及故杀者，绞。”②两相比较，可知《高丽律》此条对《唐律》本条做了不少改动。首先是表述上的变化，可置而不论。其次是量刑上的改动，《唐律》对殴杀从父弟妹(堂弟妹)的处罚为“流三千里”，《高丽律》为“流二千里”。最重要的改动则是增加了《唐律》所无的“殴妻父母，准十恶不睦论”的规定。这种改动显然是为了和本国妻族地位甚高的国情保持一致。

《高丽律》“谋杀周亲尊长”条规定：“谋杀周亲尊长、外祖父母、夫妇之父母，虽未伤，斩；道士、女冠、僧尼谋杀师主，同叔伯父母……谋杀大功以下，缌麻以上卑幼，徒三年；已伤，流三千里；已杀，绞；有所规求，加一等。”③该条系截取《唐律》“谋杀期亲尊长”条之大部分内容，并融合《唐律疏议·名例律》的部分内容而成。同时，还对《唐律》“谋杀期亲尊长”条的内容做了重大改造。《唐律》本条规定：“诸谋杀期亲尊长、外祖父母、夫、夫之祖父母、父母

---

① 《高丽史》卷八十四《刑法一》，第 2686 页。

② 刘俊文：《唐律疏议笺解》，第 1552 页。

③ 《高丽史》卷八十四《刑法一》，第 2685 页。《高丽史》卷十七《仁宗三》载有一案：“(二十二年九月)甲戌，以旗头军罗信刃伤所生，弃市。”(第 515 页)与刑律规定的处罚相符。

者，皆斩”，[①]《高丽律》将“夫、夫之祖父母、父母者”改为了“夫妇之父母”，这是高丽家庭制度与唐代家庭制度的重大差异使然。

在高丽，妻族与本族在亲等上差距不大，妇女、女婿的地位远比唐代妇女、女婿的地位为高，故女婿为妻之父母所服的丧服也与中国不同。《朝鲜王朝实录·世宗实录》七年五月辛巳条：“上谓诸臣曰：‘婿为妻父母服，不合古制。更考礼经，不戾于古，得今之宜，参酌立法可也。’礼曹判书申商对曰：‘此服固宜改定，然婚礼，国家徇俗，不从礼典。昏礼正，则甥舅之服亦从此而定矣。’上曰：‘昏礼女往夫家。国俗安于旧习，亲迎人皆恶之。以此，太宗欲正昏礼而未果。且礼教久而后可变，今为妻父母服，姑改定制。’”[②]世宗所谓女婿为妻父母所服之丧服“不合古制”，指的就是自高丽以来，女婿为妻之父母所服之丧服不遵循中国制度的缌麻服，而是有所增加。在高丽，妻之父母犯罪，女婿常缘坐。《高丽史·李永传》：“及李资谦杀韩安仁，(李永)以安仁妹婿坐流珍岛。”[③]法律实际上是将女婿当做亲子看待，此条之改也就是事之必然了。

4. 根据《唐律》有关律文之法意，另创新条。

对本国的某些特殊问题和事项需要立法，可《唐律》中又无具体内容的情形，高丽人使用改造法，根据《唐律》有关律文之法意，另创新条。《高丽律·杂律》“凡人奸尼女冠”条：“凡人奸尼、女冠：和，徒一年半；强，徒二年。尼、女冠与和，徒二年半；强，不坐。”[④]此条乃高丽人根据《唐律》有关律文的法意自创。首先，该条的前半段“凡人奸尼、女冠：和，徒一年半；强，徒二年”一句系根据《唐律疏议·杂律》“奸”条的内容而来。《唐律》该条规定：“诸奸者，徒一年半；有夫者，徒二年……强者，各加一等。折伤者，各加斗折伤罪一等。”[⑤]《唐律》此条为凡人犯奸而设，并未单独提及凡人奸尼和女冠。在唐

---

① 刘俊文：《唐律疏议笺解》，第 1263 页。

② 《朝鲜王朝实录·世宗实录》七年五月辛巳条。

③ 《高丽史》卷九十七《李永传》，第 3009 页。

④ 《高丽史》卷八十四《刑法一》，第 2681 页。

⑤ 刘俊文：《唐律疏议笺解》第 1836 页。

代，佛教虽然很盛，但佛教徒并未因此而成为一个法律上的特殊阶层，僧侣已被包括在了律之“凡人”的范畴。在高丽，佛教乃国教，僧侣享有较为特殊的法律地位。基于这种国情，高丽人在移植《唐律》时，便使用了尼和女冠代替了原来律条中的凡人，单设此条。《高丽律》该条后半段“尼、女冠与和，徒二年半；强，不坐”一句来自《唐律》“监主于监守内奸”条的律疏部分。[①]《唐律》该条律疏规定监临主守奸有夫之妇女，徒二年半，同样未单独提及凡人奸尼和女冠，只是在进一步解释律意时提到“若道士、女官，僧、尼同”。[②] 高丽人则以“尼和女冠”替代了监临主守，并和上述前半条合并，形成了一个专为尼和女冠而设的新律条。[③]

5. 直接对《唐律》律文进行修改，形成新条文。

为了维护强势集团的既得利益，高丽人有时会直接对某些《唐律》律文进行修改，形成新条文。《高丽律》“奴娶良女”条规定：“奴娶良女，主知情，杖一百；女家徒一年。奴自娶，一年半；诈称良人，二年。”[④]此条移植自《唐律》的“奴娶良人为妻”条，该条规定：“奴娶良人为妻：诸与奴娶良人女为妻者，徒一年半；女家，减一等。离之。其奴自娶者，亦如之。主知情者，杖一百；因而上籍为婢者，流三千里。”[⑤]两相比照，可知《高丽律》的条文乃截取《唐律》条文的一段，并增加“诈称良人，二年”一节而成。但是，《高丽律》“奴娶良女”条在内容上却做了重大修改。《唐律》处罚的主体是为奴娶良妻的主人，而《高丽律》则无处罚主人之规定，受罚的主体为奴。之所以如此，是

① 其文云：“[疏]议曰：监临主守之人，于所监守内奸良人，加凡奸一等……若奸无夫妇女，徒二年；奸有夫妇女，徒二年半。……若道士、女官，僧、尼同：奸者，各又加监临奸一等，即加凡奸罪二等……”（刘俊文：《唐律疏议笺解》，第 1854 页。）

② 刘俊文：《唐律疏议笺解》，第 1854 页。

③ 辛虎雄认为《高丽律》该条系来自唐律“监主于监守内奸”条的疏议部分，显有所失察。参见[韩]辛虎雄：《高丽法制史研究》，国学资料院，1995 年，第 111 页。

④ 《高丽史》卷八十五《刑法二》，第 2716 页。

⑤ 刘俊文：《唐律疏议笺解》，第 1063—1064 页。

因为在高丽，庞大的奴婢阶层的存在是贵族集团赖以维系的社会和经济基础。[①]

对于君主而言，其权力的拓展与强化建立在一定的可自由流动资源存在的基础上，[②]倾向于鼓励放贱为良。但贵族社会是以特定、封闭的享有特权之小集团的长久存在为条件的。基于此，又必须维持严格的等级身份制度，减少社会流动。在“奴婢之法”的问题上，王权与贵族集团的基本利益不一致，冲突便由此而起。崔承老在其《时务策》中历数由太祖到光宗四朝王权与贵族集团在奴婢问题上斗争的经纬，[③]得出结论说：“愿圣上深鉴前事，勿使以贱陵贵，于奴主之分执中处之……幽厉失道，不掩宣平之德；吕后不德，不累文景之贤。唯当今判决，务要详明，俾无后悔！”[④]他将在奴婢问题上仅仅是实行了“按验奴婢，辨其是非”的光宗喻为周代的昏君幽王和厉王，要求成宗改弦更辙。在奴婢制度上，《高丽律》可谓完全体现了他的主张。

结语

法律移植的背后是政治与社会问题，是特定时期的政治主导势力试图利用法律的一些功能[⑤]实现更为宏大的政治与社会目标。法律确实有利益

---

① 关于高丽的社会分层结构及贵族与奴婢的关系，参见[韩]边太燮：《韩国史通论》，三英社1999年，189页。

② 关于这一问题，可参考[以色列]艾森斯塔得著，阎步克译：《帝国的政治体系》第八章《主要群体和阶层的政治取向和政治活动》，贵州人民出版社，1992年。

③ 他说：“本朝良贱之法，其来尚矣……圣祖尝欲放俘为良，而虑动功臣之意，许从便宜……逮至光宗，始令按验奴婢，辨其是非。于是功臣等莫不嗟怨，而无谏者。大穆王后切谏不听，贱隶得志，凌轹尊贵，竞构虚伪，谋陷本主者，不可胜纪。光宗自作祸胎，不克遏绝。”《高丽史》卷九十三《崔承老传》，第2895页。

④ 《高丽史》卷九十三《崔承老传》，第2896页。

⑤ 关于法律功能的界定，聚讼纷纭(对此问题的介绍和讨论，可参看付子堂：《法律功能论》第一章《功能论与法律功能》)，笔者认为所谓法律的功能是指法律自身所特有或被立法者赋予及期待的对社会产生的效能与作用。

调整的功能,[①]但如果过于夸大此功能,会使立法与法律移植政治化、敏感化、手段化,使立法和法律移植活动中的博弈过度化,从而最终牺牲了法律本身的系统性和合理性。在高丽移植《唐律》的过程中,最重筛选法,因为双方对很多问题无法达成妥协,《唐律》中的很多条款被删除。这在双方看来均有好处。对贵族集团而言,通过对《唐律》进行过滤、删除,可为法律留出大量空白,让土俗来填补。对王权而言,则可于适当的时机制定相关法律。总之,方法的选用决定于利益,是实现利益的策略。

至于高丽人在移植《唐律》时所遵循的原则,则是在立法博弈的过程中,在各种利益、力量与考量的牵引下,于不自觉的状态中形成。以政治利益优先与尊重强势集团既得利益两大原则论,在成宗时期移植《唐律》的博弈过程中,双方各退一步,基本采取了王权取政治、贵族得经济的路径。这种做法对双方来说是最优博弈策略。因为王权是国家的人格化身,是名义上的最高主权者,政治权力与地位的提升,哪怕仅是文本与象征意义上的,都有助于使这种最高权力进一步法理化、实在化。同样,正因王权是最高主权者,从理论上说,在经济上它不应有自己的私利。就当时高丽的实际情况言,在现实社会结构、文化观念与政治力量的对比下,王权也无从根本上动摇贵族集团重要经济利益的可能性。因此,在政治上进、在经济上退,对王权而言,就成了一种风险最小、利益却很大的做法。况且,巩固政治利益,还可为下一步在经济上的进取创造条件。对贵族集团而言,光宗时期的历史教训,使他们深刻体悟到不能轻易挑战王权的政治权威,特别是在王权尚有力量的情况下。于是,他们主动后退一步,弃虚而取实。

总之,当时法律移植总的路径是王权取政治,贵族取经济;王权得名,贵族得利;王权取虚,贵族取实;王权重视的是合法性,贵族重视的是合理性。双方的策略互补,博弈也就能进行下去,法律移植活动再未起大的波澜。但这也使王朝的法律呈现出多种不同的趋向,使之后的发展有多种可能性。

---

① 有学者指出:"法律对利益的调整功能具体表现为三种情况:利益表达功能、利益平衡功能和利益重整功能。"(付子堂:《法律功能论》,中国政法大学出版社,1999年,第11页。)

这是其一。

其二，这些原则并非等量齐观，在重要性上有区别。从总体上看，政治利益优先原则乃第一位的原则，尊重既得利益的原则居于其次。之后才是尊重土俗、国情以及功利的原则。《高丽律》内含的矛盾在相当大的程度上便是由这些各不相同之原则的适用所造成。比如，高丽实行同姓为婚之制，在对《唐律》进行筛选的过程中，把其中与亲属相奸相关的律条全部删除，可在第一部《高丽律》中，却因为政治利益的需要完整保留了《唐律》的“十恶”条。由于政治利益优先的原则乃第一位的原则，对土俗的考虑就被放在其后了。

其三，艾森斯塔得认为历史上的中华王朝是“文化取向”的政治体系，占主导的文化特殊主义取向，强调特定传统、秩序或文化模式的维持。[①] 受中国文化影响的高丽也有这种色彩。因此，上文所论各原则并非截然区分，而是以文化为纽带，纵横交错在一起。比如，尊重国内强势集团既得利益的原则和尊重土俗的原则便相互缠绕，因为土俗就是传统，而这种传统又生长于已延续了几百年之久的贵族社会的结构之上，为它们所规定、所制约。半岛的奴婢制度便被贵族集团用文化的形式包裹，被宣称为半岛最关键的土俗之一，[②]在相当程度上意识形态化了，在制度变迁过程中发生了重大影响。实际上，贵族集团为了和王权推动的华化政策相对抗，几乎将本集团的各种既得利益都放到了土俗的筐子里，以获得正当性和合理性。

---

① [以色列]艾森斯塔得著，阎步克译：《帝国的政治体系》第九章第四小节《中华帝国的文化取向与目标的影响》，贵州人民出版社，1992 年。

② 《高丽史·刑法志》“奴婢”条序：“夫东国之有奴婢，大有补于风教。所以严内外、等贵贱，礼义之行，靡不由此焉。”（《高丽史》卷八十五《刑法二》，第 2716 页。）

第七章　佛教对高丽法律的影响

高丽时期佛教鼎盛。被历代国王视为祖训的太祖《十训要》即云："朕所至愿，在于燃灯、八关"。[①] 佞佛成为传统。定宗"性好佛多畏……王以人君之尊，步至十里所浮屠之宫，以藏舍利。"[②]文宗"徙一畿县作一僧寺，侈峻宇于宫阙，侔崇墉于国都……殆将比拟萧梁而不知。"[③]佛教深刻影响了人们的思维与生活方式。《卢琯配郑氏墓志》："夫人性柔顺贞淑……尤信内教。越壬□，□尝遘疾，发大誓愿。时国家修补兴国寺，□□宝典，夫人施纳白银十斤以充其费……常供养□，□流为事。"[④]《王一娘墓志》："又深信法门，常读《华严宝典》及诸经律以为日业，深厌三界，求生净土。"[⑤]以至于发展到"佛氏之说，洋洋乎盈耳，沦于肌肤，浃于骨髓，未可以义理晓也，亦未可以口舌辨"[⑥]的程度，必然会对高丽的政治与文化产生影响。朝鲜世宗时，司宪府上疏论高丽佞佛之弊云："至于王宫之内，置寺邀僧；士大夫之家，私创寺宇……崇敬缁徒，加之美号……王室子弟、缙绅子孙，髡发为僧……穷奢

---

① 《高丽史》卷二《太祖二》，第 43 页。崔溥评论说："古之圣帝明王，贻谋燕翼，为子孙万世计者，其虑深矣。……今作《训要》，其条凡十，而一则曰奉佛，二则曰创寺，丁宁反复乎燃灯、八关、山水、地理之说。……欲以此而训后世，其可乎哉？……奈何怵于祸福之说，信之既笃，奉之弥勤，又从而笔之书，以诏子孙乎？……惠定以后，佛氏之祸，日新月盛，势不能止。又一再传，而仁宗堕于妖僧妙清之术，欲都西京，几不保社稷……至于妖僧遍照，斫丧王室，王氏之祀遂绝……"（《锦南集》卷二"丽祖训要"条，第 396 页。）

② 《三峰集》卷十二《经济文鉴别集·君道》，第 505 页。

③ 同上，第 506 页。

④ [韩]许兴植编：《韩国金石全文》（中世下），第 946 页。

⑤ 同上，第 881 页。

⑥ 《高丽史》卷一百二十《金子粹传》，第 3670 页。

极侈，靡所不为。当世之人，父母生子，愿为之僧。因果之说盛行……万乘自轻至尊……"[①]恭愍王时，明朝使节从高丽返回，向朱元璋汇报："王惟务释氏之道"。[②] 朱元璋亲自给恭愍王写信："佛经之说虽有，然不崇王道而崇佛道，失其要矣……王者举王道以应之，则无不治矣。"[③]然而，即便在行"佛道"而非"王道"的状态下，高丽法律仍保持了高度的世俗性，而非如中世纪的欧洲、阿拉伯帝国崛起后的伊斯兰世界，神权笼罩一切，以"神法"治理人间世界。佛教究竟以怎样的方式对高丽法制产生影响，为何未改变其世俗特征，仍是一个未被充分探讨的问题。[④] 本章将以佛教与高丽刑事法律的关系为中心，对此进行分析。

第一节　重生与伦理性：佛教对高丽刑律的影响

佛教对高丽法律发生影响，由其在半岛的特殊地位所决定。儒与佛虽同为高丽的两大思想体系，[⑤]但只有佛教才是全民信仰，[⑥]对法律的渗透不可避免。

---

① 《朝鲜王朝实录·世宗实录》二十三年闰十一月壬申条。

② 《高丽史》卷四十二《恭愍王五》，第 1295 页。

③ 《高丽史》卷四十二《恭愍王五》，第 1295—1296 页。

④ 对于这一重要的历史现象，到目前为止，相关成果非常缺乏，就笔者所见，仅有韩国学者郑淇雄的《佛教가　韩国의　法律文化에　미친影响》（法文社，2007）一书。该书是一本只有几千字的小册子，对高丽时期的叙述不过几百字，且仅提到了"宽刑主义"一个侧面（第 36 页），远不能揭示佛教对高丽法制发生影响的具体面相。

⑤ 《净土寺法镜大师慈镫塔碑》："故知儒风则诗惟三百，老教则经乃五千，孔谭仁义之源，聃演元虚之理；然而虽念忘□，敢言得理。此则域中之教，方内之谭。曷若正觉道成，知一心之可得；真如性净，在三际之非殊。故知澡慧六通，不生不灭；凝情三昧，无取无行。盖因方便之门，犹认秘微之义，事情善诱，心在真宗……用此庄严佛土，成就众度生天，人教菩萨，方思妙用，可谓周勤。"（[韩]许光植编：《韩国金石全文》（中世上），第 319 页）。

⑥ 如韩国学者指出的那样："儒学虽然在现实世界作为官吏与知识人实用的素养发挥着机能，但从思想的层面看，并未成为支配性的理念。"（심재룡：《고려시대의 불교사상》，수울대학교출판부，2006，第 3 页。）

一、重生精神的渗入

重生精神的渗入是佛教影响《高丽律》的首要表现，具体体现为对死刑的限制及对财产刑的加重。

佛教有“三长斋月”之说，在阴历正月、五月、九月禁杀生。还有“十斋日”之说，在每月初一、八、十四、十五、十八、二十三、二十四、二十八、二十九、三十日断屠放生。受此影响，《唐律疏议・断狱律》“立春后秋分前不决死刑”条规定：“诸立春以后、秋分以前决死刑者，徒一年。其所犯虽不待时，若于断屠月及禁杀日而决者，各杖六十。”律疏云：“其大祭祀及致斋、朔望、上下弦、二十四气、雨未晴、夜未明、断屠月日及假日，并不得奏决死刑。其所犯虽不待时，‘若于断屠月’，谓正月、五月、九月。‘及禁杀日’，谓每月十直日：月一日、八日、十四日、十五日、十八日、二十三日、二十四日、二十八日、二十九日、三十日。虽不待时，于此月日亦不得决死刑……”[①]此条前段乃据董仲舒“秋冬行刑”的理论，后段便是佛教影响的结果。

由于信仰的原因，[②]高丽不仅将此条保留，还进行了改造：在将该条前半段删除的同时，在后半段上增添了一些富有本国色彩的内容，制成了一个新律条——“禁刑：国忌；十直[初一日、初八日、十四日、十五日、十八日、二十三日、二十四日、二十八日、二十九日、三十日]。俗节[元正、上元、寒食、上巳、端午、重九、冬至、八关、秋夕]。慎日[岁首子午日、二月初一日]。”[③]和《唐律》本条相比，该条增加了俗节和慎日两项，它们虽大多来自中国，但在佛教大盛的背景下，在这些节日基本都要举行佛教活动。在这些节日的禁杀与虑囚，无疑进一步限制了死刑的适用。[④]

---

① 刘俊文：《唐律疏议笺解》，第 2101 页。

② 成宗七年十二月，“依浮屠法以正、五、九月为三长月，禁屠杀。”（《高丽史》卷三《成宗世家》，第 69 页。）《李一娘墓志》：“娘原州人……娘守义寡居。自少归心佛教……每十斋日食舍肉，以生净土为誓。”（[韩]许兴植编：《韩国金石全文》（中世下），第 908 页。）

③ 《高丽史》卷八十三《刑法一》，第 2658 页。

④ 关于此，可参考石川重雄：〈高丽时代の恤刑：虑囚・疏决・狱空を中心に〉，《민족문화논총》37(2007)，第 255—279 页。

盗窃财物乃剥夺他人赖以为生的物质基础，是变相杀人，被佛教视为重罪。《大智度论》卷十三："杀生人罪虽重，然于所杀者是贼，偷盗人于一切有物人中贼……若偷盗人，一切诸国无不治罪。"[①]佛教认为偷盗乃"夺外命"，[②]主张宁死不盗。《正法念处经》卷三十五："云何不盗？若国土荒坏乱，一切众人竞取他物。是持戒人畏破戒故饥渴垂死，宁自舍命不取他物。"在这种教义的影响下，《高丽律》中关于财产犯罪的律条所占比例甚大，规定的处罚亦多较《唐律》为重。

二、不以入律为主要形式

佛教对律典的影响不以入律为主要形式，而以影响司法实践为主。不杀生为佛教基本教义。《正法念处经》卷二十九："云何不杀不恼众生？自不杀害；不教他杀；亦不随喜；亦不亲友杀生之人。"杀生乃重罪，不杀生是最大的功德。《大智度论》卷十三："诸余罪中，杀罪最重；诸功德中，不杀第一。"这种教义对高丽法律的影响，不在于它减少或取消了死刑，主要表现在律外的实践。高丽有每年八月国王与重臣决重刑（即死刑）的惯例，其实质就是将死刑减为流刑。以明宗朝时为例，四年八月，刑官奏："重刑减死，分配诸岛。"[③]第二年八月，刑官又奏："重刑减死，分配远岛。"[④]七年八月，"减死囚二十人，配有人岛。"[⑤]八年八月，又"减死囚二十人流之。"[⑥]这种实践的反复，使决重刑沦为一种仪式，即"重刑奏对仪"，八月决重刑成了一种在固定时间减死的机制。

佛教以慈悲为怀，认为慈悲乃善之本、德之根。《涅槃经》卷十四："一切声闻、缘觉、菩萨、诸佛如来，所有善根，慈为根本。"《大智度论》卷二十七直

---

① 本文所引所有佛教经典，均来自 http://www.cbeta.org，以后不一一注出。

② 《大智度论》卷十三：云："人命有二种；一者内，二者外。若夺财物是为夺外命……一切诸众生，衣食以自活，若夺若劫取，是名劫夺命。以是事故，有智之人不应劫夺。"

③ 《高丽史》卷十九《明宗一》，第 599 页。

④ 《高丽史》卷十九《明宗一》，第 602 页。

⑤ 《高丽史》卷十九《明宗一》，第 608 页。

⑥ 《高丽史》卷十九《明宗一》，第 611 页。

下断语曰:"慈悲是佛道之根本。"这种教义亦深刻影响了高丽的司法实践,使"惟刑是恤"成为基本原则。[①]《高丽史・酷吏传》序:"高丽以宽厚为治,刑无惨酷。"[②]洪汝河亦云:"若高丽政刑,一切不论轻重,专以慈仁姑息为心。"[③]

因"以慈折狱"乃高丽朝廷对司法官员的基本要求,[④]执法过程中的轻刑化成为高丽司法的基本特征。以杖刑论,唐代杖刑极重,甚至成为事实上的死刑。[⑤] 可在高丽,它却是名副其实的轻刑。

与此同时,"缓刑数赦"[⑥]亦成为佛教对高丽法制影响的一大体现。曾出使高丽的孙穆称:"夷性仁,至期多赦者。"[⑦]洪汝河更指出:"丽氏刑法,虽以唐为法,而太祖好佛教,以慈悲为本,此所以终于不振。然仁慈恻怛,使人有不忍叛之心,亦所以为长久之术也。"[⑧]李钟徽则云:

> 王太祖……殆与汉高明祖同矣。然刑政不肃……惜夫,其崇佛之过也哉……吾观王氏所为,其亦误于佛之慈悲盖多矣,其能免乎……大

---

① 李奎报为国王所撰《典狱行空狱后般若道场文》云:"莲花宝座,如来为两足之尊。贝叶雄诠,般若极二空之旨……惟刑是恤,窃思伯禹之泣辜。诸罚所加,恐有冶长之非罪。况盛夏敲榺之节,岂生人楚毒之时。寻命有司,尽宽庶狱。冀托空门而乞援,永蠲肺石之受辞。兹敞熏筵,俾扬灵典。庶有加之悃愊,格无碍之照详。不惟囹圄之空虚清净以理,抑亦国家之闲暇优游尔休。"(《东国李相国集・全集》卷三十九,1996 年,第 105 页。)同卷之《典狱行空狱道场文》:"佛为事时一现世,广演法音。后非民罔与守邦,贵行仁政……惟刑之恤,切欲至于讼衰。兹下敕于有司,悉纵囚于非所。庶蒙梵荫,永不用于金科……民趋淳厚之风,无干国禁。世致泰平之庆,永固邦基。"(《东国李相国集・全集》卷三十九,第 106 页。)

② 《高丽史》卷一百二十二《酷吏传》,第 3718 页。

③ 《木斋集》卷十《刑法志》,第 525 页。

④ 明宗就曾下诏:"狱者,人之大命……其尔刑官,以慈折狱!"(《高丽史》卷十九《明宗一》,第 601 页。)

⑤ 关于此,可参考川村康「建中三年重杖處死法考」池田温主编『中國禮法と日本律令制』(東方書店,1994);川村康「唐五代杖殺考」『東洋文化研究所紀要』117,1992;久我昌则「唐代の重杖について——律外の杖刑」『东洋史苑』42・43,1994。

⑥ 《高丽史》卷八十四《刑法一》,第 2655 页。

⑦ 《鸡林类事》,第 25 页。

⑧ 《木斋集》卷十《刑法志》,第 525 页。

> 抵上之慈悲太过，而国不为国。何者？佛氏好生，虽肖翘之微，亦不忍杀。食马为马，啖牛为牛，况杀人之罪哉……夫先王之政，盖亦好生矣，然何尝至于是哉……然丽以缀旒之势，五百年而犹在者，其慈仁宽恕亦足有以感民之心，相与维持而不忍去，其亦非秦、隋之所可及者哉。[1]

这并非后见之明，当时的精英也持类似看法。李谷即曰："予闻佛者以虚无为宗，慈悲不杀为教……苟能推广是心，使一世之人皆知好善恶恶，跻于仁寿之域，则岂曰小补之哉。此佛道之所以久行于天下欤。"[2]可以说是对历史与现实经验的总结。

对高级官僚贵族慎用死刑，而以髡发替代，是不杀生教义对司法实践的另一影响。《高丽史・金敉传》："有人谮(金)敉于(崔)怡，怡召责之曰：'汝集无赖，徒欲何为乎？'髡其首，流河东。"[3]金敉之父金若先为当时最高统治者武人集团首领崔怡的女婿。崔怡时有一子曰崔沆，但母氏卑微，崔怡最初不欲立其为继承人，而将其削发为僧。[4] 金敉趁此机会成为崔怡的后继者，但在政治斗争中失败。他在被处以流刑的同时又被处以髡发刑，显示已失去最高权力后继者的资格。[5] 在高丽时期，官员为了避责，常将自己"祝发为僧"。[6]

在这种整体性的观念环境与氛围中，连地方守令都可宽免死刑。李奎

---

① ［朝鲜］李钟徽：《修山集》卷六《丽惠王论》，第397—398页。

② ［高丽］李谷：《稼亭集》卷六《大都大兴县重兴龙泉寺碑》，第137页。

③ 《高丽史》卷一百二《金台瑞传》，第3123页。

④ 《高丽史》卷一百二《金台瑞传》："崔怡子僧万全住珍岛一寺，其徒横恣，号通知者尤甚。"第3144页。

⑤ 这从事后的进展亦可看出。《高丽史・金敉传》："后怡召敉还归俗，拜司空。司空唯诸王为之，敉娶襄阳公女，故授之，实欲其无权以避沆也。敉闻沆谋害己，欲先图之，为书遗及第洪烈、春坊公子郑瞻遗、叔父庆孙，庆孙恐祸及以告怡，怡囚洪烈等于街衢狱，鞫其党。敉之召还也，将军刘鼎、指谕奇洪硕、闵景咸等联署状请怡以敉为后，怡置而不问。至是怡出其状，悉囚署名者鞫之。沉景咸等于江，流敉于高澜岛，其余死流贬黜者四十余人。"(第3123页)

⑥ 如元宗十三年(1272)，"大府注簿姜渭赞、文习圭等以大府虚竭，不堪征责，祝发而逃。"(《高丽史》卷二十七《元宗三》，第860页。)此类事例甚多，不赘举。

报在其《故华藏寺住持王师定印大禅师追封静觉国师碑铭》中记高丽王师定印大禅师事迹云："是年（泰和四年，1204 年），进礼郡设禅会，请指南者，上命师赴焉。是会也，县令李中敏梦天人告曰：'净佛国土，何囹圄不空耶？'及觉，遍体流汗，躬至狱门，罪无轻重，皆原之。闻者莫不惊叹。"[①]一个县令，仅因信仰关系，在未得到上级指令的情况下就"躬至狱门，罪无轻重，皆原之"，这在中国是不可想象的。因此，直到朝鲜王朝时期，还有"以仁者比于佛"的"国俗"，百姓常把为政宽恕的监司称为"佛监司"，[②]均应来自高丽的传统。李万敷（1664—1732）即云："开京旧俗，尚声律，士女素服，佞佛恶杀。"[③]

三、伦理性罪名的创设

佛教对高丽刑律影响的第三个特点是"伦理性"，主要体现于一些具有鲜明伦理特点之罪名的创设。"谄曲"为佛教用语。《瑜伽师地论》卷八十九："心不正直，不明不显，解行邪曲，故名为谄。"谄与曲同义，均指心的不正与不实。《妙法莲华经》卷一："我慢自矜高，谄曲心不实。"《大乘五蕴论》："云何为谄？谓覆藏自过，方便所摄，心曲为性。"佛教特别反对谄曲行为。《金七十论》卷上："尼夜摩亦五：一不杀，二不盗，三实语，四梵行，五无谄曲。"这些教义亦为世俗的规则体系所接纳。显宗曾下教："凡犯罪收职田者蒙赦，除真盗及伪造公私文书、受财枉法、监临自盗、谄曲、奸邪所犯外，并听还给。"[④]"谄曲"是一个与伪造公私文书、受财枉法、监临自盗等并列的正式罪名，进入了高丽的法律体系之中。

佛教又有禁"奸邪"的教义。《增一阿含经》："一时佛在舍卫国祇树给孤独园，尔时世尊告诸比丘：今有五人不可疗治。云何为五？一者谀谄之人不可疗治，奸邪之人不可疗治……奸邪恶口人，嫉妒无反复，此人不可疗，智者

① 《东国李相国集·全集》卷三十五，第 62 页。

② ［朝鲜］郑琢：《药圃先生续集》卷四《附录·有明朝鲜国忠勤贞亮扈圣功臣大匡辅国崇禄大夫领中枢府事西原府院君药圃郑先生行状》，景仁文化社，1996 年，第 617 页。

③ ［朝鲜］李万敷：《息山先生别集》卷四《总叙》，景仁文化社，1998 年，第 98 页。

④ 《高丽史》卷五《显宗二》，第 126 页。

之所弃。”《大庄严论经》:“即说偈言:……不为非法贪,宁当入火聚;不为奸邪事,我如有爱着,今身若后身,受苦极无量。”综合教义中的这些说法可知,奸邪乃指内心邪恶不正及其外在化,与世俗伦理有极高的相关性,高丽将此教义引入律典,创设了“奸邪罪”。显宗十年,下令:“凡差事审官,从其人百姓举望……曾坐谄曲奸邪之罪者,勿差。”①

因奸邪、谄曲两罪与道德相关,进而与贵族体制相勾连,使这两种犯罪与身份直接相关。一旦犯此两罪,就要被载入“罪籍”,当事人及其子孙的仕途均会受到影响。文宗九年八月,尚书吏部奏:“检校将作少监庾恭义,大匡黔弼之曾孙,前有所犯,久滞散秩。曾降制旨‘太祖配享功臣之后,虽有罪犯,并须叙用。’今恭义宜授肃州防御使。”门下省奏:“恭义曾犯谄谀,名载罪籍,不可叙用……请罢之。”②

“忠”与“孝”是儒家伦理的核心。佛教传入中国,与儒家的核心伦理发生冲突。僧侣出家,既不事君又不事家,被人攻击为“不忠不孝”。唐初,太史令傅奕就此多次上疏。他说:“礼本于事亲,终于奉上,此则忠教之理著,臣子之形成,而佛逾城出家,逃背其父,以匹夫而抗天子,以继体而悖所亲。”③为了使佛教在中土立足,一些佛教思想家通过对佛教经典的翻译、注疏与创作,积极吸收儒家思想,构筑自身的忠孝体系,出现了许多强调忠君、孝亲的佛教经典。如《千手千眼观世音菩萨广大圆满无碍大悲心陀罗尼经》云:“夫观世音誓愿弘深……首重忠孝。凡忠臣孝子,能尽心以事君,竭力以事亲……则跬步之间,即见如来。若彼不忠不孝……则鬼神所录阴加谴罚,转眄之间,即成地狱。”

《唐律》虽以“一准乎礼”的“儒家化”④为基本特征,但只有“不孝”罪,而

① 《高丽史》卷七十五《选举三》,第 2398 页。

② 《高丽史》卷七《文宗一》,第 205—206 页。

③ 《旧唐书》卷七十九《傅奕传》,第 2215 页。

④ 关于这一问题的概要性论述,瞿同祖:《中国法律之儒家化》一文,载《瞿同祖法学论著集》,中国政法大学出版社,1998 年。

无“不忠”罪。[①]《高丽律》则在佛教影响下弥补了这一“不足”。高丽一代，大赦频繁，但犯不忠、不孝两罪之人常被排除在赦免范围之外。如高丽德宗二年(1033)十月赦：“可大赦国内，除不忠不孝、坐赃奸盗外，流罪以下咸赦之。”[②]在唐代，被排除在大赦之外的则是“十恶死罪及官典犯赃”或“犯十恶死罪及造伪头首、劫杀人”之类的犯罪，“不忠”既不是一个有确定含义的法律用语，更不是一项正式罪名。[③]

由于“不忠”的法律化，高丽人常将之和另一个确定的法律名词“大逆”连用。高丽重臣南訚上书：“从谏如流，人君之德……大逆不忠之党，皇天后土之所不容……”[④]之所以如此，就是因为“不忠”在高丽是一项足以和“十恶”中之大逆相比肩的重罪，故有“不忠之罪，不可逭也”[⑤]的说法。

种种证据显示，不忠罪主要是一项以侵害王权为特点的犯罪，大致相当于唐律中谋大逆、谋反、谋叛之类“穷凶极恶”[⑥]的犯罪，须严惩不贷。这显然又与佛教教义直接相关。《观念阿弥陀佛相海三昧功德法门》：“事君则常怀谄佞，谓之不忠。”不忠在佛教教义中亦为大罪。《经律异相》：“世尊又告王曰。众恶之罪最重有五。不孝不忠杀亲杀君家灭国乱，重罪一也……遂以五戒十善为国政。”《守护国界章》：“僭上不忠之罪，莫大焉。”我们可以说，“不忠”罪的创设乃佛教教义的法律化。

---

① 在唐代，“忠”的伦理并未如宋代以后那样被强调与重视。关于此，可参考仇鹿鸣：《长安与河北之间：中晚唐的政治与文化》第二章《一位“贰臣”的生命史：王伷在安史之乱中的沉浮》，北京师范大学出版社，2018年，第72—86页。

② 《高丽史》卷五《德宗世家》，第145页。

③ 其实“不忠不孝”一词在唐代的使用率极低，检索《全唐文》，共只出现七次，且多是指责佛教及厚葬之风的用语，和法律毫无关系。

④ 《高丽史》卷一百十六《南訚传》，第3568—3570页。

⑤ 《高丽史》卷一百十四《池龙寿传》，第3493页。

⑥ 《高丽史》卷一百二十六《李仁任传》载尹绍宗上疏曰：“臣等前日论仁任罪恶，请斩棺潴宅……若不忠不义、穷凶极恶而得保富贵，以遗其子孙，而无后灾，则谁复有为忠为义以遗其贫贱于子孙哉?”(第3819—3820页)

第二节　政治化、世俗化：佛教影响高丽世俗法律的原因

一、高丽佛教的政治化

教义对国法产生影响，乃佛教世俗化、政治化的体现。作为一种“正常”宗教，出世是佛教的总体性特征。但在高丽，佛教又有一定的入世性与政治性，为世俗社会提供伦理与行为准则，影响人们的观念与行为，有些则被吸收入世俗的法律体系。

如果说儒学的影响主要限于精英阶层，以世俗伦理与政治理念的方式被接受；那么，佛教则是高丽社会的普遍信仰与主流意识形态，[①]不仅被赋予了“护国之教”的功能，还是王朝合法性的来源之一，被认定为王朝得以维持的基本助力。

首先，太祖立国被认为是佛教所助。《宁国寺圆觉国师碑》云：“慧日之所照，法雨之所沾，混为一区。我太祖艰难之际，颇赖阴助，成万世□□……”[②]太祖本人亦云：“我国家大业必资诸佛护卫之力”。[③] 在话语对人脑的反复灌输与长久刻写下，这又成为一种被人们普遍接受的“事实”。[④] 闵清《高丽国大藏移安记》即云：“惟我国家，专凭法力创业垂统，历代嗣王，莫不克遵前式。”[⑤]这种观念在强化世俗王权合法性的同时，亦进一步强化了佛教在世俗世界的权威。

---

① 参见李基白：《韩国史新论》，第 90 页。

② ［韩］许兴植编：《韩国金石全文》（中世下），第 847 页。

③ 《高丽史》卷二《太祖二》，第 43 页。

④ 当然，关于太祖的佛教信仰，洪庭植认为并不纯粹，而是掺杂了阴阳图谶之说，目的是显示国家的创建得到了佛力与阴阳的助力。（洪庭植：〈高麗佛教思想의護國的展開（Ⅰ）——前半期（太宗—睿宗代）〉，《佛教學報》14（以下省略），第 4 页。）

⑤ 转引自［韩］许兴植：《高丽佛教史研究》，一潮阁，1986，第 8 页。

其次，国家的运行与治理被认为处于佛力的保护之下。文宗云：“朕以凉德，托于臣民之上，拟凭佛教，以致理平。”[①]宣宗亦云：“顾惟本国，元自肇基，弘扬佛法以维持，驯致邦家之帖泰。今承遗范，益发至心。”[②]佛教被普遍认为是世俗政权达成治理的根本保障与重要工具，[③]与世俗政治紧密捆绑在一起。李奎报代国王所撰《西普通寺行同前榜》便云：“自太祖至后嗣，以圣继圣，莫不痛信斯法，有以培拥国基。”[④]

面对游牧人群的挑战，佛教更成为抗争的精神乃至现实力量，[⑤]“更凭佛力金城固，宁畏胡雏铁骑强”[⑥]成为各种为击退夷狄所举办道场的主题。《仁王及金经法席疏》即云：“顷遭丹寇之屡侵，愤莫如此。虽集人谋而博议，计无奈何。谓一凭梵力之神通，即万倍强兵之猛锐。况经王是救世之良药，而佛母乃护国之胜门。盍畅真源，坐消丑种……今兹戎虏之遄还，盖亦神通之所及”。[⑦] 韩国学者赵庆市通过研究高丽前期显宗时代的佛像信仰指出，当时佛教政策的目的在于：政治层面，确保政权的正统性与提升王权；社会层面，安抚因与契丹征战、构筑山城、大规模军役动员而痛苦不堪的民心，图谋社会的安定；军事层面，为击退契丹，亦需借助佛力，开始刊刻大藏经。[⑧]

在此语境下，治国须凭佛力，不再仅仅是一种观念或话语，更成为具体的治理实践，各种佛事乃国政的重要组成部分，“凡佛事有可得办，期吾生无

---

① 《高丽史》卷八十《食货三》，第 2561 页

② 《高丽史》卷三十四《忠肃王一》，第 1087—1088 页。

③ 韩康对忠烈王说：“自古君王皆信佛法以兴国祚，殿下尤崇《法华经》，若常诵寿量品，则宝算益延矣。”(《高丽史》卷一百七《韩康传》，第 3279—3280 页。)

④ 《东国李相国全集》卷二十五《西普通寺行同前榜》，第 551 页。

⑤ 洪庭植就为这样的事实感到吃惊：“在外敌入侵时，国家竟然完全寄希望于佛神的保护，采取的措施只是举行各种佛事。这样的记载随处可见。”以至于他认为这样的“护国信仰”已经“失去理性，走向盲目。”(〈高麗佛教思想의護國的展開(Ⅰ)——前半期(太宗—睿宗代)〉，第 2 页。)

⑥ [高丽]陈澕：《梅湖遗稿・转大藏经消灾道场音赞诗》引《补闲集》，景仁文化社，1996 年，第 280 页。

⑦ 《东国李相国全集》卷四十一《仁王及金经法席疏》，第 130 页。

⑧ 조경시：〈高麗顯宗의　佛教信仰과 정책〉，《韓國思想史學》29(以下省略)，第 176—177 页。

所不为”。[①] 据学者统计，高丽每年都要举行佛教的活动，[②]重要的至少就有七十多种，[③]可谓佛光普照，法器齐鸣。在地方治理上，同样如此。任益惇出任黄骊县令，甫一莅任，就因瘟疫爆发而举行法会——“躬率缁黄，俾读大般若，遍巡闾巷，人闻螺磬，有若醒醉而寤梦，因得轻差，济活甚众”，得到了人们的高度赞扬与朝廷的肯定，“由是理为课最，其遗风余爱，铭镂人心，久而益切”。[④] 有韩国学者认为：“高丽时代佛教的特征，一句话，就是祈福攘灾、镇护国家。”[⑤]

佛教“护国”性质的被赋予，[⑥]使之具有了相当程度的政治性。佛教的这种性质与作用，又为王朝的制度与法律所肯定，从而制度化。李奎报在为朝廷所作各种佛事文书中就多次提到“著为甲令”之事。《西普通寺行同前榜》：“而参政相国，乃以为方祖圣之创国也，其于却戎镇兵，则以阐扬心法，著为甲令矣。夫缮甲兵以攘夷狄，不若以金刚宝刃逆折奸萌……转资糗以饷万军，不若养一禅子先省其费。”[⑦]《法王寺八关说经文》：“自先祖而深信，著甲令之不刊。言念后侗，式遵前典。”[⑧]

在国家鼓励与制度的引导下，佛教亦主动介入世俗政治。《重修龙门寺记》：“癸巳年，国朝多乱，大禅师发愿设三万僧斋，又别置输大藏二座及堂三间，作七日法……以救国难焉……又癸未甲申年间，南方盗贼大起，设一万

① 《东国李相国全集》卷四十一《灵通寺修补大藏披览疏》，第131页。

② [韩]朴龙云：《高丽时代史》，第346—351页

③ [韩]金英泰著、柳雪峰译：《韩国佛教史概说》：社会科学文献出版社，1993年（以下省略），第121—122页。

④ [韩]许兴植编：《韩国金石全文》（中世下），第1001页。

⑤ [韩]金英泰著、柳雪峰译：《韩国佛教史概说》，第121—122页。

⑥ 关于高丽佛教“护国信仰”的特质、事例、认知及政治内涵，还可参看[韩]洪庭植：〈高麗佛教思想의護國的展開（Ⅰ）——前半期（太宗—睿宗代）〉，김강녕：〈고려시대 호국불교의 정치적 함의〉，《민족사상》1；김용태：〈한국불교사의 호국 사례와 호국불교 인식〉，《大覺思想》17。

⑦ 《东国李相国全集》卷二十五《西普通寺行同前榜》，第552页。

⑧ 《东国李相国全集》卷第三十九《法王寺八关说经文》，第108页。

僧斋以救贼难焉……其传法度人、福利邦家可胜道哉。”[①]对于这类做法与佛教慈悲、不杀生教义之间的矛盾，高丽人有自己的解释。李奎报《又丹兵祈禳帝释道场文》：“除人之害，虽佛亦容。顽戎加残物之凶，无若今之尤甚。释帝有降魔之力，移诸此也非难。”[②]高丽人将佛教的政治性解释为降魔除害，造福人世，不仅与慈悲为怀、不杀生的教义不矛盾，甚至是其具体实现。

二、高丽佛教的世俗化

如果将高丽人分为王权、精英与民众三个阶层加以考察，可知他们虽均有普遍的信仰需求，但目的与程度显然不同。民众少知无文，多处“蒙昧”状态。他们生活困苦，地位低下，又缺乏实际的改善手段，对佛教的需求主要在于祈福，具有鲜明的“祈福信仰”特征。[③] 李谷在一首诗中即云：“释氏所说诚难思……士女奔竞输家赀。他生作佛且休道，此日寿君端可期。”[④]普通民众重视的是“此日”，而非“他生”。佛教必须以各种方式呼应广大民众的这种需求，越来越具有世俗的特性。林椿《妙光寺十六圣众绘象记》：“是以欲奉福于君亲者，与死生祸福之际，苟有祈求，必随机答之。譬如形著影出，声呼谷应，愿无不从。则舍此绘塑之功，而使人起信，盖亦难矣。”[⑤]

王权为了维持合法性，顺利地进行统治，也必须以佛教为民众提供公共产品，推动佛教的世俗化，使之与民众的日常生活紧密联系。李奎报《论日严事》：

明庙实三十七年大平之主也……时南国有浮屠日严者，自称世尊，

① 《韩国金石全文》(中世下)，第873—874页。

② 《东国李相国全集卷》第四十一《又丹兵祈禳帝释道场文》，第124页。

③ 关于这一问题的论述，可参看〈韓國佛教의信仰形態〉,《한국종교》4、5，第143—145页。

④ [高丽]李谷：《稼亭集》卷十四《顺庵新置大藏李克礼州判作诗以赞次其韵》，韩国文集丛刊[3]，景仁文化社，1996年版，第686页。

⑤ [高丽]林椿：《西河集》卷五《妙光寺十六圣众绘象记》，景仁文化社，1996年(以下省略)，第252页。

> 人皆传能理人疾病，虽至盲聋风癞，无不立愈。京师闻之，皆欲迎致。上重违众志，先使内臣验其实。内臣还奏如所闻，上不得已使使迎之，敕置东城外弘法寺。其始来也……京师士庶，日夜会其寺，无虑万余人，皆唱阿弥陀佛，声闻十里。乃至公卿搢绅及其配耦，幽闺处女，其聚如林，皆以发布其前，藉日严之足。凡日严饮食之余，沐浴之水，苟得之，虽涓滴贵如千金，无不饮服。①

不论是作为最高统治者的国王，还是作为执政阶层的世家大族集团，均不敢忤逆民众的祈福需求。佛教以其世俗性，在一定程度上“绑架”了由精英们运作的政治过程。李崇仁《衿州安养寺塔重新记》：“佛氏……能动人以祸福，以故天下皆归焉。虽英睿之主，忠义之臣，往往崇建寺宇，以张其教，盖欲为邦家求其福利，亦君子用心之厚也。”②

在与俗界的互动中，佛教不得不为迎合民众的需求而尊重世俗的风俗、习惯、传统。高丽民众之所以信佛，是以世俗伦理为出发点与立足点的。而世俗伦理又为儒家伦理所界定，忠孝是其核心。由此，佛教不得不以儒家伦理为自身的基本教义。李谷《大都天台法王寺记》：“又其为俗，凡事君事亲养生送死，一以佛教。人或不然，群怪而众訾之，谓于忠孝有未尽也。”③佛教反而成为实现忠孝的工具与手段。④

儒学作为一种世俗的学说与知识体系，在大众中的影响有限，⑤却在佛

---

① 《东国李相国全集》卷二十二《论日严事》，第 523 页。

② ［高丽］李崇仁：《陶隐集》卷四《衿州安养寺塔重新记》，景仁文化社，1996 年，第 589—590 页。

③ 《稼亭集》卷四《大都天台法王寺记》，第 123 页。

④ 韩国学者也认为“世俗化”是高丽佛教的一大特点，并将其原因归结为“佛教本来的超越性理想在现实社会中遭到挫折后的逆向功能”及“随着信仰‘大众化’而来的必然”两个层面（심재룡：《교려시대의 불교사상》，수울대학교출판부，2006，第 4 页），对儒家伦理的影响有所忽视。

⑤ 李谷云：“今天下庙食之尤盛者，释氏、老氏、孔氏也……儒学，孔氏者也，视其庙学之废，而慨然有动于心目者盖寡。而释氏之徒，有能孜孜化诱，新其官广其业如幻师辈多矣……是宜释教之盛行而求福者之日进也。”（《稼亭集》卷二《兴王寺重修兴教院落成会记》，第 112—113 页。）

教的助力下，使以忠孝为核心的伦理遍及社会，深入人心。各种习俗由此而生，舍子为僧即是其一，其“目的”指向便是“忠”与“孝”。李奎报《舍子削发斋疏》：“子则是骨肉所分，可令代已。舍予爱息，就彼戒坛……伏愿仁风广扇，慧荫旁加，邦基如山，固而不摇，王业若瓜，绵而可久。次愿先亡父母，亲受大悲之别，出六聚轮，得成正觉之身，游一真界，凡沈苦海，共倚慈航。”[①]

精英们儒释兼修，甚至内佛外儒。崔沆，“性酷信浮屠……世业儒，以清俭持家。”[②]崔证，“世以儒，学重□时。公及二弟□以文学显世，号为儒宗……□心释氏□□经礼佛为事。”[③]儒与佛被普遍认为是两种互补而非排斥的学说体系。[④] 太平兴国二年(977)蔡忠顺撰《高丽国灵鹫山大慈恩玄化寺碑阴记》云：

> 臣闻圣人之至鉴也，儒书韫志勤修，则政教是兴。佛法在心虔敬，则福禄克就。所谓虽各主三教，而共在一源。真理内融，化门外显者也。所以于儒则无先其仁孝……是以先王之以孝理天下也……于佛则亦说父母恩重……可谓儒释二门，皆宗于孝。孝之至矣，德所厚焉……王出统青方……仁施道着，孝理化成，百姓乐推。八方忻戴，既内遵以佛教，又外化以儒风。内外含融，古今洞晓。[⑤]

在高丽人看来，儒教是治外的，佛教是治内的，[⑥]两者是表里合一的关系，在恪守忠孝等基本世俗伦理的基础上，儒佛达成一致与融合。一些精英

---

① 《东国李相国全集卷》第四十一《舍子削发斋疏》，第 131 页。

② 《高丽史》九十三《崔沆》，第 2903 页。

③ [韩]许兴植编：《韩国金石全文》(中世下)，第 931—932 页。

④ 边东明认为，早在高丽初期，“儒佛并存论”就已经抬头，儒、佛被认为各有其功能。在这种观念环境下，儒学成为国家的政治理念。(邊東明：〈高麗時期의儒教와佛教〉，《한국중세사연구》18，第 46—50 页。)

⑤ 《韩国金石全文》(中世上)，第 447—448 页。

⑥ 成宗元年，崔承老上“二十八条时务策”，其中云：“行释教者修身之本；行儒教者，理国之源。修身是来生之资，理国乃今日之务。”《高丽史》卷六《崔承老传》，第 2893 页。

甚至从学理上论证了两者本质上的一致性。李齐贤就将佛教的慈悲解释为"仁",施舍解释为"义":"臣腐儒也……然而窃念佛氏之道,以慈悲喜舍为本。慈悲,仁之事也。喜舍,义之事也。"[①]李谷亦云:"盖圣人好生之德,佛者不杀之戒,同一仁爱,同一慈悲也。"[②]李穑亦持类似看法。[③]

因此,儒可学佛,佛亦可学儒。由于科举是高丽人主要的出仕途径之一,精英阶层的子弟自幼业儒乃社会风尚,高丽的不少高僧亦"自儒之释",[④]佛教愈发成为一种世俗色彩甚浓的"理性宗教",知识而非"信仰"在其中发挥越来越大的作用。李穑的一首诗对此有形象描绘:"华谷云林远,天台道路通。坡诗多藏教,萧寺半儒风。熟读灯花落,高吟瓦雪融。斯文寻已遍,更访白头翁。"[⑤]儒、佛两界的代表性人物共同探讨的居然是东坡诗这样的"知识"而非信仰。有的僧人甚至直接参加科举,[⑥]并积极践行儒家伦理。一位居僧统之尊的李氏高僧在母亲去世后,就按儒家伦理庐墓三年。[⑦] 李穑则记天台嵩山寺长老事迹云:"辛丑兵燹,山林几无遗,师奉父母逃难,安然如在室中……不幸父母相继即世,师攀呼,庐墓侧终三年。"[⑧]越是得道高僧,越

---

① [高丽]李齐贤:《益斋乱稿》卷五《金书密教大藏序》,景仁文化社,1996年版,第543页。

② 《稼亭集》卷六《金刚山长安寺重兴碑》,第38页。

③ 具体论述可参看정성식:〈목은(牧隱)이색(李穡)의 유불관(儒佛觀)〉,《退溪學論叢》26(以下省略),第238—240页。

④ 如李奎报《东国李相国全集》卷第三十五《曹溪山第二世故断俗寺住持修禅社主赠谥真觉国师碑铭并序(奉宣述)》:"父早薨,从母乞出家。母不许,勉令业儒……承安六年辛酉,举司马试中之,是年入大学……既自儒之释,凡内外经书,无不淹贯。"(第64—65页)李齐贤《益斋乱稿》卷七《海东曹溪山修禅社第十世别传宗主重续祖灯妙明尊者。赠谥慧鉴国师碑铭并序》:"师以儒家子为僧,幼颖悟,能自强于学,长益不怠。赴九山选,中魁科。"(第561页。)

⑤ 《牧隐稿·诗稿》卷十三《华严宗大选敬如在妙觉寺携东坡诗从天台圆公受其说,因其来访,讯之如此,喜其知慕斯文,赋诗以赠》,第129页。

⑥ 《牧隐稿·文稿》卷二十《宋氏传》,第170页。

⑦ 《稼亭集》卷十五《次韵题李僧统诗卷》:"理极从来必返原,亲丧自尽是恒言。九泉永诀无寻处,三教同归岂异门。宰树摇摇风不止,佳城郁郁日长昏。儒名墨行知多少,愧杀吾师解报恩。(注:僧统庐母坟,终三年制。)",第192页。

⑧ 《牧隐稿·文稿》卷五《无隐庵记》,第41页。

是以世俗伦理约束自己。李谷《赵贞肃公祠堂记》:"今贞肃公之子三藏法师旋公……言虽学浮屠法,昊天罔极,恩何敢忘。"[①]李穑《赠休上人序》:"上人之言曰上报四重恩,则于吾儒之道,不大乖隔矣……如此知报重恩,安得不喜为之跃跃乎。"[②]

佛、儒既然可在精英们身上和谐共处,[③]在国政中相互配合,在伦理要求上取得一致,在法律条文中自然也能融为一体。这就可以解释慈悲为怀、不杀生、禁偷盗等教义何以会影响法律文本,也可以解释谄曲、奸邪、不忠等"罪名"何以入律,使佛教对世俗法律的影响具有伦理性特点的事实了。

第三节 被控制与可批评:佛教对高丽世俗法律影响有限的原因

一、世俗权力对宗教的控制

世俗化与政治性虽使佛教对高丽法律产生了影响,但这种影响又有相当的限度。根本原因在于高丽并非神权国家,而实行世俗统治。[④] 高丽初期,崔承老就上书成宗说:"三教各有所业,而行之者不可混而一之也。行释教者,修身之本行;儒教者,理国之源。修身是来生之资,理国乃今日之务。今日至近,来生至远,舍近求远,不亦谬乎?"[⑤]由这些事实,有学者指出:"从

---

① 《稼亭集》卷三《赵贞肃公祠堂记》,第 118 页。

② 《牧隐稿・文稿》卷七《赠休上人序》,第 63 页。

③ 关于高丽的世俗官僚群体与佛教界间"关系网络"的论述,还可参看李炳熙:〈고려시기 관료의 불교계 네트워크〉,《한국중세사연구》39。

④ 韩国学界普遍认为:"高丽是一个以儒家政治理念为根基,以文治主义为指向的王朝。"(邊東明:〈高麗時期의 儒教와佛教〉,《한국중세사연구》18,第 43 页。)

⑤ 《高丽史》九十三《崔承老传》,第 2893 页。

高丽建国之处开始，僧侣阶层就成为国家忧虑的对象。”[①]恐言过其实。但统治集团对必须维持国家的世俗性，将宗教限定于个人“修身”的领域是有清醒认知的。这也是高丽一代的基本国策。

另外，佛教的出世本质，也使它不能成为治国理政的主要手段，必须在世俗政权的绝对控制之下，为世俗社会服务。韩国学者赵庆市指出：“通过保护与控制的两手，国家将佛教教团置于世俗政权的控制之下。这是高丽佛教政策的基本路线。”[②]因此，崔承老又云：“伏见圣上遣使迎屈山僧如哲入内，臣愚以为哲果能福人者，其所居水土亦是圣上之有，朝夕饮食亦是圣上之赐，必有图报之心，每以祝厘为事，何烦迎致然后敢施福耶？”[③]鲜明地揭示出“教在政下”的基本原则。

在此原则下，在身份的认知与设定上，佛教徒首先是臣民，然后才是教徒；君主与国家是他们首要的认同对象，之后才是宗教。国在教先，国在教上，宗教必须为君主和国家服务。李奎报代一僧侣所作结社文即云：“夫生国君之土，食国土之毛，无芥子许有补于世者，贫道是已。环顾一身，无可效万一者，但日夜思欲以区区微力，弥缝佛教之颓纲，以此奉福朝家耳。”[④]佛教不能凌驾于国家之上，而是国家管理下社会的一分子。在世俗政权的权威下，这已成为教徒的共识。对君主与国家的“忠”，是佛教徒必须践行的基本伦理。李奎报《故华藏寺住持王师定印大禅师追封静觉国师碑铭》：

> 泰和戊辰，旱甚，上迎入内道场说法，至五日不雨。师愤之，乃祷佛曰：“佛法不自行，须凭国主。今若不雨，灵应何存？”无几何，甘澍雱霈，时号和尚雨……秋八月，上不豫，师亦发背疽。门人等请祷，师厉色曰：

---

① 김영미:〈高麗時代 佛教界통제와 律令——승려행동 규제를 중심으로〉,《史學研究》67，第 26 页。

② 조경시:〈高麗顯宗의佛教信仰과 정책〉，第 200 页。

③ 《高丽史》九十三《崔承老传》，第 2890 页。

④ 《东国李相国全集》卷二十五《华严律章疏讲习结社文(代人作)》，第 553 页。

“上体不安，而子幸有疾，切欲移之身，汝将祷耶?”[①]

由于佛教对民众广泛而深入的影响，世俗政权既在一定程度上引导其入世，以助治理，又对其世俗化与政治性相当警惕，在严格控制的同时维持了其出世与非政治性的基本特性。[②] 为此，朝廷颁布了大量规制佛教的法律，[③]它们中的一些现在还被保存于《高丽史》八十五《刑法二》禁令条中，[④]不赘论。[⑤] 所要指出的是，在国家权威与制度的规制下，高丽佛教发生了官方化、官僚化的现象。这主要是通过世俗政权对佛教组织与人员的绝对控制实现的。

在高丽，各级僧侣必须经过国家的正式选拔与任命，其程序与官员的选拔与任命类似。[⑥] 李奎报记京山府守白贲华事迹云：“我朝成例，凡禅教选席，使近臣之能文者主之，故上以曹溪之选委君焉。君精汰遴拣，所得皆一时名衲子，后多为法王宗匠腾蹂丛林者。”[⑦]

由于佛教界人员的进退完全掌握在世俗政权之手，佛教徒亦认同世俗

① 《东国李相国全集》卷第三十五《故华藏寺住持王师定印大禅师追封静觉国师碑铭(奉宣述)》，第62—63页。

② 《稼亭集》卷三《刱置金刚都山寺记》：“若饥餐渴饮，绝学无为者，上也；勤勤讲说，孜孜化诱者，次也；髡而家居，逃赋而营产，斯为下矣。僧而为下，不惟佛氏之罪人，亦国家之游民也。”第616页。

③ 关于此，还可参考韓基汶：〈高麗前期佛教關聯律令의　內容과　性格〉，《민족문화논총》37。

④ 以显宗时期论，元年，“禁僧人奴婢相争，又禁僧尼酿酒”。三年，下教：“比见沙门，衣服渐盛，奢僭与俗无异，令有司定其服式!”十二年六月，“司宪台奏禁诸寺僧饮酒作乐”。十八年八月，“禁僧服白衫、袜头裤……彩冒、笠子冠缨”。十九年二月，下教：“僧尼狂诱愚民，鸠聚财物，输以驿马，害莫大焉，令官司严加禁断!”(《高丽史》八十五《刑法二》，第2695—2696页。)

⑤ 韩国学者赵庆市认为这些禁令表明高丽政府“对佛教的压制与对儒教主义的标榜……对违反国家利益的僧侣坚决控制。”(조경시：〈高麗顯宗의佛教信仰과 정책〉，第200页。)

⑥ 关于高丽国家规定之佛教“制度”的简要概述，可参看심재룡：〈고려시대의 불교사상〉，수울대학교출판부，2006，第3页、第5—7页。

⑦ 《东国李相国全集》卷第三十六《京山府副使礼部员外郎白公墓志铭》，第73页。

权力及作为其载体的君主与国家。《故华藏寺住持王师定印大禅师追封静觉国师碑铭》记："贞祐五年，忽谓门人曰：'吾起寒门，至为王者师，于分足矣。岂可贪冒恩宠，久留辇毂耶？'遂上书乞退甚笃，上不得已允之。"[①]佛教组织已近似国家官僚机构的一部分。

在此语境下，即便贵为王师，也无法与世俗权力抗衡。李穑《普济尊者谥禅觉塔铭并序》：

> 玄陵在位之二十年庚戌秋九月十日……大会两宗五教诸山衲子，试其所自得，号曰功夫选。上亲幸观焉。师拈香毕，升法座乃言曰……封为王师、大曹溪宗师、禅教都总摄……大设落成之会。台评以谓桧严密迩京邑，士女往还，昼夜络绎，或至废业，禁之便。于是，有旨移住莹源寺。逼迫上道，师适疾作……大众咸疑，失声号哭……至汉江，谓护送官卓詹曰："吾疾剧……"方至骊兴，又谓卓曰："欲少留，俟病间即行。"卓勉从之。寓神勒寺。五月十五日，卓又督行急。师曰："是不难，吾当逝矣。"是日辰时。寂然而逝。[②]

仅仅因为落成法会密迩京师，可能影响社会稳定，作为王师的禅觉就被迫带病急行，前往地方僻远之寺院，最终因此病逝。总之，在高丽，佛教的地位远在世俗权力之下，佛教徒亦深刻理解并接受了这一事实。

二、可批评的宗教

在高丽，佛教是一种开放的可以批评的宗教。首先，佛教徒可以被批评。高丽一代，这类批评不绝于耳，在此仅举几例。林椿《妙光寺十六圣众绘象记》："世之名浮屠者，居则邃宇，出则肥马，卖佛祖以渔利，而不营一毫之善者多矣。"[③]其《寄山人益源》则云："而隐佛之徒，放迹逃名教……其道固

---

① 《东国李相国全集》卷第三十五《故华藏寺住持王师定印大禅师追封静觉国师碑铭(奉宣述)》，第 63 页。

② 《牧隐稿・文稿》卷十四《普济尊者谥禅觉塔铭并序》，第 120—121 页。

③ 《西河集》卷五《妙光寺十六圣众绘象记》，第 253 页。

已孤。吾观今之世，扰扰群浮屠，奇形又诡服，与俗无异趋，以此获其罪，见排于吾儒。”①李奎报《妙香山普贤寺堂主毗卢遮那如来丈六塑像记》：“若无赖男子假形浮屠，声言营寺造佛，而其实自奉者是已……乃至千门万户，无所不践。有不随喜者，辄谕之强之……此非特自造堕地狱之业，亦焉知不使人得悭贪诽谤之罪耶。”②佛教界没有干预和控制此类批评，甚至根本没有想到去干预与控制。因此，我们几乎听不到他们辩解的声音。他们能做的只是自律，而非律他。佛教的这一特性，使之不能也不愿过于涉足世俗政治与法律。某些教义的入律，并非佛教徒主动推动，而是世俗统治者为了治理而为。

其次，佞佛的社会风气可以被批评。从早期的崔承老直到高丽末期，这类批评从未停止。崔瀣就讲：“山中庵居，岁增且百……金碧辉煌，眩夺人目……负郭良田，遍于州郡……其僧大抵不隶，逃其役，民避其徭，常有数千万人安坐待哺……上自公卿，下至士庶，携妻挈子，争往礼之……供亿之费，动以万计……其冥冥之福既不可识，而髡首者衒粥是山，自图温饱，而民受其害……心窃鄙之。”③

再次，各种佛教仪轨、传法方式乃至教义本身均可被批评与质疑。这类批评与质疑甚至被直接写入佛界代表人物的墓志与碑石中。李奎报《曹溪山第二世故断俗寺住持修禅社主赠谥真觉国师碑铭并序》：“其平生冥感神异，则有龟受戒、蟾听法、慈乌含筹、特牛跪途等事。皆世所传，门徒所记，又非儒者所说，故于此不详云。”④李穑《觉庵记》：“惟其毁冠裂冕，去父子群禽兽为异耳。吾儒者或吡之，不为过矣。”⑤

有学者将高丽后期的儒者分为“亲佛儒者”与“反佛儒者”两大阵营，李

① 《西河集》卷一《寄山人益源》，第210页。

② 《东国李相国全集》卷二十四《妙香山普贤寺堂主毗卢遮那如来丈六塑像记》，第543页。

③ 《拙稿千百》卷一《头陀山看藏庵重营记》，第5页。

④ 《东国李相国全集》卷第三十五《曹溪山第二世故断俗寺住持修禅社主赠谥真觉国师碑铭并序（奉宣述）》，第66页。

⑤ 《牧隐稿·文稿》卷六《觉庵记》，第45页。

穑属于前者。[1] 李穑这样的"亲佛儒者"即便在总体上对佛教持肯定态度，但对其弊端亦会批评。这些批评多站在世俗与儒学本位的基础之上。李奎报虽承认禅为"道"，但又坚持它必须仰赖于人："夫道本自如，孰抑扬是。要之世与人而已矣。盖人能弘道，非道弘人。"[2]这种立足于儒学的人本主义，是世俗压倒神权的观念基础。

由于佛教的可批评性，在观念领域，佛教不谋求独尊，而是与儒学等其他学派宗教共存，甚至还会在儒学衰微时扶助儒学的发展。忠宣王问李齐贤："我国古称文物侔于中华，今其学者，皆从释子以习章句，何耶？"齐贤对曰："光庙之后，益修文教……所谓文物侔于中华，非过论也。不幸毅王季年，武人变起，玉石俱焚……其后国家稍复文治，虽有志学之士，无所于学，皆从此徒而讲习之故。臣谓学者从释子学其源始此。今殿下广学校、谨庠序、尊六艺、明五教，以阐先王之道，孰有背真儒从释子哉？"[3]经过武人政权百年的执政及蒙古人的征服，高丽文化受到了巨大摧残，以至于儒学知识要通过僧侣习得。[4] 这一事实体现的就是佛教对儒学的尊重与贡献。佛教哺育了儒学，两者在相当程度上成了一种共生关系。

关于佛教对儒学的支持，李奎报在其文章中多有涉及，其《寄松广社主禅师梦如手书》云："儒家之经费，比来颇甚繁浩，殆不得堪支也。噫！非救世大法王，畴及是哉？"[5]又《答松广社主手书》："寻蒙法王丈下，以菩萨大布施之意，流畅深恩，俾得办儒门大事，其为铭感，至今犹在骨髓中矣。"[6]更为重要的是，世俗王权与执政集团在总体上基本能清醒地认识到，"真儒"比之"释子"，对于国家更为重要，实行儒家政治才是理国的正道。

---

① 정성식:《목은(牧隱) 이색(李穡)의 유불관(儒佛觀)》，第 237 页。

② 《东国李相国全集》卷第三十五《故华藏寺住持王师定印大禅师追封静觉国师碑铭(奉宣述)》，第 62 页。

③ 《高丽史》卷一百十《李齐贤传》，第 3362 页。

④ 关于高丽时代佛寺教育功能的论述，可参看황인규:〈고려시대 불교계와 불교문화〉，국학자려원，2011，第 396—421 页。

⑤ 《东国李相国后集》卷十二《寄松广社主禅师梦如手书》，第 248 页。

⑥ 《东国李相国后集》卷十二《答松广社主手书》，第 248—249 页。

总之,在宗教与世俗的关系上,宗教主要活动于精神与观念领域,其一定程度的入世化与政治性,主要是以间接方式,透过世俗政权进行的。它对世俗的影响,不靠强制与威吓,而是通过理念被真心信奉。即使在精神领域,佛教也不搞专制,唯我独尊,而是承认其他宗教与学说的地位,想方设法与之共存。因此,高丽佛教不可能驾于世俗法律之上,只是在法律中加入了佛教因素。一句话,在教义与国法的关系上,教义不是取代国法,也不是凌驾于国法之上,而是在主流观念许可的范围内,在广大民众认同的基础上,在立法上适当地改造国法,在司法中变通执行。

第四节 儒对佛的制约:儒学精英的主体意识

在高丽,儒学精英们有相当强的主体意识。林椿云:"为儒为吏自兼能,政誉纷传海内称。"①儒的身份意识与入世情怀非常明显。尽管儒佛关系总体融洽,但高丽士人对自己"儒"的身份有明确的认知与定位,以"吾儒"与"彼佛"相区分。林椿又云:"浮屠多以诗名于世……盖比兴与著述异。故吾儒之人,莫得而兼之,则况浮屠耶?"②

这种区分首先由"学术"上的差异所引起。李穑《赠元上人序》:"上人所求者,非吾所学也;吾所学,非上人所求也。"③文化认同上的差异导致了不同的身份意识,使"儒生"成为一个有鲜明自我认同的群体,孔子则是他们认同的表征。李奎报《妙香山普贤寺堂主毗卢遮那如来丈六塑像记》:"佛灭度久矣……然则浮屠者之营造佛像,乃其职也。如吾儒家者流,绘画夫子之像而宗事之也。"④

在与佛教徒的对比中,"儒家者流"或"儒生"具有了强烈的连带意识,林

① 《西河集》卷三《赠洪书记》,第 235 页。

② 《西河集》卷四《答灵师书》,第 243 页。

③ 《牧隐稿・文稿》卷八《赠元上人序》,第 65 页。

④ 《东国李相国全集》卷二十四《妙香山普贤寺堂主毗卢遮那如来丈六塑像记》,第 543 页。

椿《与洪校书书》："是时出佐藩幕者，非素所相识，亦皆儒生。"[①]李谷为安轴所撰墓志云："丁亥秋，遘疾，除兴宁君。盖执事者不喜吾儒，故有是命。"[②]独特的群体意识形成了。

这种身份认同与群体意识，使儒生们即使在全民佞佛的整体氛围中，亦保持着相对坚定的信仰，执着于自身的价值。李奎报《寄吴东阁世文论潮水书》："儒先释生，通天地曰儒。儒必待释氏然后言天地耶？"[③]其《论四时飧先事略言》又云："今世之风俗，酷尚佛法，其祭先多以蔬蔌，是何法耶……孔子不曰乎：尔爱其羊，我爱其礼欤。"[④]安轴在其《赠母山崔大贤》一文中亦云："平生所学是纲常，傲世心高鱼稻乡。"[⑤]

学校与科举是儒士们的依托，这种制度化的装置，又进一步促发并因此固化了他们的主体意识。林椿《上某官启（代人）》："顷当贤诏之颁，偶捷文闱之战。青云平地，已绝跂于亨衢。黄纸书名，喜果先于群彦。始识为儒之贵，益殚报主之诚。"[⑥]李奎报《崔宗蕃乞赴东堂表》："若不由儒学而立身，亦将何面目而从仕？"[⑦]李穑《鸡林府尹谥文敬公安先生墓志铭并序》："相我先王，周旋庙堂。弘敷文化，乃辟春场。曰我儒生，斯为至荣。"[⑧]在高丽一代，此类言说不胜枚举。

与佛教相比，儒学和政治的关系更为密切，以之为信仰的士人群体就是要以此掌控世俗权力，实现人身的理想，治国与平天下。对此，他们有鲜明的认知。仁宗八年七月，国子诸生诣阙上书曰："夫崇学育才，乃理国之本，

① 《西河集》卷四《与洪校书书》，第 248 页。

② 《稼亭集》卷十一《大元故将仕郎辽阳路盖州判官高丽国三重大匡兴宁府院君领艺文馆事谥文贞安公墓志铭》，第67 页。

③ 《东国李相国全集》卷二十六《寄吴东阁世文论潮水书》，第 557 页。

④ 《东国李相国全集》卷二十二《论四时飧先事略言》，第 523—524 页。

⑤ [高丽]安轴：《谨斋集》卷一《赠母山崔大贤》，景仁文化社，1996 年（以下省略），第 465 页。

⑥ 《西河集》卷六《上某官启（代人）》，第 266 页。

⑦ 《东国李相国全集》卷二十九《崔宗蕃乞赴东堂表》，第 10 页。

⑧ 《牧隐稿・文稿》卷十九《鸡林府尹谥文敬公安先生墓志铭并序》，第 164 页。

古之圣贤,必以是为先务焉。”[①]李承休赋诗曰:“天公无奈偏钟美,国器从来例在儒。”[②]安轴《制策泰定甲子》:“夫经史者,吾儒之业也。所以学者,必欲用之。”[③]李谷《上政堂启》:“幼而学,壮而行,斯乃业儒之义。”[④]李穑《归途望天磨诸山》诗云:“扶持王国终儒术,欲颂中兴如大唐。”[⑤]郑誧《赠金佐郎舅诗并序》:“千里身仍窜,今年数更奇……儒术将安用,空言竟莫施。”[⑥]韩国学者金润燮通过对高丽末期儒者李穑、元天锡等“儒家士大夫”之“佛教内面意识”的研究,认为当时的儒者阶层存在“二重的意识构造”,在观念形态上呈现出“二律背反”的特征,[⑦]显然未看到主流特别是儒者群体的主体意识,因而也就不能说明半岛何以在朝鲜初期迅速转变为一个儒家社会。

一旦以儒出仕,成为国家官僚,作为王权代理人对“国器”的实际掌握,又使他们对自己的身份与使命愈发清晰。崔瀣在给举子们出的一道策问题中即云:“夫修己治人,自家而国,儒者之学也……诸君咸治举业,将应大科。意者亦欲行其所学,而志在天下国家。安能窃取一时之名,以图一己之荣而已哉!”[⑧]就是以“过来人”的经验对尚未出仕的士子们进行激励。在儒学以天下为己任的精神感召下,儒生们立志以儒术将人间建成一个王道社会。林椿赋诗云:“微风不动摇东瀛,圣主垂情好用儒……唾手直欲收功名,致君自可兴王道。汉帝何如弃贾生,要将经术施诸事……丈夫何用更雕虫,扶持周孔意甚宏。”[⑨]李穑《平心堂记》曰:“予儒者也……吾儒者用心以平,治气以

---

① 《高丽史》卷七十四《选举二》,第 2361 页。

② [高丽]李承休:《动安居士行录》卷三《次韵郑直讲(讳兴)贺朴侍郎(讳恒)拜承宣入竹堂》,景仁文化社,1996 年,第 411 页。

③ 《谨斋集》卷三《制策泰定甲子》,第 479 页。

④ 《稼亭集》卷八《上政堂启》,第 650 页。

⑤ 《牧隐稿・诗稿》卷二十《归途望天磨诸山》,第 252 页。

⑥ [高丽]郑誧:《雪谷集》下,《赠金佐郎舅诗并序》,景仁文化社,1996 年,第 259 页。

⑦ 김윤섭:〈高麗末期 儒家 士大夫 知識人들의 佛教的 內面意識에 관한 研究—— 李穡과 주변 인물들 및 元天錫의 詩文을 중심으로〉,*Journal of Korean Culture*,38,第 208 页。

⑧ 《拙稿千百》卷一《问举业诸生策二道(泰定丙寅)・[经济]》,第 70 页。

⑨ 《西河集》卷二《次韵李相国知命见赠长句》,第 220 页。

易，所以修齐而及天下平耳。”[①]

所有这些都决定了，佛教对政治与法律的作用与影响力不能通过其教团组织直接进行，必须经由世俗的王权与官僚体系实现。这些人主要就是以儒立身的世俗精英，而非神职人员。因此，即使有僧侣从政，也必须还俗(如辛吨[②])，佛教不存在极端化的基础，佛教人士亦因此而具有了较为充分的理性精神，能够相对客观地看待宗教与宗教团体，知道自身的局限与所应遵守的基本界限。李谷记华严诸师之语曰：“吾徒无事于世，而衣食于人，优游以卒岁。”[③]《高丽史》四十五《恭愍王一》载高僧对国王语曰：“为君之道，在修明教化，不必信佛。若不能理国家，虽致勤于佛，有何功德?”又曰：“君王去邪用正，则为国不难矣。”[④]在此总体的观念环境中，佛教对世俗法律的影响不可能是全方位的，宗教教义不能直接成为世俗法律，宗教是宗教，世俗是世俗，宗教无力也不能凌驾、控制或过多地干预世俗。

作为世俗世界的实际治理者，儒学精英集团才是制度的化身，乃制度最主要的设计与运行者，这也决定了高丽法律不可能有过多的佛教内容。地上的为政者通过在一定程度上将佛教引入政治与社会(入世)，达到让被治者在精神上(而非身体)出世的效果。儒佛并用，就是入世与出世的配合。

总之，某些佛教教义在儒学精英们的运作下入律，主要是为世俗政权与社会服务。以谄曲入律为例，在高丽，“谄曲”罪主要指下级官员对高级官贵的谗谀行为，如行超过规定的礼数，以及巴结、迎奉等行为。元宗元年(1260)八月，中书省议：“今参外参上官道遇三品以上官，趋拜马前，拜揖朝行，谄谀成风，礼失过恭，请皆禁之。”[⑤]忠烈王九年(1283)正月，监察司张榜曰：“两班谄媚权贵，非族长而皆拜于下。自后拜与受者皆罪之。”[⑥]这些显然

① 《牧隐稿・文稿》卷六《平心堂记》，第 44 页。

② 其事迹见《高丽史》卷一百三十二《叛逆六・辛吨》。

③ 《稼亭集》卷二《兴王寺重修兴教院落成会记》，第 123 页。

④ 《高丽史》四十五《恭愍王一》，第 1185 页。

⑤ 《高丽史》卷八十三《刑法一》，第 2669 页。

⑥ 《高丽史》卷八十四《刑法二》，第 2699 页。

均是试图强化王权的产物。

与谄曲行为主要是对臣(权贵)不同,奸邪行为则主要是对君。李谷在《臣说》一文中云:“传曰:‘为臣不易’,可不慎之哉……邪臣则不然。不遵大道,不由正路……其佞幸贪淫者,皆奸邪之流也。”①反奸邪教义的法律化,亦蕴含着强化君权的目的,与反谄曲教义的入律有共同之处。因此,犯有谄曲与奸邪罪之人,要经过多次特别赦免,才可从罪籍上消除罪名,被重新叙用。② 同样,佛教关于不忠行为之教义的法律化,其目的仍是强化王权,压制贵族势力。本来,用“十恶”即可达到这样的目的,之所以还要另设罪名,应当是从“名”的方面对中国制度所做的一些“佛教化”包装,以使之更易为人们所接受。

结语

高丽时期,佛教鼎盛,对法律形成了一定程度的影响。首先是重生精神的渗入,具体表现为对死刑的限制和对财产刑的加重;其次,佛教对法律的影响不以入律为主要形式,而以影响司法实践为主。佛教对高丽刑律影响的第三个特点是“伦理性”,主要体现于一些具有鲜明伦理特点之罪名的创设。

佛教之所以能对高丽法律产生影响,主要是由高丽佛教一定程度的世俗化与政治性决定的。佛教既然被要求对现实世界发挥作用,其教义就要与作为强制性规范体系的法律发生一定的关系。特别是,《高丽律》并非由本土所孕育,而是移植自唐制,《唐律》又是一部以“一准乎礼”为特点的儒家化法律。佛教在进入中土后虽做了“中国化”改造,但毕竟是不同于儒学的一大思想体系,在半岛佛教社会的现实中,教法一定程度的入律毋宁是一种必然。

但出世才是佛教的本质,入世不是佛教的主流,而是由世俗权力对它的

① 《稼亭集》卷七《臣说:送李府令归国》,第143—144页。

② 如显宗二十八年六月教:“前工部侍郎庾禀廉等一百四十三人,虽犯谄曲奸邪之罪,已经累赦,并削罪名叙用。”(《高丽史》卷五《显宗二》,第128页。)

利用与拉动所致。佛教教义乃律己而非律他，是自律而非他律，是精神层面的软约束，而非社会乃至政治层面的硬约束。佛教的入世亦不极端，完全顺应社会，尊重真实的人，而非强制性地改变人性。另外，国家实行世俗统治，对佛教既利用又控制，佛教成为一种被世俗权力控制的可批评的宗教，而世俗对于佛教的批评主要立足于儒学的基础上。

由于儒入世、佛出世，精英们一般于顺境时业儒，逆境时事佛；或在青壮年时以儒学致身，晚年则耽于释典。即使到了理学开始输入半岛的时期，那些有鲜明儒者自觉意识的精英仍认为佛乃用以修身养性，儒用来治国平天下。儒为方内，佛为方外，两者可以取得一致。被视为一代儒宗的李穑的说法颇具代表性："吾儒以格致诚正而致齐平，则释氏之澄念止观，以见本源，自性天真佛，度人于生死波浪而归之寂灭。岂有异哉？"[①]李齐贤亦赋诗云："释道于儒理本齐，强将分别自相迷。"[②]儒与佛的这种关系及精英们对两者关系的认知，既使佛教可以影响世俗法律，又决定了这种影响的有限性。

特别是，高丽儒生群体乃国家的实际治理者，有深刻的主体意识。具有理性精神的儒学精英对佛教的功能有较为清醒的认知，知道儒释各有发挥作用的领域，各有其长，又各有其弊。李谷云："余惟佛氏之道至矣，其言宏阔胜大，而罪福之说，能有以动人之心，故其教盛行于天下，而东方事之弥笃，人无智愚老幼，皆知有佛。凡死丧患难，动辄号之，谓非佛若不能一日于世者，故佛刹相望，几半于人家。"[③]佛教发挥作用，利用的是民众的非理性，这与儒学的理性精神正好互补。李谷《送水精长老序》便云："仲尼没而浮图氏出，与儒角立。其为教也空寂高远，而阔于世理，故为孔氏者诋訾之。"[④]佛教不能作为一种主要的治理工具被使用，这就使其教义失去了大规模进入世俗法律体系的基础。

---

① 《牧隐稿·文稿》卷三《澄泉轩记》，第 26 页。

② ［高丽］李齐贤：《益斋乱稿》卷三《菊斋横坡十二咏·庐山三笑》，景仁文化社，1996 年，第 527 页。

③ 《稼亭集》卷三《高丽国天台佛恩寺重兴记》，第 115 页。

④ 《稼亭集》卷三《送水精长老序》，第 151 页。

世俗政权对佛教具有之浓厚的工具性意识，决定了只能是政权控制和利用宗教，宗教依靠政权（通过提供“服务”与合法性）维持与发展。与此同时，祈福信仰的本质决定了，连普通民众也不可能是“狂热”的信徒，而是同王权与精英一样，有很强的目的性。这使佛教失去了进入法律体系的另一重动力。

佛教在高丽只能以观念影响人，而不是依靠刀与剑的强制力。职是之故，佛教是相对容易被替代的。到了高丽王朝末期，随着理学影响的扩展，特别是汉人政权明取代元，引发了半岛观念的激变，崇儒斥佛成为时代潮流，儒最终压倒了佛，半岛由佛教社会变为儒家社会，佛教对法律的直接影响渐渐就丧失殆尽了。

结论章　由“变”而“通”：高丽变异唐代法制的逻辑与效果

朝鲜半岛北接诸游牧渔猎族群活动的白山黑水，又邻大陆农业地区的边缘，隔不宽的对马海峡与日本相望，黄海对岸则是文明富庶的中国沿海，介于大陆和海洋之间，是农业、渔猎、游牧几种文明的交接之所，乃文化流动的桥梁，但半岛人对文化的态度却具有鲜明的倾向性。他们认定文明有先进与后进之分，有同质与异质之别，坚决拒绝被他们视为野蛮、异质的游牧文化，面向并积极吸收中华文明。对包括法律制度在内的中国制度文明移植就在这样的背景下发生了。那么，高丽移植唐代法制的逻辑为何，效果怎样，是需要深入探究的。

一、变异的必然性

作为文化传播的一种方式，法律移植乃历史与现实中普遍存在的事实，但又有特殊性。移植对现实社会直接发生作用的规则体系，会极大地触动移植国既有的权力与利益格局，甚至对社会结构与文化观念意识形态产生重大影响。欲在相对平稳、安定的状态下实现制度的转换，必须处理好外来法与国情的关系。职是之故，历史上几乎所有的法律移植均非完全照搬，而要做取舍与删改。也就是说，不论什么形态的法律移植，都存在一个由“变”而“通”的问题。移植是前向的制度变迁，变通则是后向的制度“退却”。变通与移植在某种程度上形成了悖论关系。

（一）上层博弈

国家的政治属性，使法律不可避免地成为治理工具，一国之所以大规模移植外国法，政治性的利益与诉求往往是直接动因——工具性地要求相对于本国政治、社会乃至文化现实具有“超前性”的外国法，以其强制性、规范性形塑与整合社会。

高丽成宗时，居于主导地位的是王权与贵族，他们的利益与诉求各不相同。利益上王权与贵族集团对立，文化上中国文化与本俗文化对立，彼此之间又有内在相关性：贵族特权以本俗文化为支撑，华制则有助于王权的提升。王权以华化为政策的基本趋向，就成为当然选择。换言之，对包括法律在内的中国制度的移植，会或直接或间接地强化王权，削弱贵族权。

因此，对半岛社会而言，高丽人对《唐律》的移植以超前性为特征。比如，高丽人移植了《唐律》“子孙别籍异财”的制度，但高丽有重外家的习俗，多数人从小在外家长大，可姓外家之姓，[①]继承外家财产。[②] 同样，高丽还有“预婿”之俗，[③]有人即使在童年未做过“预婿”，成人后由于“男住女家”的“率婿婚”制，也要和妻父母长期共同生活。这使他们对外家的感情远远超过本宗。[④] 所有这些习俗，都以习惯法的形式被确定下来。

在这些风俗与习惯法的影响下，高丽人和亲生父母一起生活的时间不长，别籍异财的情况所在多有，甚至是社会的常态。当政者移植《唐律》，反对别籍异财，显然是希望以此移风易俗，却造成了移植法与固有法，理想与现实之间的冲突。虽然，作为妥协，高丽人对此条进行了改造：对祖父母、父

---

① 高丽神宗继位后，因为他的名字叫“李晫”，所以“有司请避上嫌名，令诸姓卓者从外家姓，若内外姓同，则从内外祖母之姓。”（《高丽史》卷二十一《神宗世家》，第650页。）

② 《高丽史·忠惠王世家》：“（八年七月）庚申，王以外姑金氏老病垂死，遣前大护军金赞、前郎将宋明理索土田臧获及其券。”（《高丽史》卷三十六《忠惠王世家》，第1142页。）

③ 《高丽史》卷二十七《元宗三》：“国俗：纳年幼者养于家待年，谓之预婿。”（《高丽史》卷二十七《元宗三》，第842页。）

④ 李穑即赋诗云：“归养虽将孝子论，褒扬难得大人言……外家旧德难磨去，登第他年报母恩。”（《牧隐稿·诗稿》卷之二十四《跋愚谷、益斋诸先生赠洪进士敏求归养诗》，第329页。）

母在，子孙别籍异财之行为，规定的刑罚较《唐律》轻一年，但立法的基本趋向未变。

婚姻法同样如此。高丽实行同姓为婚、近亲结婚之制，这在《唐律》为“内乱”。高丽人在移植《唐律》时，虽做了筛选与改造，使处罚变轻，但毕竟还是引进了包括“内乱”在内的十恶条。王权试图以法律形塑社会的意图，斑斑可见。由于这种移植和现实差距太大，效果相当有限。《高丽史节要》卷五文宗三十五(1071)年六月条：“吏部尚书崔奭等奏：‘前年进士鲁隼，其父犯律，娶大功亲所生，请禁锢终身。”[①]在移植《唐律》近百年后，精英阶层尚且如此，遑论一般大众。

关于法律的超前性问题，王伯琦虽认识到：“在英美等不成文法国家，一个新的法律原则要得到裁判上之普遍接受，固非朝夕之功，即在成文法国家，新的法律原则虽可由立法者随时制订，但是否能发生确切的效力，那就要看在社会大众的意识上是否能普遍接受了”。他承认：“历史法学派之所谓法律是长成的，无可创造，就其现阶段的现象而言，固属真理。”[②]可由于处在一个激变的时代与转型社会，他是主张超前立法的，并提出了“法教”之说：

> 不过这并不是说立法工作必须跟随在社会大众意识的后面……现阶段的所谓非长成的或创造的法律，假以时日，亦未始不能在社会大众的意识上生根，而长成而开花结果。我们的行为规范，虽不是立法者可以制造的，但立法者制成的法律，对于社会大众的意识，确有莫大的启示作用，从而足以加速促成其意识之成熟。在今日民主制度之下……所以早熟的立法，在其一时的效力方面，或许要打些折扣，但在启迪人民意识方面，却有极大的作用。我们不妨称之为“法教”。尤其在一个社会需要有重大的变革之时，此种立法上的手段，更为重要。[③]

---

① [朝鲜]金宗端等撰：《高丽史节要》卷五，首尔大学奎章阁本。

② 王伯琦：《近代法律思潮与中国固有文化》，清华大学出版社，2006年(以下省略)，第74页。

③ 同上。

所谓“法教”，其本质就是将法律视为手段，以其强制性特征，完成或协助完成某项社会工程。这种工程既可以是文化的，也可以是社会的，还可以是政治的，甚至可以是综合性质的。各种诉求以参差不齐的方式混在，就如高丽王朝对唐代法制移植的情形那样。但如波普尔所揭示，人类进行的大规模社会系统工程只会招致灾难，以人类有限的理性，充其量只能从事渐进的零碎社会改革，即“零碎工程学”。① 总之，一代人知识与理性上的有限性、认知能力的不足、社会高度的复杂性等等因素，使每一个时代的当事者都不足以窥破社会运行的深层法则，遑论对其把握与操控，相比之下，哈耶克所主张的“自生自发秩序”更具合理性。两者不同程度的折中，是到目前为止，我们最常见到的人类社会采用的路径。

对包括法律制度在内的一整套全新制度体系的移植，并非建一座沙上之塔，这些被引入的崭新制度必然要求与之相匹配的社会结构、权力规则、文化氛围、观念体系与思维方式。如果这些东西不存在或不完全存在，它会促使或带动这些因素的产生与发展。② 这正是将其引入的那些势力希望达到的，也是高丽王权推动华化政策的初衷。即是说，高丽对唐代法制的移植首先是工具主义的。越是在移植活动的早期，政治因素的影响越大，文化、社会、经济等层面的价值均被笼罩于政治之下。可王权的力量又不足够强大，华化政策遭到了贵族集团的强力反制，两者的激烈博弈，使高丽对唐代法制的移植表现出强烈的“变异”特点。总之，政治动力与政治精英决定法律移植，政治目标与政治诉求是法律移植的关键，政治性是法律移植最主要的特性。

高丽王权之所以要移植在当时具有明显异质性的中国法，就是试图以

---

① 见波普尔两书的有关分析，不详论：[英]卡尔·波普尔著，杜汝楫、邱仁宗译：《历史决定论的贫困》，上海人民出版社，2015 年。[英]卡尔·波普尔著，陆衡、郑一明等译：《开放社会及其敌人》，中国社会科学出版社，1999 年。

② 梁治平就指出：“观念也好，制度也好，都是塑造社会的能动要素。”见梁治平：《“从身份到契约”：社会关系的革命——读梅因《古代法》随想》，网址链接：http://www.yannan.cn/data/detail.php? id=8365

其形塑社会的功能，对既有的贵族制秩序与格局形成“颠覆”，从而就毫不意外地引发了冲突。这是从太祖到成宗时期真实发生的情形。博弈的结果是双方的妥协——对“中国化”的制度做出符合半岛实际的变异，以此换取它们被半岛人群（特别是既得利益集团）的接纳。

半岛的贵族制扎根于深厚的历史文化与广泛的社会认同基础之上，具有持久性和弥散性特征。就持久性而言，直到朝鲜王朝时期（1392—1910），世家大族仍有强大的影响力，他们在相当大的程度上垄断了以官职为主要表现形式的国家权力。贵族制与半岛历史相始终，直到近代才彻底终结。所谓弥散性，指贵族制的影响深入渗透到社会的各个领域，诸如伦理、宗教、法律、艺术、财产、人身等所有层面，几乎均与贵族制有关。贵族制深刻地影响着古代半岛人群的思维方式和价值判断，对半岛传统社会具有支配性作用，塑造了半岛传统政治结构与社会形态的基本特征。

因此，“变”必须以尊重贵族集团的利益为前提。比如，数量庞大的奴婢阶层是高丽贵族政治存在的社会与经济基础。高丽初期名臣崔承老讲：“圣祖尝欲放俘为良，而虑动功臣之意，许从便宜。”[①]透露了太祖本人曾有意改革奴婢法制，却因贵族集团反对而失败的事实。光宗也试图改革奴婢制度。崔承老又云：“逮至光宗，始令按验奴婢，辨其是非，于是功臣等莫不嗟怨而无谏者。”[②]光宗时君臣间的激烈冲突，不能说与此无关。

一句话，以“普适性”为由而试图重新调整既有权力与利益格局的做法，必然引发利益受损（或预期受损）群体的反弹。在此情势下，高丽在法律移植过程中，将《唐律》关于奴婢等贱民集团的律条大都删除，即使剩余的几条，也做了重大修改。法律移植的目的之一本来是逐步以规则改变结构，结果却是结构改变了规则。

和现实的社会结构与政治权力相比，法律始终是第二位的存在，主要是对既存秩序的确认与合法化，“滞后性”才是其主要特点。在法律移植活动

① 《高丽史》卷九十三《崔承老传》，第2895页。

② 《高丽史》卷九十三《崔承老传》，第2895页。

中，制度最终还是要向结构屈服，从而就必须对外来法进行大规模删改，以换取既得利益集团对法律移植本身的支持。

（二）下层认同

王权与贵族集团经过激烈博弈达成妥协后，中国法制在“名”的层面树立起合法性，从而取得了一种“势”，可落实到实践场景，却未随之带来“合理性”。法律的生命在于适用，而此适用性，需以广大民众的认同为前提。没有适用性或不能被适用的法律徒具法律之形骸，事实上已经死亡的法律。如法律不被作为适用对象的广大民众认可，必然出现普遍性的规避甚至公然直接违背“法律”的行为。对这种大规模、普遍性的“违法”，不仅民众不会有检举与诉讼的冲动，就连执法者也失去了适法的动力与勇气，而采取普遍默认的态度。

法律之被民众认同，不仅需能维持社会的基本秩序、在总体上增进全社会的福祉，还需要有道义与价值的内核。这种道义与价值，虽有普适性的一面，更主要的却是一种特殊性。某一特定国家的法律，应首先反映本国一般民众认可的道义与价值。法律必须直接面对本国的伦理、传统、文化、观念与思维方式，以此作为自己的底色。否则，就是“恶法”。恶法非法，它在事实上与心理上被抛弃几乎是必然的。

从一般人的认知看，文明先进发达国家的制度似乎一定是“好”的，这其实是一种站在特定立场上的价值判断，而非事实判断。它们是否就一定能为后发地区的人们所认可，真的带来制度来源国那样的效果，则未可知。实际往往事与愿违，甚至相反。苏力在其《送法下乡》的自序里虽澄清自己并非“法治本土化”论者（而是“法学研究”的本土化），但却坚持认为法律是一种地方性知识，“法律移植不大可能”，[①]就是看到了“风土”对制度对重要影响。

如前文所言，较大规模、集中性的法律移植常出于政治目的，是意图以

① 苏力：《送法下乡——中国基层司法制度研究》，自序“世纪末日的交代”，中国政法大学出版社，2000 年，第 1—6 页。

对法律的工具性利用形塑社会。这本身就预设了可以不顾本国的社会、文化状况与法律内在价值的立场，实际上也往往被如此操作。但法律之必须被适用因而也必须被适用对象认同的特性，又使移植而来的法常被“拉回”。高丽对唐代法制的移植，便由起始阶段的激进化，逐渐转为温和、零星、片段的移植，由全面拥抱外国文化逐渐转向本土文化。可见，任何较大规模的法律移植均不能无视并背对本土文明，只要移植而来的法律试图在本土寻求适用性，就一定是考虑本土文化、本国实际与传统的适度移植，这就要求在“普适化”的同时进行“特殊化”转换。

高丽王权之移植《唐律》，期待的是“法教”被认为可以产生的积极效果。“法教”取向下以移植方式进行的系统性立法，必然是较大规模的。这意味着法律移植活动本身主要并非出于内在规则不足的“自发”需要，通过移植而来的法律在本土社会缺乏被接受的基础，这决定了其规模又不能太大，且必须尽可能地找到与本土文化与规则体系的交接面，最具体、直观的表现就是民众的认同度。这样做，既可减少不必要的社会震荡与文化冲突，又可使移植法本身具有持续并不断扩展的可能性。

民众对法律的认知与认同，多为传统所塑造。成宗以后移植而来的唐代法虽在半岛树立起了合法性，却因民众认同的不足，欠缺合理性。这种状况，使贵族集团可以文化为名，抵制王权发动的法律“中国化”运动。面对这种情势，王权必须通过法律“本土化”的反向操作，通过直面半岛的伦理、传统与观念，争取民心。即是说，移植法必须回应真实生活，拥抱为民众承载与认可的传统文化与价值。由此，超前性的外国法逐渐褪去其激进色彩，向法律的基本功能回归。这种回归之“术”就是各种“本土化”路径。本土化的推动使移植而来的中国法多少有了道义与价值上的内核，开始具有相当的适用性，在“本土化”的过程，“中国化”亦被逐渐落实。

简言之，一个社会如不引入新制度，便无法自内部产生动力，推动必要的变革。可如直接引入新制度，它们与既存事实必有无法匹配之处。一般而言，“技术性”的制度遇到的阻力较小，可既然以变革社会为目标，制度移植就必然要涉及政治、结构、伦理、习俗等实质性问题，引发“环境”与“机体”

的激烈反应。如何处理好变与通的关系至关重要。可以肯定的是,外国法与本土社会如无一个基本的交接面,就难以被民众认同,亦难以被适用,只要进行较大规模的法律移植,就必然发生本土资源与外来资源的互动问题。

法律是维系共同体的工具,它贵在实施。而要想实施,就必须反映共同体现实的观念与利益格局。因此,法律的超前性只能体现在基本的趋向和个别关键性领域;在一般领域及基本面上,必须承认并尊重国情,以滞后性为主。

以移植外国法的方式进行的本国立法,从总体上看是一种超前立法,这是它在争议之中不断被实践的重要原因。因此,法律移植遭遇的根本问题就是其超前性和本土之现实性间的关系。王伯琦在主张超前立法的同时也注意到:

> 吾国近数十年来的立法,确与社会脱了节。法律条文可以循着理想创造制订,而社会是有惰性的……历史法学派认为法律是民族精神的表现.只能自然地长成,无可人为的创造。从某一方面讲来,确是真理……罗马时代的大法学家盖尤斯(Gaius)就说:“成文法是人民直接明示的意思,不成文法是人民默示的意思。”……近代的社会法学派学者,几无不认为法律的基础在于人心,而且是自身长成的……我们看到有许多法律,不能发挥真正法的效力,不能成为我们的行为规范,就是因为没有在人心上建立稳固的基础。这种现象不独在中国存在.在其他各国,亦所难免,尤其在社会动荡急剧之际,更不足怪。①

既然法律“只能自然地长成”,以法律移植的方式进行立法的主要意义却是超前立法,两者之间存在张力。由此引发的矛盾与冲突,在转型社会尤为突出。可转型社会又是最有冲动进行大规模法律移植的社会,这就在既有的矛盾之上增加了另外一重矛盾,造成法律与社会的脱节,使之不能“在

① 王伯琦:《近代法律思潮与中国固有文化》,第72—73页。

人心上建立稳固的基础”。

推动法律移植的势力（主要是一批最有权力的政治家与一批有影响力的知识精英），对此当然有所了解。而移植之法与现实间的矛盾与冲突问题又必须解决，要想使法律具有适用性，最终还是不得不妥协与折中，以此方式制定的法典体现了多种利益和诉求。

在高丽，王权代表的“中国化”与贵族及普通民众代表的“本土化”相互“拉拽”，彼此支撑，形成了一个相对稳定的结构，两者之间的均衡基本解决了立法之“超前性”与“滞后性”的关系问题。由此可见，即使以政治目标为压倒性考量的法律移植，也不能离开认同的基础，否则法律移植便难以进一步展开与推进。因此我们看到，高丽最先移植的唐代制度是科举制与学校制，正是这两项直接涉及文化的制度促进了高丽人对中国法律制度的认同，特别是确立了法律移植活动本身的合理性。[①] 这两项制度一直被坚持了下来，使武力出身的贵族（最初主要为豪族）集团逐步“文化化”。与此相随，法律制度的移植也由涓涓细流逐渐汇聚成不可阻挡的历史洪流。

总之，在法律的移植过程中，如果参与博弈各方的势力大致相当，那么被移植而来的外国法就不得不反映各个层面、多种角度的诉求，被进行各种“修正”与“变异”，成为一种在形态、内容、文化与价值上多因素的混合物：在内容上充斥着矛盾，在体系上呈现出二元乃至多元的色彩，在技术上显得粗糙而不严谨。但正因如此，“超前性”的外国法才多少在移植国有了可适用性。从这个角度看，“变异”是法律移植不可避免的命运。问题不在于变异本身，而在于如何变异，通过这种变异使本国法制走向何方。

二、变通的效果

《大明律》对《唐律》改动较大，薛允升论云：“明代则取唐律而点窜之，涂改之，不特大辟之科任意增添，不惬于人心者颇多，即下至笞杖轻罪，亦复多

① 因为需要尊重贵族集团利益，所以对于那些夺利的条文先不能引入；因为需要让民众理解认同引入的制度（文化），所以需要加强教育。

所更改。”[①]又曰:“明律虽因于唐,而删改过多,意欲求胜于唐律,而不知其相去远甚也。”[②]那么,《高丽律》对《唐律》变异的效果又该如何评价?我们认为,至少应从法典本身的合理性及其社会效果两个层面分析。

（一）技术效果

高丽人以变异的方式移植唐代法制,再加上利益的考量、土俗与国情等种种因素的冲击,外国法的整体性被破坏,高丽的各种法典存在严重缺陷。以律典的文本论,至少存在规范不足、规范失效、规范不严密三大问题。

首先,由于前文所述政治、社会、文化等多层面的原因,高丽人在移植《唐律》时,对之大肆删改,致使《高丽律》的总规模仅是《唐律》的几十分之一,律典中存在大量空白与缝隙。从法典本身的视角看,规范不足的问题十分严重。

比如,在制定第一部《高丽律》时,王权利用当时权威尚强的优势,在律文中保留了诸如“十恶”等保障并抬升王权的条款,同时却删除了议、请、减、赎、当等对贵族集团有利的内容,企图在强化王权的同时压制贵族权,使王权如中国那样逐渐专制化。但在半岛现实的结构与观念状态下,这不过是一厢情愿。

成宗之后,王权并未显著提升,贵族势力反倒有较为平稳的发展。仁宗时期,出自高丽最著名的大族——庆源李氏的宰相李资谦,掌握政权几十年,最后竟试图废黜仁宗,自立称王。武人执政时期,王权更是跌入低谷,林象德感叹:“谨按天下之生久矣,生民之变,靡所不有,而高丽四百七十余年,三纲九法,一何坏乱怪异之甚也?”[③]

王权的衰落又导致高丽人对《唐律》的移植走向了另一个极端。武人政权在制定第二部《高丽律》时,着意强调家族内部伦理,试图以此来调整本集

① [清]薛允升著,怀效锋、李鸣点校:《唐明律合编·唐明律卷首》,法律出版社,1999年(以下省略),第1页。

② 《唐明律合编·例言》,第1页。

③ [朝鲜]林象德:《老村集》卷四《书东史会纲后》,景仁文化社,2000年,第82页。

团内部的关系。这种期望同样落空。崔氏武人政权仅仅维持了六十年，最后一任统治者崔竩即被本集团大将金俊所杀，金俊又为武人林衍所杀。

这些事实均表明，法律规则对现实政治格局与政治利益并不能产生太大影响。但人们总有一种迷思，认为法律具有这类功能，对之产生了过度的期待。真实的情况是，法律的制定与移植常为现实政治所左右。无论如何，高丽移植唐代法制的历史表明，不是法律规则决定政治规则，而是政治规则决定法律规则，由此导致立法过程（包括以法律移植的方式）中各方势力之间的激烈博弈，大量条文被删改，在正式制度的层面，规范不足的现象出现了，实际起更大作用的是那些非正式的制度与规则。

其次是规范失效。高丽人之移植《唐律》，既试图通过大规模超前立法达到“移风易俗”的目的，可为了使这种“超前性”立法具有适用性，又对之进行了大量变异，以使之多少能符合本国的土俗与习惯法，为一般民众所认同。这就使律典内充斥着矛盾。比如，高丽移植了《唐律》禁养异性男的制度，[①]这与高丽的土俗不符。不仅半岛社会内部无此需求，高丽政权也无落实此超前立法的能力，法律成为具文。韩国学者金斗宪便指出：“直到高丽末期，以异姓为养子、以外孙继后仍是一般通行的做法。”[②]在高丽，妻的地位高，妻既可收养其本族女性为养女，[③]亦可收养本族男性为子。[④] 另外，《高丽律》禁止养异性男的法条还与律典中其他提高妻子和妻族地位的条文相冲突。由此，法律成了空中的悬浮物，失去了权威性。

---

① 《高丽律》规定：“养异姓男，与者笞五十，养徒一年；无子而舍去者，二年；养女不坐；其遗弃小儿，三岁以下异姓听养。”（《高丽史》卷八十四《刑法一》，第2683页。）

② ［韩］金斗宪：《韩国家族制度研究》，首尔大学出版部，1989年，第262—263页。

③ 《高丽史》卷九十五《郑文传》：“郑文，字懿德，草溪县人。父倍杰，擢魁科，官至礼部尚书、中枢使，以儒术相文宗……倍杰妻崔氏，贤而无子，养其族女。及笄，劝倍杰以为妾。未几，倍杰死，遗腹生文，年甫十五六，嶷然若老成。”（《高丽史》卷九十五《郑文传》，第2960页。）

④ 直到朝鲜前期仍是如此。《朝鲜王朝实录·世宗实录》二十年(1438)正月丙午条：“护军宋勉无子，以其从侄宋盘为养子，勉妻申氏亦以其族赵雅女子为养子。”（《朝鲜王朝实录·世宗实录》二十年正月丙午条。）

与此同时，高丽人在变异《唐律》时，对一些明显不符国情而又与现实利益关系不大的律文却未做改造。比如，《高丽律》完整地移植了《唐律》的流刑制度，可国土面积的狭小，又使之不得不在实践中适用另外一套规则：将流刑划分为流无人岛—流有人岛—流陆地三个等级，而非如日本那样直接将三等流刑改为近流、中流、远流。又如，高丽基本上不存在道教，[①]在制律时，将《唐律》中"私入道"等律条删除，可在其他一些条文中却又出现了和道教相关的内容，如《杂律》中便有"凡人奸尼女冠"[②]一条。如此种种，均导致或加重了规范失效的弊端。

再次是规范的不严密。由于半岛社会与中国差异过大，立法活动受到多种利益与考量的影响，致使《高丽律》对《唐律》的变异规模过大，破坏、割裂了《唐律》的完整性与系统性，不仅使《高丽律》在整体上显得支离破碎，法条本身也不周延，缺乏严密性。

比如，第二部《高丽律》的"故放畜产损食人田苗"条规定："故放畜产损食人田苗者，一尺笞二十，一匹三十，二匹四十，三匹五十，四匹杖六十，五匹七十，六匹八十，七匹九十，八匹一百，十匹徒一年，二十匹一年半，三十匹二年，四十匹二年半，五十匹三年；若因走失者，减二等，并勒偿所损。"[③]《唐律疏议》"放畜损食官私物条"则规定："诸放官私畜产，损食官私物者，笞三十；赃重者，坐赃论。失者，减二等。各偿所损。若官畜损食官物者，坐而不偿。"[④]又《唐律疏议·杂律》"坐赃致罪条"规定："诸坐赃致罪者，一尺笞二十，一匹加一等；十匹徒一年，十匹加一等，罪止徒三年。谓非监临主司，而因事受财者。与者，减五等。"[⑤]

就内容论，《唐律》规定的主体与客体十分明确，分别为"官私畜产"和"官私物"，《高丽律》则无此区别，仅为模糊而不加界定的"畜产"和"田苗"，

① [韩]金得榥著、柳雪峰译：《韩国宗教史》，社会科学文献出版社，1992年，第44页。

② 《高丽史》卷八十四《刑法一》，第2681页。

③ 《高丽史》卷八十五《刑法二》，第2692页。

④ 刘俊文：《唐律疏议笺解》，第1125页。

⑤ 刘俊文：《唐律疏议笺解》，第　页。

和“官私物”相比，适用范围大为缩窄，如发生了“官畜损食官苗”的情况，则无法可据。就赃轻的情况论[①]，《唐律》规定为“笞三十”，《高丽律》则忽略了这一情况。[②] 另外，对于过失，《唐律》规定为“失者，减二等”，且在律疏中进一步解释说：“谓非故放，因亡逸而损食者，减罪二等。”《高丽律》则直接规定：“若因走失者，减二等”，将“过失”变成了“走失”，误解律文并缩小了律条的适用范围。

这种由于“技术”原因导致的法典与律条的不完善，当然也与高丽精英阶层的文化素养及律学水平不高有关。处于文明低地的高丽精英阶层不具备足够的知识储备与文化素养，以对《唐律》进行“合理”的变异作业。最能反映高丽精英阶层文化素养不足的事例，是科举考试中经常会有出错题的事件发生。《高丽史·仁宗世家》载：“（十年）五月丙子，御史大夫任元浚等以贡院试题错误上奏，请追夺今年及第名牌改试，不报。元浚等退而待罪，台空凡七日。”[③]还有解题错误者，《高丽史·康宗世家》载：“中书省劾秘书监李淳中掌南省试，误解试题，贬为南京副留守，削进士籍。”[④]又《高丽史·选举志》载：“高宗十四年三月，庾敬玄掌试，以‘相如一奋其气，威信敌国’为十韵诗题，举子请解题，敬玄误解‘信’字为诚信之信。有一生前诘是非，敬玄怒黜之，时人欺之。忠烈王十三年五月，林贞杞掌试，出律赋题曰：‘太宗好尧舜之道，如鱼依水，不可暂无。’以‘好尧舜道，不可暂无’为韵。诸生进曰：‘韵中六字皆则音，何如?’贞杞惭，改之曰：‘好尧之道，如鱼依水。’诸生又进曰：‘韵中五字皆平音，何如?’贞杞大惭，又改之曰：‘好尧舜道，如鱼依水。’”[⑤]

---

① 从《唐律疏议·杂律》“坐赃致罪条”的规定来看，所谓“赃轻”应该是指“一尺”以下。

② 韩容根认为在这种情况下，不予处罚（见其著《高丽律》，第256页）。这显然是从现代罪刑法定主义的立场出发得出的结论，高丽的实际情况恐非如此，况且高丽尤其重视涉及财产的犯罪。

③ 《高丽史》卷十六《仁宗二》，第482页。

④ 《高丽史》卷二十一《康宗世家》，第671页。

⑤ 《高丽史》卷七十四《选举二》，第2346—2347页。

词章还是高丽精英阶层最擅长的领域,[1]至于他们的律学水平就可想而知了。大约在成宗之后,高丽在学校中设律学,在科举中也有"明法"一科,[2]明法科主考读与背诵律、令条文:"凡明法业,式贴经。二日内,初日贴律十条,翌日贴令十条,两日并全通。第三日以后读律,破文兼义理通六机,每义六问,破文通四机。读令破文,兼义理通六机,每义六问,破文通四机。"[3]

明法考试相当容易,以至成为贵族子弟及贡士入仕的捷径。仁宗十八年(1140)闰六月,中书门下奏:"明法业但读律、令,其登科甚易。且于外叙,必六经州牧,实为出身捷径。缘此,两班子弟及贡士求属者渐多。"[4]韩国学者崔钟库在评价《高丽律》时云:"《高丽律》本身不能被看作一部完备的法典。"原因之一即是:"执行法律的当政者们对于法律思考的训练还未熟练。"[5]律学上的低水平使高丽精英阶层不能准确认识《唐律》的价值,做好变异工作,技术上的失误难以避免。

(二)社会效果

从文本与体系的角度看,高丽法律存在规法不足、规范失效与规范不严密等问题。规法不足指相对于需要调整的社会事务,规范本身的缺乏。《高丽律》缺乏通则、通例性条文,使社会生活中存在的许多犯罪均无法可依。规范失效指虽然存在相应的法律条文,但这些条文基本不能被适用或不起

---

① 高丽学术以词章为主乃公认的事实,主要原因在于高丽的科举制度"诗赋取士,专尚词章"。(《高丽史》卷七十三《选举一》,第2311页。)高丽后期,理学传入半岛,遂渐有改革的呼声发出,赵浚曾上疏要求对学校制度进行改革,其中一条即为:"令子弟常读四书、五经,不许读词章。"(《高丽史》卷一百十八《赵浚传》,第3619页)《高丽史·郑道传》载朝鲜太祖李成桂教书曰:"卿学通天人……倡鸣濂洛之道,排斥异端之说……一洗我东方词章之习。"(《高丽史》卷一百十九《郑道传》,第3628页。)

② 《高丽史·选举志》载"仁宗朝式目都监详定学式":"其律学、书学、算学皆肄国子学。律、书、算及州县学生,并以八品以上子及庶人为之。七品以上子情愿者听。……律、书、算学只置博士。律学博士掌教律令,书学掌教八书,算学掌教算术。"(《高丽史》卷七十四《选举二》,第2360页。)

③ 《高丽史》卷七十三《选举一》,第2307页。

④ 《高丽史》卷七十三《选举一》,第2309页。

⑤ [韩]崔钟库:《韩国法思想史》,首尔大学出版部,1989年,第65页。

作用。规范不严密则指法律条文本身存在缺陷和漏洞，或条文之间不能配合、呼应，甚至彼此之间存在矛盾。就此而言，高丽对唐代法制的移植似不成功，可在近500年的实践中，却未听到高丽人对此有什么意见。

如果我们将目光从文本转向现实，就不能不承认这样一个事实：在成宗之后，高丽政局保持了百年以上的平稳发展态势，到了文宗时，更是到达了极盛状态。由此，我们也不能不承认，成宗时期制度移植的路径与方法有相当的合理性。因此，直到高丽末期制定律典时，规模仍基本维持在100条左右。

法律不应是“自足”的抽象规则体系，必须以符合社会实际需要，得到民众认可，与民众的认知与福祉基本一致，能在社会有效实施为前提。对高丽移植唐代法制效果的分析，也应以此为指针，从实践层面的综合效果进行判断。

在古代东方文化主义的传统下，多数关于法律移植的争论以文化的名义进行。王权与贵族集团在法律移植过程中的博弈，亦多以文化为名展开，从而才有了弗里德曼所谓“法律是由变革所形塑”的问题，[①]亦使法律移植在浓厚的功利主义考量下具有了一些理想主义的色彩。正因为在法律移植过程中，关于政治乃至经济与社会利益的博弈是以文化之争的方式展开的，故本国的传统与文化得到了相当程度的考虑，高丽对唐代法制的大规模变异就是在这种背景下发生的。

这种大规模变异，虽使移植之法缺少了完整性，但由于既有规则与秩序的基本维持，社会得以平稳运行并逐渐转轨，未造成大的断裂，从结果上看是成功的。朝鲜时代的学者李圭景云：“丽朝统合，规模稍大。一代之制，皆仿唐朝求……然迹其终始，究其祸乱……纪纲凡百，无一可称。”[②]他站在后世儒化已基本完成的场景下，对几百乃至近千年前不同场景下高丽移植唐代制度的结果进行观察，评价过低，未看到其成功的一面。

---

① 夏扬：《法律移植、法律工具主义与制度异化——以近代著作权立法为背景》，《政法论坛》2013年第4期，第172页。

② [朝鲜]李圭景：《五洲衍文长笺散稿序・人事篇/治道类・纪纲名分辨证说》。

真实的情况是，半岛并不存在规则缺乏或规则空白的问题。在引进唐代法制前，半岛社会同样存在秩序，照样在规则体系下运行。所谓规则缺失乃指某种语境、某种体制下的规则缺失。也就是说，在正式的法律制度外，半岛存在另外一套规则体系。高丽人对唐代法制的变异，是在适应这类规则的同时，“额外”地引进了一些规则。正是由于移植而来的正式规则相对简单，才使中国制度的基本框架能在相对平稳的状态下被移植到半岛，在为本国固有法开辟巨大空间的同时，使中国制度与本国制度均有了进一步发展的余地。两者在和平、渐进的状态下竞争、磨合，高丽的法律体系具有了相当的弹性。质言之，法典本身的简单、不完备，反而为以后制定或移植具有各种文化因子的法律预留了空间。

由此，我们不能不再次阐明一个常识：法律并非“最善”的规则，亦不能规制一切领域。法律并非越多越好。法律越多，常意味着“自由”与“自治”空间的减缩，人的创造力与开拓精神被束缚，社会的效能与发展可能性降低。法律越多，管制则越多，“专制”时代可能由此而来临。商鞅变法后秦的道路基本就是如此。桓范《世要论》曰：“德多刑少者，五帝也。刑德相半者，三王也。刑多德少者，五霸也。纯用刑而亡者，秦也。”[①]法律在数量上“刚刚好”“刚刚够用”即可，[②]因为法律只是在共同体发生作用的众多规则体系中的一种，它是底线规则，而非常行规则。文明社会的人们特别是以汉民族为代表的古代中华文化圈的人们，早已生活在底线之上，他们遵循的主要是底线规则之上的那些规则，它们大多可归于“理”（礼）的范畴，是人们发挥他们创造力，在充分博弈基础上形成的共识。

我们中国人最常说的一句话就是“人要讲理（礼）”。所谓“讲理”，就是

① ［魏］桓范：《世要论》，载《太平御览》卷六百三十六《刑法部二・叙刑下》，文渊阁四库全书本。

② 此即中华古人所说的“刑宽禁简”。史载：“（贾）充所定新律既班于天下，百姓便之。诏曰：‘汉氏以来，法令严峻……今法律既成，始班天下，刑宽禁简，足以克当先旨。”（《晋书》卷四十《贾充传》，第1167页。）其反面教训便是秦代。《盐铁论》：“昔秦法繁于秋荼，而网密于凝脂，然而上下相趋，奸伪萌生。”（［西汉］恒宽撰、陈桐生译注：《盐铁论》，中华书局，2023年，第514页。）

我们中国人早已进入“礼的社会”，[①]并形成自觉与共识的表征。“不讲理”“不懂道理”是对违反这种共识与规则的谴责，由此形成的舆论及在这种舆论下人们的行动，大大加重了“不讲理”一方的生存成本，从而将其拉回到“理”(礼)的范围。“理”作为一套包罗万象的社会、伦理乃至全方位的规则体系，已内化于人心，成为人们的自觉。在日常生活中，人们更普遍地受理(礼)与情(礼顺乎情，情亦常在理之内[②])的支配，这才是他们内心最基本的戒律。

因为礼是相对于法的更高的标准与要求，所以以自愿遵守、内心约束为主。礼治和法治并非平行并列之关系，礼治在法治之上，但又必须由法治托底。也就是说，礼不能完全依靠自觉与非惩罚性规范，必须以法制的强制力与惩罚性为后盾，伴随法律的制裁。汉代陈宠云：“臣闻礼经三百，威仪三千，故甫刑大辟二百，五刑之属三千。礼之所去，刑之所取，失礼则入刑，相为表里者也。”[③]以汉民族为代表的中华文化圈的人们，日常主要生活于礼治社会之中，而非在其下的法治社会的泥沼中挣扎。对绝大多数人而言，法律是存而不用的。我们的历史与文明，早已使我们超越了法治社会，上升到礼治社会。我们的生产与生活行为，不是在法律的制裁威慑或宗教的精神威慑这类外在的控制下进行，而是出于责任、良知与内心对道与理的信念与确认。正因为我们早已生活于底线之上，所以在一生中很少直接触及法律。这才是“无讼”社会的真相，才是一个正常社会。如果人们在日常生活中，处处以法律相对立、相抗衡，对所谓“权利”的争夺成为社会常态，法律以对抗性的工具，成为人与人之间的基本中介与纽带，那么这很可能是社会已进入下行通道的征兆——尽管人们可以在话语的包装下将之视为“进步”——下一步就是丛林状态，法律消失，适用黑暗森林规则。人类社会就是这样：不

---

① 所谓“道德仁义，非礼不成。教训正俗，非礼不备。分争辩讼，非礼不决。君臣、上下、父子、兄弟，非礼不定。宦学事师，非礼不亲。班朝治军，莅官行法，非礼威严不行。祷祠祭祀，供给鬼神，非礼不成不庄。”(《礼记·曲礼》)

② 汉代著名循吏卓茂即云：“律设大法，礼顺人情。今我以礼教汝，汝必无怨恶；以律治汝，何所措其手足乎？”(《后汉书》卷二十五《卓茂传》，第870页。)

③ 《晋书》卷三十《刑法志》，第920页。

进则退。退化常常在“进步”的名义下进行。《汉书》卷二十三《刑法志》先引孔子语:“古之知法者能省刑,本也;今之知法者不失有罪,末矣。”然后论曰:“上下相临,以刻为明。深者获功名,平者多后患。”①

总之,“法的社会”是一种底线社会,它是人类文明进步的结果,但它也只是让人们摆脱了丛林社会的险恶环境而已,是人类文明进步的初级阶段,而非最高阶段。人是有理性,具有超越性的种群,故而在“法的社会”之上,形成由理性约束的“礼的社会”,再之上则是“道的社会”。我们中国人每天都讲“知道”或“不知道”,便是这种意识长久内化的结果,共同体内的治理阶层更是将之作为最高的追求目标——效法尧舜,建设王道社会。

生活于礼治社会,以道为追求,法律在多数情况下存而不用,就是我们中华民族这样一个世俗、理性族群的生存、生活模式。我们的信仰是个体对共同体的责任,是对人的信任与确定,它由历史而来,扎根于现实生活。历史在中国人的精神世界具有特殊地位,中国史学承载着西方史学、哲学与宗教三重重任。对我们中国人而言,历史沟通了过去与未来,个体生命只有融入共同体的历史才能获得永恒。“留取丹心照汗青”“名垂青史”是我们的终极追求,在一般中国人看来,每个人都是共同体历史的载体,都是历史的一部分,如果说我们中华民族数千年的文明是一条滚滚不绝的长河,历史就是这条长河的源头和河段,是我们民族自我传承的精神命脉。一句话,中国人是在历史过程中寻找自己的位置,在现实生活中实现超越。而这种超越在于你为所在的家庭、宗族、地域、族群、文明与国家这些以家庭为核心与基本单位的同心圆共同体所做的贡献。我们中国人追求是在历史(这个历史可以小到一个家族的历史——家谱,也可以大到一国的历史——国史)记忆中的永生,这是由你所做贡献的大小与所尽的责任决定的。这是中华文化的特质,也是我们爱国主义与集体主义的根源。

对于我们中国人而言,各种宗教宣扬的来世是不存在的,短暂的现世就是一切。我们中国人的信仰是理性信仰,不是非理性信仰。支撑这种信仰

① 《汉书》卷二十三《刑法志》,第1109—1110页。

的不是虚构天堂的许诺，也不是地狱的威吓，而是正因知道生命短促而对人生的珍惜、热望——生命由家族与血脉而延续，每个生命的有限构成了无限，每个人都是这无限中不可缺失的一环，每个人都要尽其所能，将此生命绽放出绚丽之花，使之后的生命之链更加璀璨。因此，我们中国人讲求的是在现世建功立业——立功、立言、立德。这种贡献先从自身所在的最小亦即最核心的共同体——自己的家庭开始，然后逐渐扩展，即修身、齐家、治国、平天下。这就是我们中国人实现超越与永恒的方法与路径。在它背后是强烈的责任心使命感与担当意识，所谓“天下兴亡，匹夫有责”。总之，我们中华文化是有根、有血脉的文化，它扎根于大地，敬天法祖，开枝散叶，源远流长。我们中国人就是在将他们的生命与人生融入了这源流之中，只有这如长江、黄河般的源流存在，他们的人生才有意义，他们对永恒的追求才能实现。朱建中作词、周频文作曲的歌颂我们祖先的歌曲就阐释了中华文化这一根本性特征：

山高高，海茫茫，黄河滔滔长江长
日圆圆，月弯弯，望断天涯思故乡，思故乡
风雨归尘急疾，相逢泪两行，
乡音依旧在，把盏问沧桑。皇天后土一炷香
……

黑头发，黄皮肤，好一张中华大脸庞
情切切，意绵绵，不断的血脉，不尽的缘，不尽的缘
始祖恩泽重，丰碑永流芳
子孙千万代，携手振家邦，同心同德同梦想
……

我们的基本观点是，在以上的思维模式与文化背景下，我们中国人甚至整个中华文化圈内的人群，早已从整体上脱离了法的罗网，进入更加自觉的

礼的层次，最终向“道”的层次挺进。就此而言，追求“法治”在某种程度上乃文明未充分发育或文明在发展过程中发生后退的表现。进一步讲，法律的大量增加，可能是社会与人心整体下沉的某种征兆。当然，实际情况复杂得多，需实事求是地分析与看待。

我们还要指出的是，除了数量的“适当”外，对一个群体、社会、国家与文明而言，法律在内容上也应是“适合”的，而不仅仅追求体例上的完美、逻辑上的自洽、文字上的严谨、内容上的“先进”。① 适合本土人群与文明的法律，才是最好的法律。

总之，成文法律的空白并非一片虚无，而是礼(理)或固有习惯法等其他规则体系发挥作用的领域，就如物质领域之外的世界，并非真的“真空”，而是暗物质等其他形态之物质充斥的领域一样。

当然，在高丽时代，出于对自身利益的追求，当条件允许时，王权还是会不失时机地通过制定单行法的方式，逐步推动本国法律的中国化。禁止近亲结婚的法律就是如此。这样一来，就形成了法典与单行法结合发生作用的体制。法典在不少情况下只具有象征意义，在实践领域真正起作用的主要是各种单行法。在近500年的存续期间，高丽王朝不断以颁布单行法的方式立法补充中国式法典的不足。这些单行法既以固有法为基础，又在一定程度上参照了中国法。

与此同时，高丽对唐代法制以外同时代的其他中国王朝(主要是宋、元)的法律也一直在有选择地引进，对中华文化一直持开放状态。中原王朝的制度与文化通过使节、僧侣、商人等各种人群的往来，通过典籍的交流等多种形式，如涓涓细流般地对半岛发生着影响。苏轼诗文在高丽的大流行就是一个有趣的事例，至有“仆观近世，东坡之文大行于时，学者谁不伏膺呻吟，然徒玩其文而已”②之说。

在这样的文化进展下，包括法制在内的中国制度与文化逐渐被高丽人

---

① 所谓“法者，盖绳墨之断例，非穷理尽性之书也。”(《晋书》卷三十四《杜预传》，第1026页。)

② [高丽]林椿：《西河集》卷四《与眉叟论东坡文书》，第242页。

承认具有"普适性"。显宗十六年（1025）四月，礼部奏："准《御史台格》：'两班员吏于朝门街衢公处以私礼拜伏者，随即纠罪。'谨按《礼记》'君子行礼，不求变俗。'又云：'修其教，不易其俗；齐其政，不易其宜。'非礼无以辨上下、长幼之序。如御史台新格，卑幼之于尊长，何以致敬？何以辨位？请于朝庙礼会班行，切禁私礼拜伏，外任便为宜。"[①]礼部主张在"外任"等场合，应行用半岛固有法，依据却是《礼记》中"君子行礼，不求变俗"和"修其教，不易其俗；齐其政，不易其宜"的理论，即用中国的文化资源证明维持本国固有文化的合理性。这显示他们已经承认，相对于中国的制度和文化，半岛的固有制度和文化居于"特殊"地位，中国的制度和文化具有普适性。

华化、土俗两种文化在长期共存的同时，华化的趋向越来越明显。以婚姻法论，高丽在以法律反对族内婚的问题上尽管屡有反复，但总的趋势是在不断推进之中。肃宗元年（1096）二月判："嫁小功亲所产依大功亲例，禁仕路。"[②]毅宗即位"始禁堂姑从姊妹、堂侄女兄、孙女相婚。"[③]"土俗"适用的余地有愈来愈窄之势。

变异使法典本身留有大量空白，多元文化、多元利益有了充分的空间和时间冲撞与融合。多元既可能是资源，更是冲突的根源。在一国之内，最终必须走融合贯通之路。否则，本国的社会、文化乃至族群与政治体将分崩离析，彻底消失在历史的暮霭之中。在高丽时代，多元文化中的一种越来越突出，最终成为无可置疑的主轴，占据了主导地位，这就是中华文明，各种文化因子为它所融冶而一体化。到了朝鲜王朝，一个典型的儒化社会终于建立了起来。

一场全球范围内在道德光环与美丽言辞包装下的政治运动，由在全球范围内逐利的全球化大资本所推动。将这一新形态的"征服运动"伪装起来的，是"多元化""全球化"及所谓"自由""平等""人权""博爱"等大词、美词，及由它们构成的各种话语和标签。其最终目的是，通过否定民族、国界、主

① 《高丽史》卷八十五《刑法二》，第2695页。

② 《高丽史》卷七十五《选举三》，第2383页。

③ 《高丽史》卷八十四《刑法一》，第2681页。

权、文明上的种种界分，打碎"民族国家"这一普通人赖以自存、自卫、自保的最后家园与屏障，使所有人均失去保护，因而也失去权力，成为全球化资本收割的对象。如果这一运动最终获得成功，全球化大资本就成了真正的最高权力者，建立起新型的"世界帝国"。这是另一种形式的野蛮征服文明之历史旧剧的重演。总之，在一国或一个族群之内，文化的同质性才是值得追求的目标，高丽的实践，便是从多元出发，稳步地推动"华化"，最终走向同质性。

在高丽，法典简单的弊端还可用法理来补充，律学受到较高程度的重视当与此有关。高丽在学校设有律学，在科举中设有"明法"，[①]在刑曹设有律学博士。[②] 律学所学、明法所考的主要内容便是律和令。[③] 因《高丽律》过于简单，不成体系，不论是律学还是明法，《唐律》都是重要的学习和参照文本，许多两班贵族子弟及贡士多通过明法科入仕。就留存不多的一些材料看，高丽人在议刑时，确实是依据法律与法理同时进行的。试举几例：

> 《刑法志》："靖宗四年五月，东界兵马使报：'威鸡州住女真仇屯、高刀化二人与其都领将军开老争财，乘开老醉，殴杀之。'……内史侍郎黄周亮等议曰：'……且律文云：诸化外人同类自相犯者，各依本俗法。况其邻里老长已依本俗法出犯人二家财物输开老家，以赎其罪，何更论断？'王从周亮等议。"[④]
>
> 《高丽史·文宗世家》："（文宗九年）十一月乙丑，幸东池，检校卫尉

① 《高丽史》卷七十四《选举二》载"仁宗朝式目都监详定学式"："其律学、书学、算学皆肄国子学。律、书、算及州县学生，并以八品以上子及庶人为之。七品以上子情愿者听。……律、书、算学只置博士。律学博士掌教律令，书学掌教八书，算学掌教算术。"（第 2360 页）

② 《高丽史》卷七十六《百官一》："刑曹：掌法律、词讼、详谳之政。……又别置律学博士一人，从八品，助教二人，从九品。"（第 2414 页）

③ 《高丽史》卷七十三《选举一》载仁宗十四年十一月下旨："凡明法业，式贴经。二日内，初日贴律十条，翌日贴令十条，两日并全通。第三日以后读律，破文兼义理通六机，每义六问，破文通四机。读令破文，兼义理通六机，每义六问，破文通四机。"（第 2307 页）

④ 《高丽史》卷八十四《刑法一》，第 2687 页。

少卿崔成节无故入至帐殿前，王惊，命下狱。法司奏：‘阑入御所者斩。’王曰：‘虽律有正条，以此加刑，是为苛政。又文笔有用，可原之。’门下省驳奏，不纳。”①

《刑法志》“杀伤”条：“明宗十五年八月，有南原郡人与郡吏有隙，至其家缚吏于柱，遂火其家而烧杀之。群臣议以斗杀论。……又有陵城人以鞭击负儿女，女惊怖，投水死。群臣亦以斗杀论。制曰：‘使母子一时俱死，其以劫杀论。’”②

《高丽史·王宠之传》：“开城监牧直李启以事私遣旗头李仁、驱史加达捕府军金祚，祚投河死。尚书刑部奏……宠之等以为：‘畏惧致死者，谓如临水履险，因恐迫致死也。今祚自溺，与此不同，当以仁为首，减绞罪半；加达为从，启以事理重论。’”③

另外，高丽以变异的方式移植唐代法制，开启了不以一方全胜、一方全败的激烈冲突方式，而是通过政治层面的协商、妥协、各有进退的和平方式移植法律的模式。以这种方式制定的法典虽不完善，却换来了长久的和平与安定，使法律的适用及之后的继续发展有了可能性。

总之，从纯文本与规则的角度看，充满漏洞、空白与缺陷，不是好的法律。但在文本与技术上“不好”的法律，未必就是实践性不好的法律。我们从和日本的比较中，亦可看出高丽以变异方式移植唐代法制的效果与优势。成宗时期以大规模删减方式的移植，逐渐发展的结果，是高丽末、朝鲜初对中国法制的全盘移植。而日本 8 世纪对唐代法制变形不大的移植的后果，却是之后律令体制的崩溃，本国法、固有法的兴起。

三、变异与同构

以法律移植推动社会变迁，意味着在相当大的程度上，法律是按照某一

① 《高丽史》卷七《文宗一》，第 207 页。

② 《高丽史》卷八十四《刑法一》，第 2688 页。

③ 《高丽史》卷九十五《王宠之传》，第 2954 页。

集团或利益主体的主观意愿策划设计的产物，但法在本质上是现实社会的规范，总是对既有社会现实的反映，并以明确划分边界的形式为之提供合理性与合法性，具有维持与保障现实社会秩序与利益格局的基本功能。但这主要是就从本土“自然成长”起来的法律而言。如果一国法律是通过较大规模移植外国法而产生，那么，由于这套外国法是其他社会条件与观念环境的产物，法律与社会的关系就会发生反转——法律不再为既有的社会秩序与利益格局提供合理性与合法性，而是被预期要在相当大的程度上颠覆这种合理性与合法性，即以规则的变化引导社会变革。

质言之，具有深刻外来性与异质性的法律体系之所以能以移植的方式产生，主要是因为本国的最高权力者看中了其形塑社会的功能，试图将此种功能发挥到最大，对既有秩序与利益格局形成“颠覆”效应。正因如此，该社会被“变革”或既得利益预期受损的群体，会尽力阻止这种效应的扩散。双方或多方的博弈，使对移植而来的外国法进行变异成为一种基本方法。

与此同时，传统与固有文化的保持，也使对移植而来之法律进行变异成为必需。变异使异质性的外来法与本国的具体承接条件之间有了交接面，具有了被本国人认同的基础，有了在传统的文化氛围与社会结构中存活下去并逐渐取代它们的可能性。

总之，变异之所以为法律移植活动所必须，是因为只要是进行较大规模、体系性、集中性的法律移植，其本来目的就是要在两个不同性质或阶段的“国家—社会—文明”体之间进行制度嫁接。这不是一种自然的文化流动与秩序成长。尽管在不少情况下，嫁接条件并不成熟甚至根本不具备，可出于各种目的，移植国居于主导地位的政治势力却要强行移植，从而形成悖论。变异则是解决悖论的最佳方式。但此种变异必须在维持外国法制基本架构的基础上进行，否则移植本身就失去了意义。

这种状况又造成了制度的同构。一般而言，在结构与体系上，法律移植以同构为主，在细节及关键性制度上则多有变异，法律移植便是同构与变异的结合。同构常表现为立法的超前性，是法律移植主导者意欲达成的目标与方向。伯尔曼云：“国家的法律已经开始扮演父母和教师的角色，培养官方认为是符合社会期望的态度。”[①]如前文所言，王伯琦也提出了“法教”之说，认为可通过超前立法，以超前性的法律规范及其适用，引导并重塑国家与社会，以达致主政者追求的政治、社会、文化等层面的目的。系统性、大规模的法律移植，就其实质而言，就是以同构为主要表现形式的超前立法。

不过，我们必须认识到：法的基本特性是在特定人群中适用，需得到本国民众的基本认同，而此认同又为既有的文化与结构所塑造，非“法教”所能顿改，变异就是对此种现实的妥协。高丽法律就是在这种同构与变异，移植法与固有法的长期张力与互动中逐步发展演变的。到了王朝末期，在政治、文化等多重认同的推动下，半岛终于实现了向全盘移植中国法律模式的转变，同构达到了顶峰。可与此同时，也出现了与此外国法典体系并列的本国法典体系，结果仍是同构与变异并存，两者相互“塑造”，都“进化”到了更高级的阶段。[②] 由此可见，华制与土俗间的同构与变异并非绝对的矛盾关系，两者完全可以相互配合、相互促进、共同演化。

关于同构与变异的这种关系，我们不妨仍以高丽对中国五服制度的移植为例加以说明。《高丽律·斗讼律》“杀堂弟妹”条虽系截取《唐律》“殴缌麻兄姊”条的一部分而来，却增加了《唐律》所无的“殴妻父母，准十恶不睦论”的条款，[③]主要就是考虑到了高丽与中国家族制度的不同。[④]《高丽史》卷六十四《礼六》：“小功五月：……义服，为妻父母，为女婿。”[⑤]在高丽，女婿不是如中国那样为妻之父母服缌麻，妻族的地位较高，要服小功。成宗四年定五服给暇式：“斩衰、齐衰三年给百日；齐衰期年给三十日；大功九月给二

① [美]伯尔曼著，梁治平译：《法律与宗教》，中国政法大学出版社 2002 年，第 174 页。

② 朝鲜王朝既全盘移植了《大明律》，又制定了以《经国大典》为首的本国法典体系。

③ 张春海：《唐律、高丽律法条比较研究》，《南京大学法律评论》2011 年秋季卷，法律出版社，2011 年，第 131 页。

④ 关于这一问题的详细讨论，可参考《高丽律对唐律变形之原因探析——以“华化”与“土俗”之关系为视角》，《南京农业大学学报(社会科学版)》2009 年第 3 期。

⑤ 《高丽史》卷六十四《礼六》，第 2308 页。

十日；小功五月给十五日；缌麻三月给七日。”[①]对妻父母的给暇日期为15日，这是根据半岛实际情况做出的变异。

然而，五服制度本身就移植自中国，即便高丽人依据半岛现实的家族结构与伦理对其中的部分内容做了变异，但这也只是一种在五服制度基本框架内的调整，不能从根本上违背五服制度的基本原则，即高丽人所做的变异是在整体性同构状态下的变异。变异受到了同构的有力制约，不能完全反映半岛家庭内部的实际亲疏关系，因而也就不能落实。在实践中，遂形成了另外一套与官方规定不同的规则。朝鲜太宗十一年(1411)闰十二月，礼曹启：“《家礼》：妻父母、女婿之服，皆曰缌麻。吾东方婚姻之礼，夫就妇家，异于中国，故前代成宗时定服，于妻父母服期年，女婿小功。”[②]比照《高丽史·礼志》的记载，可知成宗定服制“于妻父母服期年，女婿小功”的说法并无依据。

那么，礼曹所说的这套规则从何而来？检索《高丽史》，我们未发现关于这一规则的任何记载。我们认为，如同《高丽律》中的许多规则一样，高丽王朝的《详定礼》由于与半岛的现实不符，大多未落实，但以服制区分亲疏关系的做法却被接受，在民间社会逐渐形成了女婿为妻父母服期服的习惯法，其强大的合理性使官方无法用朝廷正式颁布的法令加以矫正，只好默认，并逐渐赋予其合法性。在高丽，存在成宗创法立制的历史记忆，且高丽前期文献缺略，民间的创造便与历史记忆相结合，宣称这一制度为成宗所创，从而具备了合法性。民间的自发创造取代了官方正式设定的制度，这是同构之下更大幅度的变异。

正因如此，作为同构框架的五服制度本身，逐渐深入到了半岛的习俗层面与社会底层。变异成了促成同构进一步发挥作用的推动力。又如，十恶制度本身是一种同构性制度，但亦与高丽的国情不符，《高丽律》对内乱的规定即是如此，因为高丽实行同姓为婚之制，兄妹为婚、近亲为婚的现象极为

---

① 《高丽史》卷八十三《刑法一》，第2659页。

② 《朝鲜王朝实录·太宗实录》太宗十一年闰十二月己卯条。

普遍。为了使这种制度落实，就必须对“十恶”进行变异。因此，《高丽律》规定：“殴妻父母，准十恶不睦论”。[①] 以变异为“进化”台阶，十恶制度逐渐被高丽人接受。《高丽史》卷一百三十三《辛禑一》：“有李安仁者剃妻发，称为家婢，卖之不得，欲杀之。妻逃，安仁与妻父母诘，欲拔剑刺之，典法司论杀之。”[②]这一发生在高丽末期的案件，就是按十恶论处的。

但移植一套体系化的法律，往往牵一发而动千钧，同构与变异的关系不易处理。还以十恶制度论，这一同构性制度虽通过各种变异为高丽人接受，但仍存在不少问题。比如，既然将殴打妻之父母的行为列入十恶，按照同样的逻辑，对于比妻父母地位更高的对外祖父母的犯罪行为，更应修改，即规定入“十恶”，加重处罚，可实际却没有。这或许是由于高丽人在制定法典时更倾向于同构，变异不过是不得已的妥协而已。

这就使立法逻辑出了问题。还以和家庭相关的法律论，在高丽，妻族的地位虽高，但和母族相比，仍相对处于低位。在高丽，有重外家的习俗，外祖父母的地位和祖父母相同，略高于妻之父母。《高丽史》卷六十四《礼六》：“齐衰周年，给暇三十日。正服为祖父母，为伯叔父及妻为姑……外族正服为外祖父母。”[③]在中国，为外祖父母所服之丧服为小功，高丽规定的为外祖父母所服之丧服比中国高了两个等级，和为祖父母所服丧服相同。[④] 在制度上，比妻父母的小功高了一个等级。到了仁宗十八年(1140)，国王下判：“入流品以上者，妻父母服给暇三十日；其忌日，依外祖父母例，给暇一日两宵。”[⑤]对于入流品以上者之妻父母的给暇，才和外祖父母取得了相同待遇，由之前的15天改为了30天。

之后，妻父母与外祖父母在王朝的各种法令中一般均相提并论，但总是

---

① 《高丽史》卷八十四《刑法一》，第2686页。

② 《高丽史》卷一百三十三《辛禑一》，第4020页。

③ 《高丽史》卷六十四《礼六》，第2038页。

④ 在中国齐衰不杖期，适用于为祖父母、伯叔父母、兄弟、未嫁之姐妹、长子以外的众子以及兄弟之子。

⑤ 《高丽史》卷八十三《刑法一》，第2661页。

外祖父母在前,妻父母在后,是妻父母比照外祖父母享有某种待遇,而非相反。比如,明宗十四年(1184)七月制:"文武入流以上者妻父母忌日,依外祖父母式一日两宵给暇。"[①]恭让王二年(1391)八月,颁行士大夫家祭仪:"外祖父母及妻父母无主祭者,当于正朝端午中秋及各忌日,用俗祭仪祭之。"[②]

根据《唐律》的规定,祖父母的地位与父母相同。照此逻辑,高丽人在制定本国法典时,也应将外祖父母和父母同列。可实际情况并非如此。比如,第二部《高丽律》之《斗讼律》的"詈伯叔父母外祖父母"条乃移植《唐律》的"殴兄姊"条而来,规定:"詈伯叔父母、外祖父母,徒一年;殴,三年;伤,流二千里;折伤,绞;至死,斩。过失伤,各减本伤罪二等。"[③]只在量刑上与《唐律》本条略有差异。[④] 从形式上看,似乎没什么问题,但却与《高丽律》其他法条表现出的移植原则不一致。该条不应如《唐律》那样将外祖父母与伯叔父母同列。既然高丽人将殴打妻之父母的行为列入了十恶,按照同样的逻辑,对于比妻父母地位更高之外祖父母的犯罪,亦应修改,加重处罚,可实际情况却是,高丽人在各种法律关系上,均移植了《唐律》将外祖父母和伯叔父母同列的基本法律原则。[⑤] 也就是说,高丽人对于和妻父母相关的法条,在移植《唐律》时进行了变异。可对关涉外祖父母的法律却采取了以同构为主的做法。高丽人在移植《唐律》过程中的这种左右摇摆,影响了律典本身的权威与效能。

结语

通过以上分析,我们可以得出以下几点结论:

---

① 《高丽史》卷六十四《礼六》,第 2043 页。

② 《高丽史》卷六十三《礼五》,第 2016 页。

③ 《高丽史》卷八十三《刑法一》,第 2685 页。

④ 《高丽律》在殴伯叔父母、外祖父母致折伤的情况下均处流二千里之刑,而唐律为流三千里。

⑤ 唐律中将外祖父母和伯叔父母同列的情况很多,已是一个基本的法律原则。《唐律疏义·名例律》"十恶"条关于恶逆的解释就是:"谓殴及谋杀祖父母、父母,杀伯叔父母、姑、兄姊、外祖父母、夫、夫之祖父母、父母。"

首先，法律之所以被认为可以体系性地移植（整体移植），主要是基于共同人性的假设。人同此心，情同此理。既然在那些文明高度发达的社会（主要是共时性的，也可以是历时性的）发展出了同样高度发达的法制，这些法制也被认为是这种文明的有机组成部分，效果得到了验证，那么，它们就可以被拿来为己所用，快速缩短文明发展过程中的时空“成本”，甚至成为“改造”本土社会的“捷径”。然而，人类不同于动物，他们生活于不同的社会与文化环境之中，受不同观念的影响。有些观念上的差异是如此巨大，以至于完全可以“扭曲”人性，使人同此心，情同此理的普遍“规律”不再适用。在此文明中被认为“进步”的制度，在彼文明中会被认为是“邪恶”。反之，在此文明中被认为“野蛮”的制度，在彼文明中却会被认为是“高尚”。另外，人类生活于不同的社会结构中，具有不同的“既得利益”，而制度从来不是中立的，总是与利益挂钩。制度移植的目的从来不是单纯的（或技术性的），总有内藏于其中的目的。这就使法律移植的整体性在相当大的程度上只能是一个神话，在文本与实践中的变形不可避免。

其次，法律移植过程中的超前性与滞后性、同构与变异这两对概念其实是从不同角度对同一现象的描述。超前性与滞后性，主要就移植法律的内容而言；同构与变异则主要针对移植的文本而论。文本层面的同构对应的往往是内容上的超前性，文本层面的变异对应的主要是内容上的滞后性。为了由“变”而“通”，对移植而来之法律的内容，要认真考虑其超前性与滞后性的关系问题，落实到文本上，就是如何处理好同构与变异的关系。正因如此，对法律移植的效果，不应予以过高期待，特别是不能单从技术与文本的词语、体系、逻辑等方面评价，而应在具体的语境下，从法律适用的整体效果评价。技术上优良的法典不一定会带来好的社会效果，技术上不好或不怎么好的法典不一定导致糟糕的社会局面。在文本与技术层面，以变异方式进行的移植似乎是失败的，可在实际效果层面却可能相当有效。在成宗之后，高丽政局逐渐走向稳定，社会、文化日益繁荣，不能说和法律移植较好的效果无关。法典特别是通过移植而来的法律，其规范本身的合理性与社会效果之间的关系十分复杂，要在具体的、历史的语境中把握。

本来，通过法律移植的方式立法，最重要的取向就是同构性、超前性，以规则引导实践。但在深入涉及社会既得利益格局、传统观念与认知的情况下，超前与同构只能使法律失去适用性，成为一纸空文，根据本国的实际与传统进行变异，尊重法律的滞后性是必须的。邓正来不太赞同“本土资源论”，认为“本土资源论”有一个理论预设：“即法律制度的形成和法治的确立（我们认为可替换为本文所说的“法律移植”——引者）‘必定是后续’于一个社会的政治、经济和文化变革的，它们既不可能与该社会的政治、经济和文化变革相兼容，也不可能完成共时性的变革，更不可能先于该社会的政治、经济和文化变革而发生并成为后者的基础。”[①]实际上，没有本土资源作为移植而来之外国法的承接基础，或者说如外国法和本国社会之间没有一个基本的交界面，外国法就不可能被本国民众认同，也就难以有效实施。只要进行较大规模的法律移植，就必然发生本土资源与外来资源的互动，其结果就是法律的既同构又变异。

再次，还需指出的是，法律的价值在于适用，故法律必须被认同，必须以道义为核心。这种道义就是对本土文明与民众现有观念与利益的尊重。任何较大规模的法律移植均不能无视或背对本土文明，只要法律移植是立足于本土社会并寻求适用性，就一定是面向本土文明与传统的适度移植。这就要求对被移植而来的外国法进行变异。这样做的结果，既能较为有效地避免法律移植的激进化，减少不必要的社会震荡与文明冲突，又能使法律移植活动本身有持续下去并具有不断扩展其空间的可能性。

总之，任何“原创性”的法律制度都是特定时空的产物，更具体而言是特定族群在特定文化传统与社会环境中经过长期历史积淀的产物。整体性的法律移植，等于跨越了时空，形成了“历史欠账”。这些跨越性的内容在新的时空，其实不存在适合的适用对象，必然要通过“变异”，将那些跨越性的内容删改，以适应新的时空条件。这是一种“还账”，是将与具体法律制度与条

① 邓正来：《中国法学向何处去？——对苏力“本土资源论”的批判》，《政法论坛》2005年第3期，第59页。

文对应的“时空”删除，减少从外部搬运来之“时空”（具体表现为外国的法律文本）与本国“时空”（本国固有法律）间的冲突。也就是说，法律制度不是简单的文字排列，它们对应的是另外一段时空下的文明积累。法律移植，就是把别人的积累简单“搬运”过来，从而形成两种时空与文明的碰撞。因此，法律移植必须处理好超前性与滞后性、同构与变异之间的关系，使法律能够“找到”其可以实施的社会和人群，在本土扎根，开花结果。

后　记

作为国家社科基金的结项成果，从某种程度上讲，本书是硬着头皮完成的一本著作。因为在评价体系中所占据的权重，在如今的高校中，不申请课题或申请不到课题，简直无法生存。申请课题，无异于写一篇高水平论文，题目与框架务求全面、深刻而新颖，以打动评审委员，获得立项，实际的可操作性往往反居其次。这就导致申请成功欢天喜地，可具体的写作过程则痛苦不堪。

作为一项法律史研究，本书面临的最根本问题就是相关史料的缺失，往往导致无法支撑课题设计的体系。我为此较为系统地研读了高丽时代的文人文集、金石资料，但收获甚微。因此一拖数年，直到收到最后通牒，必须于2019年12月份之前提交结项。这才重整旗鼓，勉力将从前感觉已做不下去的半成品重新启封，用一年时间终于将任务完成，并于2020年春疫情猖獗的期间顺利结项。由此得到一个体会，不论对什么人、什么职业，逼迫在相当程度上是必须的。我想，这或许是现行学术评价体系尽管备受诟病，但仍具有合理性的原因所在吧。

学术如人生，很多事情不是规划而来也不会依着规划进行，偶然性经常起着决定性作用。因为这一课题而对高丽人文集及高丽时代金石文献的系统阅读，使我对古代东亚的族群关系、文化认同、国家建构以及法制史与政治史相结合的研究取向有了新的理解，打开了另外一扇学术之门，其价值会随着时间的流逝而愈发显现。这或许就是所谓“无心插柳”吧。

在进行课题的过程中，研究的意义是使我困惑不已的另一问题。在学生阶段常被师长们教育以所谓的“无用之学”，自己似乎也心悦诚服地接受了这种说法，为自己的职业与工作找到了意义与价值。可越到后来，越对此产生怀疑。这类说法与自我催眠、自我安慰、自我肯定、自欺欺人又有几许区别？之所以有此怀疑，是因为随着对“学术”的深入理解，发现在人文与社科领域，所谓的“无用之学”可能真的就是在制造“学术垃圾”——没有任何真知灼见，只见大量话语的制造与堆砌，同语反复，故作艰深。即使是一些所谓著名学者的著作，他们或漂亮或艰涩词汇的背后，是对伟大文明与既有国家、族群与社会结构的解构，充满了是非与价值观的扭曲。幸亏这些“著作”少有人问津，才使危害不致过巨。

之所以会出现这种现象，是因为他们对社会与民众的脱离，对本土与本族文明的冷漠乃至漠视。他们整天面对的是西方浩瀚的学术话语，他们膜拜并沉迷于这些话语，把这些话语对中国的生硬“解读”视为学术，而“为学术而学术”则成了他们无能的遁词。我相信，脱离民众的“精英”最终必将为民众所抛弃，蔑视本族本土文化，而大力鼓吹各种异于本国的异域、异族与他国文化，以所谓多元文化主义解构本土文化同质性的“著作”，必定不会为民众所认同，因而也不会在历史上留下位置。

本书的写作过程，就我个人而言，可视为一个追寻价值与意义的过程。这种价值与意义，首先就在于明确的主体性，在于它面对与扎根的是古老的中华文明。这就是我在本书完成后，所得的一点体会与慰藉，也是能在今后继续进行学术研究的内在动力。

本书完成后，我指导的研究生李施妍同学用了近一个学年的时间，通读了原文，校对了所有注释，提出了不少建议；杨崎、郭文瑾、魏娟等同学也阅读了部分文稿，参与了史料核实与注释查对工作。在此一并致谢！

张春海

2022 年 9 月 27 日夜于句容宝华镇

图书在版编目(CIP)数据

高丽移植唐代法制变异问题研究 / 张春海著. —南京：南京大学出版社，2024.7
ISBN 978 - 7 - 305 - 26500 - 6

Ⅰ. ①高… Ⅱ. ①张… Ⅲ. ①高丽(918—1392)—法制史—研究 Ⅳ. ①D931.209

中国国家版本馆 CIP 数据核字(2023)第 027832 号

出版发行 南京大学出版社
社　　址 南京市汉口路 22 号　　　　邮　编 210093

书　　名 高丽移植唐代法制变异问题研究
GAOLI YIZHI TANGDAI FAZHI BIANYI WENTI YANJIU
著　　者 张春海
责任编辑 潘琳宁

照　　排 南京紫藤制版印务中心
印　　刷 江苏凤凰通达印刷有限公司
开　　本 718 mm×1000 mm 1/16 印张 24 字数 381 千
版　　次 2024 年 7 月第 1 版 2024 年 7 月第 1 次印刷
ISBN 978 - 7 - 305 - 26500 - 6
定　　价 75.00 元

网　　址：http://www.njupco.com
官方微博：http://weibo.com/njupco
官方微信：njupress
销售咨询热线：(025)83594756

张春海，1970年生，河北省怀安县人，1988年考入中国人民大学法学院学习，获法学学士学位。本科毕业后，分配到江苏连云港市从事外贸工作，期间赴韩国木浦市学习两年。之后，分别考入北京大学外国语学院及北京大学历史系，分获文学硕士、历史学博士学位。现为南京大学法学院教授，2012—2013年赴日本京都大学访学一年。主要研究领域为中国法制史、隋唐史及中韩关系史。已在各种学术期刊发表论文60余篇，主持国家社科基金项目三项、教育部后期资助项目一项。代表作有《唐律、高丽律比较研究：以法典及其适用为中心》（法律出版社，2016年），《中国古代立法模式演进史（两汉至宋）》（南京大学出版社，2020年）。